V&R unipress

Beiträge zu Grundfragen des Rechts

Band 45

Herausgegeben von
Stephan Meder

Johannes Vorwerk

Der junge Friedrich Carl von Savigny im Spiegel des Bremer-Nachlasses

V&R unipress

MIX
Papier aus verantwortungsvollen Quellen
FSC® C083411

Bibliografische Information der Deutschen Nationalbibliothek
Die Deutsche Nationalbibliothek verzeichnet diese Publikation in der Deutschen Nationalbibliografie; detaillierte bibliografische Daten sind im Internet über https://dnb.de abrufbar.

Druck und Bindung: CPI books GmbH, Birkstraße 10, D-25917 Leck
Printed in the EU.

Vandenhoeck & Ruprecht Verlage | www.vandenhoeck-ruprecht-verlage.com

ISSN 2198-5405
ISBN 978-3-8471-1866-4

Meiner Mutter

Inhalt

Vorwort

Die vorliegende Dissertation geht auf eine Anregung von meinem Promotionsbetreuer Herrn Professor Dr. Stephan Meder zurück, an den ich hier zuallererst meinen Dank richten möchte. Vor Kurzem entdeckte er den sogenannten Bremer-Nachlass wieder, der lange unbeachtet im Geheimen Staatsarchiv Preußischer Kulturbesitz in Berlin schlummerte. Namensgeber des Bremer-Nachlasses ist der Rechtsprofessor Dr. Franz Peter Bremer (1832–1916), der mehrere tausend Notizblätter in Vorbereitung auf eine große Savigny-Biografie anfertigte, zu deren Abschluss es aber nie kommen sollte. Professor Dr. Meder, der gerade mit seinem Lehrstuhlteam an der Veröffentlichung eines Teils des Bremer-Nachlasses zum jungen Savigny arbeitete, schlug mir vor, im Rahmen einer Dissertation, die Auswertung und Rekonstruktion der für mich interessanten Fragmente vorzunehmen. So wurde die vorliegende Arbeit im Jahr 2021 unter dem Titel »Bausteine zu einer Savigny-Biografie auf Grundlage des Nachlasses von Professor Dr. Franz Peter Bremer (1832–1916)« als Dissertationsvorhaben an der Juristischen Fakultät der Leibniz Universität Hannover angemeldet. Eingereicht wurde die Arbeit im Juni des Jahres 2024 dann bereits unter dem Titel, den sie nun trägt. Die Gutachten gaben: Professor Dr. Stephan Meder und Professor Dr. Bernd H. Oppermann, LL. M. Die Disputation, unter dem Vorsitz von Herrn Professor Dr. Hermann Butzer, fand am 17. Dezember 2024 in Hannover statt. Auf die obige Danksagung möchte ich den Dank an die weiteren Mitglieder der Kommission anschließen.

Im Rahmen der Arbeit habe ich selbst, der ich immer der Geschichte zugeneigt war, viel über die Anfänge der Blütezeit des deutschen Geisteslebens im 19. Jahrhundert lernen können. Zu den Besonderheiten einer »Bild-im-Bild-Rekonstruktion«, um eine treffende Beschreibung meiner Arbeit zu verwenden, die auf den Herrn Zweitgutachter zurückgeht, gehört zweifelsohne die, mehrfach evaluierte, kleinteilige Zitiermethode, wobei Andere entscheiden müssen, ob sich diese für den Bremer-Nachlass auch außerhalb von Qualifikationsarbeiten durchsetzen wird.

Zu guter Letzt bin ich meiner Familie, für ihre unermüdliche Unterstützung, zu Dank verpflichtet.

Brakel, im Januar 2025 Johannes Vorwerk

1. Kapitel: Einführung

I. Zum Bremer-Nachlass und zur vorliegenden Arbeit

Vor über einem Jahrhundert begann der Straßburger Rechtsprofessor Franz Peter Bremer (1832–1916) mit Vorarbeiten zu einer umfangreich angelegten Biografie zum wohl berühmtesten deutschen Juristen: Friedrich Carl von Savigny (1779–1861). Bremers Vorhaben kam nicht zum Abschluss, tausende seiner, zeitweise verschollen geglaubten, Notizblätter mit Vorarbeiten sind jedoch bis heute in Bremers Nachlass im Geheimen Staatsarchiv Preußischer Kulturbesitz erhalten geblieben und erst kürzlich wiederentdeckt worden. Mit seinem Vorhaben hätte Bremer der heutigen Forschung viel beizusteuern gehabt, denn bisher hat niemand die unter Rechtshistorikern oft beklagte klaffende Lücke einer fehlenden Savigny-Biografie schließen können.[1] Wer Bremers Aufzeichnungen liest, dem fällt schnell auf, dass sein Arbeitsansatz nicht hätte breiter gewählt sein können. Ohne sich in seiner eigenen Disziplin gefangen zu fühlen, suchte er bei Geschichtsschreibern aller Couleur: Jura, Philosophie, Theologie, Literaturwissenschaften – egal wo Hinweise verborgen liegen konnten. Bremer durchsuchte alles und fand viel. Faktisch Gesichertes übernimmt er, an Spekulationen übt er nicht selten begründete Kritik. Und auch thematisch beweist Bremer eine glückliche Hand. So liegen Schwerpunkte oft in den Bereichen, welche erst Jahrzehnte nach seinem Tod zum Gegenstand der Forschung wurden. Dabei darf man sich Bremers Nachlass, seine vielen Notizblätter, nicht als druckfertiges Manuskript vorstellen. Es handelt sich um gelegentlich korrigierte oder neukonzipierte Aufzeichnungen, Abschriften, Skizzen, Eckpunkte und bisweilen kryptische Quellenhinweise, die uns vorliegen. Wesentliche Elemente des Nachlasses sind eine einmalige Zusammenstellung fremder Quellen. Wo eigene Kommentierungen Bremers fehlen, bietet das Material Raum für Mut-

1 Vgl. bspw.: Dieter Nörr, Zum 150. Todestag Friedrich Carl von Savignys, in: SZ (GA) 128 (2011), S. XIV–XVI, XV; Hans Kiefner, Savigny, Friedrich Carl von, in: HRG, 4. Band (1. Aufl., 1990), Sp. 1313–1323, 1321.

maßungen. Ganze Sätze finden sich nicht immer, fertige Textbausteine nur selten; am wenigsten solche mit Ein- oder Überleitungen, was bereits ein Hauptproblem der Bearbeitung andeutet.

Die vorliegende Arbeit widmet sich der Auswertung und der Aufarbeitung von den Fragmenten des Bremer-Nachlasses zum jungen Friedrich Carl von Savigny. Angeregt und betreut wurde sie von Stephan Meder, der vor kurzem den entsprechenden Teil des Bremer-Nachlasses editiert und veröffentlicht hat.[2] Da wir auch noch in der heutigen Savigny-Forschung auf zahlreiche Dunkelfelder im Lebenslauf des jungen berühmten Juristen stoßen, muss nicht lange erläutert werden, weshalb der Nachlass das Interesse der Forschung auf sich zieht. Erkunden wir zunächst, was den Nachlass auszeichnet.[3] Danach blicken wir unter Berücksichtigung der Herausforderungen, die zum Vorteil der Forschung zu überwinden waren, auf die Ziele dieser Arbeit. Im Anschluss kommen wir zur Betrachtung ihrer thematischen Schwerpunkte.

1. Merkmale des Bremer-Nachlasses

Im Rahmen seiner Vorarbeiten durchsuchte Bremer Archive und Bibliotheken nach Primärquellen. Zahlreiche der von ihm aufgefundenen Dokumente standen zuvor nicht im Fokus der Savigny-Forschung. So können wir durch seine Notizen einen Einblick in die Forschungsgeschichte gewinnen. Der reiche Fundus von Abschriften, den sich Bremer über die Jahre anlegte, ist unter Insidern seiner Zeit nicht unbekannt geblieben. Dadurch konnte er anderen Autoren, wie zum Beispiel Ernst Landsberg (1860–1927), mit Rat zur Seite stehen.[4]

Viel von der Sekundärliteratur, mit welcher Bremer arbeitete, ist heute von der Bildfläche verschwunden. Es handelt sich um eine ganze Fülle von nicht-juristischen, heute seltenen, Büchern des späten 19. Jahrhunderts, in welchen Savigny mal mehr, mal weniger umfangreich vorkommt. Ein wissenschaftlicher Schatz, der bis heute kaum gehoben oder gar erschlossen ist. Darüber hinaus sehen wir, welches Material Bremer noch fehlte, und erlangen so einen Eindruck von den Herausforderungen der zeitgenössischen Forschung.[5]

2 Stephan Meder (Hg.), Franz Peter Bremer. Der junge Savigny zwischen Frühromantik und Rechtswissenschaft (2024); s. hierzu I., 4. in dieser Einführung.

3 In der umfangreichen Einleitung, die der Herausgeber der Edition vorangestellt hat, finden sich weitere Angaben zur Beschaffenheit und zu den Merkmalen des Nachlasses, s. Stephan Meder (Hg.), Franz Peter Bremer. Der junge Savigny zwischen Frühromantik und Rechtswissenschaft (2024), insbes. S. XXXIII–XL.

4 Vgl. Ernst Landsberg, Geschichte der Deutschen Rechtswissenschaft, 3. Abt., 2. Halbbd., Notenbd. (1910), S. 96, Note 16, S. 98, Note 30, 33, S. 108, Note 19.

5 Beispielsweise beklagte Bremer noch das Fehlen von Briefen zwischen Savigny und Stephan August Winkelmann (1780–1806). Glücklicherweise stehen uns heute diese Briefe dank der

Wie bereits angedeutet, ging es Bremer darum, ein möglichst reichhaltiges historisches Bild der Welt, in der Savigny lebte, zu zeichnen. Bremer hat wohl den bis heute breitesten Forschungsansatz gewählt. So peripher manche Informationen in Bezug auf Bremers Protagonisten auf den ersten Blick liegen mögen, den Bezug zu Savigny verliert Bremer an keiner Stelle. Adolf Stoll (1850–1928), der ab 1927, zehn Jahre nach Bremers Tod, seine vielbeachtete Trilogie[6] mit Briefen Savignys herausbrachte, wählte mit der schlichten Herausgabe der Briefe und nur wenigen Kommentierungen umsetzbarere Ziele als Bremer. Gerade als Jurist, der Stoll nicht war, gelingt es Bremer immer wieder die großen Verbindungslinien zu ziehen. Hochmodern wirken seine Aufzeichnungen dort, wo seine Priorisierung für die Netzwerkgeschichte abstrahlt.

Interessant sind die vielen Bremerschen Mosaiksteine aus Savignys Leben ebenfalls besonders dort, wo man bis heute gerätselt hat, was es mit bestimmten Sachverhalten auf sich hat. Beispielsweise gilt das für den mysteriösen Verlagsvertrag, den Savigny auf Reisen im Jahr 1800 in Leipzig abgeschlossen hat. Zuvor wurde dieser oft noch mit Savignys »Recht des Besitzes« von 1803 in Verbindung gebracht.

In jeder Epoche gibt es Neubewertungen über Gruppen, Schulen, Strömungen und Einzelpersonen der Geschichte. Bremers einzigartige Zusammenstellung liefert einen Einblick in sein Verständnis der Vergangenheit und wird so zum Dokument der Zeitgeschichte.

2. Ziele und Herausforderungen der Arbeit

Nach wie vor ist Bremers Nachlass unausgewertet.[7] Wenn wir zunächst gefragt haben, ›ob‹ wir aus dem Nachlass etwas gewinnen können, stellt sich die Anschlussfrage nach dem ›Wie?‹. Tatsächlich – und das fällt jedem Leser des Nachlasses unmittelbar auf – verhält es sich mit Bremers Aufzeichnungen so, wie mit einem Steinbruch. Um hieraus etwas ziehen zu können, müssen die rohen

---

Publikation »Der Briefwechsel zwischen Friedrich Carl von Savigny und Stephan August Winkelmann (1800–1804)« (Marburg 1984), von Ingeborg Schnack zur Verfügung.

6 Beginnt mit: Adolf Stoll, Der junge Savigny (1927).

7 Dem Kasseler-Gymnasialprofessor Stoll lagen Bremers Notizen vor, vgl. Adolf Stoll, Der junge Savigny (1927), S. 2, Fn. 2 (beginnt auf S. 1). Im ersten Teil seiner Trilogie verweist Stoll wenige Male auf Bremer, wie sich auch aus dem ebendort anhängenden Register ergibt (S. 426). Tatsächlich kann er also die tausenden Notizblätter Bremers nicht ausgewertet haben. Ohnehin war die Zielsetzung beider eine jeweils andere. Stoll hat sich beispielsweise schon einmal 1890 durch die Herausgabe von Savigny-Briefen hervorgetan, s. Adolf Stoll, Friedrich Karl von Savignys Sächsische Studienreise 1799 und 1800 (1890). Bremer plante hingegen die »große Biographie« (s. ebd. Stoll 1927, S. 2, Fn. 2); Jüngst hat Stephan Meder, mit Savignys Weg in die juristische Moderne (2023), einen ersten Versuch der Auswertung unternommen.

Notizen des Nachlasses erst verwertbar gemacht werden. Für diese Arbeit erwies es sich am tauglichsten, den Nachlass durch Kontextualisierung aufzuarbeiten. Dieser lag das Ziel zugrunde, Einzelfragmente in einen Rahmen einzubetten, Lücken aufzufüllen und Themenkomplexe mit anderen in Beziehung zu setzen. Hat man diese Mühe auf sich genommen, ergeben sich viele, teils ganz neue, biografische Mosaiksteine zum jungen Friedrich Carl von Savigny. Sie schlagen sich nieder in einer eigenen Interpretation des Bremer-Nachlasses, die sich auch an jene richtet, die Bremers Notizen nicht gesehen haben. Bis hierhin waren allerdings einige Hürden zu nehmen:

Es ist bei der enormen Informationsfülle nicht nur nötig, Auswahl- und Zusammenstellungsentscheidungen so zu treffen, dass sie Bremers ›roten Faden‹ nicht zersetzen. Es geht auch darum, überhaupt alle relevanten, oft verstreuten, Informationen zu einem Komplex zu versammeln. Größere Zusammenhänge, zwischen diesen Komplexen, erschließen sich nur selten unmittelbar. Einige der entsprechenden verdeckten thematischen Brücken lassen sich bereits durch Vorkenntnisse rechts- und allgemeinhistorischer Natur offenlegen. Andere erfordern Hintergrundwissen. So erklären Bremers Papiere fast nie, weshalb er eine Thematik für aufzeichnungswürdig erachtete; sie sind durchsetzt mit Stellen, die nur die sprichwörtlich bekannte Spitze des Eisberges andeuten. Ein ohne weitere Erklärungen festgehaltener Briefwechsel zwischen Randfiguren, in dem von dem Protagonisten nicht einmal die Rede ist, ließe sich hier als Beispiel anführen.[8] Die Intention einer Notiz des gestandenen Savigny-Forschers muss regelmäßig erst rekonstruiert werden. Die Recherche anhand seines Literaturapparates ist hierfür unverzichtbar.

Bei der beachtlichen Anzahl der inzwischen vorliegenden Einzelbetrachtungen zu Friedrich Carl von Savigny, stellt sich bei der Lektüre mancher der über 100 Jahre alten Notizen die Frage: Ist das heute noch eine Neuigkeit? Aber selbst hier ist zu erkennen, dass eine Interpretation, die sich aus Bremers Blättern ergibt, oft wenigstens einen neuen Aspekt ins Spiel bringt. So dürfte bei künftigen Arbeiten der Savigny-Forschung eine ›Ansicht Bremer‹ eine zunehmende Rolle spielen. Umgekehrt, um Bremer zu verstehen oder zu ergänzen, lässt sich von den Erkenntnissen der heutigen Forschung nur stellenweise profitieren. Denn zum einen ist aktuell der Bereich der ›Savigny-Biografieforschung‹ so gut wie ausgestorben.[9] Und zum anderen zielte Bremer auf eine ganzheitliche Betrachtung, mit der thematisch-isolierte Arbeiten kaum mithalten können. Die Erweiterung des Blickfeldes der Forschung, die auch kulturgeschichtliche Ein-

8 Siehe hierzu S. 72ff.

9 Eine Initiative der letzten Zeit stammt von Jochen Otto, Auf den Spuren von Friedrich Carl von Savigny (1779–1861). Der Junge Savigny (1779–1804), in: SZ (RA) 128 (2011), S. 442–463.

flüsse registrieren und ernsthaft würdigen sollte, begann erst kurz vor der Jahrtausendwende.[10]

3. Gang der Untersuchung

Der erste Teil dieser Arbeit ist hauptsächlich Franz Peter Bremer gewidmet. Zunächst lernen wir den Juristen, der zuletzt in Straßburg als Rechtsprofessor lehrte, anhand seines Werdeganges und seiner akademischen Schwerpunkte besser kennen. Wir begeben uns auf Spurensuche nach Hinweisen auf Bremers Vorhaben und Verbindungslinien zwischen Savigny und Bremer. Weiterhin befindet sich eine Nachzeichnung der Verbleibsstationen des Bremer-Nachlasses in diesem Teil. In Vorbereitung auf die inhaltliche Auseinandersetzung folgt schließlich ein Itinerarium zum jungen Friedrich Carl von Savigny im Schwerpunktzeitraum von 1799–1805. Die folgenden Kapitel der inhaltlichen Auseinandersetzung sind stets von der Forschungsfrage getragen, weshalb Bremer den notierten Sachverhalten jeweils seine Aufmerksamkeit schenkte:

In zwei Kapiteln werden Bremers äußerst umfangreiche Notizen zur sogenannten sächsischen Studienreise Savignys von 1799–1800 ausgewertet. Besonders interessierte sich Bremer für die Personen, die Savigny während seiner Reise in das intellektuelle Zentrum des damaligen Deutschlands begegneten. Die wichtigsten dieser Begegnungen finden sich in dieser Arbeit wieder. Dabei beschränken wir uns nicht nur auf die rein persönlichen Bekanntschaften, sondern befassen uns ebenfalls mit den bedeutendsten Gelehrten und zentralen Meinungsführern, mit denen sich Savigny zu dieser Zeit auseinandersetzte. Herausgearbeitet wird dabei Bremers Sicht davon, wie sich Savignys Beziehung zu den jeweiligen Personen und zu ihrem Werk ausgestaltet. Gerade dieser Ansatz ist geeignet, viele Lücken unserer Savigny-Kenntnis schließen. So wussten wir beispielsweise bisher wenig darüber, was die gemeinsamen Themen oder Berührungspunkte zwischen Savigny und Clemens Brentano (1778–1842) waren, den er auf der Reise kennenlernte. Wir wussten wenig darüber, warum die Philosophie Gottlieb Fichtes (1762–1814) am Anfang der Reise noch höchsten Stellenwert für Savigny hatte, während sie später mehr und mehr in den Hintergrund zu rücken scheint. Wir wussten wenig darüber, wie Savigny zum Jenaer-Rechtsprofessor Gottlieb Hufeland (1760–1817) stand und ob das Verhältnis bloß mit dem Etikett der Anerkennung zu beschreiben ist. Nebenbei gewinnen wir aus Bremers Überlegungen zu Savignys Reisetagebuch und der brieflichen

10 Beispielsweise mit: Dieter Nörr, Savignys Philosophische Lehrjahre (1994), oder: Stephan Meder, Urteilen (1999)/ders. Mißverstehen und Verstehen (2004).

Korrespondenz immer wieder Antworten oder Interpretationsansätze zu kleineren oder größeren Rätseln.

Bremers Notizen zu Savignys Zeit in Marburg von 1800–1804 sind die Grundlage des vierten Kapitels. Intensiv befasst sich Bremer mit der Weiterentwicklung der persönlichen Beziehungen Savignys sowie mit seiner ersten Dozententätigkeit an der Marburger-Universität. Im Rahmen dieser Arbeit werden Bremers Notizen zur Vorlesungstätigkeit Savignys aufgearbeitet. Auch das sich bildende Lehrer-Schüler-Verhältnis zwischen Savigny und Jacob Grimm (1785–1863) wird untersucht. Ferner befassen wir uns mit Bremers Aufzeichnungen zur Brentano-Familie. Hierbei wird Savignys Verhältnis zu seiner künftigen Ehefrau Kunigunde geb. Brentano (1780–1863) und zu seinem engen Freund und Schwager Clemens Brentano fokussiert. Bremers Kommentierungen erlauben uns, sein Bild von der Ehe und der innigen Freundschaft zu entwickeln. Überdies erfahren wir beispielsweise etwas über Savignys berühmte Monografie von 1803 und von sonstigen Projekten, die den Protagonisten in Marburg umtrieben.

Das letzte, fünfte Kapitel ist Bremers Vorarbeiten zu Savignys Paris-Reise von 1804–1805 gewidmet. Bremer liefert detaillierte Informationen zu dieser bisher wenig beachteten Reise Savignys. Selbst Notizen zu den mittelalterlichen Gelehrten, deren Handschriften Savigny in Paris studierte, finden wir bei Bremer. Eingängig befassen wir uns mit diesen Studien. Daneben blicken wir auf die Lebenssituation der Reisegesellschaft in der Metropole. Da die Zeit in Paris im Vordergrund stehen soll, behandeln wir Hin- und Rückreisestationen, auch die zweimonatige Station in Heidelberg 1804, nur kursorisch.

Im Ergebnis sehen wir ein, anhand von Bremers Interessensschwerpunkten geformtes, grundlegendes biografisches Versatzstück zum Leben des jungen Friedrich Carl von Savigny im Zeitraum von 1799–1805. An den aufgearbeiteten Vorarbeiten und Rückbezügen zu Savignys späterem Leben und Werk lässt sich gut erkennen, wie bedeutend diese Zeit für den Protagonisten war, in welcher er die ersten akademischen Arbeiten unternahm, die tiefsten Prägungen erfuhr und den wohl wichtigsten persönlichen Kontakten seines Lebens begegnete.

4. Zur Bremer-Edition von Meder und zur Zitierweise

Wie bereits angesprochen gab Meder jüngst die relevanten Teile aus dem Bremer-Nachlass zum jungen Savigny heraus.[11] Dieser Publikation verlieh der Herausgeber eine in mühevoller Detailarbeit angefertigte Bibliografie, wofür auch Bre-

11 Stephan Meder (Hg.), Franz Peter Bremer. Der junge Savigny zwischen Frühromantik und Rechtswissenschaft (2024).

mers kryptische Literaturverweise auf den einzelnen Notizblättern entschlüsselt, verifiziert und falls nötig ergänzt wurden.[12] Die vorliegende Arbeit, die Meder anregte, fußt auf dieser Publikation, deren Vorfassungen mir durch den Herausgeber bereits vor Veröffentlichung sukzessive zur Verfügung gestellt wurden. Meine Arbeit profitierte dabei nicht nur von der Transkription der Bremerschen Notizen, sondern eben auch von den umfangreichen Angaben zum Literaturapparat Bremers.

In seiner Edition ordnete Meder die Notizblätter Bremers in mehrere Einheiten. Als Zitierweise hat sich so folgende Methode bewährt: Präziser als Seitenangaben sind Angaben zur Einheit und zum Blatt. So gibt die vorangestellte römische Ziffer die Einheit an und die auf »Bl.« folgende arabische Ziffer das Blatt. Beispielsweise meint die Angabe »Bremer/Meder III, Bl. 5« das fünfte Blatt in der dritten Einheit der Edition.

Um inhaltliche Anknüpfungspunkte offenzulegen, haben sich für die vorliegende Arbeit regelmäßig zusätzliche Angaben zu ›Bremers Quellen‹ angeboten. Hier können zwei Fälle unterschieden werden, und zwar je nachdem, ob Bremer selbst eine Literaturangabe vornahm oder nicht. Liegt eine Literaturangabe Bremers vor, werden ›Bremers Quellen‹ mittels des Zusatzes »mit Verweis auf« dargestellt. Der Nachvollziehbarkeit halber folgt auf diesen Zusatz dann regelmäßig erst Bremers originäre Angabe in wortwörtlicher oder sinngemäßer Fassung, bevor diese nach einem Gleichzeichen ›übersetzt‹ werden,[13] wofür Meder das Werkzeug bereitstellte. Liegt hingegen keine unmittelbare Literaturangabe Bremers vor[14] oder sind beispielsweise Briefe, mit denen er arbeitete, zwischenzeitlich veröffentlicht worden, folgt auf die Angabe des Blattes ein Halbgeviertstrich (Langstrich), bevor eine Vergleichsquelle angegeben wird.[15] Auch in diesen Fällen gibt Meders Bremer-Edition Hilfestellung, da sie an zahlreichen Stellen die

12 Fast immer beschränken sich Bremers eigene Literaturverweise bestenfalls auf die Angabe eines Nachnamens und einer Seitenzahl. Durch die Edition konnten sogar manche Autoren anonymer Schriften namhaft gemacht werden.

13 Beispiel: Bremer/Meder I, Bl, 17, mit Verweis auf: »Stoll S. 30« = Savigny, Brief an F. u. L. Creuzer vom 3. Januar 1800 aus Leipzig, in: Adolf Stoll, Friedrich Karl von Savignys Sächsische Studienreise 1799 und 1800 (1890), Nr. 10, S. 30–32, 30; Lässt sich der Verweis näher bezeichnen, finden sich zusätzlich in der Regel in Klammern noch Angaben dazu, etwa wenn der Verweis, wie es sporadisch vorkommt, durch eine Fußnote vorgenommen wird. Die Fußnotenmethodik Bremers ist allerdings auch nicht einheitlich und variiert teilweise noch auf dem gleichen Blatt: Gelegentlich fehlt die Rückkopplung im Fließtext, eine Fußnote wird nur einleitend angeführt oder es liegen Mischformen vor, wobei (Teil-)Verweise im Fließtext untergebracht sind und andere im Fußnotenapparat.

14 Gelegentlich hat Bremer auch Zitate oder Bezugnahmen in seine Privatnotizen aufgenommen, die gar keine nähere Kennzeichnung erfahren haben.

15 Beispiel: Bremer/Meder III, Bl. 29 – vgl. Jacob Grimm, Brief an W. Grimm vom 1. März 1805 aus Paris, in: Herman Grimm/Gustav Hinrichs (Hg.), Briefwechsel zwischen Jacob und Wilhelm Grimm (1881), Nr. 5, S. 16–22(–24), 17.

Herkunft eines Fragments identifizieren und angeben konnte sowie regelmäßig Parallelfundstellen anbietet.[16]

Bezüglich der verwendeten Sekundärliteratur ließen sich allerdings marginale Abweichungen zwischen den Literaturangaben aus der Bremer-Edition Meders und meiner Arbeit nicht vermeiden, was sich unter anderem auch aus der Gleichzeitigkeit des Anfertigungsprozesses und der variierenden Verfügbarkeit der historischen Literatur erklärt.[17] Zudem ist es in wenigen Fällen dazu gekommen, dass die vorliegende Arbeit Literaturverweisen auf solchen Blättern Bremers nachgeht, die in der Endfassung der Bremer-Edition von Meder redaktionell gekürzt wurden. Dass der Fundstellenhinweis ursprünglich von Bremer stammt, ist diesbezüglich mit dem Verweis auf die Vorfassung kenntlich gemacht worden.[18]

II. Franz Peter Bremer

1. Zur Person

Wer sich vor Meders Publikation des Bremer-Nachlasses auf die Suche nach näheren Informationen zu Franz Peter Bremer begab, durfte sich mit den spärlichen Ergebnissen einer flüchtigen Erstrecherche nicht zufriedengeben. So finden sich beispielsweise in den gängigen Juristenlexika keine Einträge zu dem Romanisten und auch die allseits bekannte »Neue Deutsche Biographie« hält keinen Text zu ihm vor.

Innerhalb der Savigny-Forschung war Bremer aber schon länger immer wieder einmal ein Begriff. Den prominentesten Hinweis auf ihn gab wohl Stoll. Im ersten Band seiner Savigny-Trilogie liest man die Ankündigung, dass er zu

16 Die beiden geschilderten Varianten stellen die Regelfälle dar. Insgesamt ist Bremers eigener Umgang mit Verweisen und Fußnoten aber so vielseitig und nicht immer klar abgrenzbar, dass im Zweifel auf Einzelfalllösungen zurückgegriffen werden musste.

17 Zu den Abweichungen zwei fast erschöpfende Beispiele: 1. Meder konnte die Vermutung geben, dass Bremer mit der 5. Auflage von »Meyers Konversationslexikon« arbeitete, vgl. Stephan Meder (Hg.), Franz Peter Bremer. Der junge Savigny zwischen Frühromantik und Rechtswissenschaft (2024), S. 752. Im Rahmen meiner Arbeit konnte ich auch anhand der 4. Auflage des Lexikons Bremers Verweise nachvollziehen. 2. Zur Hilfestellung gibt Meder auch regelmäßig Parallelfundstellen, besser verfügbarere Auflagen, an. Adolf Stoll publizierte die Savigny-Briefe zur sächsischen Studienreise beispielsweise zweimal: Zuerst im Jahr 1890 in einer unbekannteren Publikation, die auch Bremer verwendete (Adolf Stoll, Friedrich Karl von Savignys Sächsische Studienreise 1799 und 1800) und ein weiteres Mal in seiner bekannten Trilogie ab 1927 (beginnt mit: Adolf Stoll, Der junge Savigny). Meder gibt diesbezüglich als Zusatzfundstelle stets den Verwies auf die bekanntere Publikation (vgl. Bremer/Meder I, Bl. 2, 4, 5, 6), während ich in Rekonstruktionsfragen bei der Fassung von 1890 bleibe.

18 Vgl. Fn. 296, 414, 590, 651, 1273.

Bremer im sechsten Abschnitt des Gesamtwerkes (im zweiten Band[19]), gedenkt weiteres zu liefern.[20] Liest man das Vorwort zum zweiten Band, kann man mutmaßen, warum Stoll das Angekündigte schuldig lässt. Er starb 1928 zwischen der Veröffentlichung des ersten und zweiten Bandes.[21] Wahrscheinlich durchkreuzte also der Tod seine Pläne. Dann gab beispielsweise Rückert 1984 nochmals knappe Hinweise auf Bremer als Savigny-Forscher.[22]

Der maßgeblichste Lexikoneintrag zu Bremer stammt aus den 80er-Jahren des vorletzten Jahrhunderts.[23] Beginnen wir aber noch weiter vorne, nämlich mit seiner Geburtsurkunde. Aus dieser geht hervor, dass Franz Peter Bremer als Sohn des Kaufmannes Johann Heinrich Bremer und seiner Ehefrau Elisabeth Dolphina Feldhaus, wohnhaft in der Marktstraße Nr. 14 ½ A in Neuss, am 13. September des Jahres 1832 in Neuss zur Welt kam.[24] Nach dem Besuch des Kölner Gymnasiums studierte er ab dem 12. Oktober 1853 Jura und daneben möglicherweise Philosophie in Bonn.[25] Bis einschließlich des Wintersemesters 1856/57 findet er sich im Studierendenverzeichnis.[26] Die Universität Bonn wurde während der französischen Besatzung geschlossen und erst 1818 durch die neuen preußischen Herren nach dem Vorbild der Berliner-Universität wiedergegründet.[27] Die »Rheinprovinz«, in der Bremer erst einmal lebte, kam nach dem Ende der Franzosenzeit durch den Wiener-Kongress an Preußen.[28] Nach dem Studium Bremers folgten die Stationen der praktischen Juristenausbildung. Zunächst war

19 Vgl. Abschnittsübersicht in: Adolf Stoll, Friedrich Karl v. Savigny. Professorenjahre in Berlin 1810–1842 (1929), S. IV.

20 Vgl. Adolf Stoll, Der junge Savigny (1927), S. 2, Fn. 2 (beginnt auf S. 1); s. zu dieser Thematik auch: Stephan Meder, Franz Peter Bremer. Der junge Savigny zwischen Frühromantik und Rechtswissenschaft (2024), S. XXXI–XXXII.

21 Adolf Stoll, Friedrich Karl v. Savigny. Professorenjahre in Berlin 1810–1842 (1929) S. V, Fn. 1.

22 Vgl. Joachim Rückert, Idealismus, Jurisprudenz und Politik bei Friedrich Carl von Savigny (2. Auflage, 2022/1984), S. 47, Fn. 191 und S. 125.

23 Eduard Alberti, Lexikon der Schleswig-Holstein-Lauenburgischen und Eutinischen Schriftsteller von 1866–1882, 1. Band (1885), S. 76; darauf aufbauend: Friedrich Volbehr/Richard Weyl, Professoren und Dozenten der Christian-Albrechts-Universität zu Kiel 1665 bis 1915 (1916), S. 40, Nr. 63 (und Folgeauflagen).

24 Stadtarchiv Neuss, B.02.04.305 Standesamt, Nr. 78 Urk.-Nr. 200 (Ne, G, 1832). Sie wurde mir auf Anfrage am 24. September 2021 vom Stadtarchiv Neuss als Scandatei per E-Mail übermittelt.

25 Vgl. Eduard Alberti, Lexikon der Schleswig-Holstein-Lauenburgischen und Eutinischen Schriftsteller von 1866–1882, 1. Band (1885), S. 76 (hier der Hinweis auf Philosophie); Im Studierendenverzeichnis ist er nur für Jura eingetragen, s. Amtliches Verzeichnis des Personals und der Studirenden der Königlichen Rheinischen Friedrich-Wilhelms-Universität zu Bonn WS 1853/54, Studierendenverzeichnis, S. 3.

26 Zuletzt in: Amtliches Verzeichnis des Personals und der Studirenden der Königlichen Rheinischen Friedrich-Wilhelms-Universität zu Bonn 1856/57, Studierendenverzeichnis, S. 2.

27 Vgl. Mathias Schmoeckel, Bonn, in: HRG, 1. Band (2. Aufl., 2008), Sp. 647–648, 648.

28 Vgl. Wolfram Siemann, Vom Staatenbund zum Nationalstaat (1995), S. 67, 314.

er Auskultator, dann Referendar, bevor er im Jahr 1862 Assessor wurde.[29] Zur Erläuterung sei hier kurz auf den Ablauf der preußischen Juristenausbildung zu Bremers Lehrzeit eingegangen:

Die Praxis staatlicher Juristenprüfungen, welche die Bewerber für den Gerichtsdienst zu absolvieren hatten, begann in Preußen schon im frühen und mittleren 18. Jahrhundert.[30] Auf ein dreijähriges Studium folgte ein Examen, dass die Befähigung zum Bürodienst attestierte und den Zugang zur Auskultatur, dem ersten Teil des Vorbereitungsdienstes, eröffnete.[31] Diese eineinhalbjährige Hospitationsphase war samt Prüfung die Voraussetzung dafür, in das Rechtsreferendariat eintreten zu können.[32] Das zweieinhalbjährige Referendariat wurde schließlich mit dem Assessorexamen beendet und war der einzige Weg in den höheren Justizdienst.[33] Erst ab 1869 wurde die zweistufige Ausbildung eingeführt, wobei beide Teile des Vorbereitungsdienstes zu einem vierjährigen Referendariat verbunden wurden.[34]

Am 8. August 1863 wurde Bremer in Bonn mit der Dissertation »De Domitii Ulpiani Institutionibus« zum Doktor der Rechte promoviert.[35] Von einer Habilitation Bremers am 4. Juni 1864, lesen wir einzig in den Anmerkungen eines weiteren Gelehrtenlexikons;[36] anhand der dort angegebenen Quellen lässt sich diese aber nicht nachvollziehen, vielmehr scheint der Beginn von Bremers Privatdozententätigkeit zum genannten Datum in Bonn mit dieser gleichgesetzt worden zu sein.[37] In dieser Eigenschaft verfasste er »Das Pfandrecht und die

29 Vgl. Eduard Alberti, Lexikon der Schleswig-Holstein-Lauenburgischen und Eutinischen Schriftsteller von 1866–1882, 1. Band (1885), S. 76.

30 Vgl. Gerhard Köbler, Zur Geschichte der juristischen Ausbildung in Deutschland, in: JZ 26, Nr. 23/24 (1971), S. 768–773, 772f.

31 Vgl. Gerhard Köbler, Zur Geschichte der juristischen Ausbildung in Deutschland, in: JZ 26, Nr. 23/24 (1971), S. 768–773, 772f.

32 Vgl. Gerhard Köbler, Zur Geschichte der juristischen Ausbildung in Deutschland, in: JZ 26, Nr. 23/24 (1971), S. 768–773, 773.

33 Vgl. Gerhard Köbler, Zur Geschichte der juristischen Ausbildung in Deutschland, in: JZ 26, Nr. 23/24 (1971), S. 768–773, 773.

34 Vgl. Gerhard Köbler, Zur Geschichte der juristischen Ausbildung in Deutschland, in: JZ 26, Nr. 23/24 (1971), S. 768–773, 773.

35 Vgl. Eduard Alberti, Lexikon der Schleswig-Holstein-Lauenburgischen und Eutinischen Schriftsteller von 1866–1882, 1. Band (1885), S. 76; Friedrich Volbehr/Richard Weyl, Professoren und Dozenten der Christian-Albrechts-Universität zu Kiel 1665 bis 1915 (1916), S. 40, Nr. 63.

36 Vgl. Franz Gundlach, Catalogus Professorum Academiae Marburgensis 1527–1910 (1927), S. 134 (in den Anmerkungen zu Paul Krüger, Nr. 215).

37 Vgl. Friedrich Volbehr/Richard Weyl, Professoren und Dozenten der Christian-Albrechts-Universität zu Kiel 1665 bis 1915 (1916), S. 40, Nr. 63; Amtliches Verzeichnis des Personals und der Studirenden der Königlichen Rheinischen Friedrich-Wilhelms-Universität zu Bonn 1864/65, S. 2; Zweifelhaft ist insbesondere auch, ob es sich bei der zeitlich dafür in Betracht kommenden Schrift Bremers »Das rheinische Vormundschaftswesen und seine rechtliche Grundlage« (Bonn 1865) um eine Habilitationsschrift handeln sollte.

Pfandobjecte. Eine dogmatische Untersuchung auf Grundlage des gemeinen Rechts« (Leipzig 1867). Bis zum Wintersemester 1867/68 ist er im Personalverzeichnis der Bonner Universität eingetragen.[38]

Am 18. März 1868 wurde er außerordentlicher Professor der Rechte an der Universität Göttingen.[39] Während der Göttinger Zeit blieb Bremer als Autor dogmatisch dem Sachenrecht treu, mit einer Schrift zu den preußischen Reformentwürfen zur Hypothek und Grundschuld.[40] Ebenfalls fällt in diese Zeit die Veröffentlichung von seinem bekannteren Werk zur Jurisprudenz im römischen Kaiserreich.[41] Der spätere Göttinger Anatomieprofessor Max Voit (1876–1949) legte eine Portraitfotosammlung mit dem Titel »Göttinger Professoren« an, worin sich auch eine Fotografie von Franz Peter Bremer befindet.[42]

Die Möglichkeit einer ersten ordentlichen Professur bot sich Bremer am 29. Januar 1870, an der Universität Marburg.[43] In dieser Zeit stand ein Ordinariat nur wenigen offen: Für Minderheiten und erst recht für Oppositionelle, war die Berufung nicht zu erwarten.[44] Obwohl Bremer in Marburg bereits für das Sommersemester »Pandekten und Pfandrecht« ankündigen ließ, trat er dieses Amt nicht an.[45]

Stattdessen ersetze er ab dem 9. April 1870 Georg Karl August Ritter von Bechmann (1834–1907) als ordentlicher Professor für Römisches Recht an der Universität in Kiel.[46] Und nicht nur das erstangetretene ordentliche Lehramt

---

38 Amtliches Verzeichnis des Personals und der Studirenden der Königlichen Rheinischen Friedrich-Wilhelms-Universität zu Bonn 1867/68, S. 5.

39 Vgl. Eduard Alberti, Lexikon der Schleswig-Holstein-Lauenburgischen und Eutinischen Schriftsteller von 1866–1882, 1. Band (1885), S. 76; Friedrich Volbehr/Richard Weyl, Professoren und Dozenten der Christian-Albrechts-Universität zu Kiel 1665 bis 1915 (1916), S. 40, Nr. 63.

40 Hypothek und Grundschuld. Eine dogmatische Untersuchung mit kritischer Berücksichtigung des Preußischen Gesetzesentwurfs. Göttingen 1869.

41 Die Rechtslehrer und Rechtsschulen im römischen Kaiserreich, Berlin 1868.

42 Die »Sammlung Voit« befindet sich in der Niedersächsischen Staats- und Universitätsbibliothek Göttingen (SUB). Ebenfalls liegen dort Begleitunterlagen, wie etwa ein Brief des Robert von Hippel, auf den weiter unten noch eingegangen wird. Die Dokumente zu Bremer aus der Sammlung wurden mir am 12. Oktober 2021 von der SUB, durch die Übermittlung (per E-Mail) eines Downloadlinks für die Scandateien, zugänglich gemacht; das Portrait von Franz Peter Bremer hat Meder veröffentlicht, s. Stephan Meder, Franz Peter Bremer. Der junge Savigny zwischen Frühromantik und Rechtswissenschaft (2024), S. VIII.

43 Vgl. Eduard Alberti, Lexikon der Schleswig-Holstein-Lauenburgischen und Eutinischen Schriftsteller von 1866–1882, 1. Band (1885), S. 76; Friedrich Volbehr/Richard Weyl, Professoren und Dozenten der Christian-Albrechts-Universität zu Kiel 1665 bis 1915 (1916), S. 40, Nr. 63.

44 Vgl. Volker Berghahn, Das Kaiserreich 1871–1914 (2001/2003), S. 255f.

45 Vgl. Franz Gundlach, Catalogus Professorum Academiae Marburgensis 1527–1910 (1927), S. 134 (in den Anmerkungen zu Paul Krüger, Nr. 215).

46 Vgl. Eduard Alberti, Lexikon der Schleswig-Holstein-Lauenburgischen und Eutinischen Schriftsteller von 1866–1882, 1. Band (1885), S. 76; Friedrich Volbehr/Richard Weyl, Profes-

kürte diese Lebensphase, sondern auch die Geburt der Tochter Emma (1871–1925), die Bremers Ehegattin Charlotte geb. Erxleben[47] zur Welt brachte.[48] Der Aufenthalt in Kiel währte nicht lange, denn schon im Sommerhalbjahr 1872 wechselte Bremer in gleicher Lehrfunktion nach Straßburg.[49]

Elsass-Lothringen fand sich nach dem Krieg von 1870/71 als annektiertes »Reichsland« im deutschen Staatsgefüge wieder.[50] Die deutsche Straßburger Universität wurde 1872 gegründet und trug bald den Namen »Kaiser-Wilhelms-Universität«.[51] Interessanterweise gab es trotz des Bestrebens, die neue Universität rasch zu germanisieren, ein Anliegen hervorgetane französische Professoren in Straßburg zu halten; für die juristische Fakultät sollte aber, wegen der patriotischen Haltung der bisherigen Lehrer, eine ganz neue Besetzung her.[52] Mit dem Aufbau der Universität wurde der ehemalige badische Staatsminister Franz von Roggenbach (1825–1907) beauftragt, welcher bei der Professorenberufung für die juristische Fakultät eine glückliche Hand bewiesen haben soll.[53] Zu den angeworbenen Ordinarien gehörte Bremer als einer von zwei Pandektisten.[54] In den ersten Jahren lehrte Bremer sehr klassisch die Institutionen, Pandekten und die römische Rechtsgeschichte, später kam regelmäßig auch französisches Privatrecht hinzu.[55] Zusätzlich wurden die Vorlesungen zur römischen Rechtsge-

---

soren und Dozenten der Christian-Albrechts-Universität zu Kiel 1665 bis 1915 (1916), S. 40, Nr. 63.

47 Im Folgenden werden wir noch einen genaueren Blick auf ihre Herkunftsfamilie werfen.

48 Vgl. die genealogischen Angaben bei: Günter Spendel, Hippel, Robert von, in: NDB 9 (1973), S. 201–202, 201.

49 Vgl. Friedrich Volbehr/Richard Weyl, Professoren und Dozenten der Christian-Albrechts-Universität zu Kiel 1665 bis 1915 (1916), S. 40, Nr. 63; Bei Alberti zwar »1873«, s. Eduard Alberti, Lexikon der Schleswig-Holstein-Lauenburgischen und Eutinischen Schriftsteller von 1866–1882, 1. Band (1885), S. 76. Siehe jedoch: Amtliches Verzeichnis des Personals und der Studirenden der Universität zu Strassburg für das Sommer-Halbjahr 1872, S. 2.

50 Vgl. Volker Berghahn, Das Kaiserreich 1871–1914 (2001/2003), S. 189, 383; Das »Reichsland Elsass-Lothringen« nahm im Deutschen Reich eine Sonderrolle ein. Es entzog sich der föderalen Ordnung und war unmittelbar der Staatsgewalt des Kaisers unterworfen, s. Werner Frotscher, Deutsches Reich (1871–1918), in: HRG, 1. Band (2. Aufl., 2008), Sp. 1011–1027, 1014–1015.

51 Vgl. Otto Mayer, Die Kaiser-Wilhelms-Universität Straßburg (1922), S. 12, 16.

52 Vgl. Otto Mayer, Die Kaiser-Wilhelms-Universität Straßburg (1922), S. 14f., 19.

53 Vgl. Otto Mayer, Die Kaiser-Wilhelms-Universität Straßburg (1922), S. 16, 19.

54 Vgl. Otto Mayer, Die Kaiser-Wilhelms-Universität Straßburg (1922), S. 19f.

55 Siehe Anhang II; Das französische oder auch »rheinische« Privatrecht spielte im Deutschland dieser Zeit als einer der großen Rechtskreise, eine erhebliche praktische Rolle. Erst das Bürgerliche Gesetzbuch von 1900 sorgte für eine Vereinheitlichung, vgl. Tilman Repgen, Bürgerliches Gesetzbuch, in: HRG, 1. Band (2. Aufl., 2008), Sp. 752–765, 753f.; Mit dem rheinischen Recht kam Bremer freilich schon als Student in Bonn in Berührung, s. Vorlesungen auf der Rheinischen Friedrich-Wilhelms-Universität zu Bonn im Sommerhalbjahr 1855, S. 4 (»Rheinisches Civilrecht«, »Eheliches Güterrecht nach dem rheinischen Civilgesetzbuche«, »Rheinisches Civilprozeßrecht«).

schichte später durch gesonderte Veranstaltungen zur Rezeptionsgeschichte des römischen Rechts ergänzt. Bremers Tochter Emma heiratet 1894 in Straßburg den dort seit 1892 tätigen Strafrechtslehrer Robert von Hippel (1866–1951), der Ehe entstammen vier Kinder.[56]

Im Sommerhalbjahr 1897 wird Franz Peter Bremer im Personalverzeichnis der Universität Straßburg als beurlaubt geführt.[57] Im folgenden Semester ist er als emeritiert und in Bonn wohnhaft verzeichnet, wo er am 1. April 1916 verstarb.[58]

2. Bremer als Savigny-Forscher

Wann Bremer mit den Vorbereitungen für seine Savigny-Biografie begann, lässt sich nicht präzise sagen. Es gibt allerdings, teils sehr konkrete, Hinweise, die Auskunft über den Zeitraum seiner eingehenden Beschäftigung mit dem berühmten Juristen geben:

Am prominentesten wies wohl Ernst Landsberg 1910 darauf hin, dass Professor Bremer »seit Jahren mit umfassenden Vorbereitungen zu einer großen Savigny-Biographie beschäftigt« sei.[59] Bremer selbst dürfte die Bedingungen seiner Zeit als äußerst günstig wahrgenommen haben, denn die Zahl der Buchveröffentlichungen stieg um die Jahrhundertwende enorm an.[60] Aus heutiger Perspektive wirkt es erstaunlich, mit wie wenig Briefmaterial sich Bremer auf den Weg machte und wie weit er damit kam.

---

56 Vgl. Günter Spendel, Hippel, Robert von, in: NDB 9 (1973), S. 201–202, 201.

57 Vgl. Amtliches Verzeichnis des Personals und der Studenten der Kaiser-Wilhelm-Universität Straßburg für das Sommer-Halbjahr 1897, S. 5.

58 Vgl. Amtliches Verzeichnis des Personals und der Studenten der Kaiser-Wilhelm-Universität Straßburg für das Winter-Halbjahr 1897/98, S. 5; Die Sterbeurkunde Bremers befindet sich im Landesarchiv NRW: Abt. R, PA 3103, Nr. 2387, Eintragsnr. 676 vom 3. April 1916. Sie kann über die Internetseite des Landesarchives (ausgangsweise als Nr. 2387 unter: https://www.landesarchiv-nrw.de/digitalisate/Abt_Rheinland/PA_3103/PA_3103_03.html) angewählt werden (zuletzt abgerufen am 25. Mai 2024). Zwar ist sie auf den »Universitätsprofessor Peter Franz Bremer«, wohnhaft in der »Poppelsdorfer Allee 54« in Bonn, ausgestellt. Die Anzeige auf dem Standesamt wurde jedoch durch einen wohl nicht über den Vornamen sicheren Sargfabrikanten übernommen, wie die Urkunde zeigt. Ferner zeigen Bonner-Adressbücher um 1915, dass es sich bei der Adresse um Franz Peter Bremer handeln muss, vgl. J. F. Carthaus Bonn (Verlag), Adressbuch der Stadt Bonn. Juli 1915 bis Juli 1916, S. 199, 265, und ders., Adressbuch der Stadt Bonn. Juli 1914 bis Juli 1915, S. 268; Dass das Straßburger Personalverzeichnis (Kaiser-Wilhelm-Universität Straßburg. Personalverzeichnis im Winterhalbjahr 1915/16, S. 4), eine andere Hausnummer des Emeritus in der gleichen Straße nennt, kann auch auf einen Fehler zurückgehen.

59 Vgl. Ernst Landsberg, Geschichte der Deutschen Rechtswissenschaft, 3. Abt., 2. Halbbd., Notenbd. (1910), S. 96, Note 16.

60 Vgl. Volker Berghahn, Das Kaiserreich 1871–1914 (2001/2003), S. 275.

Aus dem Jahr 1893 liegt ein Aufsatz Bremers zu dem Urgroßvater Savignys vor.[61] Der kurze Text über Ludwig Johann de Savigny, verdient nähere Betrachtung, da dieser zwei Dinge offenbart: Bremer verweist erstens auf Adolf Friedrich Rudorffs (1803–1873) bekannten Aufsatz über Friedrich Carl von Savigny von 1863,[62] den er bereits »vor Jahren« gelesen haben will.[63] Möglicherweise ein Zeugnis dessen, dass Bremer schon früh Interesse an der Savigny-Forschung zeigte. Und zweitens schließt Bremer mit: »Näheres an einem anderen Orte und bei grösserer Musse«.[64] Ist das der Hinweis auf die geplante Biografie? Wahrscheinlich, denn auch anderen Schriften mit biografischem Bezug, wie beispielsweise ebenjene Rudorffs oder die spätere Stoll-Trilogie, zeichneten den Einstieg anhand eines familiengeschichtlichen Ansatzes.[65]

Auch schon vor den 1890er-Jahren setzte sich Bremer mit Savigny näher auseinander. Im Wintersemester 1888/89 hielt Bremer die Lehrveranstaltung mit dem Titel »v. Savigny und das französische, preussische und gemeine Recht« an der Straßburger-Universität.[66] Besonders fällt auch Bremers gedruckter Vortrag, den er zur Straßburger-Savigny-Feier am 21. Februar 1879 hielt, ins Auge; im Laufe der vorliegenden Arbeit wird der Vortrag uns noch wiederbegegnen.[67] Er zeichnete sich bereits durch Spuren der ganzheitlichen Methode aus, welche auch in den Vorarbeiten zu Bremers späterem Biografievorhaben hervorscheinen sollte.[68]

Wir sehen, dass sich Bremer bereits während der Hochphase seiner Lehrtätigkeit für Savigny interessierte. Nun ist das allein für einen Romanisten nicht außergewöhnlich. Savigny wurde bekanntlich für Generationen von Juristen zur zentralen Persönlichkeit der deutschen Rechtswissenschaft. Zum ganzen Bild gehört aber auch, dass sich gerade in Bremers personellem Umfeld eine gewisse ›Savigny-Nähe‹ konstatieren lässt:

Bremer promovierte bei Eduard Böcking (1802–1870).[69] Böcking war ein Vertreter der Bonner Gruppe der Historischen Rechtsschule und ein Schüler

61 Franz Peter Bremer, Ludwig Johann de Savigny. Friedrich Carl von Savignys Urgrossvater, als Amtmann in Oberbronn im Elsass, in: SZ (RA) 14 (1893), S. 256–257.

62 Vgl. Adolf Friedrich Rudorff, Friedrich Carl von Savigny. Erinnerungen an sein Wesen und Wirken, in: SZ 2 (1863), S. 1–68.

63 Vgl. Franz Peter Bremer, Ludwig Johann de Savigny. Friedrich Carl von Savignys Urgrossvater, als Amtmann in Oberbronn im Elsass, in: SZ (RA) 14 (1893), S. 256–257, 256.

64 Vgl. Franz Peter Bremer, Ludwig Johann de Savigny. Friedrich Carl von Savignys Urgrossvater, als Amtmann in Oberbronn im Elsass, in: SZ (RA) 14 (1893), S. 256–257, 257.

65 Vgl. Adolf Friedrich Rudorff, Friedrich Carl von Savigny. Erinnerungen an sein Wesen und Wirken, in: SZ 2 (1863), S. 1–68, 4–10; Adolf Stoll, Der junge Savigny (1927), S. 1–23.

66 Siehe Anhang II.

67 Vgl. Franz Peter Bremer, Zur Erinnerung an die Strassburger Savigny-Feier (1879).

68 Schon hier interessierte sich Bremer besonders für Personenbeziehungen, vgl. Franz Peter Bremer, Zur Erinnerung an die Strassburger Savigny-Feier (1879), bspw. schon S. 8–10.

69 Vgl. Franz Peter Bremer, De Domitii Ulpiani Institutionibus (Diss. 1863), S. III.

Savignys.[70] Im Jahr 1826 habilitierte er bei Savigny in Berlin, nachdem er zuvor hierfür eigens philologische Studien betrieb.[71] Einige Jahre später ging er nach Bonn, wo er 1835 ordentlicher Professor wurde.[72] Seinen Zeitgenossen wurde er aber nicht nur als Jurist, sondern auch als Herausgeber verschiedener Schriften bekannt.[73] So zählte er zu den Gelehrten ersten Ranges seiner Generation.[74] Die tiefe Bewunderung, die sein Mentor über Savigny als Lehrmeister äußerte, rezipierte auch Bremer.[75] Und dass Böcking seinem Schützling wiederum viel über den großen Juristen erzählt haben dürfte, erscheint gar wahrscheinlich.

Bremers Schwiegervater war der Senatspräsident beim Oberlandesgericht Rostock und Rechtsprofessor an der Universität Zürich Albrecht Erxleben (1814–1887).[76] Bevor der Romanist von 1841–1854 in Zürich Dienst tat, war er Privatdozent in Göttingen; neben einer Einleitung ins römische Privatrecht, soll eine seiner bekanntesten Monografien, nämlich »Die Condictiones sine causa« (1850/1853), noch ganz im Zeichen der Historischen Rechtsschule gestanden haben.[77] Es sind aber nicht nur fachliche Überschneidungen, die bei diesem Mann, der den gleichen Nachnamen wie ein Lehrer Savignys trägt, aufmerken lassen.[78] Denn an der Berufung Erxlebens an die Universität Zürich war Savigny selbst nicht ganz unschuldig. Er empfahl Albrecht Erxleben, als einen von drei Kandidaten, an Johann Kaspar Bluntschli (1808–1881).[79] Der schweizer Jurist Bluntschli studierte und promovierte in Bonn, bevor er 1833 als Rechtsprofessor an die Züricher Universität kam.[80]

70 Vgl. Hans-Peter Haferkamp, Die Historische Rechtsschule (2018), S. 20, 22.

71 Vgl. Hans-Peter Haferkamp, Die Historische Rechtsschule (2018), S. 20.

72 Vgl. Roderich von Stintzing, Böcking, Eduard, in: ADB 2 (1875), S. 785–787, 785.

73 Vgl. Roderich von Stintzing, Böcking, Eduard, in: ADB 2 (1875), S. 785–787, 786; auf zwei Herausgeberschaften Böckings werden wir gesondert zu sprechen kommen.

74 Vgl. Roderich von Stintzing, Böcking, Eduard, in: ADB 2 (1875), S. 785–787, 785.

75 »Ebenso lautet Böcking's Zeugniss. ›Ich hatte‹ so erzählt er später selbst an Savigny, ›die Mitte meines fünfjährigen Studiums schon überschritten, schon viele, auch juristische Vorlesungen gehört; aber erst auf meinem Sitze vor Ihrem Katheder begann sich mir das Heiligthum der Rechtswissenschaft zu erschliessen.‹«, s. Franz Peter Bremer, Zur Erinnerung an die Strassburger Savigny-Feier (1879), S. 32; vgl. Eduard Böcking, Pandekten. Grundriss eines Lehrbuches (5. Aufl., 1861), S. III.

76 Vgl. die Widmungen in: Franz Peter Bremer, Franz von Sickingens Fehde gegen Trier (1885), und ders., Das Pfandrecht und die Pfandobjecte (1867).

77 Vgl. Ernst Landsberg, Geschichte der Deutschen Rechtswissenschaft, 3. Abt., 2. Halbbd., Notenbd. (1910), S. 319, Note 3.

78 Mit dem Lehrer Savignys ist Johann Heinrich Christian Erxleben (1753–1811) gemeint. Belastbare Quellen dazu ob und inwiefern ein Verwandtschaftsverhältnis besteht, scheinen bisher nicht zu existieren.

79 Vgl. Savigny, Brief an Bluntschli vom 9. Mai 1841 aus Berlin, in: Wilhelm Oechsli (Hg.), Briefwechsel Johann Kaspar Bluntschlis mit Savigny, Niebuhr, Leopold Ranke, Jakob Grimm und Ferdinand Meyer (1915), Nr. 34, S. 86–87, 86.

80 Vgl. Heinrich Mitteis, Bluntschli, Johann Caspar, in: NDB 2 (1955), S. 337–338, 337.

Einer von Bremers Professorenkollegen an der rechts- und staatswissenschaftlichen Fakultät in Straßburg war Ludwig Josef Brentano (bekannter unter dem Vornamen »Lujo«, 1844–1931). Im Jahr 1882 kam der Nationalökonom in die Stadt im Elsass.[81] Er war der Neffe Clemens Brentanos.[82] Einige Jahre nach Bremers Tod veröffentlichte Lujo Brentano mit »Clemens Brentanos Liebesleben«, »wertvolles ungedrucktes Material aus den Nachlässen der Bettina v. Arnim und des Dichters Clemens B[rentano].«.[83] Ob Bremer diesen, an der eigenen, eng mit Savigny verwobenen, Familiengeschichte interessierten, Kollegen jemals konsultierte, kann nicht sicher gesagt werden.[84] Auch wenn es Gründe für Diskretion gab – Lujo Brentano wurde die Einmischung in die Rezeption seiner Familiengeschichte wegen zu großer Nähe später übelgenommen[85]– spricht die Tatsache, dass Bremer in Lujo Brentanos »Elsässer Erinnerungen« nicht einmal Erwähnung findet, eher gegen einen Austausch beider.[86] Allenfalls ließe sich resümieren, dass der Kollege aus der Brentano-Familie, Bremers Interesse an dieser nicht abträglich war.

So sehen wir, dass Savigny den Straßburger Romanisten schon länger begleitete. Kein Zufall also, dass sich Bremer berufen fühlte, dem großen Juristen eine Biografie zu widmen. Als Schüler Böckings rückte er, wenn man so will, in die zweite Generation des akademischen Stammbaumes seines Protagonisten ein; dass sich hieraus auch eine gewisse Schuldigkeit ergeben kann, die mit Schriften zu den Altvorderen zu tilgen ist, darf nicht übersehen werden.[87] Freilich wird bei Bremer aber das Eigeninteresse überwogen haben, was allein schon der Umfang seiner Vorarbeiten bezeugt. Wäre seine große Savigny-Biografie zum Abschluss gekommen, hätte sie auch dem Autor ein Denkmal innerhalb der Fachwelt gesetzt.

81 Vgl. Lujo Brentano, Elsässer Erinnerungen (1917), S. 7.
82 Vgl. Lujo Brentano, Clemens Brentanos Liebesleben (1921), S. 7.
83 Vgl. Friedrich Zahn, Brentano, Lujo, in: NDB 2 (1955), S. 596–597, 597.
84 Im Jahr 1921 schreibt Lujo Brentano, dass er erst »vor etwas mehr als zwei Jahren« auf die Briefe des Onkels »gestoßen« sei, s. Lujo Brentano, Clemens Brentanos Liebesleben (1921), S. 7.
85 Vgl. Friedrich Zahn, Brentano, Lujo, in: NDB 2 (1955), S. 596–597, 597.
86 Lujo Brentano berichtet durchaus über andere Professoren und private Kontakte, s. ders., Elsässer Erinnerungen (1917), bspw. S. 52, 57f., 117.
87 Zum Verhältnis von Biografie und Schülertradtion in der Privatrechtswissenschaft, s. Ulrike Schultz/Anja Böning/Ilka Peppmeier, Biographie und Recht, in: Helma Lutz/Martina Schiebel/Elisabeth Tuider (Hg.), Handbuch Biographieforschung (2018), S. 339–351, 347.

III. Verbleibsstationen des Nachlasses

Heute lagert der Bremer-Nachlass im Magazin des Geheimen Staatsarchivs Preußischer Kulturbesitz Berlin (Westhafen). Nach Voranmeldung kann dieser im Geheimen Staatsarchiv Preußischer Kulturbesitz, Archivstraße 12–14 in 14195 Berlin-Dahlem besichtigt werden.[88] Bisher gilt der Nachlass auch archivarisch als kaum erschlossen. Bevor weitere Eckdaten zum Nachlass geliefert werden, folgt zunächst ein Versuch die Verbleibsstationen des Nachlasses nachzuzeichnen.[89]

Nach dem Tod Bremers 1916 in Bonn, befindet sich der Nachlass zunächst in der Verfügungsgewalt seines Schwiegersohnes, des nun ordentlichen Göttinger Rechtsprofessors Robert von Hippel; er stellte den Nachlass Adolf Stoll zur Anfertigung seines dreibändigen Werkes zur Verfügung.[90]

Im »Accessions-Journal 1910–1926«[91] des Geheimen Staatsarchives Preußischer Kulturbesitz ist unter der laufenden Nummer 214[92] im Jahr 1922 ein Depositumseingang des Robert von Hippel verzeichnet. Zusätzlich findet sich eine separate Inhaltsbeschreibung:

> »2 Kisten mit Vorentwürfen des Professors der Rechte Dr. Bremer (Ordinarius an den Universitäten Strassburg u. Göttingen) für eine Biographie Fr. Carl v. Savigny's«[93]

Dass der Nachlass bereits 1922 im Archiv einging, ist besonders auffällig. Adolf Stoll, welcher mit dem Bremer-Nachlass arbeitete, brachte den ersten Band seiner Savigny-Trilogie erst 1927. Dass der Kasseler Stoll den Umweg über Berlin in Kauf nahm, wobei der Nachlass bei von Hippel in Göttingen für Stoll deutlich einfacher zu erreichen gewesen sein dürfte, ist zumindest zweifelhaft. Überdies wurden andere Teile, die mutmaßlich ebenfalls dem Nachlass zuzuordnen sind, erst um 1929 abgestoßen.[94] Vielleicht wird Hippel als Jurist den Depositumsstatus

88 Bestandssignatur: VI. HA, Nl Bremer, F. P.

89 Einige Informationen zu den Eckdaten des Nachlasses, konnte ich aus einem persönlichen Gespräch mit dem Archivar Herrn Andreas Kuttner, welchem an dieser Stelle nochmals mein Dank gilt, in einem Termin am 17. März 2022 vor Ort gewinnen. Informationen, die aus diesem Gespräch stammen, sind als solche gekennzeichnet.

90 Adolf Stoll, Der junge Savigny (1927), S. 2, Fn. 2 (beginnt auf S. 1).

91 In dieses konnte ich vor Ort Einsicht nehmen.

92 Eintragungstag: »24. XI 1922«.

93 Die Inhaltsbeschreibung findet sich in einer zugehörigen Tabelle (eine Art Begleitpapier), die mir als Kopie vorgelegt wurde. Sie führt die Überschrift »Nachl. Bremer Depositum« und enthält die Spalten »Rep.«, »Nr«, »Inhalt der Aktenconvolute« und »Bemerkungen«. Eindeutig gehört sie zu dem verzeichneten Eingang des Accessions-Journals, wie sich aus der Bemerkung »acc. 214/22« ergibt; NB: Wie oben dargestellt, war Bremer in Göttingen Extraordinarius.

94 Der bereits angesprochenen Portraitfotografie von Bremer aus der Sammlung Max Voit in der Niedersächsischen Staats- und Universitätsbibliothek Göttingen (s. oben Fn. 42) liegt ebendort noch ein Begleitbrief Hippels bei, datiert auf den 9. Februar 1929.

nicht ohne Hintergedanken gewählt haben. Denkbar erscheint also, dass der Nachlass vorübergehend durch von Hippel zurückgefordert worden sein könnte, um diesen Stoll zugänglich zu machen. Denn immerhin ist der Nachlass, offenbar seit Oktober 1925, »neuerdings« nicht mehr in Kisten, sondern in Paketen verpackt und dabei nach Bremers eigener Anordnung in seinem »Savigny-Schrank« sortiert worden.[95] Ausweislich eines veröffentlichten Bestandsinventars von 1934 befindet sich der Nachlass zu dieser Zeit jedenfalls wieder oder noch im Geheimen Staatsarchiv zu Berlin-Dahlem.[96]

Die Nachlassarchivierung von Nachlässen hoher Beamter und Offiziere ist in preußischen Archiven nicht unüblich, wobei Nachlässe bereits seit Ende des 17. Jahrhunderts teils aktiv durch den preußischen Staat eingefordert wurden; die Beschlagnahmepraxis milderte sich im Laufe der Zeit ab, gelegentlich kam es auch zu Nachlasskäufen.[97] Ob sich die Motivation zur Depositumsgabe durch von Hippel aus Pflichtgefühl oder anderen Motiven begründet, bleibt offen. Ein Begleitbrief, der etwa Einblicke in die Motive geben könnte, liegt gemäß den Angaben der Archivverwaltung nicht vor.

Nach dem zweiten Weltkrieg findet sich der Nachlass Bremers im Deutschen Zentralarchiv in der Deutschen Demokratischen Republik in der Abteilung Merseburg (DZA.II) wieder.[98] Um die Verschiebung von Berlin-Dahlem nach Merseburg nachzuvollziehen, lohnt sich ein Blick in die jüngere Geschichte des heutigen Geheimen Staatsarchives Preußischer Kulturbesitz:

Die Bombardierungen des Krieges hatten zur Folge, dass große Teile der preußischen Archivbestände aus Berlin-Dahlem zum Schutz in nahegelegene Bergwerke gebracht wurden, überwiegend gen Osten.[99] Trotz der Auflösung des preußischen Staates nach dem zweiten Weltkrieg, wurde das alte Archiv in Dahlem schon 1949 wieder aufgebaut; die Versuche dort sämtliches Material erneut zu vereinigen, scheiterten aber nun an den Zonengrenzen der Sieger-

95 Vgl. Text zur Bemerkung »D. 10/25« (s. oben Fn. 93), die, so verstehe ich es, das Datum und den Bearbeiter ausweist; NB: Dass zwischen Stoll und Bremer irgendeine Art der Zusammenarbeit bestanden haben könnte, werden wir noch sehen.

96 Vgl. Ernst Müller/Ernst Posner, Übersicht über die Bestände des Geheimes Staatsarchives zu Berlin-Dahlem, in: Mitteilungen der Preussischen Archivverwaltung, Heft 24 (1934), Rep. 92, S. 104.

97 Vgl. Ernst Müller/Ernst Posner, Übersicht über die Bestände des Geheimes Staatsarchives zu Berlin-Dahlem, in: Mitteilungen der Preussischen Archivverwaltung, Heft 24 (1934), Rep. 92, S. 99–100.

98 Vgl. Wolfgang Mommsen, Die schriftlichen Nachlässe in den zentralen deutschen und preussischen Archiven (1955), S. 14; s. auch ders., Die Nachlässe in den deutschen Archiven (1971), S. 71; Die ersten Eintragungen zu Merseburg im Begleitpapier (s. oben Fn. 93), sind auf das Jahr 1950 datiert.

99 Vgl. Werner Vogel, Zur Geschichte des Geheimen Staatarchivs Preußischer Kulturbesitz, in: Der Archivar 45 (Heft 1, 1992), Sp. 338–343, 340f.

mächte.[100] Die preußischen Archivalien im Sektor der Sowjetunion übernahm die Deutsche Demokratische Republik (DDR), die für sie die Abteilung Merseburg des Zentralarchives der DDR schuf.[101] In der Bundesrepublik wurde das Archiv in Dahlem 1962 durch die Stiftung Preußischer Kulturbesitz übernommen, klare Zuständigkeitsgrenzen, in Hinblick auf andere westdeutsche Archive, sollten sich aber erst im Laufe des Jahrzehnts herauskristallisieren.[102] Der anfangs gute Kontakt zu den Archivaren im Osten fror mit der Zeit ein.[103] Erst die Wende und die Deutsche Wiedervereinigung sicherten wieder den gesamtdeutschen Zugriff auf die Archivalien, die zuvor jeweils hinter dem »Eisernen Vorhang« lagen. So sollten die preußischen Bestände aus Merseburg auf Grundlage des Artikels 35 des Einigungsvertrages nach Berlin-Dahlem zurückgeführt werden und die Arbeiten hierzu 1992 beginnen.[104]

Dass diesen (Rück-)Weg auch der Bremer-Nachlass nahm, ist äußerst wahrscheinlich. Denn so befinde sich der Nachlass seit 1994, gemäß einer Aussage des Archivars Kuttner, wieder im Geheimen Staatsarchiv Preußischer Kulturbesitz in Berlin-Dahlem. Die heutige, ausschließlich interne, archivarische Führungsakte beinhalte lediglich eine Seite, bei der es sich mutmaßlich um eine Kopie einer Eingangsnotiz auf einer Karteikarte handele, so Kuttner.[105]

Der Nachlass ist aktuell in 23 hellgrauen Kartons verpackt, wobei die Kartons jeweils regelmäßig zwei bis drei Blattbündel enthalten.[106] Die einzelnen Blattbündel sind in gelbliches Verpackungspapier eingeschlagen. Innerhalb dieser Verpackung befindet sich meistens ein Gesamtumschlag des Bündels (ähnlich einer Papiermappe, nicht geheftet). Der Gesamtumschlag beinhaltet jeweils weitere teils beschriftete Blattumschläge, die die handbeschriebenen Textblät-

100 Vgl. Werner Vogel, Zur Geschichte des Geheimen Staatarchivs Preußischer Kulturbesitz, in: Der Archivar 45 (Heft 1, 1992), Sp. 338–343, 338, 341.

101 Vgl. Werner Vogel, Zur Geschichte des Geheimen Staatarchivs Preußischer Kulturbesitz, in: Der Archivar 45 (Heft 1, 1992), Sp. 338–343, 341.

102 Vgl. Werner Vogel, Zur Geschichte des Geheimen Staatarchivs Preußischer Kulturbesitz, in: Der Archivar 45 (Heft 1, 1992), Sp. 338–343, 341.

103 Vgl. Werner Vogel, Zur Geschichte des Geheimen Staatarchivs Preußischer Kulturbesitz, in: Der Archivar 45 (Heft 1, 1992), Sp. 338–343, 341.

104 Vgl. Werner Vogel, Zur Geschichte des Geheimen Staatarchivs Preußischer Kulturbesitz, in: Der Archivar 45 (Heft 1, 1992), Sp. 338–343, 342f.

105 Persönliches Gespräch im Geheimen Staatarchiv am 17. März 2022; Auf die generellen archivarischen Probleme, die aus den Kriegswirren des Zweiten Weltkrieges entstanden sind, wurde bei dieser Gelegenheit hingewiesen.

106 Diese und die folgenden Beobachtungen stammen vom 17. März 2022; Maße Kartons ca.: 39 cm*28 cm*11 cm. Die höchstens geringfügig abgenutzte Kartonage, macht einen modernen Eindruck; Dass der Nachlass in Kartons verpackt ist, bezeichnet Archivar Kuttner in einem persönlichen Gespräch vor Ort am 17. März 2022 als auffällig, da dieses ungewöhnlich sei; Eine umfangreiche Beschaffenheitsbeschreibung gibt: Stephan Meder, Franz Peter Bremer. Der junge Savigny zwischen Frühromantik und Rechtswissenschaft (2024), S. XXXIII–XL.

ter[107] in ungebundene Kladden ordnen. Neben den gewöhnlichen beschriebenen Textblättern befinden sich innerhalb der Kladden zahlreiche Blattabschnitte sowie gelegentlich andere Dokumente wie beispielsweise Quittungen oder Zeitungsausschnitte. Die Textblätter sind meistens einseitig beschrieben, wobei ein Rand auf der rechten Seite eingehalten wurde. Der Rand wird gelegentlich für Korrekturen, Notizen und Ergänzungen genutzt.[108] Sowohl im Text als auch bei den Randnotizen finden sich Durch- und Unterstreichungen.[109] Die Beschriftung der Textblätter ist regelmäßig als Fließtext angelegt, seltener finden sich Register und Tabellen. Ohne entsprechende Vorkenntnisse und Eingewöhnung ist die Handschrift Bremers (deutsche Kurrentschrift) kaum zu entziffern.[110]

IV. Itinerarium

Bevor wir uns Bremers Notizen vom Protagonisten nähren, beginnen wir mit einem Kurzabriss von Savignys Leben in den Jahren von 1799–1805 und der Zeit, die diesen Schwerpunktzeitraum einrahmt.[111]

1. Prolog (1779–1799)

Friedrich Carl von Savigny wurde 1779 in Frankfurt am Main geboren. Die aristokratische Familie pflegte trotz ihres beträchtlichen Wohlstandes einen schlichten Lebensstil.[112] Schon in der Kindheit lernte er Französisch und Latein.[113] Ohne lebende Geschwister, wurde er mit zwölf Jahren zum Vollwaisen und zum Alleinerben des Vermögens und einiger Landgüter.[114] Fortan wurde er

107 Maße ca.: 21 cm*16,5 cm; Abbildungen finden sich bei: Stephan Meder, Franz Peter Bremer. Der junge Savigny zwischen Frühromantik und Rechtswissenschaft (2024), S. LI–LVII.

108 Teilweise auch als Bleistiftnotizen, statt der gewöhnlichen dunklen Tinte.

109 Manchmal auch in abweichender Farbe, wie etwa roter Buntstift.

110 Siehe insbesondere hierzu: Stephan Meder, Franz Peter Bremer. Der junge Savigny zwischen Frühromantik und Rechtswissenschaft (2024), S. XXXVIII.

111 Neuere Überblicke zu Savignys Lebensstationen für diesen Zeitraum finden sich bei Stephan Meder, Franz Peter Bremer. Der junge Savigny zwischen Frühromantik und Rechtswissenschaft (2024), S. 739–741; bei Joachim Rückert, Idealismus, Jurisprudenz und Politik bei Friedrich Carl von Savigny (2. Auflage, 2022/1984), S. 485–496; bei Jochen Otto, Auf den Spuren von Friedrich Carl von Savigny (1779–1861). Der Junge Savigny (1779–1804), in: SZ (RA) 128 (2011), S. 442–463; ders., Auf dem Weg nach Berlin: 1804–1810, in: SZ (RA) 129 (2012), S. 604–635; und bei Ingeborg Schnack, Der Briefwechsel zwischen Friedrich Carl von Savigny und Stephan August Winkelmann (1984), S. 9–94.

112 Vgl. Adolf Stoll, Der junge Savigny (1927), S. 25.

113 Vgl. Adolf Stoll, Der junge Savigny (1927), S. 25.

114 Vgl. Adolf Stoll, Der junge Savigny (1927), S. 25f.

von dem Reichskammergerichtsassessor Constantin von Neurath (1739–1816 oder 1817), einem Freund des Vaters, in Wetzlar erzogen.[115] Dem Willen seines verstorbenen Vaters folgend, begann Savigny ein Jura-Studium in Marburg, um sich für den Regierungsdienst im Sinne der aristokratischen Tradition zu qualifizieren.[116] Im Heimunterricht bereitete Constantin von Neurath seinen eigenen gleichnamigen Sohn (1777–1817) und den jungen Savigny auf das Studium bestens vor.[117] In Marburg bildete sich mit den Cousins Georg Friedrich Creuzer (1771–1858, Philosoph, Altphilologe) und Leonard Creuzer (1768–1844, Philosoph), Friedrich Schwarz (1766–1837, Theologe), Johann Christian Bang (1774–1851, lutherischer Pfarrer) und weiteren der »Marburger-Freundeskreis« um Savigny.[118] Seine wichtigsten Lehrer waren Philipp Friedrich Weis (1766–1808) und Johann Heinrich Christian Erxleben (1753–1811).[119] Im Sommer 1799 hatte Savigny das Studium absolviert und plante seine Kavaliersreise.[120]

2. Sächsische Studienreise (1799–1800)

Savigny verließ am 24. Juli 1799 sein Landgut Meerholz, das er einen Tag zuvor von seinem Gut Trages aus erreichte, in Richtung Nordosten, um seine als Sächsische Studienreise bezeichnete, ›Grand Tour‹ anzutreten.[121] Noch am ersten Reisetag traf er in Fulda ein, wo er das Franziskanerkloster besuchte.[122] Am nächsten Tag kam er in Eisenach an und besichtigte die Wartburg.[123] In Gotha war Savigny Gast im Hause von Friedrich Schlichtegroll (1765–1822), an welchen er vermutlich von Friedrich Creuzer empfohlen wurde.[124] Bei Schlichtegroll be-

115 Vgl. Adolf Stoll, Der junge Savigny (1927), S. 26.
116 Vgl. Adolf Stoll, Der junge Savigny (1927), S. 30.
117 Vgl. Adolf Stoll, Der junge Savigny (1927), S. 29.
118 Vgl. Jochen Otto, Auf den Spuren von Friedrich Carl von Savigny (1779–1861). Der Junge Savigny (1779–1804), in: SZ (RA) 128 (2011), S. 442–463, 445f. (s. auch ebd. Fn. 10).
119 Vgl. Jochen Otto, Auf den Spuren von Friedrich Carl von Savigny (1779–1861). Der Junge Savigny (1779–1804), in: SZ (RA) 128 (2011), S. 442–463, 444.
120 Vgl. Jochen Otto, Auf den Spuren von Friedrich Carl von Savigny (1779–1861). Der Junge Savigny (1779–1804), in: SZ (RA) 128 (2011), S. 442–463, 449.
121 Vgl. Savigny, Brief an F. Creuzer vom 23. Juli 1799 von Gut Trages, in: Adolf Stoll, Der junge Savigny (1927), Nr. 28, S. 103–104, 103.
122 Vgl. Savigny, Briefbeilage (Reisetagebuch, erster Teil, 24. Juli–2. August 1799), in: Adolf Stoll, Friedrich Karl von Savignys Sächsische Studienreise 1799 und 1800 (1890), Nr. 1, S. 6–20, 7.
123 Vgl. Savigny, Briefbeilage (Reisetagebuch, erster Teil, 24. Juli–2. August 1799), in: Adolf Stoll, Friedrich Karl von Savignys Sächsische Studienreise 1799 und 1800 (1890), Nr. 1, S. 6–20, 7f.
124 Vgl. Savigny, Briefbeilage (Reisetagebuch, erster Teil, 24. Juli–2. August 1799), in: Adolf Stoll, Friedrich Karl von Savignys Sächsische Studienreise 1799 und 1800 (1890), Nr. 1, S. 6–20, 8 (s. auch ebd. Fn. 33).

gegnete er dem Schriftsteller Jean Paul (1763–1825).[125] Savigny durchreiste Erfurt mit seiner reichen Hofbibliothek und kam in der Nacht vom 27. auf den 28. Juli nach Weimar.[126] In Empfang genommen wurde er von Karl August Böttiger (1760–1835); auf die Weiterreise nahm Savigny einen Brief von Böttiger an Christoph Martin Wieland (1733–1813) nach Oßmannstedt mit.[127] Auf dem Wielandsgut traf er Sophie de La Roche (1730–1807), die ihn an ihren Neffen Clemens Brentano (1778–1842) empfahl, der sich dieser Zeit immer wieder in Jena aufhielt.[128] Savigny reiste nach Jena und verbrachte dort bis zum 2. August 1799, vier Tage; ihm gefiel die Universität und das intellektuelle Klima in der Stadt außerordentlich.[129] Er hörte unter anderem Vorträge von Paul Johann Anselm Feuerbach (1775–1833), August Wilhelm Schlegel (1767–1845) und Gottlieb Hufeland (1760–1817).[130] Mit Hufeland wurde Savigny besser bekannt.[131] An einem der vier Tage lernte Savigny den Dichter und Medizinstudenten Stephan August Winkelmann (1780–1806) und die Schriftstellerin Sophie Mereau (1770–1806) kennen.[132] Bei dem ersten Aufenthalt in Jena, hat Savigny Clemens Brentano vermutlich noch nicht kennengelernt.[133] Hans von Bostel (1779–1839), ursprünglich aus Wetzlar, schloss sich in Jena Savigny vorübergehend zur Weiterreise an, wie aus dem ersten Brief aus Leipzig, der Hauptreisestation, aus der Mitte des Augustes 1799 hervorgeht.[134] In Leipzig lebt Savigny in einer Wohnung im gleichen Haus wie der Philologe Gottfried Hermann (1772–1848).[135] Im September geht es von Leipzig über Meißen und Dresden ins Erz-

125 Vgl. Savigny, Briefbeilage (Reisetagebuch, erster Teil, 24. Juli–2. August 1799), in: Adolf Stoll, Friedrich Karl von Savignys Sächsische Studienreise 1799 und 1800 (1890), Nr. 1, S. 6–20, 9.

126 Vgl. Savigny, Briefbeilage (Reisetagebuch, erster Teil, 24. Juli–2. August 1799), in: Adolf Stoll, Friedrich Karl von Savignys Sächsische Studienreise 1799 und 1800 (1890), Nr. 1, S. 6–20, 11.

127 Vgl. Savigny, Briefbeilage (Reisetagebuch, erster Teil, 24. Juli–2. August 1799), in: Adolf Stoll, Friedrich Karl von Savignys Sächsische Studienreise 1799 und 1800 (1890), Nr. 1, S. 6–20, 11 f.

128 Vgl. Reinhold Steig, Achim von Arnim und Clemens Brentano (1894), S. 17 f.

129 Vgl. Savigny, Briefbeilage (Reisetagebuch, erster Teil, 24. Juli–2. August 1799), in: Adolf Stoll, Friedrich Karl von Savignys Sächsische Studienreise 1799 und 1800 (1890), Nr. 1, S. 6–20, 13–20.

130 Vgl. Savigny, Briefbeilage (Reisetagebuch, erster Teil, 24. Juli–2. August 1799), in: Adolf Stoll, Friedrich Karl von Savignys Sächsische Studienreise 1799 und 1800 (1890), Nr. 1, S. 6–20, 13–20.

131 Vgl. Savigny, Briefbeilage (Reisetagebuch, erster Teil, 24. Juli–2. August 1799), in: Adolf Stoll, Friedrich Karl von Savignys Sächsische Studienreise 1799 und 1800 (1890), Nr. 1, S. 6–20, 16.

132 Vgl. Adolf Stoll, Der junge Savigny (1927), S. 121, Fn. 4.

133 Hierzu später näheres, s. S. 105 und S. 112 f.

134 Vgl. Savigny, Brief an L. Creuzer vom 16. August 1799 aus Leipzig, in: Adolf Stoll, Friedrich Karl von Savignys Sächsische Studienreise 1799 und 1800 (1890), Nr. 2, S. 20–21, 21 (Bostel ist der hier genannte Schüler von Hauff, s. ebd. Fn. 109).

135 Vgl. Savigny, Brief an F. Creuzer vom 17. August 1799 aus Leipzig, in: Adolf Stoll, Friedrich Karl von Savignys Sächsische Studienreise – 1799 und 1800 (1890), Nr. 3, S. 21–22, 21.

gebirge und schließlich nach Prag.[136] Im Oktober 1799 war Savigny zurück in Leipzig, wo er den Winter verbringt; sein angeschlagener Gesundheitszustand verschlechterte sich zeitweise drastisch; dennoch arbeitet er nun auf seine Promotion in Marburg hin.[137] An Literatur gedenkt er von der Reise eine ganze Bibliothek mit zurück nach Marburg zu bringen.[138] Im April 1800 ist Savigny ein zweites Mal in Jena; dort trifft er Clemens Brentano und verabredet ein baldiges Wiedersehen mit ihm in Sachsen.[139] Am Ende des Monates ist Savigny wieder in Leipzig.[140] Im Sommer schreibt er seine Briefe ein drittes Mal aus Jena und Anfang August 1800 bittet er von hieraus seine Freunde, ihre Antwortbriefe nach Gut Trages zu senden.[141]

3. Zurück in Marburg (1800–1804)

Den Spätsommer des Jahres 1800 verbringt Savigny mit verschiedenen Besuchern auf Gut Trages, aber noch in diesem Jahr wird er seinen Hauptwohnsitz in Marburg einrichten; dort wurde ihm am letzten Oktobertag des Jahres 1800 die Doktorwürde zuteil und prompt begann er Vorlesungen zu halten – erst im Kriminalrecht und später im römischen Recht.[142] Dabei sah er sein Promotionsfach eigentlich als Eintrittstor zum Studium des Naturrechts.[143] Der mit der Promotion verbundene Eintritt in die akademische- und damit bürgerliche Gesellschaft, wurde von Zeitgenossen als Abstieg verstanden.[144] Im Jahr 1801 lernt er in Frankfurt am Main Kunigunde Brentano (1780–1863), die Schwester Clemens

136 Vgl. Savigny, Briefbeilage (Reisetagebuch, zweiter Teil, 5.–15. September 1799), in: Adolf Stoll, Friedrich Karl von Savignys Sächsische Studienreise 1799 und 1800 (1890), Nr. 4, S. 22–26.

137 Vgl. Savigny, Brief an F. und L. Creuzer vom 3. Januar 1800 aus Leipzig, in: Adolf Stoll, Friedrich Karl von Savignys Sächsische Studienreise 1799 und 1800 (1890), Nr. 10, S. 30–32, 30, 31.

138 Vgl. Savigny, Brief an F. Creuzer vom 25. Januar 1800 aus Leipzig, in: Adolf Stoll, Friedrich Karl von Savignys Sächsische Studienreise 1799 und 1800 (1890), Nr. 11, S. 32.

139 Vgl. Reinhold Steig, Achim von Arnim und Clemens Brentano (1894), S. 18.

140 Vgl. Savigny, Brief an F. und L. Creuzer und Schwarz vom 26. April 1800 aus Leipzig, in: Adolf Stoll, Friedrich Karl von Savignys Sächsische Studienreise 1799 und 1800 (1890), Nr. 13, S. 33–36.

141 Vgl. Savigny, Brief an F. und L. Creuzer vom 5. August 1800 aus Jena, in: Adolf Stoll, Friedrich Karl von Savignys Sächsische Studienreise 1799 und 1800 (1890), Nr. 17, S. 38.

142 Vgl. Jochen Otto, Auf den Spuren von Friedrich Carl von Savigny (1779–1861). Der Junge Savigny (1779–1804), in: SZ (RA) 128 (2011), S. 442–463, 458f.

143 Vgl. Savigny, Brief an F. und L. Creuzer vom 3. Januar 1800 aus Leipzig, in: Adolf Stoll, Friedrich Karl von Savignys Sächsische Studienreise 1799 und 1800 (1890), Nr. 10, S. 30–32, 30.

144 Vgl. Jochen Otto, Auf den Spuren von Friedrich Carl von Savigny (1779–1861). Der Junge Savigny (1779–1804), in: SZ (RA) 128 (2011), S. 442–463, 456.

Brentanos, kennen und zwischen beiden sollte der überwiegend brieflich gehaltene Kontakt nicht mehr abreißen.[145] Die heimliche Hochzeit des Protestanten und der Katholikin fand im April 1804 in Meerholz nach protestantischem Ritus statt.[146] Die berühmtesten Hörer in Savignys Marburger-Zeit waren die Brüder Grimm, die mit einem Semester Abstand das Jura-Studium in Marburg begannen; zwischen Savigny und Jacob Grimm (1785–1863) bildete sich ein besonders enges Lehrer-Schüler-Verhältnis.[147] Im Jahr 1803 erschien das Werk, welches Savignys großes Renommee unter den deutschen Juristen begründen sollte, das »Recht des Besitzes«; ob des Erfolges, wurde er zum außerordentlichen Professor in Marburg ernannt.[148] Bis zum Ende des Wintersemesters 1803/1804 hielt er dort noch Vorlesungen.[149] Von größeren oder bedeutenden Reisen Savignys während der Marburger-Zeit wissen wir wenig. Überwiegend wird der verpflichtete Dozent in das Studium vertieft gewesen sein und ließ wohl seine Freunde zu ihm kommen. Insbesondere gilt das für Clemens Brentano, der zeitweise bei Savigny wohnte.[150] Erst mit Savignys Entpflichtung in Marburg erfahren wir wieder von Reisetätigkeiten. Im März 1804 befand sich Savigny erst in Kassel und danach in Göttingen, wo er den berühmten Juristen Gustav Hugo (1764–1844) traf.[151] Stephan August Winkelmann begegnete Savigny zu dieser Zeit ein letztes Mal persönlich, bevor er zwei Jahre später verstirbt.[152] Savignys sommerlicher Aufenthalt auf Gut Trages 1804 wurde nur durch eine kurze Reise nach Würzburg unterbrochen.[153]

145 Vgl. Reinhold Steig, Achim von Arnim und Clemens Brentano (1894), S. 22; Adolf Stoll, Der junge Savigny (1927), S. 184.
146 Vgl. Jochen Otto, Auf den Spuren von Friedrich Carl von Savigny (1779–1861). Der Junge Savigny (1779–1804), in: SZ (RA) 128 (2011), S. 442–463, 462.
147 Vgl. Adolf Stoll, Der junge Savigny (1927), S. 172–174.
148 Vgl. Jochen Otto, Auf den Spuren von Friedrich Carl von Savigny (1779–1861). Der Junge Savigny (1779–1804), in: SZ (RA) 128 (2011), S. 442–463, 460.
149 Vgl. Jochen Otto, Auf den Spuren von Friedrich Carl von Savigny (1779–1861). Der Junge Savigny (1779–1804), in: SZ (RA) 128 (2011), S. 442–463, 460.
150 Vgl. Ingeborg Schnack, Der Briefwechsel zwischen Friedrich Carl von Savigny und Stephan August Winkelmann (1984), S. 36.
151 Vgl. Savigny, Brief an F. Creuzer vom 20. März 1804 aus Göttingen, in: Adolf Stoll, Der junge Savigny (1927), Nr. 84, S. 225–227, 226.
152 Vgl. Ingeborg Schnack, Der Briefwechsel zwischen Friedrich Carl von Savigny und Stephan August Winkelmann (1984), S. 84.
153 Vgl. Adolf Stoll, Der junge Savigny (1927), S. 194.

4. Die Reise nach Paris (1804–1805)

Im August 1804 bricht Savigny samt Ehefrau und Schwägerin Meline (1788–1861) zunächst in Richtung Heidelberg auf.[154] Hier, wo inzwischen Friedrich Creuzer Professor geworden war und sich auch Clemens Brentano niedergelassen hatte, bleib er zwei Monate.[155] Die Neustrukturierung der hiesigen Universität begleitete Savigny engagiert.[156] Ein Jahr zuvor musste er eine Berufung hierher, die inzwischen begonnene Reise vor Augen, noch ablehnen; da eine nochmalige Berufung zu einem späteren Zeitpunkt sein Wunsch gewesen wäre, ließ er sich auch noch nach seiner Abreise am 20. Oktober 1804 über die Geschehnisse vor Ort informieren.[157] Vorwiegend mit den lokalen Bibliotheken als Ziel ging es nun unter anderem über Mannheim, Straßburg, Nancy und Metz und an dem Tag, an dem sich Napoleon (1769–1821) selbst die Kaiserkrone aufsetzte, traf er schließlich in Paris ein.[158] Dort zeigte sich, dass auf der Reise einige der vorausgegangenen Bibliotheksarbeiten verloren gegangen waren.[159] Um den Verlust aufzuarbeiten, bestellt Savigny Jacob Grimm nach Paris; im Februar 1805 kam er in der Metropole an.[160] Noch weiteren Zuwachs erhielt die Reisegesellschaft mit der Geburt von Savignys Tochter Betine am 11. April 1805 und die Elternfreuden beflügelten den jungen Gelehrten.[161] Grimm assistierte Savigny bei all seinen Studien in der Pariser-Bibliothek treu.[162] Am 18. September 1805 wurde die Rückreise in Angriff genommen, sie führte nochmals über Metz und Koblenz, wo man Joseph Görres (1776–1848) traf; in den ersten Oktobertagen erreichte die Reisegesellschaft das Gut Trages.[163]

154 Vgl. Adolf Stoll, Der junge Savigny (1927), S. 197.

155 Vgl. Ingeborg Schnack, Der Briefwechsel zwischen Friedrich Carl von Savigny und Stephan August Winkelmann (1984), S. 84; Adolf Stoll, Der junge Savigny (1927), S. 197f.

156 Vgl. Jochen Otto, Auf den Spuren von Friedrich Carl von Savigny (1779–1861). Auf dem Weg nach Berlin: 1804–1810, in: SZ (RA) 129 (2012), S. 604–635, 608.

157 Vgl. Jochen Otto, Auf den Spuren von Friedrich Carl von Savigny (1779–1861). Auf dem Weg nach Berlin: 1804–1810, in: SZ (RA) 129 (2012), S. 604–635, 605, 618.

158 Vgl. Adolf Stoll, Der junge Savigny (1927), S. 198; Jochen Otto, Auf den Spuren von Friedrich Carl von Savigny (1779–1861). Auf dem Weg nach Berlin: 1804–1810, in: SZ (RA) 129 (2012), S. 604–635, 616.

159 Vgl. Jochen Otto, Auf den Spuren von Friedrich Carl von Savigny (1779–1861). Auf dem Weg nach Berlin: 1804–1810, in: SZ (RA) 129 (2012), S. 604–635, 616f.

160 Vgl. Adolf Stoll, Der junge Savigny (1927), S. 198.

161 Vgl. Jochen Otto, Auf den Spuren von Friedrich Carl von Savigny (1779–1861). Auf dem Weg nach Berlin: 1804–1810, in: SZ (RA) 129 (2012), S. 604–635, 620.

162 Vgl. Adolf Stoll, Der junge Savigny (1927), S. 199.

163 Vgl. Jochen Otto, Auf den Spuren von Friedrich Carl von Savigny (1779–1861). Auf dem Weg nach Berlin: 1804–1810, in: SZ (RA) 129 (2012), S. 604–635, 620.

5. Epilog (1805–1810)

Nach der Reise kehrt Savigny nach Marburg zurück.[164] Schon im nächsten Sommer beginnt eine weitere Bibliotheksreise nach Süddeutschland, unter anderem über Nürnberg und München; danach ging es für eine längere Zeit nach Österreich, in Wien wird er bis zum Sommer des Jahres 1807 zubringen.[165] Im Herbst 1808 wird er erstmals Ordinarius und zwar in Landshut.[166] Eine Berufung die er vormals, ob seines negativen Urteils über die dortige Universität, wohl abgelehnt hätte.[167] Doch die Universitätenlandschaft hatte sich inzwischen durch die napoleonische Invasion drastisch verändert.[168] Im Januar 1810 wurde er auf Betreiben von Wilhelm Humboldt (1767–1835) an die gerade gegründete Berliner-Universität berufen und noch im Oktober des gleichen Jahres hielt er dort erste Vorlesungen.[169]

164 Vgl. Adolf Stoll, Der junge Savigny (1927), S. 267.
165 Vgl. Adolf Stoll, Der junge Savigny (1927), S. 268–270.
166 Vgl. Jochen Otto, Auf den Spuren von Friedrich Carl von Savigny (1779–1861). Auf dem Weg nach Berlin: 1804–1810, in: SZ (RA) 129 (2012), S. 604–635, 628.
167 Vgl. Savigny, Brief an F. Creuzer vom 22. November 1806 aus München, in: Adolf Stoll, Der junge Savigny (1927), Nr. 141, S. 291–294, 292.
168 Vgl. Jochen Otto, Auf den Spuren von Friedrich Carl von Savigny (1779–1861). Auf dem Weg nach Berlin: 1804–1810, in: SZ (RA) 129 (2012), S. 604–635, 606–608.
169 Vgl. Jochen Otto, Auf den Spuren von Friedrich Carl von Savigny (1779–1861). Auf dem Weg nach Berlin: 1804–1810, in: SZ (RA) 129 (2012), S. 604–635, 633–635.

2. Kapitel: Die sächsische Studienreise I – Leipzig und Jena: Eindrücke, Bekanntschaften und Gesellschaftsstrukturen

Bevor Savigny seine Reise antreten konnte, war noch etwas zu erledigen. Anfang des Jahres 1799 stand er noch immer unter der Vormundschaft von Constantin von Neurath (dem älteren).[170] Zum frühestmöglichen Zeitpunkt, den das hessische Recht dafür vorsah, gab Neurath um den zwanzigsten Geburtstag seines Mündels eine Erklärung ab, die Savignys formales Erwachsenwerden voranbringen sollte und Bremer vorlag.[171] Neurath attestierte seinem Schützling aufgrund seiner »vorzüglich guten natürlichen« Talente und seines »mehr als gewöhnlichen Fleiße« die Qualitäten eines »ausgezeichnet ordentlichen u. soliden jungen Mannes« zu haben, der bisher »sehr ordentlich u. genau gewirthschaftet« habe.[172] Mit diesem Zeugnis seines Vormundes, richtete sich Savigny mit einem Antrag auf die Erteilung der »Großjährigkeitserklärung« an den hessischen Landgrafen Wilhelm IX. (1743–1821; Hessen-Kassel; als Kurfürst: Wilhelm I.).[173] Um seine Reife darzulegen, führt er an, dass er das Rechtsstudium absolviert habe.[174] Als Herr über verschiedene, in der Grafschaft Hanau gelegene, Landgüter bekräftigte er implizit seinen Treueschwur gegenüber dem Landesherren.[175] Dass ihm die eigene Verwaltung seines Vermögens aus verschiedenen Gründen »zu großem Vortheil gereichen« würde, ist ferner Teil der Antragsbegründung.[176] Nach positiver Berichterstattung seiner Regierung, entsprach Wilhelm IX. am 5. April 1799 dem Antrag.[177] Die »Großjährigkeitserklärung« wurde allerdings mit der von Bremer als ungewöhnlich empfundenen Einschränkung versehen,

170 Bremer/Meder IV-2, Bl. 63.

171 Bremer/Meder IV-2, Bl. 63f.

172 Bremer/Meder IV-2, Bl. 64.

173 Bremer/Meder IV-2, Bl. 65; Der bereits zeitlebens als geizig und größenwahnsinnig verstandene Souverän, wurde auch noch zu Bremers Zeiten derart berüchtigt gezeichnet, dass in ihm sämtliche Negativeigenschaften der deutschen Fürsten vereint gewesen wären, s. Hermann von Petersdorff, Wilhelm IX., in: ADB 43 (1898), S. 64–75, 64, 74.

174 Bremer/Meder IV-2, Bl. 65.

175 Bremer/Meder IV-2, Bl. 65.

176 Bremer/Meder IV-2, Bl. 65.

177 Bremer/Meder IV-2, Bl. 66.

dass Savigny »dem Rechte nach, so lange er die natürliche Volljährigkeit noch nicht erreicht, von unbeweglichen Gütern oder Grundstücken ohne obrigkeitliche Erlaubniß nicht [zu] veräußern« berechtigt ist.[178]

Durch das Dekret Wilhelms IX. war der Grundstein für ein selbstbewusstes Erwachsenwerden gelegt. Dass Savigny mit dem Reifezeugnis und der Teilerfüllung der gesetzlichen Volljährigkeit, die frühestmögliche Option zur emancipatio anstrebte,[179] dürfte auch mit der geplanten Reise in Zusammenhang gestanden haben. Der nun über sein reiches Vermögen selbst verfügende Aristokrat reiste, anders als die meisten seiner Zeitgenossen, die auf Pferde oder die unbequemen Postkutschen angewiesen waren, im eigenen Wagen und mit Personal durch die Lande.[180] Allein dieses wird so viel Aufsehen erregt haben, dass ihm die Einladung manches vornehmen Gastgebers in die gehobenen Hausgesellschaften sicher war. Die Empfehlungen seiner Marburger Freunde taten ihr übriges.

I. Leipzig als Hauptreiseziel

Im Vorfeld der sächsischen Reise schrieb der junge Savigny einen inzwischen bekannten Brief an Friedrich Creuzer, welcher Savignys Reisepläne und Vorstellungen offenbart:

> »[...] Ich habe mir vorgenommen, in 4 Wochen nach Leipzig zu reisen, das Sie und meine Phantasie mir zu einem neuen Jerusalem gemacht haben. [...] In L., wo ich einige Monate bleiben werde, will ich [...] bloß Fichtische Philosophie studieren, um mir dort recht wohl seyn zu lassen; [...]«[181]

Wir sehen, dass wir uns die Reise, zu welcher Savigny am 24. Juli 1799 aufbrach, keineswegs als rein juristische Studienreise vorstellen können. Das Bild von einem universalinteressierten Studienabsolventen als Kulturreisender dürfte hier treffender sein. Es finden sich keine Hinweise dazu, was die Basis des ›Jerusalem-Traums‹ von Leipzig bei Savigny war. Der Brief zeigt aber, dass die Vorstellungen von Leipzig bei Savigny auch durch die Erzählungen Friedrich Creuzers entstanden sind, welcher ein halbes Jahr als Hauslehrer in Leipzig beschäftigt war.[182] Nicht selten verwendete Savigny Begriffe mit religiöser Auf-

178 Vgl. Bremer/Meder IV-2, Bl. 66 (hier ist auch zu lesen, dass Savigny hierfür Gebühren in Höhe von »19 fl., 21 Kr. u. 6 Batzen« zu entrichten hatte).
179 Bremer/Meder IV-2, Bl. 63.
180 Bremer/Meder I, Bl. 4; Auf seinen Wagen verzichtete er nur auf den unwegsamen Straßen des Erzgebirges (Bremer/Meder I, Bl. 229).
181 Savigny, Brief an F. Creuzer vom 3. Juni 1799 von Gut Trages, in: Adolf Stoll, Der junge Savigny (1927), Nr. 21, S. 88–89, 89.
182 Vgl. Adolf Stoll, Der junge Savigny (1927), S. 89, Fn. 6.

ladung, wie Bremer zeigt, auf diese Anspielung des »neuen Jerusalem« geht Bremer jedoch nicht ein.[183]

Um ein Bild von Leipzig zu dieser Zeit zu entwerfen, notierte Bremer als Fundstelle die Beobachtungen des Leipziger Studenten Johann Heinrich Jugler.[184] Der wesentliche Teil der Notizen Bremers bezieht sich aber auf eine anonyme »kleine Schrift« von 1798, die sich mit der Universität Leipzig beschäftigt.[185] Bremer entwickelt hieraus, worin sich die Leipziger Universität von anderen Anstalten zu dieser Zeit unterscheidet. Seine Zusammenstellung aus diesem überwiegend kritischen Werk rückt Leipzig nicht in das beste Licht:

An der Universität in Leipzig sei man noch einem unaufgeklärten »Geisteszwange« unterworfen und auch ansonsten nicht auf dem neusten Stand.[186] Auf die Bedürfnisse der Studenten werde keine Rücksicht genommen, da gar kein tauglicher Lehrplan existiere und beispielsweise Staatsrechtslehre, positives Völkerrecht und Reichsprozessrecht außer Acht gelassen werde.[187] Überdies fehle ein intellektueller Austausch unter den Studenten; jene könne man in Leipzig in drei Klassen einteilen.[188] Die »schönen Geister«, eine exklusive Gruppe von Studenten der Oberschicht, welche die großen Herren nachzuahmen versucht und abgeschottet von anderen im »place de repos«-Garten außerhalb der Stadt verkehrt.[189] Dazu im Gegensatz stünden die mitleidserregenden Theologen, aus welchen sich künftige Lehrer rekrutierten.[190] Sie seien weder Schöngeister noch wahre Gelehrte, da ihre künftige Abhängigkeit von einer Anstellung sie

183 Bremer/Meder I, Bl. 16.

184 Vgl. Bremer/Meder I, Bl. 47–48 (Johann Heinrich Jugler, Leipzig und seine Universität vor hundert Jahren, Leipzig 1879; ebenfalls erschienen in: Friedrich Zarncke, Leipzig und seine Universität im 18. Jahrhundert, Leipzig 1909).

185 Bremer/Meder I, Bl. 49; Meder machte den Autor bekannt: Georg Keyser, Ueber Leipzig, vorzüglich als Universität betrachtet. Ein Beytrag zur Geschichte der Aufklärung in Kursachsen (1798); NB: Es existiert zusätzlich eine weitere Auflage mit dem Titel »Ueber Leipzig vorzüglich als Universität betrachtet. Ein Beytrag zur Geschichte teutscher Bildungsanstalten« (1798). Diese »zweyte umgearbeitete Auflage« weicht etwas ab. Es ist nicht ausgeschlossen, dass noch weitere Auflagen existieren. Bremers Verweise passen aber überwiegend zur Erstgenannten.

186 Bremer/Meder I, Bl. 49, mit Verweis auf eine S. 31 = Georg Keyser, Ueber Leipzig, vorzüglich als Universität betrachtet. Ein Beytrag zur Geschichte der Aufklärung in Kursachsen (1798), S. 31.

187 Bremer/Meder I, Bl. 49, mit Verweis auf eine S. 28 = Georg Keyser, Ueber Leipzig, vorzüglich als Universität betrachtet. Ein Beytrag zur Geschichte der Aufklärung in Kursachsen (1798), 28 (s. auch ebd. S. 22).

188 Bremer/Meder I, Bl. 50.

189 Bremer/Meder I, Bl. 50, mit Verweisen auf die S. 61 und 89 = Georg Keyser, Ueber Leipzig, vorzüglich als Universität betrachtet. Ein Beytrag zur Geschichte der Aufklärung in Kursachsen (1798), Bremer meinte wohl eher die S. 51 und 39.

190 Bremer/Meder I, Bl. 50, mit Verweisen auf die S. 36 und 37 = Georg Keyser, Ueber Leipzig, vorzüglich als Universität betrachtet. Ein Beytrag zur Geschichte der Aufklärung in Kursachsen (1798), 36f.

»kriechend« mache.[191] Dazwischen stünden die Juristen, die weniger sanft als die Theologen seien.[192] Auch wenn sich die meisten dieser auf ihr »Brodstudium« beschränken würden, sei doch ein gewisser Eifer bei den Hilfswissenschaften, namentlich der Philologie, Philosophie und Geschichte zu beobachten.[193]

Was aber trieb den jungen Savigny bei Verhältnissen wie diesen nach Leipzig? Vielleicht hätte Bremer, neben diesem überwiegend Negativen, doch ein helleres Bild gezeichnet und auch den Leipziger Bibliotheken einige Worte gewidmet. Die Leipziger Bibliothekslandschaft wird in Bremers Quelle nämlich außerordentlich gelobt. Die »Rathsbibliothek« sei für den gewöhnlichen Studenten aufgrund der strengen Regeln zur Ausleihe zwar unbrauchbar, aber halte vortreffliche Bücher vor; deutlich einfacher sei es, ein Buch in der Universitätsbibliothek auszuleihen.[194] Und keinen Zweifel lässt der Autor an der ersten Güte von »Beygangs Museum«:

> »Schwerlich aber wird sich eine Akademie einer so vortreflichen Anstalt rühmen können, als Leipzig an dem Museum des Hrn. Beygang besitzt [...] und schwerlich wird eine Anstalt weniger benützt werden als diese.«[195]

Es handele sich um eine Bibliothek mit einer stetig aktualisierten Sammlung der wichtigsten deutschen, englischen, französischen und italienischen Schriften und Journale; über 80.000 systematisch katalogisierte Werke seien vorhanden und stünden dem Studenten für den »äußerst mäßigen Preis von 3 Thalern« im Jahr zur Verfügung.[196]

Wer sich Savigny auf Reisen vorstellt, muss sich diesen auch immer als Bibliotheksreisenden vorstellen.[197] Besonders auf seinen späteren Reisen lässt Sa-

191 Bremer/Meder I, Bl. 50, mit Verweisen auf die S. 36 und 37 = Georg Keyser, Ueber Leipzig, vorzüglich als Universität betrachtet. Ein Beytrag zur Geschichte der Aufklärung in Kursachsen (1798), 36 f.; Nicht zu vergessen ist dabei, dass es bekanntlich lange nur das Theologiestudium war, dass der einfachen Landbevölkerung den Weg zu akademischer Bildung eröffnete.

192 Bremer/Meder I, Bl. 50, mit Verweis auf eine S. 39 = Georg Keyser, Ueber Leipzig, vorzüglich als Universität betrachtet. Ein Beytrag zur Geschichte der Aufklärung in Kursachsen (1798), S. 39.

193 Bremer/Meder I, Bl. 50, mit Verweis auf eine S. 39 = Georg Keyser, Ueber Leipzig, vorzüglich als Universität betrachtet. Ein Beytrag zur Geschichte der Aufklärung in Kursachsen (1798), S. 39.

194 Vgl. Georg Keyser, Ueber Leipzig, vorzüglich als Universität betrachtet. Ein Beytrag zur Geschichte der Aufklärung in Kursachsen (1798), S. 32.

195 Georg Keyser, Ueber Leipzig, vorzüglich als Universität betrachtet. Ein Beytrag zur Geschichte der Aufklärung in Kursachsen (1798), S. 33.

196 Vgl. Georg Keyser, Ueber Leipzig, vorzüglich als Universität betrachtet. Ein Beytrag zur Geschichte der Aufklärung in Kursachsen (1798), S. 33–34.

197 Und dieses bereits zur Zeit der sächsischen Reise, vgl. Jochen Otto, Auf den Spuren von Friedrich Carl von Savigny (1779–1861). Der Junge Savigny (1779–1804), in: SZ (RA) 128 (2011), S. 442–463, 450.

vigny äußerst selten eine Bibliothek unbesucht. Wir wissen, dass Savigny in Leipzig eine enorme Anzahl an Büchern ankaufte.[198] Dass hier aufgrund der lokalen Bibliotheksnachfrage auch rare Literatur gehandelt worden sein dürfte, erklärt plausibel, warum er die Literatur gerade hier bezog.

Vielleicht waren es also die hervorragenden Ausstattungen der Bibliotheken und die zahlreichen Buchhandlungen, die Friedrich Creuzer bei Savigny über Leipzig schwärmen ließen. Die Frage, warum Bremer besonders aber auch die negativen Aspekte der Leipziger Universitätsgesellschaft in Blick nimmt, liefert keine Antwort auf die Frage, was sich Savigny an Leipzig als »Jerusalem« erträumen ließ, im Gegenteil. Sehr wohl liefert es aber eine Antwort darauf, weshalb sich in der heutigen Savigny-Forschung zur sächsischen Studienreise die Station in Jena deutlich mehr eingebrannt hat als das eigentliche Hauptreiseziel Leipzig. Dass Savigny letztendlich von Leipzig enttäuscht war, können wir annehmen, denn so schrieb er an Friedrich Creuzer:

> »[...] Über Leipzig will ich lieber einmal mehr etwas Ganzes sagen, bis jetzt ist es sehr – unter meiner Erwartung.«[199]

Auch wenn Savigny üblicherweise mit Gesellschaftskritik nicht sparte, erfahren wir auch später ausnahmsweise keine konkreten Ursachen der Enttäuschung. Sein Reisetagebuch führte Savigny nur unvollständig, der letzte Tagebucheintrag findet sich am 15. September 1799, in einem Brief vom 1. November 1799 erklärte er schließlich, jenes nicht mehr weiterzuführen.[200] Bremer ist also derjenige, der uns hier eine Erklärung nachreicht, was den jungen Savigny an Leipzig gestört haben könnte. Demnach könnten es die rückständigen und undurchdringbaren Klassenstrukturen der Studentenschaft, die Vorrangigkeit des »Brodstudiums« und die zu lokal-praktische Ausrichtung der sächsischen Universität gewesen sein, welche Savigny in Leipzig schließlich kein »neues Jerusalem« finden ließen.

Dass sich Savigny dennoch vom Spätherbst des Jahres 1799 bis zum Frühling des Jahres 1800 dauerhaft in Leipzig aufhielt hatte, neben der guten Bibliothekssituation und des kommenden Winters, weitere Gründe. Er durchlebte in

198 Vgl. Ingeborg Schnack, Der Briefwechsel zwischen Friedrich Carl von Savigny und Stephan August Winkelmann (1984), S. 20.

199 Savigny, Brief an F. Creuzer vom 17. August 1799 aus Leipzig, in: Adolf Stoll, Friedrich Karl von Savignys Sächsische Studienreise – 1799 und 1800 (1890), Nr. 3, S. 21–22, 22; Aus dem Brief an »beide Creuzer« vom 1. November 1799 aus Leipzig (ebd. Stoll 1890, Nr. 8, S. 28–29, 28) lässt sich folgern, dass Savigny sich hier schon im Klaren ist, einen längerfristigen Aufenthalt in Leipzig nicht einzurichten; in einem Brief an Neurath jun. spricht er vom »obsoleten Leipzig«, s. Savigny Brief an Neurath jun. vom 3. März 1800 aus Leipzig, in: Adolf Stoll, Der junge Savigny (1927), Nr. 47, S. 156–157, 157; danach ist die Rede vom »elende[n] Leipzig«, s. Savigny, Brief an Neurath jun. vom 28. April 1800 aus Leipzig (ebd. Stoll 1927, Nr. 48, S. 157–158, 157).

200 Vgl. Savigny, Brief an F. und L. Creuzer vom 1. November 1799 aus Leipzig, in: Adolf Stoll, Friedrich Karl von Savignys Sächsische Studienreise – 1799 und 1800 (1890), Nr. 3, S. 28.

dieser Zeit seine gesundheitlich schwierigsten Tage und Monate während der Reise, welche ihn hier gebunden haben dürften. Bremer liefert hierzu eine kleine Aufstellung über den Gesundheitszustand seines Protagonisten.[201] Vorwiegend handelt es sich um ein schmerzhaftes »Augenübel«, welches das körperliche Befinden erheblich belastet.[202] Hinzu kam zeitweise eine Handverletzung, die durch eine starke Quetschung hervorgerufen wurde als der Reisende einmal Hilfe zum Kutscheneinstieg leisten wollte; selbst renommierte Ärzte sollen hier dennoch eine Verbrennung diagnostiziert haben.[203] Auch bezüglich des »Augenübels« konnten die Ärzte nicht vollständig Abhilfe schaffen. Die Therapie des Dr. Weigel,[204] die es erforderte für einige Tage die Augen gänzlich verbunden zu halten, brachte keine anhaltende Besserung.[205] Auch die »weitläufige Cur«, die Savigny um den 1. November 1799 bei dem »geschickten Oculisten Gabriel« in Leipzig begann, zeigte nur mäßigen Erfolg, sodass am 6. Dezember von ziemlicher Gesundheit berichtet wird, mit dem Brief vom 3. Januar aber der Eindruck erzeugt wird, als treten akutere Phasen der Krankheit weiterhin auf.[206] Erste Berichte von körperlichem Unbehagen während der sächsischen Reise finden wir bereits vor dem 16. August 1799.[207] Den letzten über einen »Winterschlaf« geprägt von dumpfen und schmerzhaften Empfindungen, am 18. März 1800.[208] Den Umstand, den Savigny am 1. Juni 1800 äußert, dass ihm der Mut zur Weiterreise (wahrscheinlich nach Berlin[209]) fehle, bringt Bremer mit der Krankheit in Verbindung.[210] Die »Hypochondrie«[211], wie Savigny selbst es nennt, wird ihn noch

201 Bremer/Meder I, Bl. 29, 180–181.

202 Bremer/Meder I, Bl. 29, 180.

203 Bremer/Meder I, Bl. 180, mit Verweis auf: »Geiger S. 29f.« = Savigny, Brief an K. Günderrode aus dem März des Jahres 1804 (ohne Absendeort), in: Ludwig Geiger, Karoline von Günderode und ihre Freude (1895), S. 29–32, 29f.

204 An ihn wurde Savigny empfohlen, wie wir sogleich sehen werden.

205 Bremer/Meder I, Bl. 180, mit Verweis auf: »Stoll S. 23« = Savigny, Briefbeilage (Reisetagebuch, zweiter Teil, 5.–15. September 1799), in: Adolf Stoll, Friedrich Karl von Savignys Sächsische Studienreise 1799 und 1800 (1890), Nr. 4, S. 22–26, 23.

206 Bremer/Meder I, Bl. 180, mit Verweis auf: »Stoll S. 28«/»S. 31« = Savigny, Brief an F. und L. Creuzer vom 1. November 1799 aus Leipzig, in: Adolf Stoll, Friedrich Karl von Savignys Sächsische Studienreise 1799 und 1800 (1890), Nr. 7, S. 28, und Savigny, Brief an F. und L. Creuzer vom 3. November 1800 aus Leipzig, in: Stoll ebd., Nr. 10, S. 30–32, 31.

207 Bremer/Meder I, Bl. 29, mit Verweis (Fn. 1) auf: »Stoll S. 20« = Savigny, Brief an L. Creuzer vom 16. August 1799 aus Leipzig, in: Adolf Stoll, Friedrich Karl von Savignys Sächsische Studienreise 1799 und 1800 (1890), Nr. 2, S. 20–21, 20.

208 Bremer/Meder I, Bl. 29, mit Verweis (Fn. 6) auf: »Stoll S. 33« = Savigny, Brief an F. und L. Creuzer vom 14. März 1800 aus Leipzig, in: Adolf Stoll, Friedrich Karl von Savignys Sächsische Studienreise 1799 und 1800 (1890), Nr. 12, S. 33.

209 Im Winter schrieb Savigny noch aus Leipzig: »Die Berliner Reise habe ich noch vor mir.«, so am 6. Dezember 1799 an F. und L. Creuzer, s. Adolf Stoll, Friedrich Karl von Savignys Sächsische Studienreise 1799 und 1800 (1890), Nr. 9, S. 30.

210 Bremer/Meder I, Bl. 180.

länger begleiten. Bremer recherchierte hierzu in einem Lexikon.[212] Der Passus zur Krankheitsursache wird ihm bei seinem Protagonisten besonders treffend vorgekommen sein:

> »Sie kann entstehen durch alle Einflüsse, welche schwächend auf das Nervensystem wirken. Starke Anstrengungen des Geistes durch übermäßiges, besonders mit Nachtwachen verbundenes Studium disponiert dazu, zumal wenn gleichzeitig ein Mangel an Bewegung in der freien Luft hinzukommt.«[213]

Mit dem ersten Satz wird Bremer Savignys während der Studienzeit erlittenen Blutsturz und den frühen Verlust von Eltern und Geschwistern in Verbindung gebracht haben.[214] Was bei dem zweiten Satz an die »Studiermaschine«[215] Savigny, wie ihn Clemens Brentano einmal nannte, denken lässt, dürfte auf der Hand liegen.

Ein weiterer Hauptgrund für Savignys verhältnismäßig langen Aufenthalt in Leipzig ist wohlbekannt. Er bereite sich noch in Leipzig auf seine Promotion in Marburg vor.[216] Die Arbeitsbedingungen für seine kriminalrechtliche Dissertationsschrift dürften in der Bücherstadt günstig gewesen sein. Explizit hören wir zur Doktorvorbereitung Savignys von Bremer im vorliegenden Teil wenig, auf mögliche kriminalrechtliche Impressionen wird er aber in anderem Zusammenhang zusprechen kommen.[217]

211 Savigny, Brief an F. und L. Creuzer vom 14. März 1800 aus Leipzig, in: Adolf Stoll, Friedrich Karl von Savignys Sächsische Studienreise 1799 und 1800 (1890), Nr. 12, S. 33.

212 Bremer/Meder I, Bl. 181, Fn. 1.

213 Joseph Meyer (Begr.), Meyers-Konversationslexikon, 8. Bd. (4. Aufl., 1885–1890), Hypochondrie, S. 854.

214 Bremer/Meder I, Bl. 181 (vgl. Randnotizen).

215 Clemens Brentano, Brief an S. Mereau (ohne Datum und Ort, laut Amelung: 2. September 1803 aus Marburg), in: Heinz Amelung (Hg.), Briefwechsel zwischen Clemens Brentano und Sophie Mereau, 1. Bd. (2. Aufl., 1908), S. 122–124, 122.

216 Vgl. Jochen Otto, Auf den Spuren von Friedrich Carl von Savigny (1779–1861). Der Junge Savigny (1779–1804), in: SZ (RA) 128 (2011), S. 442–463, 456; s. Savignys Briefe vom 3. Januar 1800 und 26. April 1800 aus Leipzig an F. und L. Creuzer, bei Adolf Stoll, Friedrich Karl von Savignys Sächsische Studienreise 1799 und 1800 (1890), Nr. 10 und 13, S. 30–32, 30 und S. 33–36, 35.

217 Bremer/Meder I, Bl. 17; s. hierzu S. 61 ff.

II. Savigny und die Leipziger

In Leipzig unterhält Savigny einen »Zirkel von Bekannten«, der ihm »Unterhaltung und Zerstreuung« gibt, wie er in seinem Brief vom 3. Januar 1800 berichtet.[218] Fast keine Aufmerksamkeit hat die moderne Savigny-Forschung diesem Leipziger-Netzwerk gewidmet. Bremer fertigte hierzu einige Notizen an. Die meisten derer, die Bremer behandelt, finden in Savignys Briefwechsel Erwähnung, bei anderen wird Bremer ihren Kontakt zu seinem Protagonisten wohl bloß für wahrscheinlich gehalten haben. Was genau Bremers Interesse an den verschiedenen Akteuren weckte, muss dabei rekonstruiert werden:

1. Die Leipziger Buchhändler

Bremer vermutet, dass Savigny viel Zeit mit den Buchhändlern der Stadt verbrachte. Einige davon erwähnt Savigny in seiner Korrespondenz namentlich: Weigel, Leich und Joachim.[219] Bei Leich bestellt Savigny »criminalistische« Bücher aus Italien; an gleicher Stelle berichtet er »einige hübsche Classiker« von der Reise mit zurück bringen zu wollen.[220] Von dem Buchhändler Joachim erhielt er eine Beilage, bei der es sich mutmaßlich um »eine Nummer von einer der Zeitungen [handelt], in denen Goethe Anzeigen über die Preisaufgaben in den Propyläen machte«.[221] Über den Buchhändler Weigel berichtet Savigny in einem Eintrag seiner Reisetagebücher, dass er in einem vorangegangenen Brief an seine Freunde in Marburg schon viel über Weigel berichtet habe.[222] Dieser Brief galt allerdings für Bremer als verschollen.[223] Das wird der Grund sein, weshalb sich

218 Vgl. Savigny, Brief an F. und L. Creuzer vom 3. Januar 1800 aus Leipzig, in: Adolf Stoll, Friedrich Karl von Savignys Sächsische Studienreise 1799 und 1800 (1890), Nr. 10, S. 30–32, 31.

219 Bremer/Meder I, Bl. 248, mit Verweis (Fn. 1) auf: »Stoll S. 32 u. 36« = Savigny, Brief an F. und L. Creuzer vom 3. Januar 1800 aus Leipzig, in: Adolf Stoll, Friedrich Karl von Savignys Sächsische Studienreise 1799 und 1800 (1890), Nr. 10, S. 30–32, 32/ders., Brief vom 13. Mai 1800 (ohne Empfänger und Absendeort, laut Stoll: Leipzig), ebd., Nr. 14, S. 36–37, 36.

220 Vgl. Savigny, Brief an F. und L. Creuzer vom 3. Januar 1800 aus Leipzig, in: Adolf Stoll, Friedrich Karl von Savignys Sächsische Studienreise 1799 und 1800 (1890), Nr. 10, S. 30–32, 32.

221 Vgl. Adolf Stoll, Friedrich Karl von Savignys Sächsische Studienreise 1799 und 1800 (1890), S. 36, Fn. 188.

222 Vgl. Savigny, Brief an F. Creuzer vom 17. August 1799 aus Leipzig, in: Adolf Stoll, Friedrich Karl von Savignys Sächsische Studienreise 1799 und 1800 (1890), Nr. 3, S. 21–22, 21.

223 Bremer/Meder I, Bl. 252; vgl. auch Adolf Stoll, Friedrich Karl von Savignys Sächsische Studienreise 1799 und 1800 (1890), S. 21, Fn. 114; Auch in der späteren Publikation Stolls, die nach Bremers Tod erschienen ist, ist der Brief über Weigel noch verschwunden (vgl. Adolf Stoll, Der junge Savigny, 1927, S. 128, Fn. 4); Ein Brief an Weigel ist bei Stoll (1927), aber veröffentlich worden, s. ebd. Nr. 34, S. 131 f.

Bremer veranlasst sah, den Leipziger Buchhändler Weigel umfangreicher einzuführen:

Johann August Gottlob Weigel (1773–1846) übernahm 1793 die »Müllersche Buchhandlung« in Leipzig; in den Folgejahren wurde er »Universitätsauctionator«, gründete einen Verlag und etablierte ein antiquarisches Buchangebot.[224] Savigny berichtet bereits bei seinem ersten Leipzig-Aufenthalt von einer freundschaftlichen Verbindung zu dem »würdigen« Buchhändler, der ihn später an seinen in Meißen praktizierenden weitgereisten Bruder, den Arzt Karl Weigel, empfahl.[225] Auch noch im Frühling des Jahres 1800 berichtet Savigny, viel Umgang mit dem Buchhändler Weigel zu haben und darüber, dass er den Kontakt zu ihm besonders wegen seiner Verbindungen im Ausland schätze.[226] In der Quelle Bremers heißt es weiter, dass Weigel ein Kunstkenner war, der sich auf dem Markt der zahlreichen Verleger besonders deshalb behauptete, da sein Angebot ausgezeichnete Werke der Philologie und Klassiker enthielt, welchen Weigel selbst Beilagen aus seiner Handschriftensammlung beisteuern konnte.[227] Überdies verfügte Weigel über eine beträchtliche Kunstsammlung bestehend aus Gemälden, Kupferstichen und Radierungen.[228] Die Bestände der antiquarischen Buchhandlung Weigels lassen sich über die von ihm herausgegebenen Kataloge »Apperatus litterarius« (Leipzig 1807) und »Index librorum bibliophili Weigelii« (Leipzig 1838, in zwei Heften) nachvollziehen.[229]

Bremer wird angesichts Savignys späterer Entwicklung besonders schon deshalb aufmerksam auf Weigel geworden sein, da es sich bei dem Buchhändler und Verleger um einen Förderer der Philologie und Sammler von Originalhandschriften handelt. Als »Universitätsauctionator« vertrieb Weigel – der dieses bis dahin in ganz Deutschland einmalige Amt als erster innehatte – wertvolle Unikate, welche durch die Klosterauflösungen an das protestantische Land fie-

224 Bremer/Meder I, Bl. 252, mit Verweis (Fn. 1) auf: »Meyer, XVI 484« = Joseph Meyer (Begr.), Meyers-Konversationslexikon, 16. Bd. (4. Aufl., 1885–1890), Weigel, Johann August Gottlob, S. 484.

225 Bremer/Meder I, Bl. 252 – vgl. Savigny, Brief an F. Creuzer vom 17. August 1799 aus Leipzig, in: Adolf Stoll, Friedrich Karl von Savignys Sächsische Studienreise 1799 und 1800 (1890), Nr. 3, S. 21–22, 21/Savigny, Briefbeilage (Reisetagebuch, zweiter Teil, 5.–15. September 1799), in: ebd. Stoll 1890, Nr. 4, S. 22–26, 22, 23.

226 Bremer/Meder I, Bl. 252 – vgl. Savigny, Brief an F. und L. Creuzer vom 14. März 1800 aus Leipzig, in: Adolf Stoll, Friedrich Karl von Savignys Sächsische Studienreise 1799 und 1800 (1890), Nr. 12, S. 33.

227 Vgl. Joseph Meyer (Begr.), Meyers-Konversationslexikon, 16. Bd. (4. Aufl., 1885–1890), Weigel, Johann August Gottlob, S. 484.

228 Vgl. Joseph Meyer (Begr.), Meyers-Konversationslexikon, 16. Bd. (4. Aufl., 1885–1890), Weigel, Johann August Gottlob, S. 484.

229 Vgl. Joseph Meyer (Begr.), Meyers-Konversationslexikon, 16. Bd. (4. Aufl., 1885–1890), Weigel, Johann August Gottlob, S. 484.

len.[230] Überdies schien Weigel nichts von der Krise, in welche der zweite Koalitionskrieg die Buchhändler geworfen hatte, an die Kundschaft weiterzugeben.[231] Bei dem ausschweifenden Käuferverhalten Savignys - der wohlhabende Adelige gedachte eine Bibliothek von bis zu 3000 Werken aus Leipzig mitzubringen[232]- dürfen wir davon ausgehen, dass er alles erstand, was ihn auch nur grob zu interessieren schien. Besonders interessiert dürfte er dabei an mittelalterlicher Rechtsliteratur gewesen sein, wie Bremer schon wusste - es war eine Neigung, die durch Savignys Lehrer Weis gefördert wurde.[233] Sehr wahrscheinlich bildeten diese Leipziger-Erwerbungen, die Savigny mit Beratung der Buchhändler getätigt haben wird, das Fundament seiner Privatbibliothek. Anhand der angegebenen Kataloge zu dem antiquarischen Bestand, können wir einen Eindruck von dem gewinnen, was Savigny bei Weigel gefunden und gekauft haben könnte.

2. Karl Adolf Caesar

Bereits bei seiner ersten Ankunft in Leipzig berichtet Savigny, dass ihm Karl Adolf Caesar, der liebste Umgang in Leipzig sei.[234] Karl Adolf Caesar (1744–1810) hielt ab 1778 erste philosophische Vorlesungen in Leipzig als Extraordinarius; im Jahr 1789 wurde er ordentlicher Professor für Philosophie in Leipzig.[235] Um den Charakter des Leipziger Philosophen zu skizzieren, liefert Bremer eine Zusammenstellung aus einer von Caesars Schriften.[236] Werfen wir einen Blick auf die Kernpunkte, die Bremer ausmachte:

Die Schrift widmet sich der Frage, ob Sachsen im 18. Jahrhundert an »Denkfreiheit« gewonnen hat. Den Grad der »Denkfreiheit« definiert Caesar anhand der Hinderungslosigkeit der Mitteilung von Gedanken in Gesprächen,

230 Vgl. Karl Friedrich Pfau, Weigel, Johann August Gottlob, in: ADB 41 (1896), S. 469–471, 470.

231 Vgl. Adolf Stoll, Der junge Savigny (1927), S. 140, Fn. 3.

232 Vgl. Savigny, Brief an F. Creuzer vom 25. Januar 1800 aus Leipzig, in: Adolf Stoll, Friedrich Karl von Savignys Sächsische Studienreise 1799 und 1800 (1890), Nr. 11, S. 32.

233 Vgl. Franz Peter Bremer, Zur Erinnerung an die Strassburger Savigny-Feier (1879), S. 7.

234 Bremer/Meder I, Bl. 53, mit Verweis (Fn. 1) auf: »Stoll S. 21« = Savigny, Brief an F. Creuzer vom 17. August 1799 aus Leipzig, in: Adolf Stoll, Friedrich Karl von Savignys Sächsische Studienreise - 1799 und 1800 (1890), Nr. 3, S. 21–22, 21.

235 Vgl. Ernst Kelchner, Caesar, Karl Adolf, in: ADB 3 (1876), S. 687 (als Fundstelle notiert bei Bremer/Meder I, Bl. 53); Dass Caesars auch als Übersetzter italienischer Philosophieschriften tätig war (vgl. ebd.) und Savigny, wie wir gesehen haben, auch italienische Literatur in Leipzig erwarb, sei hier nur am Rande erwähnt.

236 Bremer/Meder I, Bl. 54, 55 - vgl. Karl Adolf Caesar, Hat Sachsen im 18ten Jahrhundert an Denkfreiheit gewonnen? (1802), in: Johann Daniel Schulze, Abriß einer Geschichte der Leipziger Universität im Laufe des achtzehnten Jahrhunderts (1810), S. V–XXVIII.

Lehren und Schriften.[237] Diese unentbehrliche und fruchtbare menschliche Natur unterscheide menschliches Leben von der bloßen Pflanzenexistenz.[238] Ob des »erhabenen Beispiels« des Königs Friedrich II. (1712–1786, Preußen, genannt: Friedrich der Große), habe man auch in Sachsen, gerade im Vergleich zum vorangegangenen Jahrhundert, einen Fortschritt bei der »Denkfreiheit« erlebt.[239] Als großes Übel wird indes die Französische Revolution geschildert.[240] Die ehrwürdigen Ideale von natürlicher Freiheit und Gleichheit, würden in den Köpfen Nichtdenkender nur zu destruktiven Interpretationen führen.[241] Dieses setze das Dilemma in Gang, dass Kräfte aufkämen, die bei den Herrschenden Angst vor den aufgewiegelten Untertanen schürten.[242] Mit dem Ziel der rigorosen Wiederherstellung der Ordnung, könne dieses nur in einem hierarchischen Despotenstaat münden.[243] Selbst den besten Regierungen sei es dann unmöglich einen Mittelweg zu finden.[244] Nur im nichtrevolutionären Zustand könnten Regierungen von dieser Radikalität Abstand nehmen.[245] Dabei sei es zwar grundsätzlich schwerer, ein aufgeklärtes als ein dummes Volk zu regieren.[246] Die Herrschenden müssten sich aber letztendlich mehr vor der Unwissenheit des Volkes fürchten, wie es der »Herr von St. Real in seiner Staatskunst«[247] sage.[248]

Die von Caesar 1802 geschriebene Abhandlung zeigt Teile einer modernen Betrachtung des Jakobinerterrors. Dass Bremer sich mit dem fachlichen Wirken Caesars beschäftigt, könnte ein Hinweis darauf sein, dass er dieses mit Savigny in

237 Bremer/Meder I, Bl. 54 – vgl. Karl Adolf Caesar, Hat Sachsen im 18ten Jahrhundert an Denkfreiheit gewonnen? (1802), S. V.

238 Bremer/Meder I, Bl. 54 – vgl. Karl Adolf Caesar, Hat Sachsen im 18ten Jahrhundert an Denkfreiheit gewonnen? (1802), S. V.

239 Bremer/Meder I, Bl. 54 – vgl. Karl Adolf Caesar, Hat Sachsen im 18ten Jahrhundert an Denkfreiheit gewonnen? (1802), S. VI–VII, XII.

240 Bremer/Meder I, Bl. 54 – vgl. Karl Adolf Caesar, Hat Sachsen im 18ten Jahrhundert an Denkfreiheit gewonnen? (1802), S. XX–XXI.

241 Bremer/Meder I, Bl. 54 – vgl. Karl Adolf Caesar, Hat Sachsen im 18ten Jahrhundert an Denkfreiheit gewonnen? (1802), S. XIX–XX.

242 Bremer/Meder I, Bl. 54 – vgl. Karl Adolf Caesar, Hat Sachsen im 18ten Jahrhundert an Denkfreiheit gewonnen? (1802), S. XIX–XX.

243 Bremer/Meder I, Bl. 54 – vgl. Karl Adolf Caesar, Hat Sachsen im 18ten Jahrhundert an Denkfreiheit gewonnen? (1802), S. XIX–XX.

244 Bremer/Meder I, Bl. 54 – vgl. Karl Adolf Caesar, Hat Sachsen im 18ten Jahrhundert an Denkfreiheit gewonnen? (1802), S. XIX–XX.

245 Bremer/Meder I, Bl. 54 – vgl. Karl Adolf Caesar, Hat Sachsen im 18ten Jahrhundert an Denkfreiheit gewonnen? (1802), S. XX–XXI.

246 Bremer/Meder I, Bl. 54 – vgl. Karl Adolf Caesar, Hat Sachsen im 18ten Jahrhundert an Denkfreiheit gewonnen? (1802), S. XXII.

247 Gemeint ist: Gaspard de Réal de Curban, Die Staatskunst. Oder: Vollständige und gründliche Anleitung zu Bildung kluger Regenten, geschickter Staatsmänner und rechtschaffender Bürger, 7 Bände (Frankfurt und Leipzig ab 1762), übersetzt von Johan Philip Schulin.

248 Bremer/Meder I, Bl. 54 – vgl. Karl Adolf Caesar, Hat Sachsen im 18ten Jahrhundert an Denkfreiheit gewonnen? (1802), S. XXII.

Verbindung zu bringen gedachte. In der Tat wäre es auffällig, wenn es bei der Ausrichtung von Savigny und Caesar, angesichts der vielen gemeinsam verbrachten Zeit in Leipzig, keine Parallelen gäbe. In diesem Zusammenhang sind zwei Dinge schon einmal voranzustellen, auf die im Folgenden immer wieder näher eingegangen wird. Erstens, dass die Französische Revolution zu dieser Zeit innerhalb der gesamten Kulturschicht ein dominierendes Thema gewesen sein dürfte und zweitens, dass die Philosophie der Spätaufklärung, mit ihrem Natur- und Vernunftrecht, massiven Einfluss auf die Rechtswissenschaft ihrer Zeit nahm. Begriffe von Freiheit und Gleichheit sind so freilich immer auch rechtlich aufgeladen. Werfen wir einen vergleichenden Blick auf Savignys Ansichten zur Französischen Revolution, bevor er nach Leipzig kam:

> »[...] Sieh doch hin nach Paris, von wo die Herrschaft der Philosophie ausgehen sollte, und merke auf die Handlungen der schreyendsten Ungerechtigkeit [...]«[249]

Wir sehen, dass Savigny und Caesar bereits zum Zeitpunkt ihrer Begegnung in eine ähnliche Richtung tendiert haben könnten. Im gleichen Jahr, in welchem Caesar seine Abhandlung schrieb, finden wir bei Savigny die Kritik über die »dilettantisch-abenteuerliche Beziehung von französischer Revolution und Naturrecht« in einem seiner Briefe.[250] Auffällig sind die Gemeinsamkeiten von Savigny und Caesar besonders im Vergleich zu Immanuel Kant (1742–1804), dem wohl zentralsten Meinungsführer dieser Zeit; denn Savigny verurteilt die gewaltsame Revolution schärfer als Kant, welcher die Legitimität des Ziels in den Vordergrund stellt.[251] Die unbedingte Ablehnung von Gewalt liest sich ebenso aus Caesars Abhandlung. Zu diesem Komplex hat sich zwar auch der für den jungen Savigny bedeutende Johann Gottlieb Fichte (1762–1814) geäußert, der abstrakt ›die Revolution‹ als prinzipiell richtig verteidigt, jedoch spricht dieser eher von einer ›wahren‹, als von der Französischen Revolution.[252] Aus einem Gespräch mit Stephan August Winkelmann im Sommer 1800, soll sich ergeben, dass Savigny zumindest kein vollkommen radikaler Gegner der Französischen Revolution gewesen sei.[253] Bremer bringt mit Caesar einen neuen Akteur ins Spiel, dessen Verhältnis zu Savignys Meinungsbild bisher nicht untersucht wurde. Inwiefern die Thesen des dreimal so alten Caesars bei Savigny auf fruchtbaren Boden gefallen sein könnten – auch in Hinblick auf die Gebotenheit der Volksaufklärung, böte so Stoff für eine eigene Untersuchung.

249 Savigny, Brief an Neurath jun. (ohne Datum oder Absendeort, laut Stoll: Ende 1798/Anfang 1799), in: Adolf Stoll, Der junge Savigny (1927), Brief Nr. 9, S. 69–71, 70.
250 Vgl. Dieter Nörr, Savignys Philosophische Lehrjahre (1994), § 3, S. 28 (dort auch Fn. 8).
251 Vgl. Dieter Nörr, Savignys Philosophische Lehrjahre (1994), § 3, S. 30.
252 Vgl. Dieter Nörr, Savignys Philosophische Lehrjahre (1994), § 3, S. 32.
253 Vgl. Dieter Nörr, Savignys Philosophische Lehrjahre (1994), § 3, S. 33.

3. Johann Georg Rosenmüller

Weiterhin finden wir bei Bremer eine Literaturfundstellenzusammenstellung zu dem Leipziger Theologieprofessor und protestantischen Pastor Johann Georg Rosenmüller.[254] Savigny erwähnt diesen in einem seiner Briefe und bezeichnete ihn als »sehr würdigen Mann«, jedoch sei er nicht das, was Caesar ihm sei.[255] Anhand von Bremers notierten Quellen, lässt sich sein Bild von Rosenmüller nachzeichnen:

Johann Georg Rosenmüller (1736–1815) sei ein »Gelehrter von unermüdlichem Sammlerfleiß, an dessen Früchten auch spätere Geschlechter noch zehren konnten [...].«[256] Seine Verdienste seien im Bereich der Theologiegeschichte, namentlich im Bereich der Bibelauslegungsgeschichte, zu verorten (»Historia interpretationis librorum sacrorum in ecclesia christiana«, 5 Bände, 1795–1814).[257] Dabei betrachtete Rosenmüller Schriftenauslegungen von zahlreichen Gelehrten des lateinischen und griechischen Christentums, von den Anfängen bis zur Reformation.[258] Zwar seien die jeweiligen Auslegungen nie erschöpfend und sie enthielten keine Darstellungen »abgerundeter hermeneutischer Charakterbilder«, die Quellendarlegung sei aber stets gut gelungen.[259] Ferner lieferte Rosenmüller eigene Auslegungen, Übersetzungen und zahlreiche Predigten und Erbauungsschriften, von welchen die letzten beiden »[...] ebenso vom Fleiße des Verfassers als von der Geduld seiner Leser oder Zuhörer Zeugniß ablegen«.[260]

In Bremers Quelle »Ueber Leipzig«, finden wir zu Rosenmüller höchstes Lob und Anerkennung, insbesondere für seine Lehre, allerdings stünde er, dessen Absichten »miskannt« seien, unter einem Druck der Verfolgung.[261] In einer

254 Bremer/Meder I, Bl. 56.

255 Bremer/Meder I, Bl. 56, mit Verweis auf eine S. 31 = Savigny, Brief an F. Creuzer vom 17. August 1799 aus Leipzig, in: Adolf Stoll, Friedrich Karl von Savignys Sächsische Studienreise - 1799 und 1800 (1890), Nr. 3, S. 21–22, 21 (tatsächlich meinte Bremer wohl S. 21 statt S. 31).

256 Vgl. C. Siegfried, Rosenmüller, Johann Georg, in: ADB 29 (1889), S. 219–221, 219 (als Fundstelle notiert bei Bremer/Meder I, Bl. 56).

257 Vgl. C. Siegfried, Rosenmüller, Johann Georg, in: ADB 29 (1889), S. 219–221, 219f. (als Fundstelle notiert bei Bremer/Meder I, Bl. 56).

258 Vgl. C. Siegfried, Rosenmüller, Johann Georg, in: ADB 29 (1889), S. 219–221, 220 (als Fundstelle notiert bei Bremer/Meder I, Bl. 56).

259 Vgl. C. Siegfried, Rosenmüller, Johann Georg, in: ADB 29 (1889), S. 219–221, 220 (als Fundstelle notiert bei Bremer/Meder I, Bl. 56).

260 Vgl. C. Siegfried, Rosenmüller, Johann Georg, in: ADB 29 (1889), S. 219–221, 221 (als Fundstelle notiert bei Bremer/Meder I, Bl. 56).

261 Georg Keyser, Ueber Leipzig, vorzüglich als Universität betrachtet. Ein Beytrag zur Geschichte der Aufklärung in Kursachsen (1798), S. 15–17, 32 (als Fundstelle notiert bei Bremer/Meder I, Bl. 56).

weiteren Quelle werden seine Verdienste um die praktische Theologie und das Schulwesen gelobt.[262]

Es lohnt sich an dieser Stelle darauf hinzuweisen, dass Bremer den Standpunkt vertritt, dass in Bezug auf die Entstehung der Historischen Rechtsschule, die Jurisprudenz der Theologie methodisch gefolgt sei.[263] So werden Bremer, trotz der verschiedenen Disziplinen beider, die Gemeinsamkeiten mit dem späteren Arbeitsansatz seines Protagonisten unmittelbar aufgefallen sein. Auch im akademischen Wirken des jungen Rechtsgelehrten wird die Erforschung der Auslegungsgeschichte eine zentrale Rolle einnehmen. Ein erstes Mal greifbar wird das mit der Monografie von 1803. Daneben war Rosenmüller, wie auch der Protagonist, ein eifriger Sammler von historischer Literatur.[264]

4. Gottfried Hermann

Mit dem Philologen Gottfried Hermann wohnte Savigny in Leipzig unter einem Dach.[265] Zunächst werfen wir einen kurzen Blick darauf, wie Hermann in einer Quelle Bremers dargestellt wird.[266]

Gottfried Hermann (1772–1848), der schon früh gründliche, teils autodidaktisch erworbene, Kenntnisse in Latein und Griechisch vorweisen konnte, studierte kurzzeitig Jura, wandte sich schließlich mit Leidenschaft dem Studium der Altphilologie zu.[267] Von einem halbjährigen Jena-Aufenthalt kehrte der Leipziger als »ausgebildeter wenn gleich freier Anhänger der kantischen Philosophie« zurück.[268] Sein Charakter zeige Tendenzen bereitwillig Mindermeinungen in Debatten zu verteidigen; beispielsweise sei er innerhalb seines Freundeskreises ein »weniger enthusiastischer Vertreter« der Französischen Republik gewesen.[269]

262 Albrecht Vogel, Rosenmüller, Johann Georg, in: Real-Encyklopädie für protestantische Theologie und Kirche, Band 13 (1860), S. 135–136 (als Fundstelle notiert bei Bremer/Meder I, Bl. 56).

263 Vgl. Franz Peter Bremer, Zur Erinnerung an die Strassburger Savigny-Feier (1879), S. 8.

264 Vgl. Franz Peter Bremer, Zur Erinnerung an die Strassburger Savigny-Feier (1879), S. 7; Adolf Stoll, Der junge Savigny (1927), S. 30–31, 34.

265 Bremer/Meder I, Bl. 58, mit Verweis auf eine »S. 21f.« = Savigny, Brief an F. Creuzer vom 17. August 1799 aus Leipzig, in: Adolf Stoll, Friedrich Karl von Savignys Sächsische Studienreise 1799 und 1800 (1890), Nr. 3, S. 21–22, 21f.

266 Bremer/Meder I, Bl. 58, unten auf diesem Blatt (in der Fn. 1) verweist Bremer auf: Otto Jahn, Gottfried Hermann. Eine Gedächtnisrede (1849). Bremer verwendete einen Sammelbandabdruck (s. Editionsangaben ebd.) dieses verschriftlichten Vortrages, zu diesem keine näheren Notizen vorliegen. Für mich war nur der im Folgenden verwendete Sonderabdruck verfügbar.

267 Vgl. Otto Jahn, Gottfried Hermann. Eine Gedächtnisrede (1849), S. 5, 3, 32.

268 Vgl. Otto Jahn, Gottfried Hermann. Eine Gedächtnisrede (1849), S. 9.

269 Vgl. Otto Jahn, Gottfried Hermann. Eine Gedächtnisrede (1849), S. 11.

Im Jahr 1798 trat er eine außerordentliche Professur in Leipzig an, fünf Jahre später wurde er dort Ordinarius.[270] Sodann finden wir viele Hinweise zur typischen altphilologischen Methodik Hermanns.[271] Mit seinem »Handbuch der Metrik« (Leipzig 1799) erlangte Hermann auch außerhalb der eigenen Disziplin Popularität. Selbst Goethe (1749–1832) forderte ihn schon ein Jahr danach auf, sich nun der deutschen Metrik zu widmen, welche Aufgabe der Altphilologe jedoch ablehnte und an Goethe zurückverwies.[272]

Zwei Mal wird Hermann in der Korrespondenz Savignys genannt. Auffällig ist dabei, dass Savigny hier sogar Gesprächsinhalte, so Hermanns Kritik an Friedrich Schlegel, an seine Marburger Freunde weitergibt.[273] Zum Hintergrund muss dabei gesagt werden, dass der Kritisierte, der an späterer Stelle noch ausführlicher behandelt wird, einige Schriften lieferte, die für den jungen Savigny besonders bedeutsam wurden.[274] Savigny war Leser des Athenaeum, einer Zeitschrift der Brüder Friedrich und August Wilhelm Schlegel, deren Beiträge zur Grundlage der immer intensiver geführten philosophischen Korrespondenz Savignys wurden.[275] Im Herbst 1799 berichtet Savigny aus Leipzig:

> »Hier wird hart über die Schlegel gesprochen; Hermann und andere sind nicht etwa mit Fr. Schl. über irgend einen Satz, irgend eine Ansicht, irgend ein Werk verschiedener Meinung, sondern man behauptet, er sey durchaus kein Kopf und verstehe kein griechisch, und das alles will man aus sicheren factis wissen.«[276]

Eine hierzu, auf dem Blatt zu Gottfried Hermann notierte Fundstelle »über Fr. Schlegel als Philologen«,[277] bringt einen Überblick über Schlegels altphilologische Schriften der Jahre 1797 und 1798, die er aus »Mangel an Ausdauer« nicht weitergeführt habe.[278] Wir dürfen Bremer also so verstehen, dass er diese Schriften Friedrich Schlegels beziehungsweise die Altphilologie überhaupt als Gesprächsthema zwischen Savigny und Hermann identifizierte. Es verwundert nicht, dass Bremer, dem es immer an der Rekonstruktion der gemeinsamen Themen gelegen ist, gerade solchen Passagen gesteigerte Aufmerksamkeit wid-

---

270 Vgl. Otto Jahn, Gottfried Hermann. Eine Gedächtnisrede (1849), S. 12, 26.

271 Vgl. Otto Jahn, Gottfried Hermann. Eine Gedächtnisrede (1849), insbesondere S. 16f. und ab S. 13.

272 Vgl. Otto Jahn, Gottfried Hermann. Eine Gedächtnisrede (1849), S. 18.

273 Friedrich Creuzer, ebenfalls Altphilologe, dürfte sich wohl am meisten für die Kritik an F. Schlegel interessiert haben (weiteres hierzu ab S. 85).

274 Vgl. Dieter Nörr, Savignys Philosophische Lehrjahre (1994), § 1, S. 8.

275 Vgl. Dieter Nörr, Savignys Philosophische Lehrjahre (1994), § 5, S. 46 und § 6, S. 69f.

276 Savigny, Brief an F. und L. Creuzer vom 20. Oktober 1799 aus Leipzig, in: Adolf Stoll, Friedrich Karl von Savignys Sächsische Studienreise 1799 und 1800 (1890), Nr. 6, S. 27.

277 Bremer/Meder I, Bl. 58, Fn. 1.

278 Vgl. Conrad Bursian, Geschichte der classischen Philologie in Deutschland, 1. Hälfte (1883), S. 627 (bezüglich der S. 624–628 als Fundstelle notiert bei Bremer/Meder I, Bl. 58, Fn. 1).

met.[279] Hermann brachte, nach Bremers Quelle, der Altphilologie durch seine Suche nach dem »Gesetz des Denkens« einen neuen Ansatz bei.[280] Wenn wir an Savignys späteren Ruf danach denken, dass der Jurist selbst hermeneutisch tätig werden muss, so können wir annehmen, dass Bremer die Darstellung eines dichten und fruchtbaren Spektrums von Eindrücken, die auf den jungen Reisenden einprasselten, hier – mit seiner Biografie, wäre sie denn abgeschlossen worden – abermals gelungen wäre. Auch wenn Bremer an dieser Stelle wohl keine Verbindungslinien mit dickem Stift gezogen hätte, zeigt das deutlich, dass wir Personen aus Savignys Umfeld in der rechtshistorischen Forschung nicht als Randfiguren abtun dürfen.

5. Christian Gottlob Biener

Anders als ursprünglich angedacht, zog Savigny kurz nach seiner Ankunft auch ein »Studium des juristischen Leipzigs« in Betracht.[281] Sein Universitätsstudium galt im Sinne der damaligen Gepflogenheiten bereits als absolviert und wenige Monate zuvor war der Protagonist noch entschlossen sich »dem praktischen Justizwesen zu widmen«.[282] Diese frühe Spur der Rückbesinnung auf die Jurisprudenz nahm Bremer wohl zum Anlass, eine Skizze über die Leipziger Rechtslehrer dieser Zeit anzufertigen.[283]

Werfen wir hier besonders den Blick auf den ausführlicher vorkommenden Christian Gottlob Biener (1748–1828).[284] Biener wurde 1782 außerordentlicher Professor für Natur- und Völkerrecht in Leipzig.[285] Später trieb er, ab 1790 als

279 Diese Passage kommt öfter vor (Bremer/Meder I, Bl. 58, 101, 207).

280 Vgl. Otto Jahn, Gottfried Hermann. Eine Gedächtnisrede (1849), S. 14.

281 Vgl. Savigny, Brief an L. Creuzer vom 16. August 1799 aus Leipzig, in: Adolf Stoll, Friedrich Karl von Savignys Sächsische Studienreise 1799 und 1800 (1890), Nr. 2, S. 20–21, 21.

282 Vgl. Jochen Otto, Auf den Spuren von Friedrich Carl von Savigny (1779–1861). Der Junge Savigny (1779–1804), in: SZ (RA) 128 (2011), S. 442–463, 448; Savigny, Brief an den jüngeren Neurath (ohne Datum oder Absendeort, laut Stoll: Ende 1798/Anfang 1799), in: Adolf Stoll, Der junge Savigny (1927), Brief Nr. 9, S. 69–71, 69.

283 Bremer/Meder I, Bl. 59. Für Biener verweist Bremer hier beispielsweise unter anderem auf »[…] L. 501–503, Sz 317«. Die Verweise »L«/»Sz« für Landsberg/Stintzing beziehen sich auf eine weniger verbreitete Ausgabe des Jahres 1898 der bekannten dritten Abteilung der »Geschichte der Deutschen Rechtswissenschaft« (1. Halbband; »L« meint den Textband dessen, »Sz« den zugehörigen Notenband).

284 Bremer/Meder I, Bl. 59–61/62; NB: Bieners Sohn, der Jurist Friedrich August Biener (1787–1861), wird 1810 auf Empfehlung Savignys als Professor an die neue Berliner Universität berufen, vgl. Theodor Muther, Biener, Friedrich August, in: ADB 2 (1875), S. 626–627/Adolf Stoll, Der junge Savigny (1927), S. 33, Fn. 1.

285 Bremer/Meder I, Bl. 59, u. a. mit Verweis (bei Nr. 10) auf: »L 501–503, Sz 317« = Ernst Landsberg, Geschichte der Deutschen Rechtswissenschaft, 3. Abt., 1. Halbbd., Textbd. (1898),

ordentlicher Professor, vorwiegend rechtshistorische Forschungen in sämtlichen Bereichen.[286] Nach einigen Einzelforschungen folgten im Zeitraum von 1787–1795 umfangreicher angelegte Werke.[287] In diesen befasste sich Biener mit der Darstellung von Staats- und Privatrecht der deutschen Volksstämme, danach mit der Geschichte dieser Rechte.[288] Ein letzter Teil, der der Geschichte des römischen Rechts im deutschen Mittelalter gewidmet werden sollte, erschien nicht.[289] Erwähnenswert scheint Bremer, dass Biener seine Werke noch dann in lateinischer Sprache verfasste als dieses schon nicht mehr üblich war.[290] Der Grund für das Festhalten läge darin, dass nach Bieners Auffassung die Aufgabe der lateinischen Sprache zu einer Umwälzung des Staates und der Kirche nach französischem Vorbild, führen könnte.[291]

Da von Biener in Savignys Reisekorrespondenz nichts zu lesen ist, stellt sich die Frage, inwieweit Bremer Biener für Savigny als relevant erachtete. Zunächst fällt auf, dass Biener als Professor für Naturrecht, durchaus Savignys Aufmerksamkeit in Leipzig hätte erwecken können. Der Reisende hat ein halbes Jahr zuvor in seiner Korrespondenz nämlich schon eine Neigung zum Naturrecht durchblicken lassen.[292] Bieners »dunkle[r] und schwerfälliger Vortrag«,[293] wie es in einer, an anderer Stelle verwendeten, Quelle Bremers heißt, wird den Reisenden aber nicht unbedingt vor den Katheder gelockt haben. Zwar werden die Schriftstellerqualitäten Bieners gelobt,[294] von bedeutenden Schriften Bieners

S. 501–503 (vgl. auch Bremer/Meder I, Bl. 60)/ders., Geschichte der Deutschen Rechtswissenschaft, 3. Abt., 1. Halbbd., Notenbd. (1898), S. 317.

286 Bremer/Meder I, Bl. 59, u.a. mit Verweis (bei Nr. 10) auf: »L 501–503, Sz 317« = Ernst Landsberg, Geschichte der Deutschen Rechtswissenschaft, 3. Abt., 1. Halbbd., Textbd. (1898), S. 501–503 (vgl. auch Bremer/Meder I, Bl. 60)/Ernst Landsberg, Geschichte der Deutschen Rechtswissenschaft, 3. Abt., 1. Halbbd., Notenbd. (1898), S. 317.

287 Vgl. Ernst Landsberg, Geschichte der Deutschen Rechtswissenschaft, 3. Abt., 1. Halbbd., Textbd. (1898), S. 501f.

288 Vgl. Ernst Landsberg, Geschichte der Deutschen Rechtswissenschaft, 3. Abt., 1. Halbbd., Textbd. (1898), S. 501f.

289 Vgl. Ernst Landsberg, Geschichte der Deutschen Rechtswissenschaft, 3. Abt., 1. Halbbd., Textbd. (1898), S. 501.

290 Bremer/Meder I, Bl. 59, u.a. mit Verweis (bei Nr. 10) auf: »L 501–503« = Ernst Landsberg, Geschichte der Deutschen Rechtswissenschaft, 3. Abt., 1. Halbbd., Textbd. (1898), S. 501–503.

291 Bremer/Meder I, Bl. 59, u.a. mit Verweis (bei Nr. 10) auf: »L 501–503« = Ernst Landsberg, Geschichte der Deutschen Rechtswissenschaft, 3. Abt., 1. Halbbd., Textbd. (1898), S. 501–503.

292 Vgl. Savigny, Brief an den jüngeren Neurath (ohne Datum oder Absendeort, laut Stoll: Ende 1798/Anfang 1799), in: Adolf Stoll, Der junge Savigny (1927), Brief Nr. 9, S. 69–71, 70.

293 Vgl. Georg Keyser, Ueber Leipzig, vorzüglich als Universität betrachtet. Ein Beytrag zur Geschichte der Aufklärung in Kursachsen (1798), S. 21.

294 Vgl. Georg Keyser, Ueber Leipzig, vorzüglich als Universität betrachtet. Ein Beytrag zur Geschichte der Aufklärung in Kursachsen (1798), S. 20–21.

zum Naturrecht findet sich in Bremers Quellen nichts. Die Beurteilung seiner rechtshistorischen Forschungen lässt jedoch aufhorchen:

Bremers Quelle attestiert Biener, der unter der Überschrift »Vorläufer der historischen Rechtsschule« behandelt wird, welche der »wichtigsten Vorarbeiten [...] für die dem kommenden Jahrhunderte zufallende Arbeitsaufgabe« geliefert zu haben.[295]

Und tatsächlich verwendete auch Savigny später in seiner großen »Geschichte des Römischen Rechts im Mittelalter« einige der rechtshistorischen Studien Christian Gottlob Bieners.[296] Wir dürfen wohl davon ausgehen, dass der Reisende diese Schriften, die in den 1780er-Jahren in Leipzig erschienen, bei seinem hiesigen Aufenthalt erworben hat. Auch wenn sie Savigny erst Jahrzehnte später dienlich wurden, werden ihn wohl allein die Rechtsdarstellungen, die Biener vornahm, aufgrund eines Interesses, was ihm sein Lehrer Weis schon zu Studienzeiten »einflößte«,[297] zum Kauf bewogen haben. Ob Christian Gottlob Biener und Savigny in Leipzig persönlichen Kontakt hatten kann, auch anhand der nach Bremers Tod erschienenen Briefsammlungen, nicht gesagt werden.[298]

III. Drei Mal nach Jena: Rechtslehrer, Gastgeber und Familienfehden

In Jena befand sich Savigny während seiner sächsischen Reise drei Mal und es ist davon auszugehen, dass auch Bremer alle Aufenthalte behandelt hätte.[299] Der erste, nur etwa vier Tage dauernde, Jena-Aufenthalt im Sommer 1799 war zweifelsohne ein unerwarteter Reisehöhepunkt für Savigny. Bremer schreibt diesbezüglich von »außerordentlicher Befriedigung« Savignys, die auf »bedenkende

295 Ernst Landsberg, Geschichte der Deutschen Rechtswissenschaft, 3. Abt., 1. Halbbd., Textbd. (1898), S. 502; Die »Arbeitsaufgabe« des kommenden Jahrhunderts meint die Historische Rechtsschule.

296 Vgl. Savigny, Geschichte des Römischen Rechts im Mittelalter, 7. Band (2. Auflage, 1851) S. 255 (der Hinweis hierzu war in einer Vorfassung der nun publizierten Bremer-Edition von Meder, bei Bremer/Meder I, Bl. 61, enthalten).

297 So bezeichnet es Bremer, s. Franz Peter Bremer, Zur Erinnerung an die Strassburger Savigny-Feier (1879), S. 7.

298 Bremer selbst schrieb über Savigny in Leipzig: »Über die Rechtslehrer erhalten wir nicht die geringste Andeutung [...]« (Bremer/Meder I, Bl. 248); Nicht aufzuklären ist, warum Bremer Bieners Festhalten an der lateinischen Sprache für derart erwähnenswert hielt. Ob ihm Biener, als »Vorläufer der Historischen Rechtsschule«, mit eher germanistischer Forschungsprägung, aber ›romanistischer‹ Sprache bloß ironisch vorkam?

299 Bremer/Meder I, Bl. 64.

Lehrer« und einen »guten Ton« unter den Studenten zurückzuführen sei.[300] Ganz anders als in Leipzig, wo er wenige Tage später eintreffen sollte und von wo aus er auf »wie vieles interessante und herrliche« des ersten Jena Aufenthalts zurückblickt.[301] Auch der zweite Aufenthalt scheint dem Reisenden gefallen zu haben, denn nun berichtet er es in Betracht zu ziehen sich an der hiesigen Universität, im Kreise der wahrhaft gebildeten, einschreiben zu wollen.[302] Gleichzeitig ist sich Savigny aber der Fragilität des intellektuellen Klimas bewusst:

> »Aber freylich wird dieser Geist des Orts nicht dauern können ohne Mittelpunct: Fichte ist ganz weg und Schelling ist auf unbestimmte Zeit nach Bamberg und Wien gereist. Es wäre hart für Jena wenn er nicht wieder käme.«[303]

Bezüglich Savignys Haltung zu Jena sind spätere Aussagen weniger bekannt. Bremer richtete das Schlaglicht wohl deshalb auch auf diese, um darzulegen, dass die Eindrücke von Jena für seinen Protagonisten noch lange nachwirkten. Im Jahr 1808 wird er schreiben:

> »Wie viel werth also ist es, wenn alle Gebildeten der Nation in der empfänglichsten Zeit ihres Lebens in einen Zustand versetzt werden, worin jedes menschliche Selbstgefühl erweckt und gehoben und das übermäßige Standesgefühl aller Art gedemüthigt wird! [...] Wir enthalten uns, mehr darüber zu sagen; wenn die eigene Anschauung fehlt, der wird das nie begreifen, und wer z. B. ehemals Jena gesehen hat mit seinem freudigen ruhigen Streben, seiner Anmuth u. brüderlichen Gesinnung, der bedarf keiner weiteren Ausführung.«[304]

Im Jahr 1810 soll Savigny geschrieben haben: »Ich schätze u. liebe Jena ungemein, u. die wenigen Monate, die ich ehemals da zugebracht habe, gehören unter die erfreulichsten Erinnerungen meines Lebens.«[305]

---

300 Bremer/Meder I, Bl. 67 – vgl. Savigny, Briefbeilage (Reisetagebuch, erster Teil, 24. Juli–2. August 1799), in: Adolf Stoll, Friedrich Karl von Savignys Sächsische Studienreise 1799 und 1800 (1890), Nr. 1, S. 6–20, 18.

301 Bremer/Meder I, Bl. 67 – vgl. Savigny, Brief an L. Creuzer vom 16. August 1799 aus Leipzig, in: Adolf Stoll, Friedrich Karl von Savignys Sächsische Studienreise 1799 und 1800 (1890), Nr. 2, S. 20–21, 21.

302 Bremer/Meder I, Bl. 67 – vgl. Savigny, Brief an F. und L. Creuzer und Schwarz vom 26. April 1800 aus Leipzig, in: Adolf Stoll, Friedrich Karl von Savignys Sächsische Studienreise 1799 und 1800 (1890), Nr. 13, S. 33–36, 34 (Zur Einschreibung in Jena kommt es nicht mehr, denn gleichzeitig ist sich Savigny schon sicher, dass er nun in Marburg promovieren will, s. ebd., S. 35).

303 Bremer/Meder I, Bl. 66 – vgl. Savigny, Brief an F. und L. Creuzer und Schwarz vom 26. April 1800 aus Leipzig, in: Adolf Stoll, Friedrich Karl von Savignys Sächsische Studienreise 1799 und 1800 (1890), Nr. 13, S. 33–36, 34.

304 Bremer/Meder I, Bl. 68, mit Verweis (Fn. 1) auf: »Verm. Schriften IV, S. 267« = Savigny, Recension von Schleiermacher über Universitäten (1808), in: ders., Vermischte Schriften, 4. Band (1850), S. 255–269, 267 (Bremers Notizen weichen hiervon etwas ab).

305 Bremer/Meder I, Bl. 68 (Savigny, Brief vom 28. Februar 1810 an Karl von Conta; vgl. Editionsangaben).

Auch die moderne Geschichtswissenschaft spricht Jena mit der hiesigen Universität und der Nachbarstadt Weimar eine besondere Bedeutung in dieser Zeit zu: Von der Umstrukturierung der sogenannten Artistenfakultäten, die nun historische- und philosophisch-philologische Schwerpunkte anboten und damit zu gleichrangigen philosophischen Fakultäten aufstiegen, profitierten besonders die großen protestantischen Universitäten, wie die in Jena.[306] Neben dieser ohnehin schon stark attraktivitätssteigernden Reformierung kam dort mit der, von Geheimrat Goethe eingerichteten, »Schola extraordinaria« eine Institution hinzu, die noch mehr Studenten anzog.[307] Die verhältnismäßig liberale politische Führung und nicht zuletzt die Nähe zu Weimar machten die Region zu einem Schmelztiegel von Dichtern und Denkern unterschiedlicher Strömungen.[308] Und während Weimar zu einer Kulturhauptstadt aufstieg, wurde das benachbarte Jena mit seiner Universität zu einer Bildungshauptstadt; ein nationalkulturelles Zentrum galt mit der »Doppelstadt Weimar-Jena« für manchen damaligen Zeitgenossen als gefunden.[309]

Diese Mischung aus der Erstklassigkeit des Studienortes, der Geburtsstätte der vielen Ideen und Strömungen, der zahlreich ansässigen prominenten Gelehrten und überhaupt des breiten Geistesspektrums der anzutreffenden Personen, lässt keine Fragen offen, weshalb sich Bremer für die Aufenthalte seines Protagonisten in Jena so sehr interessierte.

Unter den Rechtsgelehrten, die Savigny in Jena hörte, sind die beiden Professoren Gottlieb Hufeland (1760–1817) und Paul Johann Anselm Feuerbach (1775–1833) zu nennen. In Savignys Reiseberichten scheint Feuerbach anfangs nur eine untergeordnete Rolle einzunehmen.[310]

306 Vgl. Georg Schmidt, Wandel durch Vernunft (2009), S. 267.

307 Vgl. Georg Schmidt, Wandel durch Vernunft (2009), S. 329 (Bei der »Schola extraordinaria« handelt es sich um ein, nicht zur Universität gehörendendes, Kolleg von außerordentlichen Professoren das die studentische Ausbildung unterstützte, vgl. ebd.).

308 Vgl. Georg Schmidt, Wandel durch Vernunft (2009), S. 363, 383f., 389.

309 Vgl. Georg Schmidt, Wandel durch Vernunft (2009), S. 383f., 389.

310 Vgl. Savigny, Briefbeilage (Reisetagebuch, erster Teil, 24. Juli–2. August 1799), in: Adolf Stoll, Friedrich Karl von Savignys Sächsische Studienreise 1799 und 1800 (1890), Nr. 1, S. 6–20, 13f., 16f.

1. Paul Johann Anselm Feuerbach

Bremer führt Feuerbach hingegen auffällig umfangreich ein. Dabei fußen seine Notizen überwiegend auf dem Biographischen Nachlass Paul Johann Anselm Feuerbachs.[311] Werfen wir zunächst einen Blick darauf, was Bremer über Feuerbach notierte.[312]

Geschildert wird Feuerbachs Vater, der Advokat in Frankfurt am Main war, als ein Mann inhumanster Strenge.[313] Selbst davor später noch den Enkel mit Zuchthausstrafen zu sanktionieren, wie es die väterliche Gewalt in der Reichsstadt ermöglichte, soll er nicht zurückgeschreckt haben.[314] Wegen finanzieller Schwierigkeiten hatte der immer tadelnde Vater dem begabten und wissbegierigen Paul Johann Anselm den Universitätsbesuch verweigert.[315] Daraufhin ist der junge Feuerbach 1792 aus dem elterlichen Haus geflohen.[316] Unterkunft fand er bei seiner Tante in Jena, wo er das Studium der Philosophie begann.[317] Als bedeutenden Lehrer Feuerbachs hatte Bremer Karl Leonhard Reinhold (1757 oder 1758–1825) notiert.[318] Zwei Jahre befasste sich Feuerbach mit dem Studium von Rousseau (1712–1778), den er nicht nur als »Freund der Menschheit und Tugend« bezeichnet, sondern dessen Werk er die »Glut« zuspricht, die auch sein Herz erwärmte.[319] Ferner erfahren wir von zeitweiser schwerer Krankheit in Jena.[320] Bremer hätte berichtet, dass Feuerbach, der ob seines reizbaren Charakters »Vesuvius«[321] genannt würde, über sich selbst einmal sagte, dass Ehrgeiz und Ruhmbegierde seinen Charakter ausmachten.[322] Dass er bei dem Empfinden von Verachtung seiner Person, sich kaum halten könne mit tödlichen Waffen auf

311 Bremer/Meder I, Bl. 72, mit Verweis (Fn. 1) auf: »Biographischer Nachlaß, 2 Bde, Leipzig 1853« = Ludwig Feuerbach (Hg.), Anselm Ritter von Feuerbach's Biographischer Nachlaß, 2 Bände (2. Auflage, 1853). Bremer arbeitete hier mit dem ersten Band. Seine bloß sporadischen Verweise zielen dort überwiegend in das Vorwort und den Seitenbereich 1–80.

312 Bremer/Meder I, Bl. 72–87.

313 Bremer/Meder I, Bl. 72, 75, 81.

314 Bremer/Meder I, Bl. 76.

315 Bremer/Meder I, Bl. 72, 81.

316 Bremer/Meder I, Bl. 72, 81.

317 Bremer/Meder I, Bl. 72, 81.

318 Bremer/Meder I, Bl. 72.

319 Bremer/Meder I, Bl. 76, 81.

320 Bremer/Meder I, Bl. 76. Sein Arzt war laut Bremer der prominente Mediziner Christoph Wilhelm Hufeland (1762–1836). Bezüglich des Verwandtschaftsverhältnisses zwischen diesem und dem Rechtslehrer Gottlieb Hufeland, ist manchmal voneinander abweichendes zu lesen. Der NDB zufolge, ist der Jurist Gottlieb Hufeland der Onkel väterlicherseits von Christoph Wilhelm Hufeland, vgl. Markwart Michler, Hufeland, Christoph Wilhelm, in: NDB 10 (1974), S. 1–7, 1.

321 Bremer/Meder I, Bl. 75.

322 Bremer/Meder I, Bl. 76.

seinen Gegner loszugehen.[323] Im Jahr 1795, in welchem er auch zum Doktor der Philosophie promoviert wurde, hatte er eine Schrift gegen die Thesen des Philosophen Rehberg veröffentlicht (»Über die einzig möglichen Beweisgründe gegen das Dasein und die Gültigkeit der natürlichen Rechte«, erschienen 1795 in Gera).[324] Hierin rechtfertigte er die Menschenrechte und stellte die »einseitigen Freiheitsschwärmer«, die in der Garantie dieser Rechte die einzige Aufgabe des Staates erkennen wollten, und die Politiker, die das Volk in Unfreiheit zu halten bestrebt seien, polemisch gegenüber.[325] In »Niethammers Journal«,[326] für welches auch »Fichte, Reinhold und andere große Männer« schrieben, veröffentlichte er die Abhandlung »Versuch über den Begriff des Rechts«.[327] Im Jahr 1796 erschien die »Kritik des natürlichen Rechts«, worin Feuerbach das Naturrecht, anders als die großen Naturrechtslehrer, aus der praktischen Vernunft und nicht dem Sittengesetz ableitete.[328] Seine prekäre Situation nötigte Feuerbach immer wieder dazu, auch unreife Texte, des Geldes wegen, zügig abzugeben.[329] Als schon nicht unbekannter Philosoph hatte er sich schließlich widerwillig, aber doch ambitionsreich, der Rechtswissenschaft zugewandt.[330] Dass er nun dem Willen seines Vaters entsprach, mit dem er sich inzwischen versöhnt hatte, soll ihm seine finanzielle Unterstützung gesichert haben.[331] Bezüglich des neuen Studiums hoffte er, dass ihn die Jurisprudenz schneller zu »Amt und Einnahme« bringen würde.[332] Dass sich Feuerbach nach seinen philosophischen Studien gut auf die Rechtswissenschaft vorbereitet gefühlt hatte, notierte Bremer ebenso wie auch die Tatsache, dass Feuerbach von seinem Vater gemahnt wurde, im Studium das positive Recht nicht allzu sehr zu vernachlässigen.[333] Noch im Rechtsstudium erkannte Feuerbach: »Ich habe mehr Talent für den Katheder als für die Schranken des Gerichts«.[334] Den Jenaer Professor Hufeland hatte er zugleich als Lehrer, Freund und Gegner geschildert.[335] Im Jahr vor seiner juristischen Promotion 1799 veröffentlichte Feuerbach zwei rechtswissenschaftliche Schriften.[336]

323 Bremer/Meder I, Bl. 76f.
324 Bremer/Meder I, Bl. 77, 84.
325 Bremer/Meder I, Bl. 77.
326 Philosophisches Journal von einer Gesellschaft deutscher Gelehrten (Bremer/Meder I, Bl. 77).
327 Bremer/Meder I, Bl. 77.
328 Bremer/Meder I, Bl. 81, 79.
329 Bremer/Meder I, Bl. 82.
330 Bremer/Meder I, Bl. 72, 77, 81, 84.
331 Bremer/Meder I, Bl. 81, 85.
332 Bremer/Meder I, Bl. 84.
333 Bremer/Meder I, Bl. 81, 84, 85.
334 Bremer/Meder I, Bl. 77.
335 Bremer/Meder I, Bl. 86.
336 Bremer/Meder I, Bl. 87.

In der ersten Abhandlung[337] über das Verbrechen des Hochverrats wurde dargelegt, dass sich Bürger auch gemeinsam mit dem Regenten des Hochverrats schuldig machen könnten, da der Tatbestand den Verfassungsbruch und nicht den Treuebruch gegenüber dem Regenten sanktioniere.[338] Außerhalb der grenzgebenden verfassungsgemäßen Funktionen des Regenten sei auch dieser Privatperson.[339] Diese zentrale Unterscheidung, zwischen öffentlicher und privater Regentenperson, fand sich auch in seinem bald folgenden Werk »Anti-Hobbes [[340]] oder über die Grenzen der höchsten Gewalt und das Zwangsrecht der Bürger gegen den Oberherrn« (1798).[341] In seiner juristischen Dissertationsschrift, die Bremer vorwiegend wegen Vita und Jahr für auftreibenswert hält, brachte er die These dar, dass sich die Strafbarkeit mit abnehmender gesellschaftlicher Freiheit steigere, da bürgerliche Strafbarkeit die Gefährlichkeit und nicht moralische Schuld erfasse.[342] Überdies solle das Strafgesetz unbedingt und rücksichtslos angewendet werden, da sich andernfalls die Richter über das Gesetz stellten.[343] Im Sommer 1799 hielt Feuerbach seine erste Vorlesung im Kriminalrecht, der auch Friedrich Carl von Savigny beiwohnte.[344]

Gemäß einer Randnotiz Bremers hätte es eine solch ausführliche Einführung zu Feuerbach auch in die Endfassung seiner Savigny-Biografie geschafft.[345] Der Umfang bringt uns zu der Frage, weshalb Bremer Feuerbach, insbesondere im Vergleich zu dem wichtiger scheinenden Hufeland, derart gewichtet.

Über Feuerbachs Vorlesung schreibt Savigny:

> »Feuerbach lehrt sehr gründlich und gut, nur hat sein Äußeres zu wenig. Man vernachlässigt das überhaupt zu sehr, ohne zu bedenken, daß das der einzige Punct ist, der mündliche Vorträge nützlich und in gewissen Fällen unentbehrlich macht. Feuerbach steht in genauer Verbindung mit Hufeland, der auch seine Studien geleitet hat.«[346]

337 Philosophisch-juridische Untersuchung über das Verbrechen des Hochverraths, Erfurt 1798.
338 Bremer/Meder I, Bl. 78, 87.
339 Bremer/Meder I, Bl. 78.
340 Der Name erklärt sich aus dem Widerspruch zu Thomas Hobbes' Gesellschaftsvertrag, bei dem die Menschen zum Erhalt der Ordnung ihre Rechte auf, die in allen Bereichen unbeschränkte, Gewalt des Souveräns übertragen müssten, vgl. Frank Martin Krauss, Thomas Hobbes, in: Gerd Kleinheyer/Jan Schröder (Hg.), Deutsche und Europäische Juristen (6. Auflage, 2017), S. 202–205, 203.
341 Bremer/Meder I, Bl. 78.
342 Bremer/Meder I, Bl. 78, 81 (Fn. 1).
343 Bremer/Meder I, Bl. 87.
344 Bremer/Meder I, Bl. 80, 82.
345 Bremer/Meder I, Bl. 72.
346 Savigny, Briefbeilage (Reisetagebuch, erster Teil, 24. Juli–2. August 1799), in: Adolf Stoll, Friedrich Karl von Savignys Sächsische Studienreise 1799 und 1800 (1890), Nr. 1, S. 6–20, 16; Bremer/Meder I, Bl. 82.

Was wir allzu leicht als oberflächliche Randbemerkung, die auf das Aussehen Feuerbachs zielt, abtun könnten, dechiffriert Bremer folgenreicher. Demnach dürfte Feuerbachs Lage bis etwa 1801 so prekär gewesen sein, dass er sich zeitweise von Wasser und Brot ernähren musste und beim Vater demutsvoll um einen alten Rock bat.[347] Dass der ohnehin schon »arme Schlucker«, wie Bremer ihn nennt,[348] zudem noch eine inzwischen geehelichte Geliebte und einen selbst vor dem Vater länger verheimlichten, unehelich auf die Welt gekommenen, Sohn zu versorgen gehabt haben dürfte, lässt vermuten wie drastisch die Lage war.[349] So dürfte das wohl abgerissene Aussehen des Lehrers nicht nur bei den vornehmeren Hörern wie Savigny Anstoß erregt haben, sondern Feuerbach auch den Zugang zu den gehobenen Jenaer-Hausgesellschaften verwehrt haben, wie Bremer vermutet.[350] Es ist ein Erklärungsansatz, weshalb wir von einem persönlichen Kennenlernen von Savigny und Feuerbach in Jena nichts hören.

Feuerbach ist für Bremer aber nicht nur deshalb interessant, weil der junge Dozent mit seinen frühen Arbeiten bereit war, vormals herrschende Gesellschaftsordnungen zu hinterfragen – Themen zu denen Bremers Protagonist in Leipzig debattierte. Gewisse Parallelen zwischen Savigny und dem wenig älteren Feuerbach werden auch deutlich, wenn man von hier einige Monate in die Zukunft blickt. Beide teilen ein Interesse am Naturrecht und beide begannen ihre juristisch-akademische Karriere mit dem Kriminalrecht. Nach Bremer sollen Savignys kriminalrechtliche Studien durch Feuerbach »angeregt« worden sein.[351] Während sich etwas später, im Winter, der wieder ins Studium vertiefte Reisende in Leipzig auf seine Promotion vorbereitet, berichtet er seinen Freunden in Marburg über die juristische Literatur:

> »Grolmann hat viel von Bauers arroganter Armuth; Feuerbach ist unstreitig mehr Kopf (sein bestes Werk scheint mir die Kritik d[es]. n[atürlichen]. R[echts].) und hat viel Originalität und Solidität; Logik und Geschmack hat er wenig mehr als Gr., seine Prätensionslosigkeit unterscheidet ihn von diesem am meisten.«[352]

Auffällig ist, dass wir in Bremers Notizen einen Satz aus diesem Brief finden, der in der Publikation von Stoll von 1890 offenbar, wenn auch sinnwahrend, her-

347 Bremer/Meder I, Bl. 82.
348 Bremer/Meder I, Bl. 82.
349 Bremer/Meder I, Bl. 78, 82.
350 Bremer/Meder I, Bl. 82.
351 Bremer/Meder I, Bl. 82; Gemeint ist wohl die Auseinandersetzung mit Feuerbach, wie wir sogleich sehen werden.
352 Savigny, Brief an F. und L. Creuzer vom 3. Januar 1800 aus Leipzig, in: Adolf Stoll, Friedrich Karl von Savignys Sächsische Studienreise 1799 und 1800 (1890), Nr. 10, S. 30–32, 30; vgl. auch Bremer/Meder I, Bl. 74.

ausgekürzt ist.[353] Ein starkes Indiz dafür, dass Bremer eigene Abschriften vorlagen, weitere Indizien, werden an späterer Stelle folgen. Trotz der Aussage des Briefes hält Bremer fest, dass Savignys kriminalrechtliche Studien wesentlicher auf Grolmann basierten.[354] Dieser Schluss war wohl nicht aus der Luft gegriffen, denn nach einer Quelle Bremers war Grolmann Fichtianer.[355] Savigny war zu dieser Zeit, wie wir oben gesehen haben, grundlegend an Fichtischer Philosophie interessiert und die Philosophie des »Criminalrechts« sollte hiervon keine Ausnahme sein.

Karl Ludwig Grolmann (1775–1829) und Feuerbach lieferten die beiden zentralen Straftheorien ihrer Zeit.[356] Feuerbachs auf Kants kritischem Idealismus fußende Rechtstheorie, die zwischen Naturrecht und positivem Recht trennte, bildete eine Straftheorie heraus, die zur Verhinderung von Straftaten auf Abschreckung durch Strafandrohnung und rigorose Bestrafung setzte.[357] Grolmann hingegen setzte auf die unterlegene spezialpräventive Straftheorie, die individuelle Sicherung und Besserung anstrebte.[358] Feuerbachs Ansatz galt im Zeitalter der Naturrechtskodifikationen deshalb als vorzugswürdig, da dieser sowohl bei der Strafzumessung als auch bei dem Strafvollzug zu unterschiedsloserer Rechtsanwendung kam.[359] Auch war der Gedanke, dass der Handelnde seine potenzielle Strafe vorher kennt und sich ihr deshalb auch freiwillig unterwirft, woraus beispielsweise auch der wichtige Grundsatz »nulla poena sine lege« hervorgeht, ganz im Sinne der noch wirkenden Spätaufklärung.[360]

Bremer wusste von Savignys Neigung zum gepflegten Streit mit den Kantianern.[361] Dass Feuerbach ein solcher war und Savigny dagegenhielt, wusste er

353 Bremer/Meder I, Bl. 82. Zusammengefügt würde das Zitat dann lauten: »Grolmann hat viel von Bauers arroganter Armuth; Feuerbach ist unstreitig mehr Kopf (sein bestes Werk scheint mir die Kritik d. n. R.) und hat viel Originalität und Solidität; *Seine Logik und der Geschmack erscheinen nicht tadellos, ja,* Logik und Geschmack hat er wenig mehr als Gr., seine Prätensionslosigkeit unterscheidet ihn von diesem am meisten.«

354 Bremer/Meder I, Bl. 82.

355 Vgl. Ludwig Feuerbach, Anselm Ritter von Feuerbach's Biographischer Nachlaß, 1. Bd. (2. Aufl., 1853), S. 51, in den Anmerkungen.

356 Vgl. Jan Schröder, Karl Ludwig von Grolman, in: ders./Gerd Kleinheyer (Hg.), Deutsche und Europäische Juristen (6. Auflage, 2017), S. 183–186, 183.

357 Vgl. Jan Schröder, Paul Johann Anselm von Feuerbach, in: ders./Gerd Kleinheyer (Hg.), Deutsche und Europäische Juristen (6. Auflage, 2017), S. 134–141, 135–137.

358 Vgl. Jan Schröder, Karl Ludwig von Grolman, in: ders./Gerd Kleinheyer (Hg.), Deutsche und Europäische Juristen (6. Auflage, 2017), S. 183–186, 183; ders., Paul Johann Anselm von Feuerbach, ebd., S. 134–141, 137.

359 Vgl. Jan Schröder, Paul Johann Anselm von Feuerbach, in: ders./Gerd Kleinheyer (Hg.), Deutsche und Europäische Juristen (6. Auflage, 2017), S. 134–141, 137.

360 Vgl. Jan Schröder, Paul Johann Anselm von Feuerbach, in: ders./Gerd Kleinheyer (Hg.), Deutsche und Europäische Juristen (6. Auflage, 2017), S. 134–141, 137.

361 Vgl. bspw. Bremer/Meder I, Bl. 10, 19, 28.

auch.[362] Keine Hinweise finden sich aber dazu, dass er etwas von dem Briefwechsel zwischen Savigny und Feuerbach im Jahr 1800 wusste; dieser wurde erst 1990 durch Kadel[363] veröffentlicht und steht mit dem Diskurs um ebendieses »Kantische Criminalrecht« in Zusammenhang.[364] Hierin nahm Savigny mutmaßlich zu dem ersten Teil von Feuerbachs »Revision der Grundsätze und Grundbegriffe des positiven peinlichen Rechts« von 1799 Stellung.[365] Wir sehen allerdings, dass Bremer die entscheidenden Punkte, obwohl ihm beispielsweise dieser Briefwechsel fehlte, doch notierte und so ähnlich wahrscheinlich auch in seiner Savigny-Biografie dargebracht hätte. Diese Zielsicherheit, diese Bremer auszeichnende Präzision bei dem Ausfüllen der Lücken an Material, ist dadurch gegeben, dass er sich den Personen regelmäßig biografisch annähert. Indem er die behandelte Person parallel zu seinem Protagonisten zeichnet, sind Verbindungs- oder Reibungspunkte leicht zu identifizieren. Das erklärt die vielen Notizblätter zu Feuerbach, der schon zu Bremers Zeit als einer der bedeutendsten deutschen Juristen galt.[366] Diese Gewichtung ist aber auch deshalb ein Ausdruck des sicheren Gespürs von Bremer, weil es spätere Auseinandersetzungen zwischen Savigny und Feuerbach gab und heute noch offene Fragen im Verhältnis der beiden Gelehrten existieren. Zu nennen sind die späteren kritischen Töne Feuerbachs zur Historischen Rechtsschule, die Kritik Savignys an dem Kodifikationsvorhaben Feuerbachs oder das nicht abschließend geklärte Verhältnis von der Feuerbachschen Nationalgeistlehre von 1809 und Savignys Volksgeistlehre.[367]

2. Gottlieb Hufeland

Während wir bei Bremer zu Feuerbach viel ausformuliertes Material finden, haben die Notizen zu Hufeland oft auch nur Skizzencharakter.[368] Ein auffälliger Umstand, von Hufeland hören wir in Savignys Tagebüchern und seiner Korre-

362 Bremer/Meder I, Bl. 80.

363 Herbert Kadel (Hg.), Paul Johann Anselm Feuerbach – Friedrich Carl von Savigny. Zwölf Stücke aus dem Briefwechsel (Lauterbach 1990).

364 Vgl. Dieter Nörr, Savignys Philosophische Lehrjahre (1994), § 16, S. 297f.

365 Vgl. Dieter Nörr, Savignys Philosophische Lehrjahre (1994), § 16, S. 297f.; Die »Revisionen« registrierte auch Bremer (Bremer/Meder I, Bl. 79, 80, 87).

366 Vgl. bspw. Adolf Stoll, Friedrich Karl von Savignys Sächsische Studienreise 1799 und 1800 (1890), S. 31, Anm. 160 (beginnt auf S. 30).

367 Vgl. Hans-Peter Haferkamp, Die Historische Rechtsschule (2018), S. 73, 130, 204; Dieter Nörr, Savignys Philosophische Lehrjahre (1994), § 15, S. 286–287; Feuerbach wurde 1808 beauftragt ein bayerisches Zivilgesetzbuch auf Grundlage des Code civil auszuarbeiten, vgl. Jan Schröder, Paul Johann Anselm von Feuerbach, in: ders./Gerd Kleinheyer (Hg.), Deutsche und Europäische Juristen (6. Auflage, 2017), S. 134–141, 134.

368 Vgl. bspw. Bremer/Meder I, Bl. 88f., 93f.; ausführlicheres findet sich bspw. bei Bremer/Meder I, Bl. 169 oder Bremer/Meder IV-2, Bl. 7, 52.

spondenz nämlich insgesamt verhältnismäßig viel.[369] Gerade bei dem ersten Aufenthalt in Jena ist der junge Savigny ganz begeistert von dem »herrlichen Mann« mit »universeller Bildung« dessen Vortrag dem Reisenden »seiner Ordnung und Klarheit wegen« gefällt.[370] Auch Hufeland wird die Gesellschaft Savignys geschätzt haben, denn so stellt er ihn gleich seinen Freunden im »Mittwochsclubb« vor.[371] Und obwohl Hufeland in der späteren Reisekorrespondenz deutlich weniger vorkommt, scheint sich für Savigny die zentrale und inspirierende Bedeutung, die Adolf Stoll 1890 dem Zusammentreffen der beiden Juristen zugesprochen hat, auf lange Zeit eingebrannt zu haben.[372]

Dass Hufeland dem Protagonisten schon vor Antritt der Reise ein Begriff war, arbeitet Bremer auf der Grundlage folgender Textpassage des Reisetagebuches heraus:

> »[...] da fand ich bey ihm Ideen und Ansichten die mich entzückten und die ich gar nicht bey ihm erwartete; ich mache mir es jetzt recht zum Vorwurf, daß ich ihn als Schriftsteller noch nicht mit eigenen Augen genau betrachtet habe, warum verließ ich mich auf Gläser, die ich schon als trüb kannte? Er hat große Achtung vor dem Römischen Recht und diese ist bey ihm erst seit der genaueren Kenntniß desselben entstanden! Auch seine Urtheile über andere, z. B. über Hugo und Runde, waren ganz so wie ich sie wünschte [...]«[373]

Bremer stellt fest, dass mit den trüben Gläsern nur Professor Bauer aus Marburg gemeint sein kann.[374] Der Protagonist kannte Hufelands Schriften also nur mittelbar. Zu dieser Zeit war es üblich Vorlesungen ganz auf Basis eines Lehrbuches, auch Dritter, zu halten.[375] Savigny wird sich, wie wir noch sehen werden, schon in ein paar Jahren als Dozent davon teilweise befreien und erste Vorlesungen nach eigener Ordnung halten.

Stoll hatte die obige Passage des Tagebuches, die Bezüge zum römischen Recht und zu Gustav Hugo, noch als ganz eindeutigen Hinweis verstanden und sah zwischen dem Zusammentreffen von Savigny und Hufeland eine direkte Ver-

369 Vgl. die Savigny-Briefe und Briefbeilagen bei: Adolf Stoll, Friedrich Karl von Savignys Sächsische Studienreise 1799 und 1800 (1890), S. 13, 14, 16, 18, 32, 35.

370 Vgl. Savigny, Briefbeilage (Reisetagebuch, erster Teil, 24. Juli–2. August 1799), in: Adolf Stoll, Friedrich Karl von Savignys Sächsische Studienreise 1799 und 1800 (1890), Nr. 1, S. 6–20, 13 f.

371 Vgl. Savigny, Briefbeilage (Reisetagebuch, erster Teil, 24. Juli–2. August 1799), in: Adolf Stoll, Friedrich Karl von Savignys Sächsische Studienreise 1799 und 1800 (1890), Nr. 1, S. 6–20, 16.

372 Vgl. Adolf Stoll, Friedrich Karl von Savignys Sächsische Studienreise 1799 und 1800 (1890), S. 40–41.

373 Vgl. Savigny, Briefbeilage (Reisetagebuch, erster Teil, 24. Juli–2. August 1799), in: Adolf Stoll, Friedrich Karl von Savignys Sächsische Studienreise 1799 und 1800 (1890), Nr. 1, S. 6–20, 13.

374 Bremer/Meder IV-2, Bl. 7.

375 Das zugrundeliegende Lehrbuch notierte Bremer stets mit (Bremer/Meder I, Bl. 270, 272, 274).

bindungslinie zur Historischen Rechtsschule.[376] Anhand seiner Notizen und Quellenverweise lässt sich vermuten, dass Bremer ein Bild von ›Hufeland als Jurist‹ zu zeichnen gedachte.[377] Es wäre wohl ein Bild geworden, welches vorschnelle Schlüsse verhindert hätte:

Gottlieb Hufeland, der in Leipzig bei Biener und kurzweilig auch in Göttingen studierte, wurde im Jahr 1785 in Jena zum Doktor der Rechte und zum Doktor der Philosophie promoviert.[378] Im Jahr 1788 wurde er außerordentlicher und im Jahr 1790 ordentlicher Rechtsprofessor in Jena.[379] Einige Jahre später, im Jahr 1803, wurde er nach Würzburg berufen, danach lehrte er in Landshut.[380] Von 1808–1812 war er Bürgermeister seiner Geburtsstadt Danzig.[381] In der ersten Hälfte seiner akademischen Schaffensperiode lieferte Hufeland einige juristische Schriften; in der zweiten Hälfte trat er wesentlich als Autor nationalökonomischer Werke auf.[382] Kurz vor seinem Tode plante Hufeland gemeinsam mit Johann Gottfried Gruber (1774–1851) eine große Enzyklopädie der Wissenschaften und Künste herauszugeben; statt Hufeland wurde dann Johann Samuel Ersch (1766–1828) zum Mitherausgeber.[383] Der Eintrag, der sich zu Gottlieb Hufeland in der Enzyklopädie von Ersch und Gruber findet, ist dann sehr wohlwollend ausgefallen. Blicken wir auf das Urteil zu den juristischen Schriften:

Schon mit seiner Dissertation »De legum in Pandectis interpretandarum subsidio, ex earum nexu et consecutione petendo« (Jena 1785), der »vortreffliche[n] Abhandlung«, sei Hufeland überall die »gerechte Anerkennung seines gelehrten Scharfsinns« zuteilgeworden.[384] Zügig danach soll eine gediegene Ab-

376 Vgl. Adolf Stoll, Friedrich Karl von Savignys Sächsische Studienreise 1799 und 1800 (1890), S. 40–41.

377 Bremer/Meder I, Bl. 89.

378 Vgl. Emil Ferdinand Vogel, Hufeland (Gottlieb), in: Ersch/Gruber/Hoffmann (Hg.), Allgemeine Encyklopädie der Wissenschaften und Künste, 2. Section, 11 Theil (1834), S. 370–373, 370 (angedeutet bei Bremer/Meder I, Bl. 89 unten).

379 Vgl. Joseph Meyer (Begr.), Meyers-Konversationslexikon, 8. Bd. (4. Aufl., 1885–1890), Hufeland, Gottlieb, S. 761 f. (Fundstelle notiert bei Bremer/Meder I, Bl. 89 oben).

380 Vgl. Joseph Meyer (Begr.), Meyers-Konversationslexikon, 8. Bd. (4. Aufl., 1885–1890), Hufeland, Gottlieb, S. 761 f.

381 Vgl. Joseph Meyer (Begr.), Meyers-Konversationslexikon, 8. Bd. (4. Aufl., 1885–1890), Hufeland, Gottlieb, S. 762.

382 Vgl. Joseph Meyer (Begr.), Meyers-Konversationslexikon, 8. Bd. (4. Aufl., 1885–1890), Hufeland, Gottlieb, S. 762.

383 Bremer/Meder I, Bl. 89, mit Verweis (unten) auf: »Roscher, S. 655« = Wilhelm Roscher, Geschichte der National-Oekonomik in Deutschland (1874), Nr. 148, S. 655 (in den Anm.); NB: Nach Meyers-Konversationslexikon, war es Ersch, mit dem Hufeland die Enzyklopädie plante und Gruber, der dann hinzukam, vgl. Joseph Meyer (Begr.), Meyers-Konversationslexikon, 8. Bd. (4. Aufl., 1885–1890), Hufeland, Gottlieb, S. 762 (Fundstelle notiert bei Bremer/Meder I, Bl. 89).

384 Vgl. Emil Ferdinand Vogel, Hufeland (Gottlieb), in: Ersch/Gruber/Hoffmann (Hg.), Allgemeine Encyklopädie der Wissenschaften und Künste, 2. Section, 11 Theil (1834), S. 370–373, 370.

handlung zum Grundsatz des Naturrechts (Leipzig 1785) gefolgt sein, die schon ein größeres Publikum Zeuge der auch philosophischen Kenntnisse des Verfassers werden ließ.[385] Und gleich folgen Verteidigungsversuche: Selbst die Kritiker müssten doch eingestehen, dass »in dem kleinen Buche sehr viel scharfsinnige Ideen kurz, deutlich und einleuchtend vorgetragen sind.«[386] Die 1785 durch Hufeland aufgestellten Grundsätze zum Naturrecht, mündeten fünf Jahre später in ein Lehrbuch des Naturrechts und später in seine »Institutionen des gesammten positiven Rechts« (Jena 1798).[387] Auch wenn hierzu »die Stimmen noch immer sehr getheilt sind«, ließe sich nicht in Abrede stellen, dass Hufeland hier die »zu machenden literarischen Ansprüche« besser als seine Vorgänger und Nachfolger erfüllt hätte.[388]

Was hier verteidigt wird, wird deutlicher, wenn man andere Stimmen hinzunimmt, die Bremer ebenfalls als Fundstelle notierte:

Landsberg konstatiert bezüglich Hufelands »Versuch zum Grundsatz des Naturrechts« eine »geringe Stufe des Verständnisses für Kant« und dieses obgleich dem Werk, des ersten Juristen, der unter kantschem Einfluss stünde, die Ehre widerfahren sei von dem großen Königsberger selbst rezensiert zu werden.[389] Wenn auch einzelne Begründungen geistreich dargebracht seien, kranke das Werk jedoch an dem systematischen Fehler, ein erkanntes Formalprinzip gleich wieder zu missachten.[390] Neben Hufelands Versuchen, die Trennung zwischen dem positiven und dem überpositiven Recht aufzuweichen, verwarf er auch die dogmatische Trennung zwischen römischen und deutschen Privatrechtselementen.[391] »Am Eigenthümlichsten« und mit »keinerlei Beifall« bedacht, sei aber Hufelands dialektischer Versuch einer neuen Anschauung der

385 Vgl. Emil Ferdinand Vogel, Hufeland (Gottlieb), in: Ersch/Gruber/Hoffmann (Hg.), Allgemeine Encyklopädie der Wissenschaften und Künste, 2. Section, 11 Theil (1834), S. 370–373, 370.

386 Vgl. Emil Ferdinand Vogel, Hufeland (Gottlieb), in: Ersch/Gruber/Hoffmann (Hg.), Allgemeine Encyklopädie der Wissenschaften und Künste, 2. Section, 11 Theil (1834), S. 370–373, 371.

387 Vgl. Emil Ferdinand Vogel, Hufeland (Gottlieb), in: Ersch/Gruber/Hoffmann (Hg.), Allgemeine Encyklopädie der Wissenschaften und Künste, 2. Section, 11 Theil (1834), S. 370–373, 371.

388 Vgl. Emil Ferdinand Vogel, Hufeland (Gottlieb), in: Ersch/Gruber/Hoffmann (Hg.), Allgemeine Encyklopädie der Wissenschaften und Künste, 2. Section, 11 Theil (1834), S. 370–373, 371.

389 Vgl. Ernst Landsberg, Geschichte der Deutschen Rechtswissenschaft, 3. Abt., 1. Halbbd., Textbd. (1898), S. 512 (Fundstelle notiert bei Bremer/Meder I, Bl. 89); NB: Weshalb Hufeland von Feuerbach nicht nur als Lehrer und Freund, sondern eben auch als Gegner bezeichnet wird, dürfte damit klar sein (Bremer/Meder I, Bl. 73, 86).

390 Vgl. Ernst Landsberg, Geschichte der Deutschen Rechtswissenschaft, 3. Abt., 1. Halbbd., Textbd. (1898), S. 512.

391 Vgl. Ernst Landsberg, Geschichte der Deutschen Rechtswissenschaft, 3. Abt., 1. Halbbd., Textbd. (1898), S. 512.

deutschen Partikularrechte.[392] Denn einerseits gäbe es nach Hufeland keine anderen als nur lokale Gewohnheiten (und damit Gewohnheitsrechte), die höchstens zufällig und ohne gemeinsame Ursache in anderen deutschen Regionen ähnlich lauten könnten.[393] Andererseits könne man in Zukunft statt von einem »allgemeinen deutschen Privatrecht« bloß von einem »deutschen Privatrecht« sprechen.[394] Bei konsequenter Anwendung hätte Hufelands Synthese nach Landsberg aber »Summe der zufällig in Deutschland neben einander an verschiedenen Orten bestehenden Rechtssätze heimischen Ursprunges« lauten müssen.[395] Größere romanistische Abhandlungen lieferte Hufeland erst zwei Jahre vor seinem Tod und auch wenn sich hierin eine gewisse Anerkennung für Savigny fände, vermutet Landsberg, dass Hufeland bei längerem Leben zu einem Gegner der Historischen Rechtsschule geworden wäre.[396]

Auch in einer weiteren Quelle Bremers finden wir die harte Kritik an Hufeland, wenn er dort zwar als »vielseitig und gründlich gebildete[r], wie selbstdenkende[r] Mann« beschrieben wird, sein systematischer Sinn, am Beispiel seiner juristischen Werke, aber als »wenig entwickelt« verstanden werden dürfe.[397] Gelobt wird hingegen Hufelands ökonomische Forschungsleistung, besonders mit der mehrbändigen Schrift »Neue Grundlegung der Staatswirthschaftskunst durch Prüfung und Berichtigung ihrer Hauptbegriffe von Gut, Werth, Preis, Geld und Volksvermögen« (beginnt ab 1807).[398] Die darin angestrebte Revision der wirtschaftlichen Hauptbegriffe gelänge dem Anhänger von Adam Smith (1723–1790) relativ verdienstvoll, auch trotz der unsicheren Auseinandersetzung mit anderen Vertretern der Smith-Ökonomie.[399] Gleichwohl hätten »seine juristischen Erinnerungen […] dem Nationalökonom Hufeland doch mehrfach Schaden gethan«.[400]

392 Vgl. Ernst Landsberg, Geschichte der Deutschen Rechtswissenschaft, 3. Abt., 1. Halbbd., Textbd. (1898), S. 513.
393 Vgl. Ernst Landsberg, Geschichte der Deutschen Rechtswissenschaft, 3. Abt., 1. Halbbd., Textbd. (1898), S. 513.
394 Vgl. Ernst Landsberg, Geschichte der Deutschen Rechtswissenschaft, 3. Abt., 1. Halbbd., Textbd. (1898), S. 513.
395 Vgl. Ernst Landsberg, Geschichte der Deutschen Rechtswissenschaft, 3. Abt., 1. Halbbd., Textbd. (1898), S. 513.
396 Vgl. Ernst Landsberg, Geschichte der Deutschen Rechtswissenschaft, 3. Abt., 1. Halbbd., Textbd. (1898), S. 514.
397 Vgl. Wilhelm Roscher, Geschichte der National-Oekonomik in Deutschland (1874), Nr. 148, S. 655, 657.
398 Vgl. Wilhelm Roscher, Geschichte der National-Oekonomik in Deutschland (1874), Nr. 148, S. 655, 656.
399 Vgl. Wilhelm Roscher, Geschichte der National-Oekonomik in Deutschland (1874), Nr. 148, S. 655, 659f.
400 Wilhelm Roscher, Geschichte der National-Oekonomik in Deutschland (1874), Nr. 148, S. 656f.; NB: Dem Begriff des Organischen – er spielt auch in der Savigny-Forschung eine Rolle –, steht Hufeland später kritisch gegenüber (s. ebd. 661). Den Begriff der Volkswirt-

So zeigt sich, dass von profunden Einblicken ins Recht, gar ins römische Recht, die ein demnach fast undifferenziert zu zeichnender Hufeland dem Reisenden verschafft haben soll, wahrscheinlich nicht die Rede sein kann. Zu dieser Zeit war Savigny ohnehin noch näher daran, ein Interesse für das Naturrecht auszubilden.[401] Bremer hätte wohl davor gewarnt, die Rolle des Juristen Hufeland, dem ein ›Durchbruch‹ in dieser Disziplin zeitlebens nicht gelungen ist, für den wissenschaftlichen Werdegang seines Protagonisten übermäßig oder gar als fundamental zu gewichten. Tatsächlich geht dieser Ansatz in die richtige Richtung, denn schon in wenigen Jahren wird sich Savigny methodisch mit den Fehlern Hufelands, beispielsweise der fehlenden historischen Trennung bei dem Versuch aus ganz verschiedenen Rechtsquellen Allgemeingültiges zu abstrahieren, auseinandersetzen.[402] Den intellektuellen Geist oder die akademische Natur hätte Bremer dem Jenaer-Professor mutmaßlich, allein wegen seiner Beiträge zur Ökonomik, dennoch nicht abgesprochen. Immerhin stritt der junge Savigny doch auch gerne mit den Kantianern; dass ihm aber Hufeland mit seiner ›Falschrezeption‹ von dem großen Philosophen ein tauglicher Streitpartner war, darf bezweifelt werden.[403] Der juristische Kontakt mit ihm gehört damit eher in die lange Kette der Eindrücke als in den Bereich der Schlüsselerlebnisse.

Bremer ist bei der Suche danach, ob ein Briefwechsel zwischen Hufeland und dem jungen Savigny stattfand, nur auf eine Publikation Schulins von 1881 gestoßen.[404] In den Briefen aus dem Jahr 1804 berichtet Savigny an seinen Mentor Weis, dass sich Hufeland gerade mit Handschriften und insbesondere den verschiedenen Ausgaben des »Breviarium« beschäftige und er ihn um die »Sichard'sche Ausgabe (1528)«[405] gebeten habe.[406] Aus dem Brief geht auch hervor,

schaft, der heute landläufig jenen der Nationalökonomie verdrängt hat, soll zuerst Hufeland genannt haben (s. ebd. S. 662).

401 Ein halbes Jahr später konkretisierte sich dieses Interesse, vgl. Savigny, Brief an F. und L. Creuzer vom 3. Januar 1800 aus Leipzig, in: Adolf Stoll, Friedrich Karl von Savignys Sächsische Studienreise 1799 und 1800 (1890), Nr. 10, S. 30–32, 30.

402 Vgl. Jacob Grimm, Anleitung zu einem eigenen Studium der Jurisprudenz (1802/1803), in: Aldo Mazzacane (Hg.), Friedrich Carl von Savigny: Vorlesungen über juristische Methodologie 1802–1842 (2004), S. 137–197, 158.

403 Savigny hätte wohl Feuerbach als Streitgenossen bevorzugt.

404 Bremer/Meder I, Bl. 88/93, jeweils mit Verweis auf: »Schulin, S. 35–37« = Savigny, Briefe an Weis vom 20. März 1804 (aus Göttingen) und vom 4. Juni 1804 (von Gut Trages), in: Friedrich Schulin, Zur Erinnerung an Friedrich Carl von Savigny (1879), Nr. 1, S. 33–35, 35 und Nr. 2, S. 35–39, 35–37.

405 Gemeint ist Johann Sichardts (1499–1552) 1528 herausgegebene Ausgabe der Lex Romana Visigothorum, auch bekannt als Brevarium Alaricianum, welche Sichardt selbst irrtümlich für den Codex Theodosianus hielt und daher unter dem Namen »Codicis Theodosiani Libri XVI« publizierte, vgl. Hagen Hof, Johann Sichardt, in: Gerd Kleinheyer/Jan Schröder (Hg.), Deutsche und Europäische Juristen (6. Auflage, 2017), S. 399–402, 399.

406 Vgl. Savigny, Brief an Weis vom 20. März 1804 aus Göttingen, in: Friedrich Schulin, Zur Erinnerung an Friedrich Carl von Savigny (1879), Nr. 1, S. 33–35, 35.

dass Hufeland – nun in Würzburg – ein altes Manuskript des »Breviarium« aus Bern und das »berühmte Würzburger« vorläge.[407] Aus dem Folgebrief erfahren wir, dass Savigny nun selbst von einer Reise nach Würzburg und einem Besuch der Schlossbibliothek des Schlosses Gaibach zurückgekehrt ist, wo er die Handschriften in Augenschein nahm.[408]

Heute können wir dank einer Publikation von Schnack, welche 1984 mit dem Briefwechsel zwischen Savigny und Stephan August Winkelmann auch ungedruckte Briefe aus dem Umfeld beider herausbrachte, nachvollziehen, dass Savigny und Hufeland schon erstmals noch während der Reise briefliche Korrespondenz unterhielten.[409] In einem Brief aus Leipzig erfahren wir, dass Savigny Hufeland bei der Vermittlung eines Hauslehrers nach Danzig behilflich war – keine Anhaltspunkte einer Fachdiskussion.[410] Ein Jahr danach schickt Savigny dem Professor in Jena seine Doktorarbeit und kündigt an, sich demnächst mit einem ausführlichen Quellenstudium des römischen Rechts befassen zu wollen; aber wo seitens des Marburgers Spuren einer angebahnten pandektistischen Diskussion zu finden sind, lässt ihn Hufeland auf eine nur knappe Antwort zweieinhalb Jahre warten.[411] Den Rest kannte Bremer.

Was die verehrende Haltung Savignys zu Hufeland begründet, dürfte eher mit der Gastfreundschaft des »vornehmen Professors«, wie Bremer ihn nennt, zusammenhängen.[412] Bei allen drei Aufenthalten in Jena war Savigny Hufelands Gast.[413] Das Haus Hufelands gehörte in Jena zu den bekannteren Häusern, in denen sich regelmäßig Teile der Stadtgesellschaft einfanden.[414] Gerade im Hause

407 Vgl. Savigny, Brief an Weis vom 20. März 1804 aus Göttingen, in: Friedrich Schulin, Zur Erinnerung an Friedrich Carl von Savigny (1879), Nr. 1, S. 33–35, 35.

408 Vgl. Savigny, Brief an Weis vom 4. Juni 1804 von Gut Trages, in: Friedrich Schulin, Zur Erinnerung an Friedrich Carl von Savigny (1879), Nr. 2, S. 35–39, 35–37.

409 Ingeborg Schnack, Der Briefwechsel zwischen Friedrich Carl von Savigny und Stephan August Winkelmann (1984), S. 199–205.

410 Vgl. Savigny, Brief an Hufeland vom 13. Mai 1800 aus Leipzig, in: Ingeborg Schnack, Der Briefwechsel zwischen Friedrich Carl von Savigny und Stephan August Winkelmann (1984), S. 199 (s. auch ebd. S. 21).

411 Vgl. Savigny, Brief an Hufeland vom 20. Mai 1801 aus Marburg, in: Ingeborg Schnack, Der Briefwechsel zwischen Friedrich Carl von Savigny und Stephan August Winkelmann (1984), S. 199; Gottlieb Hufeland, Brief an Savigny vom 29. Oktober 1803 aus Jena, ebd. S. 199f.

412 Bremer/Meder I, Bl. 82; Seinen ersten Brief an Hufeland schließt Savigny mit den Worten: »Ich bin mit unbegränzter Verehrung Euer Wohlgebornen ganz gehorsamer Diener«, s. Savigny, Brief an Hufeland vom 13. Mai 1800 aus Leipzig, in: Ingeborg Schnack, Der Briefwechsel zwischen Friedrich Carl von Savigny und Stephan August Winkelmann (1984), S. 199.

413 Bremer/Meder I, Bl. 88.

414 Vgl. Friedrich Frommann, Das Frommannsche Haus und seine Freunde 1792–1837 (1870), S. 19 (der Fundstellenhinweis hierzu war in einer Vorfassung der nun publizierten Bremer-Edition von Meder, bei Bremer/Meder I, Bl. 92, enthalten).

Hufeland wurde abends oft musiziert.[415] Die Gattin Hufelands wird dabei von einem Zeitzeugen wegen ihrer »schöne[n] Stimme und gute[n] Schule« gelobt.[416] Aufgeführt wurden beispielsweise »viele Stücke aus der Zauberflöte, besonders aber Reichardtsche Compositionen Goethescher Lieder und Balladen« unter Mitwirkung verschiedener Sängerinnen.[417]

Eine weitere Quelle Bremers berichtet, dass das Haus Hufelands etwa gegenüber dem Haus der Familie Schlegel lag und sich beide Familien zur Zeit dieses Berichts gut verstanden hätten; auch hier hören wir von der Gattin Hufelands, die als »sehr elegante, lebenslustige Frau« beschrieben wird.[418] Ferner erfahren wir, dass neben den Konzerten im Haus Hufelands auch Maskeraden ausgerichtet wurden.[419] Veranstaltungen wie diese, die auch in anderen Häusern der Jenaer-Oberschicht stattfanden, sollen besonders viele junge Leute angezogen haben.[420] Ein Besucher dieser Festivitäten soll auch Stephan August Winkelmann gewesen sein[421] – bald ein enger Freund Savignys.

Wir wissen nicht, ob das Haus Hufelands für das Kennenlernen zwischen Savigny und Winkelmann eine Rolle spielte, aber es erscheint plausibel, dass dieser Ort einen Erstkontakt befördert haben könnte. Gleichwohl erfahren wir bei Bremer von einem anderen wichtigen Kennenlernen in diesem Haus. Schon im Frühling 1800 lernte der Reisende hier Georg Arnold Heise (1778–1851) kennen, mit welchem er fortan in Kontakt blieb.[422] Heise, der aus einer hamburgischen Kaufmannsdynastie stammte, studierte ab 1798 in Jena Jurisprudenz und pflegte schon währenddessen gute Beziehungen zu seinen Lehrern Hufeland

415 Vgl. Friedrich Frommann, Das Frommannsche Haus und seine Freunde 1792–1837 (1870), S. 19.

416 Vgl. Friedrich Frommann, Das Frommannsche Haus und seine Freunde 1792–1837 (1870), S. 19.

417 Vgl. Friedrich Frommann, Das Frommannsche Haus und seine Freunde 1792–1837 (1870), S. 19.

418 Vgl. Karoline Wilken, Aus Zwei Aufzeichnungen […] über ihren Vater Johann Friedrich August Tischbein und über ihre eigene Jugendzeit, in: Adolf Stoll, Der Geschichtsschreiber Friedrich Wilken (1896), S. 254–338, 303 (als Fundstelle notiert bei Bremer/Meder I, Bl. 93).

419 Vgl. Karoline Wilken, Aus Zwei Aufzeichnungen […] über ihren Vater Johann Friedrich August Tischbein und über ihre eigene Jugendzeit, in: Adolf Stoll, Der Geschichtsschreiber Friedrich Wilken (1896), S. 254–338, 304f.

420 Vgl. Karoline Wilken, Aus Zwei Aufzeichnungen […] über ihren Vater Johann Friedrich August Tischbein und über ihre eigene Jugendzeit, in: Adolf Stoll, Der Geschichtsschreiber Friedrich Wilken (1896), S. 254–338, 304f.

421 Vgl. Karoline Wilken, Aus Zwei Aufzeichnungen […] über ihren Vater Johann Friedrich August Tischbein und über ihre eigene Jugendzeit, in: Adolf Stoll, Der Geschichtsschreiber Friedrich Wilken (1896), S. 254–338, 304f.

422 Bremer/Meder I, Bl. 88, in Abgrenzung zu: Ferdinand Frensdorff, Heise, Georg Arnold, in: ADB 11 (1880), S. 666–669, 666, demnach soll Heise den Protagonisten erst im Sommer 1800 kennengelernt haben; die bei Bremer/Meder I, Bl. 88 hierzu zusätzlich angegebenen Fundstellen sind diesbezüglich nicht ergiebig.

und Feuerbach.[423] Im Jahr 1801 ging er nach Göttingen, wo er promoviert wurde.[424] Durch Vermittlung Savignys kam er 1804 als Rechtsprofessor an die Heidelberger Universität.[425] Hier beschäftigte sich Heise vorwiegend mit dem Pandektenrecht, dem er mit einer Schrift von 1807 eine grundlegende, vom Digestentitel losgelöste, rechtsnatürliche Ordnung gab.[426]

Die fachlichen und persönlichen Kontakte zwischen Savigny und Hufeland waren dabei noch nicht alles, was Bremer zu untersuchen gedachte. Geht man rekonstruktiv anderen kurzen Verweisen nach, gewinnt man einen Eindruck von Hufelands Stellung innerhalb der Stadtgesellschaft zur Zeit von Savignys Besuch. Wie wertvoll diese Bremer auszeichnenden Einblicke sind, wird deutlich, wenn man Teile von der Reisekorrespondenz mit diesem Hintergrundwissen betrachtet:

Voranzustellen ist, dass Hufeland nicht nur Professor an der Universität war, sondern auch für eine gewisse Zeit, gemeinsam mit Christian Gottfried Schütz (1747–1832), die berühmte Allgemeine Literatur-Zeitung herausgab.[427] Bremer vermerkte zum ›Themenkomplex Hufeland‹ einen, auf den ersten Blick nebensächlich wirkenden, Briefwechsel zwischen August Wilhelm Schlegel und Friedrich Schleiermacher; an zwei Stellen wird in Briefen aus dem Herbst und Winter des Jahres 1799 über Hufeland gesprochen.[428] Zuerst wird berichtet, dass Bernhardi, der in der Allgemeinen Literatur-Zeitung publizieren wolle, wohl deshalb noch keine Antwort seitens dieser erhalten habe, da Professor Hufeland abwesend sei und Schütz nichts täte.[429] In dem zweiten Brief bezieht sich August Wilhelm Schlegel auf einen Briefwechsel zwischen sich selbst und Hufeland; aus diesem überlässt er zwei Briefe an Schleiermacher, um zu erklären, wie es zum Bruch zwischen August Wilhelm Schlegel und der Allgemeinen Literatur-Zeitung kam.[430] Schleiermacher könne die Briefe jedem und überall zeigen.[431] Eine Erklärung zu diesem Bruch August Wilhelm Schlegels mit der Allgemeinen Lite-

423 Vgl. Ferdinand Frensdorff, Heise, Georg Arnold, in: ADB 11 (1880), S. 666–669, 666.
424 Vgl. Ferdinand Frensdorff, Heise, Georg Arnold, in: ADB 11 (1880), S. 666–669, 666.
425 Vgl. Ferdinand Frensdorff, Heise, Georg Arnold, in: ADB 11 (1880), S. 666–669, 666.
426 Vgl. Ferdinand Frensdorff, Heise, Georg Arnold, in: ADB 11 (1880), S. 666–669, 666f.
427 Vgl. August Eisenhart, Hufeland, Gottlieb, in: ADB 13 (1881), S. 296–298, 297; Horst Schröpfer, Schütz, Christian Gottfried, in: NDB 23 (2007), S. 660–661, 660.
428 Bremer/Meder I, Bl. 94.
429 Bremer/Meder I, Bl. 94, mit Verweis auf: »Aus Schls Leben III, S. 123« = August Wilhelm Schlegel, Brief an Schleiermacher vom 23. September 1799 in: Ludwig Jonas/Wilhelm Dilthey (Hg.), Aus Schleiermacher's Leben, 3. Band (1861), S. 122–123, 123.
430 Bremer/Meder I, Bl. 94, mit Verweis auf: »das. S. 141« = August Wilhelm Schlegel, Brief an Schleiermacher vom 16. Dezember 1799 aus Jena, in: Ludwig Jonas/Wilhelm Dilthey (Hg.), Aus Schleiermacher's Leben, 3. Band (1861), S. 141–144, 141.
431 Bremer/Meder I, Bl. 94, mit Verweis auf: »das. S. 141« = August Wilhelm Schlegel, Brief an Schleiermacher vom 16. Dezember 1799 aus Jena, in: Ludwig Jonas/Wilhelm Dilthey (Hg.), Aus Schleiermacher's Leben, 3. Band (1861), S. 141–144, 141.

ratur-Zeitung wurde dann mit dem Intelligenzblatt des Jahres 1799 samt erheblich umfangreicherer Erwiderung der Herausgeber veröffentlicht.[432] Hier führt Schlegel die fortschreitende Gehaltlosigkeit der Beiträge und die Unverträglichkeit seiner eigenen Grundsätze mit jenen der Redaktionsführung als Begründung seines Abschiedes an.[433] Die eigentliche Streitursache erhellte Stoll. Sie soll in Schütz' Preisungen von einer Schrift gegen August Wilhelm Schlegel liegen und darin, dass er sich gegen einen floskelhaften Stil des ehemaligen Hauptmitarbeiters seines Journals eine komödiantische Schmähung geleistet habe.[434] Vor diesem Hintergrund rundet sich das Bild von Savignys Berichten über die Zeitschrift ab. An seine Freunde schreibt er kurz nach der Jahrhundertwende aus Leipzig:

> »Prof. Schlegel ist von der A. L. Z. unfreundlich und terroristisch geschieden, aber etwas schlafferes und erbärmlicheres als die Antwort der Redactoren kenne ich nicht.«[435]

Im April 1800, nach seinem zweiten Jena-Aufenthalt, schreibt er:

> »Die Scene zwischen Schlegel und der L. Z. ist durch häßliche Familienscenen mit Hufeland (besonders von den Weibern) herbeygeführt worden. H. hat an allgemeiner Liebe sehr verloren, besonders seit der Geschichte mit Fichte, gegen den er heimlich gearbeitet haben soll.«[436]

Im Mai 1800 schreibt er zur Situation des Blattes:

> »Ich bin begierig, wie sich die A. L. Z. aus ihrer fatalen Lage ziehen wird, besonders wenn, wie man sagt nun noch mehrere bedeutende Stimmen sich gegen sie erheben sollten.«[437]

Es lässt sich also festhalten, dass die Auseinandersetzung keineswegs nur um die Zeitschrift geführt wurde, schnell wurden die Dinge auch persönlich. Und als wäre der Graben, den der Streit mitten durch die Intellektuellenschicht von Jena

---

432 Vgl. August Wilhelm Schlegel, Abschied von der Allg. Lit. Zeitung, in: Intelligenzblatt der Allgemeinen Literatur-Zeitung vom Jahre 1799 (No. 145), Sp. 1179; Gottlieb Hufeland/Christian Gottfried Schütz, Erläuterungen über den vorstehenden Abschied, ebd., Sp. 1179–1184.

433 Vgl. August Wilhelm Schlegel, Abschied von der Allg. Lit. Zeitung, in: Intelligenzblatt der Allgemeinen Literatur-Zeitung vom Jahre 1799 (No. 145), Sp. 1179.

434 Vgl. Adolf Stoll, Friedrich Karl von Savignys Sächsische Studienreise 1799 und 1800 (1890), S. 31, Fn. 165.

435 Savigny, Brief an F. und L. Creuzer vom 3. Januar 1800 aus Leipzig, in: Adolf Stoll, Friedrich Karl von Savignys Sächsische Studienreise 1799 und 1800 (1890), Nr. 10, S. 30–32, 31.

436 Savigny, Brief an F. und L. Creuzer und Schwarz vom 26. April 1800 aus Leipzig, in: Adolf Stoll, Friedrich Karl von Savignys Sächsische Studienreise 1799 und 1800 (1890), Nr. 13, S. 33–36, 35.

437 Savigny, Brief (ohne Angabe des Empfängers) vom 13. Mai 1800 (ohne Ort, laut Stoll: Leipzig), in: Adolf Stoll, Friedrich Karl von Savignys Sächsische Studienreise 1799 und 1800 (1890), Nr. 14, S. 36–37, 36.

schlug, noch nicht tief genug gewesen, kommen Hufelands aufgeflogene Agitationen gegen Fichte hinzu, die den Rechtslehrer weiter isoliert haben dürften.[438]

Johann Gottlieb Fichte (1762–1814), zu dieser Zeit schon wohlbekannt, musste seinen Lehrstuhl für Philosophie in Jena im Jahr 1799 im Zuge des »Atheismusstreites« räumen.[439] Bei Savigny finden wir Berichte, dass es nach diesem Abgang aus Jena, zügig erste Angriffe auf den von ihm geschätzten Fichte gab; diese kamen ebenfalls von denen, die zuvor noch »die Fichtianer spielten«.[440] Die Position Hufelands soll eine ebensolche Wendung genommen haben.[441] Konfliktpotential dürfte es zwischen dem nach Bremers Quelle als Kant verkennend zu zeichnenden Hufeland und dem aufstrebenden Philosophen Fichte – der für sich beanspruchte, einzig und allein Kant richtig verstanden zu haben[442] – genug gegeben haben.

Dieses offenbart, warum wir von Savigny später nicht mehr so umfangreiches von Hufeland hören. Der Neuling in Jena hat sich während des schwelenden Konflikts von der Seite einladen lassen, die bald wohl relativ isoliert dastand. Plausibel erklärt dieses, warum Savigny beim ersten Jena-Aufenthalt vom Hufelandschen »Mittwochsclubb« als »Sammlung von Wachsfiguren« spricht, wo »lustige Anecdoten erzählt und belacht werden«.[443] Er dürfte enttäuscht gewesen sein, in diesem Zirkel nicht auf die Jenaer-Koryphäen, vielleicht August Wilhelm Schlegel[444] dessen »Athenaeum« er las oder Schelling, getroffen zu sein. Was in Jena vor sich ging, erfuhr der Reisende aber erst als die Sache öffentlich wurde, als er im Winter in Leipzig das Intelligenzblatt der Allgemeinen Literatur-Zeitung zur Hand nahm. Bei dem zweiten Mal in Jena erlebte er den nun scharf geführten Streit als Besucher von Hufeland mit. Die Gastfreundschaft Hufelands und eigenes Rückgrat dürften ihm jetzt die ›andere Seite‹ weitestgehend verschlossen

438 Aus einem Brief von F. Schlegel an Fichte aus dieser Zeit erfahren wir, dass sich auch der Philosoph Schelling mit der ALZ überworfen hat und die Brüder Schlegel im gleichen Lager wie Fichte stehen: »Schelling hat Ihnen ohne Zweifel Nachricht von seinem Streite mit der ›Allgemeinen Literaturzeitung‹ gegeben. […] Auch mit meinem Bruder sind sie endlich zum eclatanten Bruche gekommen. […] Möchten doch auch Sie Zeit und Laune finden, eine und die andere Ihrer alten Ideen auszuführen, um das Ende dieses kritischen Babylon zu beschleunigen.«, s. Friedrich Schlegel, Brief an Johann Gottlieb Fichte aus Jena (um 1799/1800), in: Immanuel Hermann Fichte (Hg.), Johann Gottlieb Fichte's Leben und literarischer Briefwechsel, 2. Band (2. Auflage, 1862), Nr. 4, S. 426–427, 427.

439 Vgl. Hermann Zeltner, Fichte, Johann Gottlieb, in: NDB 5 (1961), S. 122–125, 123f.

440 Vgl. Savigny, Briefbeilage (Reisetagebuch, erster Teil, 24. Juli–2. August 1799), in: Adolf Stoll, Friedrich Karl von Savignys Sächsische Studienreise 1799 und 1800 (1890), Nr. 1, S. 6–20, 18.

441 Vgl. Adolf Stoll, Friedrich Karl von Savignys Sächsische Studienreise 1799 und 1800 (1890), S. 35, Fn. 180.

442 Vgl. Reiner Ruffing, Geschichte der Philosophie (3. Aufl., 2021), S. 183.

443 Vgl. Savigny, Briefbeilage (Reisetagebuch, erster Teil, 24. Juli–2. August 1799), in: Adolf Stoll, Friedrich Karl von Savignys Sächsische Studienreise 1799 und 1800 (1890), Nr. 1, S. 6–20, 16f.

444 Sein Bruder Friedrich kam erst im September 1799 wieder nach Jena, s. Franz Munker, Schlegel, Dorothea, in: ADB 31 (1890), S. 372–376, 373.

haben. In offiziellem Kontext, in ihren Vorlesungen, konnte Savigny sie hören, ein ausgiebiges persönliches Kennenlernen wird er sich hingegen nicht gestattet haben. Tatsächlich finden sich Berichte, dass sich Savigny nach einem sehr flüchtigen Kennenlernen von Friedrich Schlegel »ferngehalten« habe sowie weitere Anhaltspunkte, dass es zu keinem intensiveren Kontakt mit den Brüdern Schlegel kam.[445] So oder so ähnlich hätte uns Professor Bremer wohl diesen unbekannten Aspekt der sächsischen Studienreise dargebracht.

445 Siehe hierzu die bei Stoll veröffentlichten Savigny-Briefstellen: Adolf Stoll, Friedrich Karl von Savignys Sächsische Studienreise 1799 und 1800 (1890), Nr. 1 (Briefbeilage, Reisetagebuch, erster Teil, 24. Juli–2. August 1799), S. 14, Nr. 10 (3. Januar 1800), S. 31 (bloße Botenschaft für F. Creuzer), Brief Nr. 13 (26. April 1800), S. 35; Bremer notierte, dass sich Savigny laut Jacob Grimm in Jena von den beiden Schlegel ferngehalten habe (Bremer/Meder I, Bl. 101).

3. Kapitel: Die sächsische Studienreise II – Drei Mal nach Jena: Frühromantiker, Philosophen und Freundschaftsbünde

Im vorangegangenen Kapitel haben wir gesehen, dass Bremers Behandlung der Personenbeziehungen wesentlich von der Suche nach akademischen Gemeinsamkeiten oder auch Reibungspunkten mit dem Protagonisten getragen ist. Der Fokus liegt dort, wo direkte Verbindungen zur Rechtswissenschaft bestehen oder sich eine ›verdächtige Nähe‹ zu Savignys späterem Arbeitsansatz feststellen lassen könnte. Ein ganz wesentlicher Teil von Bremers Notizen zur Reise lässt aber auf einen flüchtigen Blick eine juristische Komponente vermissen. Stattdessen nähert sich der Savigny-Forscher dem ›Innenleben‹ der Hauptfigur an. Seiner Zeit scheint Bremer auch dabei voraus. Er hätte Savigny nicht nur als Juristen ohne lebensindividuelle Prägungen gezeichnet. Er verzichtet auf Pauschalzuweisungen oder Freisprüche, wozu die Romantikschelte andere seiner Zeitgenossen verleitete.[446] Und schließlich interessiert er sich ernsthaft und umfangreich für persönliche Freundschaften des Reisenden mit Altersgenossen.

Der Blick auf das Private und die Suche nach dem ›intellektuellen Fundament‹ des großen Juristen, ist erst in jüngerer Vergangenheit zum Gegenstand der Savigny-Forschung geworden. Dabei geben die Erkenntnisse neuerer Untersuchungen, die Verbindungslinien zwischen individuellen Prägungen und fachlichem Wirken offenlegen, dem Straßburger Romanisten mit seiner über 100 Jahre alten Herangehensweise recht.

446 Vgl. Stephan Meder/Christoph-Eric Mecke, Savignys Rechtsdenken im Spiegel deutscher und italienischer Romantik, in: Jahrbuch für juristische Zeitgeschichte, Nr. 21 (Heft 1, 2018/19, Zweitabdruck), S. 227–254, 227 f., 230.

I. Die Familie Schlegel, die Kunstmoral und der Skandalroman

Wie einige andere seiner intellektuellen Zeitgenossen, war auch der junge Savigny bereits seit der Debütausgabe von 1798 ein Leser der Zeitschrift »Athenaeum« der Brüder Schlegel.[447] Oft waren die Beiträge dieses Journals die Diskussionsgrundlage Savignys philosophischer Korrespondenz, die er kurz vor dem Antritt seiner Reise begann.[448] Und obwohl der junge Savigny in Jena mit den Brüdern Schlegel nicht näher bekannt wurde, lohnt sich daher ein Blick auf die Spuren der Brüder Schlegel in Bremers Aufzeichnungen:

1. August Wilhelm Schlegel

Bei Savignys erstem viertägigen Jena-Aufenthalt besuchte er die Ästhetik-Vorlesung von August Wilhelm Schlegel. Dieses war noch kurze Zeit vor der Kontroverse mit Hufeland, die Bremer als »Krieg« bezeichnet.[449] Den Vorlesungsbericht Savignys schrieb sich Bremer in Gänze wörtlich ab.[450] Beginnen wir aber mit einem Kurzüberblick auf August Wilhelm Schlegels Werdegang und seine Zeit in Jena. Bremers Aufzeichnungen halten nur wenige, sehr knappe, Stichpunkte zu dem »ausgezeichneten Kritiker« August Wilhelm Schlegel vor.[451] Er wird Bremer ohnehin ein Begriff gewesen sein, denn sein akademischer Lehrer Eduard Böcking betätigte sich als Herausgeber der Schriften August Wilhelm Schlegels.[452] Konstruieren wir daher den Überblick auf Grundlage neuerer Literatur:

August Wilhelm Schlegel (1767–1845) studierte zunächst Theologie, wechselte dann aber zur Philologie und arbeitete im Anschluss als Hauslehrer in Amsterdam.[453] Im Jahr 1795 ließ er sich mit seinem Bruder Friedrich in Jena nieder.[454] Hier bildete sich ein Kreis um die Geschwister, der sich zu der zentralen Bewegung der Frühromantik entwickeln sollte.[455] Professor für Philosophie wurde

447 Vgl. Christoph-Eric Mecke, Friedrich Carl von Savignys Rechtsdenken und die Romantik, in: Antje Arnold/Walter Pape (Hg.), Romantik und Recht (2018), S. 35–60, 41.

448 Vgl. etwa Bremer/Meder I, Bl. 10, 18f., 28.

449 Bremer/Meder IV-2, Bl. 45.

450 Bremer/Meder I, Bl. 96, mit Verweis (Fn. 1) auf: »Stoll S. 15« = Savigny, Briefbeilage (Reisetagebuch, erster Teil, 24. Juli–2. August 1799), in: Adolf Stoll, Friedrich Karl von Savignys Sächsische Studienreise 1799 und 1800 (1890), Nr. 1, S. 6–20, 15 (beginnt auf S. 14).

451 Bremer/Meder I, Bl. 104, mit Verweis auf: »Meyer xiv, 504ff.« = Joseph Meyer (Begr.), Meyers-Konversationslexikon, 14. Bd. (4. Aufl., 1885–1890), Schlegel, August Wilhelm von, S. 504–505, 504 (»ausgezeichneter Kritiker« heißt es ebd.).

452 Vgl. Roderich von Stintzing, Böcking, Eduard, in: ADB 2 (1875), S. 785–787, 786.

453 Vgl. Johannes John, Schlegel, August Wilhelm, in: NDB 23 (2007), S. 38–40, 38f.

454 Vgl. Johannes John, Schlegel, August Wilhelm, in: NDB 23 (2007), S. 38–40, 39.

455 Vgl. Johannes John, Schlegel, August Wilhelm, in: NDB 23 (2007), S. 38–40, 39.

August Wilhelm Schlegel im Jahr 1798 in Jena.[456] Für die Allgemeine Literatur-Zeitung galt er als einer der bedeutendsten Verfasser philologischer und kunstgeschichtlicher Rezensionen.[457] Seine Zeitschrift Athenaeum wurde »zur wichtigsten Plattform romantischer Programmatik«.[458] Er übersetzte Literatur aus alten und neuen europäischen Sprachen ins Deutsche.[459] Im Jahr 1801 ging er nach Berlin und begann auch hier Vorlesungen zu halten.[460]

Der von Bremer abgeschriebene Bericht zur Ästhetik-Vorlesung, den Savigny seinen Freunden in Marburg erstattet, ist in Adolf Stolls Brief- und Tagebuch-Sammlung zur sächsischen Studienreise von 1890 abgedruckt:

Savigny zeigt sich hier verwundert, dass sich nur wenig Zuhörer zu der Vorlesung eingefunden haben.[461] Der druckfertige und perfektionistische Vortrag sei nur durch fast ängstliche Pausen der Wortfindung gebremst.[462] Dabei sei das Gesicht Schlegels von Überanstrengung gezeichnet.[463] Überdies scheint Savigny zu Ohren gekommen zu sein, dass das Verhältnis der Eheleute Schlegel »sonderbar« sein soll, da ein »verschiedenes Urtheil über ein Sylbenmaas« imstande wäre, die Beziehung zu belasten.[464] Einen Teil des eigentlichen Vortrages protokollierte Savigny dann wörtlich.[465] Behandelt wird die Naturgeschichte des Mythos' beziehungsweise die Frage, wie der Mythos in den verschiedenen schönen Künsten vermittelt wird.[466] Die Götterdarstellung im Mythos sei in Gestalt und Seele analog zum Menschen gedacht, hingegen werden die übermenschlichen Eigenschaften zur Bedeutungssteigerung stark symbolisch auf-

456 Vgl. Johannes John, Schlegel, August Wilhelm, in: NDB 23 (2007), S. 38–40, 39.
457 Vgl. Johannes John, Schlegel, August Wilhelm, in: NDB 23 (2007), S. 38–40, 39.
458 Vgl. Johannes John, Schlegel, August Wilhelm, in: NDB 23 (2007), S. 38–40, 39.
459 Vgl. Johannes John, Schlegel, August Wilhelm, in: NDB 23 (2007), S. 38–40, 39.
460 Vgl. Johannes John, Schlegel, August Wilhelm, in: NDB 23 (2007), S. 38–40, 39.
461 Vgl. Savigny, Briefbeilage (Reisetagebuch, erster Teil, 24. Juli–2. August 1799), in: Adolf Stoll, Friedrich Karl von Savignys Sächsische Studienreise 1799 und 1800 (1890), Nr. 1, S. 6–20, 14; s. Fn. 450.
462 Vgl. Savigny, Briefbeilage (Reisetagebuch, erster Teil, 24. Juli–2. August 1799), in: Adolf Stoll, Friedrich Karl von Savignys Sächsische Studienreise 1799 und 1800 (1890), Nr. 1, S. 6–20, 15; s. Fn. 450.
463 Vgl. Savigny, Briefbeilage (Reisetagebuch, erster Teil, 24. Juli–2. August 1799), in: Adolf Stoll, Friedrich Karl von Savignys Sächsische Studienreise 1799 und 1800 (1890), Nr. 1, S. 6–20, 15; s. Fn. 450.
464 Vgl. Savigny, Briefbeilage (Reisetagebuch, erster Teil, 24. Juli–2. August 1799), in: Adolf Stoll, Friedrich Karl von Savignys Sächsische Studienreise 1799 und 1800 (1890), Nr. 1, S. 6–20, 15; s. Fn. 450.
465 Vgl. Savigny, Briefbeilage (Reisetagebuch, erster Teil, 24. Juli–2. August 1799), in: Adolf Stoll, Friedrich Karl von Savignys Sächsische Studienreise 1799 und 1800 (1890), Nr. 1, S. 6–20, 15; s. Fn. 450.
466 Vgl. Savigny, Briefbeilage (Reisetagebuch, erster Teil, 24. Juli–2. August 1799), in: Adolf Stoll, Friedrich Karl von Savignys Sächsische Studienreise 1799 und 1800 (1890), Nr. 1, S. 6–20, 15; s. Fn. 450.

geladen, was zu einer grotesken Darstellung führen kann.[467] Diese Verzerrung erkläre sich aus einem Gegeneinander des Verstandes, der die Symbolik betonen will und der Fantasie, die bestrebt ist, das Menschliche zu erhalten.[468] Ferner wird behandelt, welche verschiedenen Arten der Religion mythologisch denkbar seien.[469]

Ästhetik war nicht etwa ein Fach in das der junge Savigny hereinstolperte. Sie spielte in seiner kurz vor der Reise begonnenen, sogenannten philosophischen Korrespondenz, eine herausgehobene Rolle. Vielleicht sah der diskussionslustige Reisende in August Wilhelm Schlegels Kolleg bereits eine gute Gelegenheit sich Rüstzeug gegen die Angriffe seiner Streitpartner anzueignen.[470] Aber beginnen wir von vorn: Bezüglich des durch die Kulturepochen immer wieder neu verhandelten Begriffes von Ästhetik stand man zu dieser Zeit vor der Frage, wie das Verhältnis zwischen (Moral-)Philosophie und Kunst (besonders der Schriftstellerkunst) zu bewerten ist.[471] Zur Debatte stand, ob die Kunst ein Mittel zur philosophischen Bildung darstellt (sittlicher Kunstzweck), umgekehrt die Kunst die Vollendung der Philosophie sein sollte oder Philosophie und Kunst identisch sind; Nörr bringt es auf die einfache Formel der Frage danach, was Dichter und Philosophen voneinander lernen können.[472] Savigny und seine Freunde diskutierten unter der Überschrift »Kunstmoral oder moralische Kunst?«, was Bremer auch behandelt hätte.[473] Savigny unterscheidet zwischen dem Kunstmittel, zur Moraldarstellung, und dem Kunstzweck, zur Darstellung von Schönheit.[474] Bremers Notizen zeigen, dass ihn diese Differenzierung seines Protagonisten in-

467 Vgl. Savigny, Briefbeilage (Reisetagebuch, erster Teil, 24. Juli–2. August 1799), in: Adolf Stoll, Friedrich Karl von Savignys Sächsische Studienreise 1799 und 1800 (1890), Nr. 1, S. 6–20, 15; s. Fn. 450.

468 Vgl. Savigny, Briefbeilage (Reisetagebuch, erster Teil, 24. Juli–2. August 1799), in: Adolf Stoll, Friedrich Karl von Savignys Sächsische Studienreise 1799 und 1800 (1890), Nr. 1, S. 6–20, 15; s. Fn. 450.

469 Vgl. Savigny, Briefbeilage (Reisetagebuch, erster Teil, 24. Juli–2. August 1799), in: Adolf Stoll, Friedrich Karl von Savignys Sächsische Studienreise 1799 und 1800 (1890), Nr. 1, S. 6–20, 15; s. Fn. 450.

470 Vgl. Dieter Nörr, Savignys Philosophische Lehrjahre (1994), § 10, S. 170–173.

471 Vgl. Dieter Nörr, Savignys Philosophische Lehrjahre (1994), § 10, S. 167.

472 Vgl. Dieter Nörr, Savignys Philosophische Lehrjahre (1994), § 10, S. 167–169 und 173f.; »Mythologie« war der Debatte nicht fremd (vgl. ebd., S. 168).

473 Bremer/Meder I, Bl. 10f., 18, 24f., 67 (Jena als Ort der philosophischen und ästhetischen Bildung); vgl. Dieter Nörr, Savignys Philosophische Lehrjahre (1994), § 10, S. 173f.; vgl. Savigny, Brief an F. und L. Creuzer und Schwarz vom 26. April 1800 aus Leipzig, in: Adolf Stoll, Friedrich Karl von Savignys Sächsische Studienreise 1799 und 1800 (1890), Nr. 13, S. 33–36, 33.

474 Vgl. Dieter Nörr, Savignys Philosophische Lehrjahre (1994), § 10, S. 173f.; Wo sich Savignys Auffassung in das Spektrum der zeitgenössischen »Hauptmeinungen« einflechten ließe, ist schon deshalb schwer zu sagen, da seine Gedanken unabgeschlossen waren und unter dem Druck der Auseinandersetzung mit den Marburger-Freunden entstanden sind (vgl. ebd.: S. 179f.).

teressierte.[475] Ein Postulat der »Kunstmoral« war die Individualisierung und die Dynamisierung der Moral.[476] So wird Savigny ein Werk dann entsprochen haben, wenn der Dichter gerade auch als praktischer Philosoph taugte.[477] In einem Brief Savignys, den Bremer zu diesem Gesamtkomplex der »Kunstmoral« notiert hat,[478] lässt sich vielleicht die Kritik an den verzerrten Individuen aus Schlegels Ästhetik-Vorlesung wiederfinden:

> »[...] es scheint mir einer der grösten Nachtheile der sogenannten philosophischen Behandlung des practischen Menschen (ich rede hier blos von den guten Arbeiten dieser Art), daß man über so vieles mit der Wahrheit längst einig zu seyn glaubt, indem man, anstatt ein idealisches menschliches Individuum zu bilden, aus lauter Abstractionen die herrlichsten Schneemänner zusammensetzt [...]«[479]

Weshalb Bremer als Rechtshistoriker derart an den Spuren der Auffassung von Ästhetik, beziehungsweise der »Kunstmoral«, bei seinem Protagonisten interessiert war, lässt sich heute gut beantworten. So widmete beispielsweise Nörr 1994 ein ganzes Kapitel den »Konsequenzen der ›Kunstmoral‹«.[480] Zu diesem anspruchsvollen Themenkomplex soll hier ein schlichter Überblick genügen:

Von der »Kunstmoral« lassen sich zentrale Verbindungslinien zum späteren Rechtsdenken des großen Juristen ziehen. Mit Savignys neuem Ansatz in der Rechtswissenschaft stellte er der alten Deduktionsmethode, Kriterien von Anschaulichkeit, Individualität, Dynamik und Vielschichtigkeit entgegen.[481] Illustrativ dürften sich am trefflichsten Savignys Äußerungen zur »Auslegungskunst« eignen. In seiner berühmten Streitschrift[482] von 1814 erkennt er die Größe der römischen Juristen in ihrer Fähigkeit zur »lebendigsten Anschauung« von Rechtsfällen; wenige Jahre zuvor scheint er Vergleiche der Tätigkeit der römischen Juristen mit jener von den »großen Dichtern« vorzunehmen.[483] Als die »Verwirklicher der Kunstmoral«, sah der junge Savigny Johann Wolfgang Goethe (1749–1832) und Friedrich Heinrich Jacobi (1743–1819).[484] Die Auseinander-

475 Bremer/Meder I, Bl. 19f.
476 Vgl. Dieter Nörr, Savignys Philosophische Lehrjahre (1994), § 14, S. 225, 231.
477 Vgl. Dieter Nörr, Savignys Philosophische Lehrjahre (1994), § 6, S. 70–72; Christoph-Eric Mecke, Friedrich Carl von Savignys Rechtsdenken und die Romantik, in: Antje Arnold/ Walter Pape (Hg.), Romantik und Recht (2018), S. 35–60, 43.
478 Bremer/Meder I, Bl. 18.
479 Savigny, Brief an F. und L. Creuzer vom 3. Januar 1800 aus Leipzig, in: Adolf Stoll, Friedrich Karl von Savignys Sächsische Studienreise 1799 und 1800 (1890), Nr. 10, S. 30–32, 31; Dieser Passage steht auch anderweitig im Fokus des Interesses, vgl. Dieter Nörr, Savignys Philosophische Lehrjahre (1994), § 10, S. 171f.
480 Dieter Nörr, Savignys Philosophische Lehrjahre (1994), § 14, ab S. 223.
481 Vgl. Dieter Nörr, Savignys Philosophische Lehrjahre (1994), § 14, S. 231.
482 Savigny, Vom Beruf unserer Zeit für Gesetzgebung und Rechtswissenschaft (1814).
483 Vgl. Dieter Nörr, Savignys Philosophische Lehrjahre (1994), § 15, S. 265–267.
484 Ersteren mit »Wilhelm Meisters Lehrjahre« und zweiteren mit »Eduard Allwills Briefsammlung«, vgl. Dieter Nörr, Savignys Philosophische Lehrjahre (1994), § 10, S. 169.

setzung mit letzterem, der das Fach Philosophie anhand der Geschichte der Philosophie erschloss, könnte eine Etappe auf dem Weg zur Begründung der Historischen Rechtsschule darstellen; womöglich steht in dieser Konsequenz auch Savignys Abkehr vom – deduktiven und im Grunde genommen geschichtslosen – Naturrecht.[485] Dabei ist die starke Gewichtung des Geschichtlichen nicht bloß didaktisch-pragmatischer Natur gewesen. Sie könnte gerade wegen des »Mannichfaltigen, welches die Geschichte darbietet«, zu den »Konsequenzen der ›Kunstmoral‹« zählen.[486]

Neuere Schriften gehen noch weiter und lassen gewissermaßen noch eine Stufe vor der »Kunstmoral« anknüpfen. Als erster Jurist wendete sich Savigny gegen die althergebrachte Herangehensweise vom Schluss vom Allgemeinen auf das Besondere, vom Schluss von Rechtsregel auf Rechtsfall.[487] Diese Neubewertung ist aber vielmehr ein Ergebnis einer fundamentalen Grundannahme.[488] Meder hat hierfür den Begriff vom »Primat des Besonderen« geprägt, das bei Savigny auf jugendliche frühromantische Eindrücke mitsamt ihrer ästhetischen Bildung zurückgeführt werden kann und in sämtlichen Bereichen seines Denkens wirksam wurde (indem die Frühromantiker dem Besonderen und dem Individuellen, vor dem Allgemeinen und vor dem Abstrakten, den Vorrang einräumten, setzten sie sich von der ›Vernunft‹ der Spätaufklärung ab).[489] Das Individuelle wird dem großen Juristen als »Ausgangspunkt« (ein typisches Savigny-Wort) der Erkenntnis dienen und besonders für die Streitschrift von 1814 programmatisch werden.[490]

Um sich dem Verständnis von Savignys Lehren anzunähern, ist man also auf gewisse Kenntnisse im Bereich der Kulturgeschichte angewiesen. So erklärt sich, welche größeren Zusammenhänge Bremers Interesse hier befeuert haben. Dass er eine ausdifferenzierte Untersuchung im Sinne moderner Standards geliefert hätte, darf noch bezweifelt werden. Dass Themen wie diese, wäre Bremers Savigny-Biografie zum Abschluss gekommen, einige Jahrzehnte früher ins Schlaglicht der Forschung gerückt wären, können wir hingegen annehmen.

---

485 Vgl. Dieter Nörr, Savignys Philosophische Lehrjahre (1994), § 14, S. 237f.
486 Vgl. Dieter Nörr, Savignys Philosophische Lehrjahre (1994), § 14, S. 243f.
487 Vgl. Stephan Meder, Urteilen (1999), S. 53.
488 Vgl. Stephan Meder, Urteilen (1999), S. 52.
489 Vgl. Stephan Meder, Urteilen (1999), S. 57f., 51f.; hierzu Weiteres im Abschnitt zu F. Schlegel ab S. 88.
490 Vgl. Stephan Meder, Urteilen (1999), S. 58f.

2. Caroline Schlegel

Einige Zeilen widmet Bremer auch Caroline Schlegel, der Gattin August Wilhelm Schlegels.[491] Dass Savigny von den Streitereien des Paares hörte, die sich über Meinungsverschiedenheiten beim »Sylbenmaas« entzünden konnten, haben wir bereits erfahren. Sie fiel ihm aber auch bei einem Konzert auf, und er berichtete seinen Freunden über sie. Bremer schreibt:

> »In jenem Concert sah Savigny dann Schlegels Gattin, Caroline: ›Die Gestalt der Schlegel hat viel Selbstständigkeit, sie scheint sich sehr zu erhalten und soll sogar jetzt immer hübscher werden.‹«[492]

Caroline Schlegel (1763–1809) kam als Tochter des Professors Johann David Michaelis (1717–1791) in Göttingen zur Welt.[493] Besondere Bildung erwarb sie in einem Mädchenpensionat in Gotha.[494] In ihrer Heimatstadt lernte sie den Studenten August Wilhelm Schlegel kennen.[495] Sie heiratete aber zunächst Johann Franz Wilhelm Böhmer, der 1788 verstarb.[496] Um 1790 wohnte sie wenige Jahre bei ihrem Halbbruder in Marburg.[497] Im Jahr 1792 zog sie zu Georg Forster (1754–1794) nach Mainz und kam mit den revolutionären Ideen des dortigen Clubs der Jakobiner in Kontakt.[498] Weil sie als Witwe noch den gleichen Nachnamen wie ein Schwager Böhmer hatte, der eifriger Mainzer Jakobiner war, wurde sie im Jahr 1793 durch preußische Truppen aufgegriffen und einige Monate inhaftiert.[499] Ab 1796 wohnte sie mit August Wilhelm Schlegel, beide nun verheiratet, in Jena.[500] Sie wurde zu einem zentralen Bestandteil des Kreises der Frühromantiker[501]. Sie las für Goethe Korrektur und beriet ihren Gatten August Wilhelm Schlegel bei seinen Literaturübersetzungen.[502] Im Jahr 1803 ließ sie sich von Schlegel scheiden und heiratete den Philosophen Schelling (1775–1854), mit dem sie nach Würzburg zog.[503]

491 Bremer/Meder I, Bl. 97–98.

492 Bremer/Meder I, Bl. 97, mit Verweis (Fn. 1) auf: »Stoll S. 17« = Savigny, Briefbeilage (Reisetagebuch, erster Teil, 24. Juli–2. August 1799), in: Adolf Stoll, Friedrich Karl von Savignys Sächsische Studienreise 1799 und 1800 (1890), Nr. 1, S. 6–20, 17.

493 Vgl. Volker Ebersbach, Schelling, Caroline, in: NDB 23 (2005), S. 655–656, 655.

494 Vgl. Volker Ebersbach, Schelling, Caroline, in: NDB 23 (2005), S. 655–656, 655.

495 Vgl. Volker Ebersbach, Schelling, Caroline, in: NDB 23 (2005), S. 655–656, 655.

496 Vgl. Volker Ebersbach, Schelling, Caroline, in: NDB 23 (2005), S. 655–656, 655.

497 Vgl. Volker Ebersbach, Schelling, Caroline, in: NDB 23 (2005), S. 655–656, 655.

498 Vgl. Volker Ebersbach, Schelling, Caroline, in: NDB 23 (2005), S. 655–656, 655.

499 Vgl. Volker Ebersbach, Schelling, Caroline, in: NDB 23 (2005), S. 655–656, 655.

500 Vgl. Volker Ebersbach, Schelling, Caroline, in: NDB 23 (2005), S. 655–656, 655.

501 Vgl. Volker Ebersbach, Schelling, Caroline, in: NDB 23 (2005), S. 655–656, 655.

502 Vgl. Volker Ebersbach, Schelling, Caroline, in: NDB 23 (2005), S. 655–656, 655.

503 Vgl. Volker Ebersbach, Schelling, Caroline, in: NDB 23 (2005), S. 655–656, 655.

Bremer interessiert sich für die gemeinsame Vergangenheit von Caroline und August Wilhelm. So vermerkte Bremer ein Werk Adolf Stolls, das im Anhang Jugenderinnerungen von Karoline Wilken geb. Tischbein (1783–1843) enthält, die über das Paar berichten.[504] Ihr Vater war der Portraitmaler Johann Friedrich August Tischbein (1750–1812), zu dem August Wilhelm Schlegel in Amsterdam gute Kontakte pflegte.[505] Regelmäßig stellte Schlegel der Familie Tischbein seine poetischen Versuche vor und erteilte Englischunterricht.[506] Uneinigkeit zwischen den Herren Schlegel und Tischbein herrschte über die »Witwe Böhmer«, welche Schlegel aus leidenschaftlicher Liebe zu heiraten gedachte.[507] Tischbein versuchte ihn von der Verbindung mit dieser mit »mehr als zweideutigem Ruf« behafteten Frau abzubringen.[508] Die seitens Böhmers aufgestellte Bedingung für den Eheeintritt, sich später wieder scheiden lassen zu können »sobald die Vereinigung müde sei«, diente Tischbein hierbei als anschauliches Beispiel für die »Unmoral« Böhmers, welche er als »geniale Hexe« bezeichnete.[509] Als Böhmer in Mainz wegen »politischer Intriguen« festgenommen wurde, gab Schlegel seine Lehrerstelle in Amsterdam auf, um seiner Geliebten zu helfen und nachdem ihm die Befreiung gelang, heirateten beide.[510] Bald darauf gab Schlegel seinen Wohnsitz in Amsterdam auf.[511]

Caroline Schlegel ist mit ihrer, für eine Frau dieser Zeit, »ungewöhnlichen Biographie« für die Nachwelt zu einer der interessantesten Persönlichkeiten aus

504 Bremer/Meder I, Bl. 96, mit Verweis auf: »Wilken, S. 270, 274ff.« = Karoline Wilken, Aus Zwei Aufzeichnungen […] über ihren Vater Johann Friedrich August Tischbein und über ihre eigene Jugendzeit, in: Adolf Stoll, Der Geschichtsschreiber Friedrich Wilken (1896), S. 254–338, 270, 274(ff).

505 Vgl. Karoline Wilken, Aus Zwei Aufzeichnungen […] über ihren Vater Johann Friedrich August Tischbein und über ihre eigene Jugendzeit, in: Adolf Stoll, Der Geschichtsschreiber Friedrich Wilken (1896), S. 254–338, 270.

506 Vgl. Karoline Wilken, Aus Zwei Aufzeichnungen […] über ihren Vater Johann Friedrich August Tischbein und über ihre eigene Jugendzeit, in: Adolf Stoll, Der Geschichtsschreiber Friedrich Wilken (1896), S. 254–338, 274.

507 Vgl. Karoline Wilken, Aus Zwei Aufzeichnungen […] über ihren Vater Johann Friedrich August Tischbein und über ihre eigene Jugendzeit, in: Adolf Stoll, Der Geschichtsschreiber Friedrich Wilken (1896), S. 254–338, 274.

508 Vgl. Karoline Wilken, Aus Zwei Aufzeichnungen […] über ihren Vater Johann Friedrich August Tischbein und über ihre eigene Jugendzeit, in: Adolf Stoll, Der Geschichtsschreiber Friedrich Wilken (1896), S. 254–338, 274.

509 Vgl. Karoline Wilken, Aus Zwei Aufzeichnungen […] über ihren Vater Johann Friedrich August Tischbein und über ihre eigene Jugendzeit, in: Adolf Stoll, Der Geschichtsschreiber Friedrich Wilken (1896), S. 254–338, 274f.

510 Vgl. Karoline Wilken, Aus Zwei Aufzeichnungen […] über ihren Vater Johann Friedrich August Tischbein und über ihre eigene Jugendzeit, in: Adolf Stoll, Der Geschichtsschreiber Friedrich Wilken (1896), S. 254–338, 275.

511 Vgl. Karoline Wilken, Aus Zwei Aufzeichnungen […] über ihren Vater Johann Friedrich August Tischbein und über ihre eigene Jugendzeit, in: Adolf Stoll, Der Geschichtsschreiber Friedrich Wilken (1896), S. 254–338, 275.

dem Kreis der Frühromantiker geworden.[512] Während die Versuche sie zur Vorkämpferin der Frauenbewegung zu erklären, wegen ihres »Interesse[s] an der Solidarität der Geschlechter«, aus heutiger Perspektive als fragwürdig gelten, gehören ihre »lebendig geschriebenen Briefe« zu den wichtigsten Einblicken »in den Literaturbetrieb ihrer Zeit«.[513] Auch wenn Bremer immer besonderes Augenmerk auf ›Umfeldbriefe‹ richtete, geben seine Notizen keinen Hinweis dazu, dass er plante, die Briefe Caroline Schlegels zu untersuchen. Möglicherweise war ihm aber ihre anregende Rolle für die Brüder Schlegel schon bewusst,[514] wenn er vermerkt, dass auch sie wegen Friedrich Schlegels »Lucinde« sanktioniert wurde.[515] Darauf, dass uns der Straßburger Professor ein wenig über das Frauenbild der Frühromantiker verraten hätte, könnte der Verweis auf die genannten Erinnerungen von Karoline Wilken hindeuten. Mit diesen beiden Aspekten, der Gleichstellung der Frau in Belangen der Kunst[516] und dem Ehescheidungsrecht, hätte Bremer bereits zwei zentrale Merkmale des Frauenbildes der Frühromantiker dargebracht.[517]

3. Friedrich Schlegel

Friedrich Schlegel war für Savigny zweifelsohne eine der wichtigsten Personen zur Zeit der sächsischen Studienreise, auch wenn es, wie wir bereits gesehen haben, zu einem ausgiebigen Kontakt nicht kam.[518] So ziemlich alles, was Friedrich Schlegel im Athenaeum veröffentlichte, wurde im Freundeskreis des Protagonisten diskutiert.[519] Wie schon zu seinem Bruder notierte Bremer auch zu Friedrich Schlegel einleitend nur wenig Stichpunkte mit Verweis auf eine lex-

512 Vgl. Volker Ebersbach, Schelling, Caroline, in: NDB 23 (2005), S. 655–656, 655.

513 Vgl. Volker Ebersbach, Schelling, Caroline, in: NDB 23 (2005), S. 655–656, 655.

514 Siehe hierzu: Stephan Meder, Savignys Weg in die juristische Moderne (2023) und die Ausführungen im sogleich folgenden Abschnitt zu F. Schlegel.

515 Bremer/Meder I, Bl. 15.

516 Siehe hierzu: Stephan Meder, Savignys Weg in die juristische Moderne (2023), S. 112–117.

517 Vgl. Jochen Otto, Goethe, Savigny und die Anfänge der Romantik sowie deren Verwerfung, in: Paola Maffei/Gian Maria Varanini (Hg.), Honos alit artes. Studi per il settantesimo compleanno di Mario Ascheri (2014), S. 89–110, 98; Hinzu kommt, dass sich Bremer für Savignys Urteil über die »Wissenschaftlichkeit der Frauen« interessierte (Bremer/Meder IV-2, Bl. 5: »Auf ein Blättchen, das Schwarz geschickt hatte, schrieb Savigny seine Antwort … den eigentlichen Gegenstand erfahren wir nicht, wohl aber, daß Savigny bei dieser Gelegenheit auch sein Urtheil über die ›Wissenschaftlichkeit der Frauen‹ aussprach. Und es fiel nicht zu Gunsten des schönen Geschlechts aus.«). Zu Savignys Frauenbild s. ferner Fn. 516, 1318.

518 Vgl. auch Bremer/Meder I, Bl. 101 (sinngemäß: ›zwar kennengelernt, aber prinzipiell von den Brüdern Schlegel ferngehalten‹).

519 Vgl. Dieter Nörr, Savignys Philosophische Lehrjahre (1994), § 5, S. 46 oder § 6, S. 69.

ikarische Fundstelle;[520] beginnen wir so auch hier mit einem Überblick auf Grundlage der neueren Literatur:

Friedrich Schlegel (1772–1829), der eigentlich Kaufmann werden sollte, studierte ab 1790 Jura in Göttingen.[521] Das Studium setzte er ab 1791 in Leipzig fort, wo er sich überdies für die Fächer Philosophie und Geschichte einschrieb.[522] Im Jahr 1794 brach er aus Geldnot seine Studien ab.[523] Er zog nach Dresden und beschäftigte sich autodidaktisch intensiv mit altgriechischer Literatur.[524] Mitte des Jahres 1796 zog er zu seinem Bruder nach Jena, wo er mit vielen bedeutenden Persönlichkeiten dieser Zeit, wie Fichte, Goethe und Wieland, bekannt wurde.[525] Mit Schiller entbrannte hier ein Streit über Kunstauffassungen.[526] Schlegel führte den Begriff des »Interessanten«, welches das Individuelle, das Besondere und das Eigenartige meint, gegen den Begriff des »Schönen« von Schiller ins Feld.[527] Nach Berlin zog er 1797, kehrte jedoch 1799 nach Jena zurück, wo er als Privatdozent Vorlesungen in Transzendentalphilosophie hielt, welche auch Hegel hörte.[528] Nach dem Zerfall des Jenaer-Frühromantikerkreises zog er 1802 nach Paris und zwei Jahre später nach Köln.[529]

Stichpunktartig notierte Bremer ein paar Arbeiten Friedrich Schlegels: Die »Geschichte der Poesie der Griechen und Römer« von 1798 sowie der Roman »Lucinde« von 1799 und die Tragödie »Alarcos« von 1802.[530] Bei der hinzunotierten Literaturfundstelle[531] lässt sich lesen, dass es sich bei dem ersten Werk um eine der »Jugendarbeiten« handele, auf die bald Athenaeums-Aufsätze mit der Theorie einer »neuen ›romantischen‹ Poesie« gefolgt seien.[532] Für Bremer mag es sich so dargestellt haben, dass zwischen Friedrich Schlegels altphilologischen Arbeiten und seinen Beiträgen zur Frühromantik eine Verbindung besteht. Dass Friedrich Schlegels »Jugendarbeiten« dabei nicht unumstritten waren, haben wir bereits in dem Abschnitt über Leipzig erfahren. In Savignys Marburger-Freundeskreis scheinen die Fähigkeiten Friedrich Schlegels, auch nach Savignys Be-

520 Bremer/Meder I, Bl. 104, mit Verweis auf: »Meyer xiv, 504ff.« = Joseph Meyer (Begr.), Meyers-Konversationslexikon, 14. Bd. (4. Aufl., 1885–1890), Schlegel, Friedrich von, S. 505–506.
521 Vgl. Jure Zovko, Schlegel, Friedrich, in: NDB 23 (2007), S. 40–42, 40.
522 Vgl. Jure Zovko, Schlegel, Friedrich, in: NDB 23 (2007), S. 40–42, 40.
523 Vgl. Jure Zovko, Schlegel, Friedrich, in: NDB 23 (2007), S. 40–42, 40.
524 Vgl. Jure Zovko, Schlegel, Friedrich, in: NDB 23 (2007), S. 40–42, 40.
525 Vgl. Jure Zovko, Schlegel, Friedrich, in: NDB 23 (2007), S. 40–42, 40.
526 Vgl. Jure Zovko, Schlegel, Friedrich, in: NDB 23 (2007), S. 40–42, 40.
527 Vgl. Jure Zovko, Schlegel, Friedrich, in: NDB 23 (2007), S. 40–42, 41.
528 Vgl. Jure Zovko, Schlegel, Friedrich, in: NDB 23 (2007), S. 40–42, 40.
529 Vgl. Jure Zovko, Schlegel, Friedrich, in: NDB 23 (2007), S. 40–42, 40.
530 Bremer/Meder I, Bl. 104.
531 Siehe Fn. 520.
532 Vgl. Joseph Meyer (Begr.), Meyers-Konversationslexikon, 14. Bd. (4. Aufl., 1885–1890), Schlegel, Friedrich von, S. 505–506, 505 (als Fundstelle notiert bei Bremer/Meder I, Bl. 104).

richt aus Leipzig, noch insoweit anerkannt zu sein als dass Friedrich Creuzer, der zwei Schriften über griechische Geschichte verfasst hatte (»Abhandlung über Herodot und Thukydides« von 1798 und »Xenophon als Historiker« von 1799), diese vor Veröffentlichung von dem kritischen Friedrich Schlegel geprüft wissen wollte;[533] Creuzer, sich noch seiner eigenen Fähigkeiten unsicher, schickte die Texte und den Brief an Schlegel zuvor an Savigny, der diese Dokumente, sofern er sie für gut befände, Friedrich Schlegel überbringen sollte.[534] Bezüglich der beiden belletristischen Werke Schlegels, wird die Wortwahl in Bremers Literaturapparat dann aber drastisch:

> »Der halb lüsterne, halb kalt reflektierte Roman ›Lucinde‹ (1. Teil, Berl. 1799; unvollendet) erwies trotz einiger interessanter Momente Schlegels poetische Impotenz. Dieselbe trat noch greller in der Tragödie »Alarkos« (Berl. 1802) hervor [...]«[535]

Bremer hat zahlreiche Notizblätter zu »Lucinde« angefertigt[536] und hätte, wäre seine Biografie zum Abschluss gekommen, den Roman wohl unter der Überschrift »Savignys Verhältniß zur schönen Literatur« behandelt.[537] Was interessierte Bremer derart an dem Roman, zu welchem er in den Savigny-Briefen bloß einen kurzen Hinweis fand?

> »Über Lucinde habe ich mich schon gegen Schwarz schriftlich geäußert, aber provisorisch; laßt uns den pars II. erwarten.«[538]

Bremer folgerte aus dieser Textstelle, dass »Lucinde« in Savignys sogenannter Philosophischer Korrespondenz einen neuen Anlass gegeben hätte, die »Kunstmoral« zu erörtern. Wie aber kommt Bremer zu dieser Annahme, wenn er an gleicher Stelle beklagen muss, dass ebendieser Brief an Schwarz nicht erhalten sei?[539] Glücklicherweise geben seine umliegenden Notizen hierüber Auskunft. Savignys besagter Streitgenosse Friedrich Heinrich Christian Schwarz (1766–1837) hat 1793 ein zweibändiges »Lehrbuch der Moral« namens »Die Moralischen Wissenschaften« (erschienen in Leipzig) herausgebracht.[540] Der Kantianer Schwarz war immer dann Savignys Diskussionspartner der Wahl, wenn es um

533 Bremer/Meder I, Bl. 102.

534 Bremer/Meder I, Bl. 101–102 – vgl. Savigny, Brief an F. und L. Creuzer und Schwarz vom 26. April 1800 aus Leipzig, in: Adolf Stoll, Friedrich Karl von Savignys Sächsische Studienreise 1799 und 1800 (1890), Nr. 13, S. 33–36, 35.

535 Joseph Meyer (Begr.), Meyers-Konversationslexikon, 14. Bd. (4. Aufl., 1885–1890), Schlegel, Friedrich von, S. 505–506.

536 Vgl. etwa Bremer/Meder I, Bl. 10, 12–15, 24, 100, 104, 183.

537 Bremer/Meder I, Bl. 163.

538 Savigny, Brief an L. Creuzer vom 16. August 1799 aus Leipzig, in: Adolf Stoll, Friedrich Karl von Savignys Sächsische Studienreise 1799 und 1800 (1890), Nr. 2, S. 20–21, 21 (vgl. Bremer/Meder I, Bl. 183).

539 Bremer/Meder I, Bl. 24, 14.

540 Bremer/Meder I, Bl. 10.

Fragen der Moral ging.[541] Der Savigny-Forscher konnte davon ausgehen, dass es bei einer Diskussion über »Lucinde« zwischen Savigny und Schwarz um Fragen der Moral, bei dem Roman also um Fragen der »Kunstmoral« gehen musste. Bremer arbeitete hier also wieder mit der Methode, anhand derer er durch die genaue Betrachtung des Gegenübers seines Protagonisten, gemeinsame Themen rekonstruierte. Möglicherweise gibt es dazu einen guten Grund, weshalb der Brief an Schwarz in der Publikation Stolls zur Sächsischen Studienreise von 1890 nicht enthalten ist. Er dürfte zu den Briefen gehören, die Savigny noch kurz vor dem Antritt der Reise, von Gut Trages aus, an seine Freunde in Marburg richtete. Bremer selbst fand einen der Briefe an Schwarz später[542] und Stoll hat diesen 1927, nach Bremers Tod, herausgebracht. Am 23. Juli 1799 schreibt Savigny an Schwarz:

> »Und nun noch über die Lucinde; sprechen wir 1. Von dem was sie würken [sic!] wird? Nicht viel, denn ihr Publikum wird nicht groß seyn, und selbst wenn sie auf eine entzündbare Phantasie fällt, wird sie nicht soviel schaden, als eine einzige Wielandische Stelle aus Wielands Werken, denn sie führt doch immer wieder auf etwas höheres zurück, aber bey W. ist der sinnliche Genuß das absolute und höchste. 2. Von dem was sie wirken [sic!] sollte, also von ihrem Werth? Ich gestehe Ihnen, daß sie auch meiner Individualität zuwider ist, allein ist es nicht bey jedem Werk der Fall, das uns mächtig ergreift, um uns auf eine höhere Stufe der Bildung, also aus unserer bisherigen Subjektivität heraus, zu führen? Ich denke noch mit Freude daran, wie W. Meister [[543]] meinem ganzen Wesen zuwider war als ich ihn las. Über die Lucinde getraue ich mir nicht früher zu urtheilen als mir die Widersprüche und Dunkelheiten gelöst sind die ich noch darin finde (wir besitzen den ersten Theil), vor der Hand finde ich viel vortreffliches darin, unter anderem eine Vielseitigkeit, die unser guter J. P. [[544]] nicht kennt.«[545]

Es ist aber nicht sicher, dass dieses der Savigny-Brief ist, den Bremer meint, wenn er von einem nicht erhaltenen an Schwarz spricht.[546] Jedenfalls bringt den Hinweis, dass »Lucinde« in Zusammenhang mit der Diskussion um die »Kunstmo-

541 Bremer/Meder I, Bl. 6; vgl. Dieter Nörr, Savignys Philosophische Lehrjahre (1994), § 6, S. 70.

542 Bremer/Meder I, Bl. 153.

543 Gemeint ist Goethes »Wilhelm Meisters Lehrjahre«.

544 Gemeint ist der Schriftsteller Jean Paul (1763–1825), Savigny wird ihn in ein paar Tagen treffen.

545 Savigny, Brief an Schwarz vom 23. Juli 1799 von Gut Trages, in: Adolf Stoll, Der junge Savigny (1927), Nr. 27, S. 102–103.

546 Immerhin ist bei Bremer/Meder I, Bl. 24, die Rede von einem ganzen Aufsatz, den Savigny an Schwarz geschickt habe. Den Brief vom 23. Juli 1799 hatte auch Stoll schon registriert, vgl. Adolf Stoll, Friedrich Karl von Savignys Sächsische Studienreise 1799 und 1800, S. 40, Anm. 204 (s. auch Bremer/Meder I, Bl. 138). Zusätzlich haben wir gesehen, dass Bremer auch ungekürzte Versionen der Briefe aus Stolls Publikation von 1890 vorlagen (s. Fn. 353). Überhaupt führt die vorliegende Arbeit die unten ausführlicher besprochene Vermutung, dass Stoll und Bremer in irgendeiner Art zusammenarbeiteten oder dass Stoll mit seiner späteren Publikation von 1927 auch auf Bremers Materialsammlung zurückgriff.

ral« steht, der Protagonist hier selbst, wenn er sich an »Willhelm Meisters Lehrjahre« erinnert fühlt und wohl auch wenn er dem Romanteil »Vielseitigkeit« zuspricht.[547] Wir können also Bremer, mit seiner zuvor dargestellten Vermutung über eine Verbindung von »Lucinde« zur Diskussion um die »Kunstmoral«, recht geben. Dies ist aber nur eine schlichte Antwort auf die Frage, weshalb Bremer »Lucinde« seine Aufmerksamkeit schenkte. Zum ganzen Bild gehören weitere Aspekte, die diesen nicht fortgesetzten und landläufig wohl in Vergessenheit geratenen Roman für den Savigny-Forscher Bremer interessant machten. Hierfür müssen wir uns der Rolle Friedrich Schlegels für den jungen Savigny bewusst werden. Vielleicht wäre es übertrieben, wenn man sagen würde, dass er in dem Frühromantiker ein Idol gesehen habe. Unbestritten dürfte allerdings sein, dass Friedrich Schlegel dem Protagonisten in jungen Jahren ein bedeutender Wegweiser war. Beispielsweise diskutierten Savigny und seine Freunde vor der Reise, schon im Frühjahr 1799, monatelang über Friedrich Schlegels Essay »Über die Philosophie. An Dorothea.«.[548] Dieser Aufsatz steht in der neusten und neueren Savigny-Forschung immer wieder im Schlaglicht.[549] Von dem Essay hören wir in dem vorliegenden Teil bei Bremer nichts; bei weitem nicht sicher, aber gut möglich, dass er ihm nicht entgangen ist, wenn er die »Kunstmoral« derart gewichtet. In der kleinen Schrift, die als »Manifest« der frühromantischen Bewegung verstanden werden kann, kam Savigny neben der »Kunstmoral« beispielsweise mit dem Loblied auf die Individualität oder der »deus in nobis«-Idee in Berührung.[550] Die hiervon ausgehende Wirkung auf den Protagonisten ist nicht zu unterschätzen, auch wenn Friedrich Schlegel bei dem Protagonisten wohl bereits offene Türen einrannte.[551] So war beispielsweise Savignys Begriff von Individualität im Schatten der Debatte um den Essay zur Schärfung angeregt worden.[552] Einiges von dem Rüstzeug, was Schlegel für den Großangriff auf die Autoritäten seiner Zeit bereitstellte, rezipierte Savigny selbst in einem Papier, dass in seinem Freundeskreis als »Aufsatz Über die Freundschaft«[553] bekannt

547 »Wilhelm Meisters Lehrjahre« war ganz im Sinne der »Kunstmoral« und für Savigny eines der bedeutendsten Werke gewesen, vgl. Dieter Nörr, Savignys Philosophische Lehrjahre (1994), § 11, S. 186–193.

548 Veröffentlicht im Athenaeum II, 1 (1799), S. 1–39.

549 Siehe bspw. Stephan Meder, Savignys Weg in die juristische Moderne (2023), S. 67; ders., Urteilen (1999), S. 51; Dieter Nörr, Savignys Philosophische Lehrjahre (1994), § 5, S. 46, 55.

550 Vgl. Stephan Meder, Savignys Weg in die juristische Moderne (2023), S. 67.

551 Vgl. Stephan Meder, Savignys Weg in die juristische Moderne (2023), S. 71, Fn. 14; Wahrscheinlich regte Schlegels Schrift ihn auch zur intensivieren Auseinandersetzung mit Fichte an, vgl. Dieter Nörr, Savignys Philosophische Lehrjahre (1994), § 5, S. 46.

552 Vgl. Dieter Nörr, Savignys Philosophische Lehrjahre (1994), § 5, S. 55–59.

553 Gemeint ist die Beilage von Savignys Brief vom 21. Juni 1799 an F. Creuzer, abgedruckt bei Adolf Stoll, Der junge Savigny (1927), Nr. 23, S. 92, 93–96.

wurde.[554] Eine gewisse Zeit wird »Lucinde« für Savigny ›der‹ Roman von Interesse gewesen sein. Der Roman seines gelobten Deuters, mit dem er sich schon über das Urteil von »Wilhelm Meisters Lehrjahre« so einig war.[555] Während der ganzen Reise taucht der Roman oder Reaktionen hierauf im Umfeld des Protagonisten immer wieder auf und es war wohl eines der ersten Werke, die er sowohl mit dem alten Marburger-Freundeskreis besprach als auch mit den neuen Freunden aus Jena.[556] Wo sollte Bremer auch sonst nach den Spuren der Diskussion von der »Kunstmoral« suchen, wenn nicht hier.

Allgemeinere Überlegungen zu Savignys Reaktion auf »Lucinde« beziehungsweise zu dem, was Savigny in dem Roman wiederfand, hat Bremer scheinbar, vielleicht auch noch auf der Suche nach dem »Aufsatz«[557] an Schwarz, offengelassen. Jüngst hat Meder eine Studie geliefert, die sich unter anderem auch der Thematik der »Lucinde« bei Savigny widmet. Greifen wir uns zwei Punkte, unter Berücksichtigung ihrer rechtshistorischen Relevanz, knapp heraus. Zunächst wären da beispielsweise Versionen der Schlegelschen »deus in nobis«-Idee, die Savigny in dem Roman nun belletristisch verarbeitet vorfand.[558] Den Frühromantikern war ihre Idee von dieser menschlichen »Ebenbildlichkeit« Gottes, nicht nur die Begründung für die Gleichstellung der Geschlechter, sondern auch für eine »neue« Ethik anhand der Kriterien der sogenannten »intersubjektiven Verständigung« maßgeblich; dabei bildeten beispielsweise Liebe, Freundschaft und Geselligkeit den Gegenpol zu der Objektivität und der Moralphilosophie der Spätaufklärung.[559] Savignys spätere Rechtsentstehungslehre liegt nahe an dem was er bei den Frühromantikern fand, deutlich näher als das wofür die ausgehende Spätaufklärung noch den Boden gab.[560] Bremer wird diese »deus in nobis«-Idee wenigstens abstrakt bereits identifiziert haben, wenn er sich gesondert eine Briefstelle gegen die Kantianer notiert, in der Savigny im Frühling 1800 von der »Gottheit in uns« spricht.[561] Den zweiten Punkt, den Savigny im Roman verarbeitet sah, kann man als einen Teil der Schlegelschen »Theorie der Weiblichkeit« bezeichnen.[562] Neben »Über die Philosophie. An Dorothea.« sehen

554 Vgl. Stephan Meder, Savignys Weg in die juristische Moderne (2023), S. 71–73; Dieter Nörr, Savignys Philosophische Lehrjahre (1994), § 6, S. 69–70.
555 Vgl. Dieter Nörr, Savignys Philosophische Lehrjahre (1994), § 11, S. 186–187.
556 Bremer/Meder I, Bl. 14.
557 Siehe Fn. 546.
558 Vgl. Stephan Meder, Savignys Weg in die juristische Moderne (2023), S. 83–84.
559 Vgl. Stephan Meder, Savignys Weg in die juristische Moderne (2023), S. 52.
560 Vgl. Stephan Meder, Savignys Weg in die juristische Moderne (2023), S. 106.
561 Bremer/Meder I, Bl. 16, 19; vgl. Savigny, Brief an F. und L. Creuzer und Schwarz vom 26. April 1800 aus Leipzig, in: Adolf Stoll, Friedrich Karl von Savignys Sächsische Studienreise 1799 und 1800 (1890), Nr. 13, S. 33–36, 33.
562 Den Begriff »Theorie der Weiblichkeit« prägte Friedrich Schlegel selbst, vgl. Stephan Meder, Savignys Weg in die juristische Moderne (2023), S. 93, Fn. 3.

wir mit »Lucinde« einen zweiten Text Friedrich Schlegels mit emanzipatorischem Potential, mit dem sich der Protagonist auseinandersetzte; dabei ist seine grundsätzliche Aufgeschlossenheit schon an sich bemerkenswert.[563] Spuren vom Geschlechterbild des großen Juristen sind deshalb von Interesse, da sich hieraus Ableitungen für sein Bild des Familienrechts ergeben.[564] Denn auch gerade dort löste sich Savigny von den Konventionen seiner Zeit: Keine festgeschriebene Eheherrschaft, keine Regelungswut, die vergeblich versucht jeglichen Einzelfall zu antizipieren und insbesondere die Abkehr vom vormals herrschenden Vertragsmodell, das zulasten der Ehefrau ihre gewillkürte Unterwerfung unter den Ehemann annehmen wollte.[565]

Neben der oben attestierten »poetischen Impotenz« Friedrich Schlegels, fängt Bremer von dem Echo das »Lucinde« erzeugt hat weiteres ein. Dieses könnte einen Erklärungsansatz dafür liefern, weshalb wir von »Lucinde« in Savignys Briefen nicht deutlich mehr lesen. Bremer beginnt mit dem Urteil Wilhelm Wackernagels (1806–1868), den er einen »ernsten [der] heutigen Literaturhistoriker« nennt.[566]

> »[...] die Erzählung, welche doch von einem Roman zunächst erwartet wird, trat nur episodenweise zwischen Gesprächen, Träumen, Allergorien hervor. So formlos diese Verherrlichung des Genusses, des Müssigganges, der Frechheit erschien, so schamlos war sie auch, um so empörender als Schlegel dabei sein Verhältnis zu Dorothea Veit der Öffentlichkeit bloss stellte.«[567]

Als bloß »obszönes Produkt erotischer Libertinage« wurde »Lucinde« von einigen Zeitgenossen betrachtet.[568] Dass Friedrich Schlegel den Roman eben »als Gatte der Veit« veröffentlichte, schien auch Bremer einer der wichtigen Punkte gewesen zu sein.[569] Von Dorothea Veit (1764–1839) lesen wir bei Bremer ansonsten wenig.

Als bereits nach jüdischem Ritus verheiratete Frau, die aus der Mendelssohn-Familie stammte, begann sie 1797 in eine Liebesbeziehung mit Friedrich Schlegel, der dieses Verhältnis mit »Lucinde« literarisch verarbeitete.[570] Nach der Schei-

563 Vgl. Stephan Meder, Savignys Weg in die juristische Moderne (2023), S. 106–109.

564 Vgl. Stephan Meder, Savignys Weg in die juristische Moderne (2023), S. 117.

565 Vgl. Stephan Meder, Savignys Weg in die juristische Moderne (2023), S. 117–121; NB: Savignys bekannter Opponent Thibaut wollte die Ehe ins Subordinationsrecht verlegt wissen (vgl. ebd.).

566 Bremer/Meder I, Bl. 12.

567 Wilhelm Wackernagel/Ernst Martin, Geschichte der Deutschen Litteratur, 2. Band (2. Aufl., 1894), § 166, S. 557 (nur passagenweise notiert bei Bremer/Meder I, Bl. 16, mit Verweis ebd. in Fn. 1).

568 Vgl. Stephan Meder, Savignys Weg in die juristische Moderne (2023), S. 106.

569 Bremer/Meder I, Bl. 104.

570 Vgl. Carola Stern, Schlegel, Dorothea, in: NDB 23 (2007), S. 42–43, 42.

dung ging sie 1799 mit Friedrich Schlegel nach Jena.[571] Ihr reiches schriftstellerisches Werk rückte erst in den letzten Jahrzehnten des 20. Jahrhunderts in den Fokus des Interesses.[572]

Die Empörung, die von »Lucinde« ausging, dürfte sich für Bremer vielschichtig dargestellt haben. Der Skandal lag im Breittreten des unehelichen Verhältnisses, in der Indiskretion Schlegels, im Ehebruch Veits und überhaupt in einer Verbindung, die nicht unter dem gleichen religiösen Bekenntnis stand. Scharfe Sanktionen folgten bald. So notierte Bremer beispielsweise, dass das Kurfürstliche Hannoversche Universitätskuratorium mit einem Reskript an den Protektor Göttingens entschieden habe, dem »durch seine sittenverderblichen Schriften berüchtigten Friedrich Schlegel« keinen Aufenthalt in Göttingen zu gestatten.[573] Auch das zeitgenössische, erwartbar negative, Urteil Schillers, der sich an der Lektüre »den Kopf taumelig gemacht« habe und das Werk den Gipfel »moderner Unform und Unnatur« nennt, liefert Bremer.[574]

Aber auch mit den Verteidigern von »Lucinde« setzte sich Bremer auseinander. So finden sich Notizen aus einem Brief von dem Theologen Friedrich Daniel Schleiermacher (1768–1834), der gegenüber einem Freund im ersten Januar des neuen Jahrhunderts erklärte, dass Verblendung und Willkür selbst »vernünftige Menschen alles Schöne u. Vortreffliche in diesem Buch« übersehen ließe.[575] Schleiermacher war Teil des Berliner-Freundeskreises von Dorothea Veit und Friedrich Schlegel.[576] Und noch im selben Jahr, in dem er in dem Brief Partei für seinen Freund ergriff, ließ er anonym seine »Vertrauten Briefe über Friedrich Schlegels Lucinde« folgen.[577] Schleiermachers »Briefe« hielten die »intersubjektiven« Qualitäten von Schlegels Roman hoch.[578] Aus wessen Lager der Vorstoß kam, blieb wohl nicht lange im Nebel, denn so war sich Clemens Brentano un-

571 Vgl. Carola Stern, Schlegel, Dorothea, in: NDB 23 (2007), S. 42–43, 42.

572 Vgl. Carola Stern, Schlegel, Dorothea, in: NDB 23 (2007), S. 42–43, 43.

573 Bremer/Meder I, Bl. 15.

574 Bremer/Meder I, Bl. 12, mit Verweis auf einen Brief Schillers vom 19. Juli 1799 aus Jena (s. hierzu auch die Editionsangaben bei Fn. 2) – vgl. Schiller, Brief an Goethe vom 19. Juli 1799 aus Jena, in: Verlag Cotta (Hg.), Briefwechsel zwischen Schiller und Goehte, 2. Band (4. Aufl., 1881), Nr. 625, S. 180f.; Die Frühromantiker hatten sich mit Schiller überworfen, vgl. Stephan Meder, Savignys Weg in die juristische Moderne (2023), S. 102f.

575 Bremer/Meder I, Bl. 12, mit Verweis (Fn. 3) auf: »IV, S. 54« = Schleiermacher, Brief an Karl Gustav Brinckmann vom 4. Januar 1800 aus Berlin, in: Ludwig Jonas/Wilhelm Dilthey (Hg.), Aus Schleiermacher's Leben, 4. Band (1863), S. 52–56, 54.

576 Vgl. Carola Stern, Schlegel, Dorothea, in: NDB 23 (2007), S. 42–43, 42.

577 Bremer/Meder I, Bl. 12, mit Verweis (Fn. 4) auf: »Überweg III, 234« = Friedrich Überweg, Grundriss der Geschichte der Philosophie von Thales bis auf die Gegenwart, Dritter Theil (1866), S. 234.

578 Vgl. Stephan Meder, Savignys Weg in die juristische Moderne (2023), S. 110f.

mittelbar sicher, dass die »Schlegelei« Urheber der »Briefe« sei.[579] Nach einer Aussage Stolls, war Schleiermacher der einzige, der zu dem »vielverrufenen Roman« ein positives Urteil fand.[580] Bremer hätte aber, wäre sein Projekt zum Abschluss gekommen, zusätzlich noch von einer weiteren literarischen Reaktion auf »Lucinde« berichtet, die mit jener Schleiermachers nicht zu verwechseln ist.[581] Im Juli des Jahres 1800 schrieb Friedrich Schlegel an Schleiermacher:

> »Es steht heute eine Ankündigung von Briefen über die Lucinde in der A. L. Z., die in einigen Wochen fertig seyn sollen; wahrscheinlich von einem gewissen [Johann Bernhard] Vermehren hier, und ziemlich gegen mich, wie mir Angebrentano [Clemens Brentano] gesagt hat. Indessen ist das doch in merkantilischer Rücksicht recht gut.«[582]

Tatsächlich nahmen aber auch diese »Briefe« Johann Bernhard Vermehrens (1774 oder 1777–1803) einen entschärfenden Standpunkt ein.[583] Dennoch blieben dies die einzigen positiven beziehungsweise vermittelnden Stimmen. Bereits mit »Lucinde«, aber spätestens mit »Alarcos«, war Friedrich Schlegel als Schriftsteller verbrannt, so wird es sich für Bremer dargestellt haben. Er wäre wohl davon ausgegangen, dass »Lucinde« Savigny auch nach mehrmaligem Lesen nicht weniger »zuwider« war, dass das Werk in Savignys Gunst also doch nicht die gleiche Wendung nahm, wie »Wilhelm Meisters Lehrjahre«.[584] Dann hätte uns Professor Bremer auch hier eine gewisse Enttäuschung seines Protagonisten nachvollziehbar machen können: Savignys Waffenarsenal für die Diskussionen, beispielsweise mit dem Kantianer Schwarz, war Friedrich Schlegel und nun gelang gerade diesem eine überzeugende belletristische Umsetzung der großen Ideen nicht.[585] Vielleicht liegt hierin, neben dem Streit mit Hufeland, ein weiterer Grund für Savignys »Fernhalten« von Friedrich Schlegel in Jena. Denn Friedrich Schlegels ›Scheitern‹ lediglich auf den Bereich der Belletristik zu reduzieren, dürfte ganz und gar nicht Savignys Wesen entsprochen haben.[586] Wir werden bald

579 Bremer/Meder I, Bl. 14, mit Verweis (Fn. 1) auf: »Steig I, S. 18« = Cl. Brentano, Brief an Winkelmann vom 14. Juli 1800 aus Altenburg, in: Reinhold Steig, Achim von Arnim und Clemens Brentano (1894), S. 18.

580 Vgl. Adolf Stoll, Friedrich Karl von Savignys Sächsische Studienreise 1799 und 1800 (1890), S. 21, Fn. 110.

581 Bremer/Meder I, Bl. 15.

582 F. Schlegel, Brief an Schleiermacher (ohne Datum oder Ort, laut Jonas/Dilthey: Vor dem 20. Juni 1800), in: Ludwig Jonas/Wilhelm Dilthey (Hg.), Aus Schleiermacher's Leben, 3. Band (1861), S. 200–201, 201 (vgl. Bremer/Meder I, Bl. 15).

583 Bremer/Meder I, Bl. 15.

584 Siehe Fn. 545.

585 Bald wird Savigny jemanden finden, der für ihn hoch über Friedrich Schlegel steht, wie wir im übernächsten Abschnitt dieses Kapitels noch sehen werden (ab S. 99).

586 Savigny machte moralphilosophische Ansprüche an ›den Dichter‹, denen ›der Philosoph‹ allein gerade nicht gerecht werden konnte und Friedrich Schlegel war an dieser Haltung nicht ganz unschuldig, s. Stephan Meder, Urteilen (1999), S. 53f.; vgl. auch Dieter Nörr, Savignys Philosophische Lehrjahre (1994), § 6, S. 69f.

sehen, dass der Friedrich Schlegel, für den Savigny bei Beginn der Reise noch große Verehrung empfunden haben dürfte, dem Protagonisten schon in wenigen Jahren ganz gleichgültig sein wird. Wie es zu diesem Wandel kam, wissen wir nun.

Bei Bremers Quellen, die mit Friedrich Schlegels belletristischen Versuchen so hart ins Gericht gehen, müssen wir aus heutiger Perspektive eine wichtige Einordnung beifügen. Erst der Romantikforscher Walter Benjamin (1892–1940) rehabilitierte Friedrich Schlegel für die Geschichtsschreibung.[587] Daher muss also die Gefahr einer möglichen Voreingenommenheit berücksichtigt werden.

II. Savigny und die Romantik

An dieser Stelle lohnt es sich auf eine Debatte hinzuweisen, die innerhalb der Rechtsgeschichte fast so alt ist, wie der Protagonist selbst. Dabei geht es um etwas das größer ist als die Fragen der Ästhetik, beziehungsweise der »Kunstmoral«, und gewissermaßen als Faktor für diese betrachtet werden kann. Die Frage in welchem Verhältnis Savigny und damit auch seine Historische Rechtsschule, zur Romantik stehen soll, ist bis heute Gegenstand der Forschung.

Bremer war auf diese Thematik sensibilisiert, das zeigt seine Schwerpunktsetzung.[588] Auch wenn er das Stichwort »Romantik« nicht allzu oft nennt, geht er für seine Zeit den Berührungspunkten mit den Romantikern erstaunlich aufgeschlossen nach. So haben wir oben bereits gesehen, wie ausgiebig sich Bremer für die Brüder Schlegel interessierte. Dazu hielt er umfangreiche Notizen zu weiteren Frühromantikern, beziehungsweise zu ihren Schriften und Erzählungen, vor. Von denen, die wir im weiteren Verlauf dieser Arbeit nicht gesondert kennenlernen werden, interessierte sich Bremer beispielsweise für Ludwig Tieck (1773–1853), für Novalis (eigentlich Georg Friedrich Philipp von Hardenberg, 1772–1801) und für Johann Diederich Gries (1775–1842).[589] Bremer scheute sich nicht dieses kulturgeschichtliche Terrain zu betreten. Aber wie betrachtete man Savignys Verhältnis zur Romantik zu Bremers Zeit und gab es vielleicht Gründe

587 Vgl. Stephan Meder, Savignys Weg in die juristische Moderne (2023), S. 63, 85.

588 Siehe hierzu die Einleitung Stephan Meders zu der von ihm herausgegebenen Edition des Bremer-Nachlasses: Franz Peter Bremer. Der junge Savigny zwischen Frühromantik und Rechtswissenschaft (2024), S. IX–XXII, insbes. XIXf.

589 Tieck: Bremer/Meder I, Bl. 106–108, 127, 163, 183, 248, 331 und Bremer/Meder IV-2, Bl. 45 und Bremer/Meder V, Bl. 7, 21, 30, 33, 54, 67, 79, 101; Novalis: Bremer/Meder I, Bl. 108, 349 und Bremer/Meder V, Bl. 53; Gries: Bremer/Meder I, Bl. (204–205, 291), 293–295 und Bremer/Meder IV-2, Bl. 25(–29), 33, 35–47 und Bremer/Meder V, Bl. 20, 25, 36, 77, 97, 100, 102a–103.

sich gerade mit Schlagworten zurückzuhalten und Näheverhältnisse für sich sprechen zu lassen?

1. Bremer und seine Kollegen Adolf Stoll und Ernst Landsberg

Stoll gab seiner Publikation von 1890 der Savigny-Briefe zur sächsischen Reise einige Schlussbetrachtungen bei. Unter anderem ist dort zu lesen:

> »Der zweite sowie der dritte und letzte längere Aufenthalt, den Savigny noch auf der Rückreise in Jena, der Geburtsstätte der Romantik nahm, brachte ihn namentlich in Berührung mit dem romantischen Kreise. Und da freut man sich denn unwillkürlich, zu sehen, daß der junge Gelehrte mit seinem edlen, charaktervollen Wesen, mit dem trotz der Schärfe seines Urteils so offenen, weichen Herzen, ein gewisses Aufsehen erregt und Anerkennung und Liebe gefunden hat. [...]«[590]

Etwas weiter unten werden die Dinge noch aufschlussreicher. Ein »Romantiker« war Savigny für Stoll nämlich deshalb noch nicht:

> »Der lebhafte Anteil, den Savigny an dem romantischen Treiben nahm, und die romantischen Anschauungen, denen auch er sich erschloß, haben ihn indessen nicht etwa blind gemacht für die Vorzüge der Klassiker und trotz der nunmehr nicht mehr abbrechenden nahen Berührungen mit mehreren Vertretern der neuen Richtung sein sicheres und besonnenes künstlerisches und sittliches Gefühl so wenig ins Schwanken gebracht, daß gerade er es sein konnte, der die Brüder Grimm mit ihren unmittelbar auf der Romantik fußenden Bestrebungen vor allen Ausartungen, Einseitigkeiten und Übertreibungen derselben bewahrte, wie auch er es war, der im Verein mit Arnim als ›Eckart Savigny‹ seinen späteren Schwager vor dem romantischen Venusberg warnte.«[591]

Stoll wird diese Zurückhaltung, einer in beide Richtungen offenen Wertung, bald hinter sich lassen. Bekanntlich wird der erste Teil seiner Trilogie der Savigny-Briefe von 1927 den Untertitel »Zugleich ein Beitrag zur Geschichte der Romantik« tragen.[592]

In einem ähnlichen Zeitraum, in den Jahrzehnten um die Jahrhundertwende, finden wir auch zwei Aussagen des Rechtshistorikers und Savigny-Forschers Ernst Landsberg. Eine erste aus dem Jahr 1890:

590 Adolf Stoll, Friedrich Karl von Savignys Sächsische Studienreise 1799 und 1800 (1890), S. 40 (der Hinweis hierauf war in einer Vorfassung der nun veröffentlichten Bremer-Edition von Meder, bei Bremer/Meder IV-2, Bl. 38, enthalten).

591 Adolf Stoll, Friedrich Karl von Savignys Sächsische Studienreise 1799 und 1800 (1890), S. 40.

592 Adolf Stoll, Der junge Savigny (1927).

»Nicht Romantiker, sondern Classiker ist S[avigny]. nach Bildung, Gesinnung, Empfindung, Schreibart und Denkart. So sehr Classiker, daß man kaum seiner gedenken kann, ohne ihn, wie vielfach geschehen, mit Goethe zu vergleichen.«[593]

Im Jahr 1910 gesteht Landsberg Näheverhältnisse »unterschätzt« zu haben und »seither eines Besseren belehrt worden« zu sein.[594] Verantwortlich dafür sei die Veröffentlichung von Jugendbriefen Savignys und die Beschäftigung mit der Literatur und Kultur des 19. Jahrhunderts.[595] Auch wenn die Zusammenhänge nicht zu überschätzen seien, so seien doch Anregungen, Elemente und Formeln seiner Lehre der Romantik entlehnt.[596]

Stolls Untertitel von 1927 und Landsbergs Ansichtswandel wurden auch schon vor der Wiederentdeckung des Bremer-Nachlasses besprochen.[597] Nun haben wir den Nachlass Bremers und sind um einen Aspekt reicher. Aber können wir etwas über Bremers Rolle bei der Bewertung, die seine Kollegen vornahmen, sagen? Halten wir zuerst Folgendes fest: Nach Stoll war Savigny erst den romantischen Ideen gegenüber aufgeschlossen, aber auch für die Vorzüge der Klassiker »nicht blind«. Seiner Publikation von 1927 verleiht er schließlich den eindeutigen Untertitel. Nach Landsberg war Savigny erst »kein Romantiker«, aber später in einem Näheverhältnis zur Romantik. Was hier also um die Jahrhundertwende stattfand, ist die Öffnung einer Meinungsflanke; eine Trendverschiebung zugunsten der Beachtung romantischer Berührungspunkte.[598] Aber so sehr man nun zu Spekulationen über Bremers Anteil bei dieser Neubewertung geradezu verleitet ist, so muss doch ebenso sehr der Mangel an Eindeutigem im bisher publizierten Material zur Zurückhaltung mahnen. Vielleicht können künftige Forschungsinitiativen zu Bremer diese Frage erhellen.

593 Ernst Landsberg, Savigny, Friedrich Carl, in: ADB 30 (1890), S. 425–452, 450.

594 Vgl. Ernst Landsberg, Geschichte der Deutschen Rechtswissenschaft, 3. Abt., 2. Halbbd., Textbd. (1910), S. 245.

595 Vgl. Ernst Landsberg, Geschichte der Deutschen Rechtswissenschaft, 3. Abt., 2. Halbbd., Textbd. (1910), S. 245.

596 Vgl. Ernst Landsberg, Geschichte der Deutschen Rechtswissenschaft, 3. Abt., 2. Halbbd., Textbd. (1910), S. 245f.

597 Vgl. bspw. Christoph-Eric Mecke, Friedrich Carl von Savignys Rechtsdenken und die Romantik, in: Antje Arnold/Walter Pape (Hg.), Romantik und Recht (2018), S. 35–60, 35.

598 Meder spricht von Bremer, Stoll und Landsberg als »eine Art Gruppe von Savigny-Forschern, die sich durch die Romantikkritik des objektiven Idealismus nicht mehr beeindrucken ließ.«, s. Stephan Meder, Franz Peter Bremer. Der junge Savigny zwischen Frühromantik und Rechtswissenschaft (2024), S. XVI.

2. Savigny-Rezeption: Ein Gegeneinander von Romantik und Klassik?

Ein an sich bereits auffälliger Tatbestand dieser doch sehr spezifischen Thematik liegt darin, dass man schon ohne besonders tiefgehende Recherche mit ihr konfrontiert wird. Selbst Wieacker bespricht diese Frage in seinem bekannten, mehrfach neuaufgelegten, Standardwerk aus der Mitte des letzten Jahrhunderts. Hierin rückt er Savigny in die Nähe der Weimarer-Klassik, seine Biografie falle nur zufällig in die gleiche Zeit und in den gleichen Raum wie die romantische Epoche.[599] Diese Wertung stand ganz im Sinne ihrer Zeit; Stolls Untertitel von 1927 stieß unter Rechtshistorikern der folgenden Jahrzehnte auf Ablehnung.[600]

Woher kommt aber der Fokus auf dieses Thema und der Drang Savigny strikt in einem Lager verorten zu wollen? Neuere Beiträge geben hierüber Auskunft:

Noch zu Savignys Lebzeiten begann eine lange nachhallende Abwertung des Romantikbegriffs. Der Dichter Heinrich Heine (1797 oder 1798–1856) und der Philosoph Georg Friedrich Wilhelm Hegel (1770–1831) waren hierfür maßgeblich: Heine attestierte der Romantik Rückwärtsgewandtheit und Hegel eine maßlose Übergewichtung des »Ichs«.[601]

Beflügelt von dem Trend dieser allgemeinen deutschen Romantikschelte bedienten sich bald die Savigny-Gegner dieses ›Vorwurfes‹, der den großen Juristen in die Nähe der Romantiker drängen sollte; ein nennenswertes Beispiel unter den Juristen ist Rudolf von Ihering (1818–1892), der Savigny Mitte des 19. Jahrhunderts »romantischen Conservativismus« unterstellte.[602] Die Verteidiger waren im Schatten der allgemeinen Bewertung der Romantik jetzt bemüht Savigny von jeglicher Nähe zu ihr freizusprechen und ihn in die Nähe der Klassik zu rücken.[603] Lange bestand die Debatte folglich aus einem leeren Gegeneinander von Kampfbegriffen.[604]

599 Vgl. Franz Wieacker, Privatrechtsgeschichte der Neuzeit (3. Aufl., 2016/1952), S. 359–363.

600 Vgl. Christoph-Eric Mecke, Friedrich Carl von Savignys Rechtsdenken und die Romantik, in: Antje Arnold/Walter Pape (Hg.), Romantik und Recht (2018), S. 35–60, 35.

601 Vgl. Stephan Meder, Franz Peter Bremer. Der junge Savigny zwischen Frühromantik und Rechtswissenschaft (2024), S. X–XI.

602 Vgl. Stephan Meder, Franz Peter Bremer. Der junge Savigny zwischen Frühromantik und Rechtswissenschaft (2024), S. IX; ders./Christoph-Eric Mecke, Savignys Rechtsdenken im Spiegel deutscher und italienischer Romantik, in: Jahrbuch für juristische Zeitgeschichte, 2018/19 (Zweitabdruck), Heft 1, Nr. 21, S. 227–254, 227f., 229, 232.

603 In dieser Konsequenz steht auch die Äußerung Landsbergs von 1890, vgl. Stephan Meder, Franz Peter Bremer. Der junge Savigny zwischen Frühromantik und Rechtswissenschaft (2024), S. XI; ders./Christoph-Eric Mecke, Savignys Rechtsdenken im Spiegel deutscher und italienischer Romantik, in: Jahrbuch für juristische Zeitgeschichte, 2018/19 (Zweitabdruck), Heft 1, Nr. 21, S. 227–254, 229f.

604 Vgl. Stephan Meder/Christoph-Eric Mecke, Savignys Rechtsdenken im Spiegel deutscher und italienischer Romantik, in: Jahrbuch für juristische Zeitgeschichte, 2018/19 (Zweitabdruck), Heft 1, Nr. 21, S. 227–254, 230.

Die alten klaren Trennungslinien sind heute einem unvoreingenommeneren Blick gewichen. Von dem aufgeregten »Entweder-oder« hat man Abstand genommen. Das liegt auch an der Unschärfe der Begriffe.[605] Und selbst heutige Autoren, die feststellen wollen, dass Savigny kein Romantiker gewesen sei, lassen keine Anzeichen erkennen ihn deshalb in die Nähe der Klassik rücken zu wollen oder den »Romantikerkreis« um ihn herum auszublenden.[606] Als ›kleinster gemeinsamer Nenner‹ dürfte sich dabei heute der Gedanke einer »Initialzündung«,[607] die die Berührungspunkte mit der Romantik bei Savigny auslöste, eines breiten Konsenses erfreuen:

> »Die Hinwendung zum Mittelalter, die Wiederbelebung der Antike in Literatur und Geschichte, die völlige Abkehr von der Aufklärung, das geschriebene Wort als alleinige Grundlage für Veränderungen, die Gründung einer Bewegung, der völlige Neuansatz in der Literatur, das geistige Niveau der Dichter in und um die Universität herum und schließlich, Savigny traf Gleichaltrige, die diese geistige Rebellion anzettelten und durchführten.«[608]

Ergänzen ließe sich, dass Savigny vor einer »blinden Überschätzung der Vergangenheit« gewarnt hat,[609] was dem Gedanken der »Initialzündung« aber nicht entgegensteht.

III. Alte und neue Wegweiser unter den Philosophen

Rufen wir uns an dieser Stelle noch einmal in Erinnerung, dass Savigny die Reise auch wesentlich mit dem Ziel antrat, die Philosophie Fichtes studieren zu wollen.[610] Trotz der unmissverständlichen Ankündigung, ist es dann aber doch die Philosophie eines anderen, die Savigny auf seiner Kavaliersreise für sich entdecken wird:

---

605 Und das sagte schon Wieacker, vgl. Franz Wieacker, Privatrechtsgeschichte der Neuzeit (3. Aufl., 2016/1952), S. 360; vgl. auch Stephan Meder/Christoph-Eric Mecke, Savignys Rechtsdenken im Spiegel deutscher und italienischer Romantik, in: Jahrbuch für juristische Zeitgeschichte, 2018/19 (Zweitabdruck), Heft 1, Nr. 21, S. 227–254, 229f., 254.

606 Vgl. Jochen Otto, Auf den Spuren von Friedrich Carl von Savigny (1779–1861). Auf dem Weg nach Berlin: 1804–1810, in: SZ (RA) 129 (2012), S. 604–635, 610–612.

607 Vgl. Jochen Otto, Auf den Spuren von Friedrich Carl von Savigny (1779–1861). Der Junge Savigny (1779–1804), in: SZ (RA) 128 (2011), S. 442–463, 455.

608 Jochen Otto, Auf den Spuren von Friedrich Carl von Savigny (1779–1861). Der Junge Savigny (1779–1804), in: SZ (RA) 128 (2011), S. 442–463, 455.

609 Vgl. Stephan Meder, Franz Peter Bremer. Der junge Savigny zwischen Frühromantik und Rechtswissenschaft (2024), S. X.

610 Siehe S. 40.

1. Der »Atheismusstreit« in Jena

Als Savigny das erste Mal in Jena eintraf, war Gottlieb Fichte wegen des »Atheismusstreites« schon nicht mehr dort.[611] Bremer skizziert das Politikum wie folgt:

Nachdem Fichte in seiner gemeinsam mit Friedrich Immanuel Niethammer (1766–1848) geführten Zeitschrift »Philosophisches Journal einer Gesellschaft teutscher Gelehrten« den von Friedrich Karl Forberg (1770–1848) geschriebenen Aufsatz »Ueber den Grund unseres Glaubens an eine göttliche Weltregierung« und einen eigenen Aufsatz mit dem Titel »Entwicklung des Begriffs der Religion« veröffentlicht hatte, seien anonyme Flugblätter aufgetaucht, die die Schriften als atheistisch denunziert hätten.[612] Kursachsen habe daraufhin die Konfiszierung der Zeitschrift angeordnet und soll gemeinsam mit Kurhannover das Herzogtum Sachsen-Weimar aufgefordert haben, gegen Fichte, dem man auch demokratische Umtriebe unterstellte, vorzugehen.[613] Fichte hätte daraufhin zwei Verteidigungsschriften verfasst, in denen er erklärt habe, dass es sich mit dem Atheismus in seiner Philosophie ähnlich verhielte wie bei Johann Gottfried Herder (1744–1803), der unbehelligt geblieben war.[614] Im Frühling des Jahres 1799 habe Fichte dem Kurator der Universität gedroht, einer Entlassung selbst zuvorzukommen.[615] Dieses »Entlassungsgesuch« habe die Regierung des Herzoges von Sachsen-Weimar angenommen; einen bald darauffolgenden Widerruf dessen habe Fichte seinerseits zurückgewiesen.[616] Im vergleichsweisen liberalen Jena hätte man die Angelegenheit als Eingriff in die Freiheit der Lehre aufgefasst, was der Universität abrupt geschadet habe.[617] Savigny soll auf die Sache aufmerksam geworden sein als Fichte nun auch von Johann Gottfried Herder mit einer eigentlich gegen Kant (1724–1804) gerichteten Schrift angriffen wurde.[618] Sodann mischte sich ein neuer Akteur ein: Friedrich Heinrich Jacobi (1743–1819) sprang mit dem Sendschreiben »Jacobi an Fichte« auf die Seite Fichtes.[619]

---

611 Bremer/Meder I, Bl. 118.
612 Bremer/Meder I, Bl. 122.
613 Bremer/Meder I, Bl. 122.
614 Bremer/Meder I, Bl. 122.
615 Bremer/Meder I, Bl. 122.
616 Bremer/Meder I, Bl. 122.
617 Bremer/Meder I, Bl. 122.
618 Bremer/Meder I, Bl. 122.
619 Bremer/Meder I, Bl. 122, u. a. mit Verweis (Fn. 1) auf: »Kuno Fischer V, S. 284–303« = Kuno Fischer, Geschichte der neueren Philosophie, 5. Band (1869), S. 284–303. Nach der dortigen Darstellung gewinnt man den Eindruck, dass es Fichte daran lag, die Angelegenheit zu skandalisieren, während die Regierung bestrebt war die Sache kleinzuhalten. Da die Regierung zuvor Fichte immer geschützt hatte, habe sie auch in dieser Angelegenheit eine diskrete Lösung bevorzugt. Fichte habe die Entlassung von der Universität in Jena selbst provoziert, indem er überhaupt nicht diplomatisch gehandelt hatte. So habe nach einigen gewechselten Briefen Geheimrat Goethe den Standpunkt eingenommen, dass man sich als

Bremer hätte wohl, wenn sein Vorhaben zum Abschluss gekommen wäre, einer solchen Einleitung zwei Briefstellen nachgestellt, die sich dazu in Savignys Korrespondenz zur sächsischen Studienreise finden.[620] Savigny schreibt in seinem Reisetagebuch von dem ersten Jena-Aufenthalt im Sommer 1799:

> »In Fichte's Sache wird nächstens etwas höchst wichtiges erscheinen: Eine Correspondenz zwischen ihm und Jacobi, worin sich dieser – für Fichte erklärt! Was wird dann Herder thun und J. Paul? Der letzte kommt in seine sonderbare Verlegenheit mit seiner litterärischen Achtung.«[621]

Im Winter 1799 schreibt Savigny dann:

> »Im Fach der Litteratur habe ich Euch etwas herrliches anzukündigen: Jacobi an Fichte. Der wissenschaftliche Theil muß tief studiert werden, aber der Mensch, der darin auftritt, erscheint mir als ein hohes, heiliges Wesen. Man hat Toleranz gesehen und Vielseitigkeit in Verbindung mit seichter Gleichgültigkeit – Gründlichkeit und inniges Interesse in Verbindung mit einseitiger, unduldsamer Härte – aber jene Toleranz mit dieser theilnehmenden Gründlichkeit vereinigt ist mir hier zuerst erschienen, und ich ehre darum Ihn wie keinen unserer litterärischen Grosen. Wie hoch erscheint er über Fichte! Wie hoch über J. Paul! Wie hoch auch über F. Schlegel! Und daß der heilige Mann mitspricht über die Sache die unter uns verhandelt wird, wer wollte sich nicht darüber freuen? ›Ich lasse mich nicht befreyen von der Abhängigkeit der Liebe, um allein durch Hochmuth seelig zu werden.‹ Wahrlich, das hat auch meinen Muth zu sprechen erhöht.«[622]

Was wir hier beobachten können, ist ein Ansatz zur Klärung der Frage, wie Savigny auf Friedrich Heinrich Jacobi überhaupt erst aufmerksam wurde. Dadurch dass Jacobi aus dem Schatten tritt und sich auf die Seite des berühmten Fichte schlägt, ist Savigny wohl das erste Mal zum Studium einer Schrift aus der Feder Jacobis angeregt worden. Savigny ist sofort begeistert und stellt ihn »hoch« über seine alten Autoritäten. Vielleicht hatte er schon erste Zweifel an Fichte vorher, wenn er seinen Freunden in seinem Reisetagebuch berichtet, dass Fichte »einmal im Ernst« behauptet habe, dass ein überzeugter Philosoph anfangen

---

Regierung nicht derartig vorführen lassen dürfe. Folgende versöhnlichere Briefe haben daran nichts mehr ändern können, wie auch die Petitionen der Studentenschaft in Jena nicht. Es war eine Angelegenheit bei der beide Seiten nur verlieren konnten (vgl. ebd. Fischer, S. 285f., 291–294, 297f.).

620 Bremer/Meder I, Bl. 119, 122.

621 Savigny, Briefbeilage (Reisetagebuch, erster Teil, 24. Juli–2. August 1799), in: Adolf Stoll, Friedrich Karl von Savignys Sächsische Studienreise 1799 und 1800 (1890), Nr. 1, S. 6–20, 20.

622 Savigny, Brief an F. und L. Creuzer vom 1. November 1799 aus Leipzig, in: Adolf Stoll, Friedrich Karl von Savignys Sächsische Studienreise – 1799 und 1800 (1890), Nr. 3, S. 28.

müsse, dick zu werden, da bürgerliches Wohlbefinden ein Zeugnis der vollendeten Überzeugungen der Philosophie sei.[623]

Schon wenige Wochen nach »Jacobi an Fichte« widmet sich Savigny Jacobis belletristischen Schriften und »Eduard Allwills Briefsammlung« ist ganz nach seinem Geschmack. Neben Goethe gibt es nun also einen weiteren Autor, der Savignys ästhetischem Empfinden entspricht. So schreibt er an seine Freunde:

> »Meines Erachtens hat die practische Philosophie noch ganz andere Dinge zu suchen als eine systematische Form, und ich kann mit einem Wort keine andere unter unseren Schriftstellern als practische Philosophen erkennen, keine anderen, sage ich, als – Göthe und Jacobi (ich meine gar nicht Jacobi den Briefsteller), sondern den Vf. des Allwill) [[624]]; als moralische Dissertationen, kleine Schriften und vermischte Schr. betrachte ich einzelne Darstellungen anderer Dichter, aber jene beide sind und bleiben Systematiker in der Moral.«[625]

2. Jacobi als Kant-Gegner

Für den Schriftsteller und Philosophen Friedrich Heinrich Jacobi hat sich Bremer nun mehr und mehr interessiert. Dieser eigene Schwerpunkt fällt auf, denn Bremer notierte hier keine Hinweise auf Literatur, die Jacobi schon zu seiner Zeit für die Savigny-Forschung als Person von Interesse markierte.[626]

623 Bremer/Meder I, Bl. 119, 134 – vgl. Savigny, Briefbeilage (Reisetagebuch, erster Teil, 24. Juli–2. August 1799), in: Adolf Stoll, Friedrich Karl von Savignys Sächsische Studienreise 1799 und 1800 (1890), Nr. 1, S. 6–20, 19.

624 Nach heutigem Sprachgebrauch ist Jacobi nicht ›als‹ Briefsteller gemeint, sondern ›als‹ Verfasser des »Allwill«. Diese Konkretisierung war deshalb nötig, weil nicht allzu lang vorher noch »Jacobi an Fichte« besprochen wurde. Der Verfasser des »Allwill« Friedrich Heinrich Jacobi ist mit dem Verfasser von »Jacobi an Fichte« identisch, vgl. Klaus Hammacher, Jacobi, Friedrich Heinrich, in: NDB 10 (1974), S. 222–224, 223.

625 Savigny, Brief an F. und L. Creuzer vom 3. Januar 1800 aus Leipzig, in: Adolf Stoll, Friedrich Karl von Savignys Sächsische Studienreise 1799 und 1800 (1890), Nr. 10, S. 30–32, 31.

626 Nebenbei gewinnen wir aus einer Klarstellung Bremers wieder ein Indiz, dass ihm eigene Abschriften von Savignys Reisekorrespondenz vorgelegen haben könnten: Einmal stellt der Savigny-Forscher klar, dass sein Protagonist Jacobi auf der sächsischen Studienreise nicht persönlich getroffen und auch keinen brieflichen Kontakt zu ihm unterhalten habe. Hier gäbe es bloß Missverständnisse aufgrund einer Äußerung Savignys über ihn, vgl. Bremer/Meder I, Bl. 7. Auf der Hinreise hatte Savigny im Schlichtegroll-Haus in Gotha nämlich Friedrich Jacobs (1764–1847) kennengelernt, vgl. Bremer/Meder I, Bl. 187 f. und dieser Name ist offenbar mit jenem des Philosophen verwechselt worden, vgl. Bremer/Meder I, Bl. 7, mit Verweis (Fn. 3, mit freigelassener Seitenangabe) auf: »Stoll S.«. Woher dieses Missverständnis aber stammt, erfahren wir nicht. Jedenfalls nicht aus Stolls Publikation von 1890, wo Bremer die S. 9 gemeint haben könnte, aber die Rede von Jacobs ist, s. Savigny, Briefbeilage (Reisetagebuch, erster Teil, 24. Juli–2. August 1799), in: Adolf Stoll, Friedrich Karl von Savignys Sächsische Studienreise 1799 und 1800 (1890), Nr. 1, S. 6–20, 9.

Eine Stimme die Bremer dann zu Jacobis »Allwill« notierte, war jene des uns schon bekannten Literaturhistorikers Wilhelm Wackernagel.[627] Nach dieser verarbeitete Jacobi mit »Eduard Allwills Papiere« zuerst ab 1775 und später mit »Eduard Allwills Briefsammlung« literarisch seine Betrachtungen des jungen Goethe.[628] Jacobi wurde um 1771 mit den intellektuellen Kreisen in Thüringen bekannt; erst mit Wieland (1733–1813), den er bei der Gründung einer Zeitschrift (Der Teutsche Merkur) unterstützte und später auch mit Goethe (1749–1832), mit dem sich eine innige Freundschaft angeschlossen haben soll.[629] Sie blieb vorübergehend: Denn dass Jacobi, nach den Betrachtungen des jungen Goethe, schließlich mit »Woldemar« (1777) nun den Blick auf sich selbst richtete, hätte beide noch weiter auseinandergetrieben.[630]

Des Weiteren recherchierte Bremer bei seinem Straßburger Kollegen, dem Philosophieprofessor Wilhelm Windelband (1848–1915).[631] Demnach gab Jacobi den Anstoß zur Opposition gegen die erste der bekannten »Kritiken« Immanuel Kants.[632] Da Jacobis Gegenentwurf zur Erkenntnistheorie Kants auch kritisch mit dem Gottesbegriff umgeht, lässt sich erahnen, weshalb es eben Jacobi war, der Fichte im »Atheismusstreit« beisprang.[633] Über den »Allwill« schreibt Windelband dann:

> »Zu schärferem Gegensatz gegen den kantischen Rigorismus ging [...] schon Jacobi in seinem auf Goethe's Persönlichkeit zugeschnittenen Roman ›Allwill's Briefsammlung‹ vor. Auch das moralische Genie ist ›exemplarisch‹: es fügt sich nicht unter hergebrachte Regeln und Maximen, es lebt sich selbst aus und giebt sich damit auch die Gesetze seiner Moralität. Diese ›sittliche Natur‹ ist das Höchste, was es im Umkreise der Menschheit giebt.«[634]

Windelband schreibt weiter, dass diese »ethische Genialität« bei den Romantikern zu »vollem Uebermuth« »ausgewuchert« sei; dass die Gleichstellung von der

627 Bremer/Meder IV-2, Bl. 10, mit Verweis auf: »Wackernagel, II, 484f.« = Wilhelm Wackernagel/Ernst Martin, Geschichte der Deutschen Litteratur, 2. Band (2. Aufl., 1894), § 159, S. 484–485.

628 Vgl. Wilhelm Wackernagel/Ernst Martin, Geschichte der Deutschen Litteratur, 2. Band (2. Aufl., 1894), § 159, S. 484.

629 Vgl. Wilhelm Wackernagel/Ernst Martin, Geschichte der Deutschen Litteratur, 2. Band (2. Aufl., 1894), § 159, S. 484.

630 Vgl. Wilhelm Wackernagel/Ernst Martin, Geschichte der Deutschen Litteratur, 2. Band (2. Aufl., 1894), § 159, S. 485.

631 Bremer/Meder IV-2, Bl. 11, mit Verweis auf: »Windelband, S. 474, 447f., 451f., 467« = Wilhelm Windelband, Geschichte der Philosophie (1892); s. ebd. bei Windelband auch S. I.

632 Vgl. Wilhelm Windelband, Geschichte der Philosophie (1892), S. 447f.

633 Vgl. Wilhelm Windelband, Geschichte der Philosophie (1892), S. 451.

634 Wilhelm Windelband, Geschichte der Philosophie (1892), S. 474.

Sinnlichkeit mit Innerlichkeit bei Friedrich Schlegels »Lucinde« auf »geistreich raffinierte Gemeinheit« hinausgelaufen sei.[635]

Hier zeigt der Literaturapparat Bremers den tiefgreifenden Anspruch, den er an sein Vorhaben stellte. Es ist der große Bogen, den er spannte. Ästhetik, Religion, Moralphilosophie untersuchte er weder bei seinem Protagonisten, noch für seine Zeichnung von der Welt in der Savigny lebte als voneinander entfernt liegende Inseln. Bremers Vorhaben hätte davon in doppelter Hinsicht profitiert. Denn nicht nur ›Spurwechsel‹ (etwa nun ›Jacobi statt Fichte‹) werden so verständlicher, sondern auch die Anknüpfungspunkte für rechtsgeschichtliche Fragen deutlich sichtbar. So schrieb Bremer zu Jacobi, bei dem so viele Fäden zusammenlaufen, schon eine Art rechtshistorisches Resümee:

> »[…] Der energischen ›Einseitigkeit‹ Kants gegenüber erschien ihm [Savigny] ein ›Gegengift‹ erforderlich und als tüchtiger Arzt war ihm Jacobi erschienen, der in den philosophischen Romanen Allwills Briefsammlung […] u. Woldemar […] die moralische Frage nach dem Verhältnis des Rechts u. der Pflicht des Einzelnen zu der gemeingültigen Sittenregel erörterte u. neben der abstrakten Regel die individualisierende Bestimmung der jedesmaligen moralischen Aufgabe anerkannt sehen wollte.«[636]

In zwei Punkten darf Bremers Ergebnis überraschen. Erstens räumte er Jacobi schon den zentralen Platz ein, den andere Autoren erst im Laufe der letzten Jahrzehnte bestätigten und zweitens finden sich hierbei sogar Parallelen in der Schwerpunktsetzung der Wertung.[637] Letzteres ist gerade deshalb zu unterstreichen, da die Ansicht von ›Savigny als Kantianer‹ zu Bremers Zeit durchaus noch Konjunktur hatte.[638] Bremer war also bereit die gängigen Schablonen angeblicher Grundüberzeugungen zu hinterfragen.[639] Leider hat er Windelbands aufschlussreiche Ausführungen, der die »ethische Genialität« in Jacobis »Allwill« bei den Romantikern dann als »ausgewuchert« bezeichnete, nicht weiter kommentiert. Denn Bremers Erkenntnis hieraus konnte in beide Richtungen laufen. Sowohl dass dem Protagonisten »Allwill« deshalb entsprach, weil in gleicher ›Tradition‹ auch die Frühromantiker stehen, als auch, dass Savigny hierin gerade noch eine gemäßigtere Form vorgefunden hat (»Wie hoch [steht Jacobi] auch über F. Schlegel!«[640]). Wenn wir uns gerade erst aus dem Gegeneinander von

635 Vgl. Wilhelm Windelband, Geschichte der Philosophie (1892), S. 474.

636 Bremer/Meder I, Bl. 28, mit Verweis (Fn. 4) auf: »Überweg III, 186« = Friedrich Überweg, Grundriss der Geschichte der Philosophie von Thales bis auf die Gegenwart, Dritter Theil (1866), S. 186.

637 Vgl. bspw. Dieter Nörr, Savignys Philosophische Lehrjahre (1994), § 12, S. 194, 196, 205.

638 Vgl. Stephan Meder, Savignys Weg in die juristische Moderne (2023), S. 22–26.

639 Auch wenn er durchaus noch eine Nähe erkennen will: »Die tiefe Verehrung für Kant u. der Einfluß auf sein Denken u. Handeln liegt bei Savigny offen zu Tage. Aber dem Rigorismus […], war eine mildere Auffassung gefolgt […]« (Bremer/Meder I, Bl. 28).

640 Siehe Fn. 622.

Romantik und Klassik befreit haben und heute allzu oft die Frage nach der ideengeschichtlichen Zurechnung stellen, lohnt es sich den Blick in jedweder Form nicht nur auf Savignys Kantkritik zu beschränken, sondern dabei auch gleichzeitig Jacobi ins Blickfeld mit einzubeziehen.[641]

3. Recht und Gewalt

Als knappe Zugabe werfen wir noch einen Blick auf Bremers Jacobi-Notizen, die unter der Überschrift »Recht und Gewalt« stehen.[642] Sie enthalten keinen Rückbezug zu Savigny und handeln eigentlich bloß von Reaktionen auf einen Aufsatz. Ein Blick hierauf lohnt sich dennoch, weil sie das geistige Fundament des Philosophen erahnen lassen. Wie wir schon bei Karl Adolf Caesar und Paul Johann Anselm Feuerbach gesehen haben, interessiert sich Bremer für Denker, die den Absolutismus beziehungsweise das herkömmliche Verhältnis zwischen Regent und Recht infrage stellten.

Jacobi hatte sich 1781 mit einem Aufsatz gegen einen Zeitschriftenbeitrag Christoph Martin Wielands gestellt (»Über Recht und Gewalt, oder philosophische Erwägungen eines Aufsatzes von dem Herrn Hofrath Wieland: Über das göttliche Recht der Obrigkeit, im Deutschen Merkur November 1777«[643]).[644] Jacobis Freund Christian Wilhelm Dohm (1751–1820) schrieb ihm, dass er seinen alten Freund Wieland zwar hart behandelt habe, aber die Rechte der Menschheit höheren Anspruch hätten als die Freundschaft und Wielands Schweigen sich aus seinem Unvermögen zu antworten erkläre.[645] Dohm erklärt ferner, dass Jacobi Recht habe, mit seiner Behauptung, dass eine Verfassung nichts dort nütze, wo die Gerechtigkeit durch die höchste Gewalt bestimmt werden könne.[646] Er halte aber die Unterscheidung zwischen Despotismus und Monarchie für irrelevant, da es im Ergebnis darauf hinausliefe, dass die höchste Gewalt in einer Hand liege,

641 Nicht unerwähnt soll hier bleiben, dass Jacobi nach Bremers Literaturapparat vom Spinozismus (Baruch de Spinoza, 1632–1677) geprägt wurde, vgl. Friedrich Überweg, Grundriss der Geschichte der Philosophie von Thales bis auf die Gegenwart, Dritter Theil (1866), S. 186/ Wilhelm Windelband, Geschichte der Philosophie (1892), S. 451.

642 Bremer/Meder IV-2, Bl. 12.

643 Erschienen in: Deutsches Museum (1781), Bd. 1, ab S. 522; s. hierzu auch die Editionsangaben bei Bremer/Meder IV-2, Bl. 12.

644 Bremer/Meder IV-2, Bl. 12.

645 Bremer/Meder IV-2, Bl. 12, mit Verweis auf: »[…] Dohm an Jacobi (I, S. 50)« = Dohm, Brief an Jacobi vom 18. Dezember 1781 aus Berlin, in: Rudolf Zoeppritz (Hg.), Aus F. H. Jacobi's Nachlaß, 1. Band (1869), Nr. 8, S. 48–50, 50.

646 Vgl. Dohm, Brief an Jacobi vom 25. Februar 1782 aus Berlin, in: Rudolf Zoeppritz (Hg.), Aus F. H. Jacobi's Nachlaß, 1. Band (1869), Nr. 9, S. 51–52, 51 f. (als Fundstelle notiert bei Bremer/ Meder IV-2, Bl. 12).

während Staaten, wo diese in irgendeiner Weise geteilt sei, freier seien.[647] Später (1785) schreibt Jacobi an Georg Hamann (1730–1788), er habe den Aufsatz gegen Wieland nicht geschrieben, um Wieland persönlich oder Wielands Zeitschrift zu schaden; nur habe er derartige Widerstände in ihm ausgelöst, dass er Wieland unmittelbar nach dem Lesen die Freundschaft aufkündigte.[648]

IV. Vom Freund und vom ›Bekannten‹

Savignys persönlicher Freundeskreis erweiterte sich auf der Reise um einige Personen. Zwei greifen wir uns hier gesondert heraus. Stephan August Winkelmann (1780–1806), nach Bremers Schilderung eine Art Wesensverwandter von Savigny und Clemens Brentano (1778–1842), Savignys späterem Schwager. Der Reisende lernte Winkelmann schon bei dem ersten Jena-Aufenthalt im Sommer 1799 kennen, in einer Gastwirtschaft unweit von Jena (Trießnitz).[649] Begleitet wurde Winkelmann von der Dichterin Sophie Mereau (1770–1806), die mit Clemens Brentano zeitweise eine Liebesbeziehung unterhielt.[650] Ob Brentano bei diesem ersten Zusammentreffen auch dabei war, ist unklar. Jedenfalls handelte es sich wohl um einen Ort, den er mit Mereau des Öfteren aufsuchte.[651]

647 Vgl. Dohm, Brief an Jacobi vom 25. Februar 1782 aus Berlin, in: Rudolf Zoeppritz (Hg.), Aus F. H. Jacobi's Nachlaß, 1. Band (1869), Nr. 9, S. 51–52, 51 f. (als Fundstelle notiert bei Bremer/Meder IV-2, Bl. 12); s. auch später: »Ich haße den Kaiser nicht mehr als jeden anderen Despoten, als nur aus Furcht, weil er mächtiger ist; und ich ärgere mich über die Dummheit der Leute, die in unserm Jahrhundert den Aberglauben für gefährlicher ansehen, als die anwachsende Macht unumschränkter Alleinherrscher.«, so schreibt Jacobi am 31. Mai 1782 an Gleim, in: Rudolf Zoeppritz (Hg.), Aus F. H. Jacobi's Nachlaß, 1. Band (1869), Nr. 11, S. 54–55, 54 (als Fundstelle notiert bei Bremer/Meder IV-2, Bl. 12).

648 Bremer/Meder IV-2, Bl. 12, mit Verweis auf: »[...] Jacobi an Hamann (I, S. 73f.)« = Jacobi, Brief an Hamann vom 17. November 1785 aus Düsseldorf, in: Rudolf Zoeppritz (Hg.), Aus F. H. Jacobi's Nachlaß, 1. Band (1869), Nr. 18, S. 69–76, 73f.

649 Bremer/Meder V, Bl. 44, mit Verweis auf: »Steig I, S. 77« = Reinhold Steig, Achim von Arnim und Clemens Brentano (1894), S. 77.

650 Bremer/Meder I, Bl. 140; vgl. Reinhold Steig, Achim von Arnim und Clemens Brentano (1894), S. 77.

651 Vgl. Cl. Brentano, Brief an Mereau vom 18/21. August 1799 aus Jena, in: Heinz Amelung (Hg.), Briefwechsel zwischen Clemens Brentano und Sophie Mereau, 1. Bd. (2. Aufl., 1908), S. 6–12, 8 (der Hinweis hierzu war in einer Vorfassung der nun publizierten Bremer Edition, bei Bremer/Meder I, Bl. 112, enthalten).

1. Der Freund: Stephan August Winkelmann

Besonders zwischen Savigny und dem Medizinstudenten und Dichter Winkelmann soll sich unmittelbar ein Freundschaftsverhältnis angebahnt haben.[652] Bremer beklagt, dass ihr Briefwechsel »unzugänglich« sei.[653] Heute liegen uns die Briefe dank ihrer Publikation durch Schnack vor.[654] Bremer beschreibt Winkelmann wie folgt:

> »In der nicht kleinen Schar talentvoller Jünglinge, welche damals (1799 u. 1800) in Jena studirten u. sich abends in der ›Rose‹ zu Gespräch u. fröhlichem Treiben zusammen fanden, ragte hervor durch vornehme Haltung, umfassende Bildung u. treffliche Rede der Neffe des Dichters u. Mediciners [Johann Anton] Leisewitz, August Winkelmann aus Braunschweig. Überall gern gesehen, selbst Dichter, von den Bekannten als Autorität in Sachen des literarischen Geschmacks betrachtet, stand er ihnen bei ihren dichterischen Versuchen gern mit seinem Rath u. seiner Hülfe zur Seite. Kein Wunder, daß zwischen Savigny u. ihm, auf Grund einer großen Gemeinsamkeit geistiger Interessen u. Bestrebungen, bald ein Verhältniß entstand, das zu einer warmen Freundschaft führte.«[655]

Der Grund, warum wir von Winkelmann in Savignys Briefen an die Marburger-Freunde nichts erführen, läge darin, dass Savigny, beispielsweise im Gegensatz zu Brentano, nicht das Verlangen gehabt habe, »mit neuen Freunden vor den alten zu paradiren«.[656] Zu Winkelmanns medizinischen Studien skizzierte Bremer sogar einen Überblick der Jenaer Fakultät, mit einer Aufzählung der Fachgebiete und Lehrer.[657]

Besonders hervorgetan sei demnach die medizinische Fakultät zu dieser Zeit auf dem Gebiet der Hygieneforschung gewesen; ihr sei es immer wieder gelungen, Ansteckungsherde in der Stadt zu verhüten.[658] Beispielsweise habe man das »Unglück«, welches »Miethbetten« anrichten konnten beseitigt und man habe bewiesen, dass in einer schlechten Glasur von Töpfen »der Tod wohne«;[659] es war ein erster Schritt zur Aufklärung bei der miserablen Geschirr- und Besteckhy-

---

652 Bremer/Meder I, Bl. 140.
653 Bremer/Meder I, Bl. 141.
654 Ingeborg Schnack, Der Briefwechsel zwischen Friedrich Carl von Savigny und Stephan August Winkelmann (1984).
655 Bremer/Meder V, Bl. 41.
656 Bremer/Meder I, Bl. 140.
657 Bremer/Meder I, Bl. 141.
658 Bremer/Meder I, Bl. 141.
659 Bremer/Meder I, Bl. 141, mit Verweis auf die Seiten 46, 164, 165 (im Text) und ebd. (in Fn. 1) auf: »Zeichnung der Universität Jena« = Anton Kühl, Zeichnung der Universität Jena (1798), S. 46, 164f.

giene in den Jenaer-Speisehäusern.[660] Bremer fragt daher, ob es nur Zufall sei, dass sich später auch Winkelmann mit der »öffentlichen Gesundheitspflege u. der medicinischen Polizei« befasse.[661] Er zeichnet ihn als gewissenhaften Adepten seines Faches: Noch in Jena, wohl auf Bitten seines Freundes, behandelte Winkelmann die älteste Schwester Clemens Brentanos, die auf dem Wielandsgut im September 1800 »wahnsinnig« verstorben sei.[662] Und als tüchtiger Arzt wird Winkelmann bald, im gleichen Jahr, wie Savignys »Besitz«, eine erste Forschungsschrift vorlegen.[663] So charakterisiert Bremer den jungen Mediziner ganz ähnlich wie seinen Protagonisten: Beide seien pflichtbewusste junge Männer, die die Rolle des Staates als einen Träger und Förderer einer humanen Kultur verstanden wissen wollten.[664] Dieses nur kurze Resümee Bremers lässt durchblicken, was es mit seinem Interesse an jenen Denkern auf sich hat, die der Frage um die Rolle des Staates nachgehen.

Wie immer von der Suche nach gemeinsamen Themen angetrieben, notierte der Savigny-Forscher Informationen zu einem gemeinsamen Projekt der neuen Freunde. Der Inhalt des »Contracts«, den Savigny 1800 mit dem Buchhändler und Verleger Heyer abschloss, hat bis in die heutige Zeit ein Rätsel aufgeworfen; dabei hat man es lange für plausibel gehalten, dass es sich um einen frühen Hinweis auf Savignys »Recht des Besitzes« von 1803 handelt.[665] Folgende Briefstelle war für das Mysterium ursächlich:

> »Noch eins. Heyer hat Ihnen vielleicht von einem Contract gesagt, den ich und ein Freund von mir in Leipzig mit ihm auf nächste Ostern [Ostern 1801] geschlossen haben. Ich behalte mir vor, Ihnen mündlich umständlichere Auskunft darüber zu geben.«[666]

Der besagte Freund ist nach Bremer Winkelmann.[667] Beide Freunde seien daran interessiert gewesen, dass das Werk von Ulrich von Hutten, welches bis dato durch Christian Jakob Wagenseil nur zum Teil herausgegeben werden konnte,

660 Bremer/Meder I, Bl. 141, mit Verweis auf die Seiten 164 und 165 (im Text) und ebd. (in Fn. 1) auf: »Zeichnung der Universität Jena« = Anton Kühl, Zeichnung der Universität Jena (1798), S. 46, 164f.

661 Bremer/Meder I, Bl. 142.

662 Bremer/Meder I, Bl. 142, mit Verweis (Fn. 6) auf: »Steig I, S. 20« = Reinhold Steig, Achim von Arnim und Clemens Brentano (1894), S. 20.

663 Bremer/Meder I, Bl. 142.

664 Bremer/Meder I, Bl. 142.

665 Vgl. schon Adolf Stoll, Friedrich Karl von Savignys Sächsische Studienreise 1799 und 1800 (1890), S. 38, Fn. 197; Jochen Otto, Auf den Spuren von Friedrich Carl von Savigny (1779–1861). Der Junge Savigny (1779–1804), in: SZ (RA) 128 (2011), S. 442–463, 456f.

666 Savigny, Brief an L. Creuzer vom 7. Juli 1800 aus Jena, in: Adolf Stoll, Friedrich Karl von Savignys Sächsische Studienreise 1799 und 1800 (1890), Nr. 16, S. 37–38, 38.

667 Bremer/Meder V, Bl. 42.

fortgesetzt wird.[668] Eine solche Fortsetzung habe schon 1793 der uns bereits bekannte Johann Gottfried Herder gefordert.[669] Bremer schreibt:

> »Unsere beiden Jünglinge, denen dieser Thatbestand bekannt war, faßten nun den Entschluß, die Herausgabe selbst in die Hand zu nehmen.«[670]

Der Reichsritter Ulrich von Hutten (1488–1523) war ein Humanist, Politiker und Rechtsgelehrter der Renaissance.[671] Hutten erwarb außergewöhnliche Bildung, seine Rechtsstudien in Deutschland und Italien trieben ihn zeitweise sogar nach Bologna.[672] Er verfasste einige Schriften und bekleidete verschiedene diplomatische und politische Ämter.[673] Sein schon zu Lebzeiten vielgelesenes Werk beeinflusste die literarische, politische und kulturelle Entwicklung in Europa über seinen Tod hinaus.[674] Die kulturkritischen, polemischen und satirischen Schriften gaben ein Verlangen zum Individualismus schon deutlich zu erkennen.[675] Die Vereinigung von Nationalismus und Humanismus zum tragenden Staatselement war sein Hauptanliegen.[676] Das Recht postulierte er dabei als unabdingbar.[677] Der scharfe Kritiker der Kurie drängte im Heiligen Römischen Reich zu zentralistischen und säkularen Reformen.[678] Bald wegen eines Kirchenbanns verfolgt, fand er Zuflucht bei Franz von Sickingen (1481–1523).[679] Hutten wurde zu einem der wichtigsten Meinungsführer des Wormser-Reichstages von 1521; dabei war er kein Lutheraner, sondern sah in der Reformation ein Werkzeug, welches der Umsetzung seiner Ziele dienen sollte.[680] Trotz gemachter Vereinbarungen mit den Gesandten des Papstes und des Kaisers, führte das Wormser-Edikt zu einer Isolierung Huttens.[681] Infolgedessen trennte er sich auch von Sickingen, dem er sich aber schon bald wieder zum Reichsritteraufstand (Trierer-Fehde[682]) an-

668 Bremer/Meder V, Bl. 42.
669 Bremer/Meder V, Bl. 42.
670 Bremer/Meder V, Bl. 42.
671 Vgl. Heinrich Grimm, Hutten, Ulrich von, in: NDB 10 (1974), S. 99–102, 99f.
672 Vgl. Heinrich Grimm, Hutten, Ulrich von, in: NDB 10 (1974), S. 99–102, 100.
673 Vgl. Heinrich Grimm, Hutten, Ulrich von, in: NDB 10 (1974), S. 99–102, 100f.
674 Vgl. Heinrich Grimm, Hutten, Ulrich von, in: NDB 10 (1974), S. 99–102, 101.
675 Vgl. Heinrich Grimm, Hutten, Ulrich von, in: NDB 10 (1974), S. 99–102, 101.
676 Vgl. Heinrich Grimm, Hutten, Ulrich von, in: NDB 10 (1974), S. 99–102, 101.
677 Vgl. Heinrich Grimm, Hutten, Ulrich von, in: NDB 10 (1974), S. 99–102, 101.
678 Vgl. Heinrich Grimm, Hutten, Ulrich von, in: NDB 10 (1974), S. 99–102, 100f.
679 Vgl. Heinrich Grimm, Hutten, Ulrich von, in: NDB 10 (1974), S. 99–102, 100.
680 Vgl. Heinrich Grimm, Hutten, Ulrich von, in: NDB 10 (1974), S. 99–102, 100f.
681 Vgl. Heinrich Grimm, Hutten, Ulrich von, in: NDB 10 (1974), S. 99–102, 101.
682 Es handelte sich um einen gewaltsamen Versuch, den Trierer Kurfürstbischof durch einen weltlichen Adligen zu ersetzen. Ein massiver Angriff auf die ›Staatsorganisation‹ des Reiches, vgl. Heinrich Grimm, Hutten, Ulrich von, in: NDB 10 (1974), S. 99–102, 101/Rudolf Endres, Sickingen, Franz von, in: NDB 24 (2010), S. 313–314, 314.

schloss.[683] Nachdem dieser scheiterte, verstarb er schließlich umherziehend an den Spätfolgen einer Jugenderkrankung.[684]

Zu der Veröffentlichung der Hutten-Werke durch Savigny und Winkelmann kam es aus ungeklärten Hindernissen allerdings auch nicht. Bremer vermutet nachträgliche Zweifel des Verlegers wohl ob der Wirtschaftlichkeit der Publikation.[685] Im Jahr 1802 sei es den Freunden nochmal gelungen einen Göttinger Verleger zu der Publikation zu bewegen; bald zahlungsunfähig konnte jedoch auch dieser den Vertrag nicht erfüllen, weshalb die Freunde das Projekt schließlich aufgaben.[686]

Die einzige notierte Quelle dank welcher Bremer zu der Schlussfolgerung kommen konnte, dass mit dem »Contract« der sächsischen Studienreise die Publikation der Hutten-Werke gemeint sein musste, weist auf einen späteren Briefwechsel zwischen Clemens Brentano und Achim von Arnim hin.[687] Dabei ist auf einen flüchtigen Blick zunächst gar nicht zu erkennen, dass es sich um die Lösung des Rätsels um den »Contract« handelt:

> »Er [Winkelmann] und Savigny haben Dieterich [den ›zweiten‹ Verleger] bewogen, die durch Verlagmangel unterbrochene Herausgabe von Huttens Schriften durch Wagenseil fortzusetzen.«[688]

Dieses erzeugt die Anschlussfrage wie Bremer auf Hutten sensibilisiert sein konnte. Ganz allgemein ist zu sagen, dass diese historischen Figuren, besonders Franz von Sickingen, den Romantikern, die sie verklärten, bestens bekannt waren.[689] Das wird auch Bremer gewusst haben. Bei genauerer Betrachtung fallen jedoch zwei weitere maßgebliche Umstände auf:

Bremer selbst brachte 1885 in Straßburg eine Schrift heraus, die sich rechtshistorisch mit der Trierer-Fehde befasste (»Franz von Sickingens Fehde gegen Trier und ein Gutachten Claudius Cantiunculas über die Rechtsansprüche der Sickingschen Erben«).[690]

Ferner editierte Bremers Doktorvater, der Savigny-Schüler Eduard Böcking, einige Hutten-Werke und war nach einer Aussage Bremers als Herausgeber auch

683 Vgl. Heinrich Grimm, Hutten, Ulrich von, in: NDB 10 (1974), S. 99–102, 101.

684 Vgl. Heinrich Grimm, Hutten, Ulrich von, in: NDB 10 (1974), S. 99–102, 101.

685 Bremer/Meder V, Bl. 43.

686 Bremer/Meder V, Bl. 43.

687 Bremer/Meder V, Bl. 43, mit Verweis (Fn. 1) auf: »Steig I, S. 44« = Cl. Brentano, Brief an Arnim aus dem September (8. oder wenig später) des Jahres 1802 aus Marburg, in: Reinhold Steig, Achim von Arnim und Clemens Brentano (1894), S. 43–45, 44.

688 Vgl. Cl. Brentano, Brief an Arnim aus dem September (8. September, laut Steig) des Jahres 1802 aus Marburg, in: Reinhold Steig, Achim von Arnim und Clemens Brentano (1894), S. 43–45, 44.

689 Vgl. Rudolf Endres, Sickingen, Franz von, in: NDB 24 (2010), S. 313–314, 314.

690 Siehe Anhang I.

insbesondere dafür bekannt geworden.[691] Auf den ordnungsgebenden »Index bibliographicus Huttenianus« (Leipzig 1858) gab Böcking im Anschluss von 1859–1869 die Hutten-Schriften heraus.[692] So können wir davon ausgehen, dass Bremers Lehrer ein ausgewiesener Hutten-Kenner war.

Dass Bremer zu Savignys geplanter Publikation weitergereichte Informationen aus erster Hand durch Böcking erhalten habe, verneint er eigentlich selbst, wenn er schreibt, dass es »schwer zu entscheiden« sei, ob Böcking Savignys Plan kannte.[693] Dass Hutten zwischen Böcking und Savigny allerdings ein Thema gewesen sein dürfte, hält er für plausibel.[694] Hier ist es die Mischung aus Bremers breitem Forschungsansatz, der Sichtung des gesamten Briefwechsels aus dem Umfeld seines Protagonisten, wie auch seine eigene akademische Prägung, die ihn befähigt Licht ins Dunkel zu tragen.[695] Blickt man auf die Personen von Interesse in den neueren Schriften der Savigny-Forschung, kommt Hutten bis dato nicht wirklich vor. Dabei ist es kaum denkbar, dass sich die ideengeschichtlich interessierte Savigny-Forschung noch nicht näher mit Hutten befasst hätte, wenn das Rätsel um den »Contract« für die Forschungsöffentlichkeit früher gelöst worden wäre. Wenn wir versuchen, Bremers Arbeit mit heutigen Werkzeugen fortzuführen, stoßen wir auf einen Brief Savignys an Winkelmann aus dem Mai des Jahres 1802:

> »Deinen Brief habe ich erhalten. Der von Wagenseil wird dich gewiß freuen, denn er ist gar wacker. Sprich, sobald du kannst, mit Dieterich oder mit wem du sonst es für gut hältst über beide Puncte, oder schreibe mir, ob ich hier herum Versuche machen soll. Fände sich kein Buchhändler auf diese Bedingung, so sehe ich freylich auch nicht ein, warum Wagenseil nicht wohlfeiler es thun sollte […] P. S. Wegen Hutten wäre vorzüglich 2erl. [zweierlei] zu bemerken: 1.) Sicherstellung gegen den ersten Verleger [Heyer]. 2.) Schreiben nach Leipzig, wo neuerlich Briefe gefunden worden sind.«[696]

Die Freunde hatten also mit dem Herausgeber der ersten Hutten-Publikationen Kontakt aufgenommen und suchten nach einem neuen Verleger. Der Wagenseil-

691 Vgl. Franz Peter Bremer, Zur Erinnerung an die Strassburger Savigny-Feier (1879), S. 40.

692 Beginnt mit: Eduard Böcking (Hg.), Epistolae Vlrichi Hvtteni Eqvitis, Volumen 1, Briefe von 1506 bis 1520 (1859).

693 Bremer/Meder V, Bl. 43.

694 Bremer/Meder V, Bl. 43.

695 Bei Bremers Notizen zum ›Themenkomplex Hutten‹ findet sich auch ein Verweis auf Gustav Hugo: »Hugo, [Lehrbuch der] Geschichte des R[ömischen]. R[echts]. seit Justinian (S. 194)«, s. Bremer/Meder V, Bl. 42, Fn. 1. Im vorliegenden »zweyte[n], sehr veränderte[n] Versuch« (1818) des Lehrbuches handelt es sich dann um § 157/S. 170. Der kurze Eintrag zeugt sowohl von einem rechtshistorischen Interesse an Hutten und seinen Briefen als auch von einem Bedarf nach weiterer Forschung zum Reichsritter.

696 Savigny, Brief an Winkelmann (ohne Datum und Ort, laut Schnack aus der zweiten Maihälfte des Jahres 1802 aus Marburg), in: Ingeborg Schnack, Der Briefwechsel zwischen Friedrich Carl von Savigny und Stephan August Winkelmann (1984), Nr. 31, S. 130.

Brief ist nicht erhalten. Angeregt von der Frage, was Savigny bewog mit Wagenseil in Kontakt zu treten – wir wissen es nun –, hat Schnack die hier nennenswerte Vermutung geäußert, dass der Anstoß möglicherweise von Winkelmann ausging, der sich dichterisch mit Franz von Sickingen auseinandersetzte.[697]

Bremer nennt Sickingen in seiner Schrift über die Trierer-Fehde einen »tapferen Ritter«.[698] Und wenn er schreibt, dass die »Volksstimme in Sickingen einen Vollzieher der Gerechtigkeit sah«,[699] so ließe sich annehmen, dass ihm auch einmal Winkelmanns belletristische Widmungen in die Hände gefallen sein könnten; auch wenn sich hierfür in Bremers rechtshistorischer Schrift keine konkreten Hinweise finden. Zu Sickingens gelehrtem Waffenbruder Hutten, der »mit der Rechtswissenschaft seiner Zeit auf schlechtem Fuße stand«,[700] finden sich dagegen freilich zahlreiche Bezüge.[701]

Das gemeinsame Interesse an den Rittern wird zwischen den Freunden eines der ersten großen Themen gewesen sein. Und selbst lange nach der Reise trieben sie ihr Projekt noch mit lebhaftem Drang voran, wie wir mit dem Brief von 1802 gesehen haben. Was erweckte an Hutten aber Savignys Neugier? Allein das Interesse am eigenen Stand, weil Savigny auch einer Reichsritterfamilie entstammte?[702] Bloß die Neigung zum Mittelalter, die der Mentor Weis förderte? Angesichts der aufblühenden Kulturepoche in deren erstem Zentrum sich Savigny und Winkelmann begegneten, ist es schwer vorzustellen, dass nicht auch die Dynamik eines gewissen Zeitgeistes eine Rolle spielte.[703] Möglicherweise müssen wir die romantische Synergie zwischen Savigny und Winkelmann einer Neubewertung unterziehen. Möglicherweise unterschätzen wir Savignys, auch aktive, Rolle im Kreise der jungen Romantiker.

697 Vgl. Ingeborg Schnack, Der Briefwechsel zwischen Friedrich Carl von Savigny und Stephan August Winkelmann (1984), S. 344f., Anm. zu 31.

698 Franz Peter Bremer, Franz von Sickingens Fehde gegen Trier (1885), S. V; an gleicher Stelle erklärt Bremer »seit Jahren mit Forschungen über die Geschichte des röm. Rechts in den Reichslanden« beschäftigt zu sein und dass ihn die Sickingen-Biografie von dem fleißigen Ulmann noch nicht habe vollständig zufriedenstellen können. Ein Bekenntnis darüber, dass er die Biografentätigkeit am liebsten selbst in die Hand nahm?

699 Franz Peter Bremer, Franz von Sickingens Fehde gegen Trier (1885), S. VI.

700 Franz Peter Bremer, Franz von Sickingens Fehde gegen Trier (1885), S. XI.

701 Vgl. Franz Peter Bremer, Franz von Sickingens Fehde gegen Trier (1885), bspw. S. X–XI, XIII, XXXVIII–XLIII, LI, LXI, LXVIII, LXXIV, LXXX.

702 Vgl. Adolf Stoll, Der junge Savigny (1927), S. 14.

703 Die Weltliteratur dieser Zeit rückt bekanntlich das Mittelalter und das Schicksal manchen Edelmannes in den Mittelpunkt und speziell von Winkelmanns dichterischer Tätigkeit zu Sickingen haben wir schon gehört. Dass sich gerade aber auch Hutten längerer Popularität erfreut haben dürfte, soll hier nur mit dem Hinweis auf das Gemälde »Huttens Grab« von Caspar David Friedrich (1774–1840) angedeutet werden.

2. Der ›Bekannte‹: Clemens Brentano

Zu der Begegnung Savignys mit Brentano auf der sächsischen Studienreise finden wir bei Bremer einen vollständigen Textbaustein:

> »Als Savigny bei seinem Wieland zugedachten Besuch die Frau Laroche Großmutter kennen lernte, brachte diese die Rede auf ihren [mit] Savigny ungefähr gleichaltrigen Enkel, den Savigny noch nicht kennen gelernt hatte. Wo u. wie sich beide dann zuerst gesehen haben, erfahren wir nicht; daß sie aber Freunde wurden, ist für Savigny viel zu viel gesagt: Savigny war in seiner stets besonnenen Art mit dieser Bezeichnung für seine Bekannten doch viel zurückhaltender als Clemens, der gern alle, die ihm gefielen, sofort zu Freunden ernannte, um dann hinterher eine sehr wenig freundschaftliche Kritik an ihnen zu üben, um sich als den stets geistig überlegenen hinzustellen. Das Verhalten Savignys zu ihm kann nun aber wie eine gewisse Theilnahme bezeichnet werden.«[704]

Dass Bremer die Umstände des Kennenlernens als unbekannt markiert, darf auffallen. Denn sein Literaturapparat, genauer ein Werk Reinhold Steigs, legt den Zeitraum und Ort eigentlich nahe:

> »Im Sommer 1799 erschien zu Jena, zwanzig Jahre alt, Karl Friedrich von Savigny [...]. Am 29. Juli sah er Sophie von Laroche bei Wieland in Oßmannstädt. [...] Sophie erwähnt in der Beschreibung ihrer Reise diese Begegnung ebenso wenig wie den Besuch ihres Enkels Clemens [...]. Von der Frau von Laroche wurde Savigny an ihren Enkel Clemens gewiesen. Beide sahen sich hier zuerst und wurden Freunde. [...] Im April 1800 traf Savigny abermals in Jena ein und verabredete mit Brentano ein Wiedersehen in Sachsen. Clemens besuchte also Dresden und die sächsische Schweiz. [...] Von hier [Altenburg] schrieb er den 14. Juli 1800 an Winkelmann ›Ich bin erst vorgestern hier angekommen, die ganze übrige Zeit war ich bei Savigny [...].‹«[705]

Bremer hatte also Gründe ein Kennenlernen im Sommer 1799 auf dem Wielandsgut bei Weimar und Jena anzuzweifeln. In der Tat sind bis heute Steigs nicht näher belegte Ausführungen der einzige konkrete Hinweis zur Sache. In den Briefen der beiden ›Bekannten‹ aus jener Zeit fand Bremer nichts dazu[706] und in jedem Fall hält er Steigs Feststellung »wurden Freunde« für überzogen; ihm zufolge war es nämlich Brentano, der sich um Savignys Gunst bewerben musste, während sein Protagonist für den »fahrigen« Zeitgenossen höchstens eine gewisse Sympathie empfand.[707] Auch die nur flüchtige Nennung Savignys in Brentanos Brief vom 14. Juli 1800, empfand Bremer für den Absender, bei dem

704 Bremer/Meder V, Bl. 8.

705 Reinhold Steig, Achim von Arnim und Clemens Brentano (1894), S. 17–18.

706 Bremer/Meder V, Bl. 20; auch Umfeldbriefe, wie etwa den Briefwechsel Wilhelm Heinses (1746–1803), hatte er dabei im Blick, s. Bremer/Meder V, Bl. 27, mit Verweis auf: »Steig I, S. 158« = Reinhold Steig, Achim von Arnim und Clemens Brentano (1894), S. 158.

707 Bremer/Meder V, Bl. 20.

über andere »sonst die Worte überreich fließen«, wohl als ungewöhnlich.[708] Offenbar sprachen also beide nicht nach außen übereinander, auch wenn Bremer Savignys Schweigen über Brentano erst einmal als »Zeichen der Ablehnung« interpretieren will.[709]

Bremer betrachtete Clemens Brentano nicht mit Wohlwollen, soviel lässt sich unmittelbar sagen. Daraus folgte aber nicht, dass der ›gewöhnliche Bekannte‹ für ihn zur Randfigur wurde. Das Gegenteil ist der Fall. Wenigen Personen hat er so viel Aufmerksamkeit geschenkt, wenige Personen hat er derart umfangreich charakterisiert. Nach Bremer lernte Savigny einen Clemens Brentano kennen, der nirgends richtig Fuß fassen konnte:

Nachdem schon sein Vater darauf verzichtet hatte Clemens Brentano zum Kaufmann auszubilden, sollte er eigentlich in Halle an der Saale in den Berg- und Kameralwissenschaften unterrichtet werden;[710] in Vorbereitung darauf begab er sich zu seinem Onkel.[711] In dessen bei Magdeburg liegenden Salzsiedewerk, wo Clemens dem Siedemeister die »Soolen nachwiegen« und das »Reservoir-Maß einschreiben« musste, hielt er es aber nicht allzu lang aus.[712] Entgegen des Wunsches des jetzigen Familienoberhauptes Franz Brentano (1765–1844) verschob Clemens das Studium in Halle nun erst einmal.[713] Im Jahr 1798 schloss er sich Hans von Bostel (1779–1839) an, um in Jena zu studieren.[714] Es ist unklar, ob Clemens in Jena die Medizin oder die Philosophie als Fach wählte, nach Bremer eher ersteres, wobei er für ihn ohnehin ein angeblicher Student blieb.[715]

Über Brentanos Rolle im Kreise der Jenaer-Gesellschaft erfahren wir, dass er sich aufgrund seiner »halb-italienischen Abkunft« als Übersetzer für italienische und spanische Dichtungen versucht haben soll.[716] Darin soll ihm aber Johann Diederich Gries (1775–1842), dank wissenschaftlicher Sprachkenntnis, überlegen gewesen sein.[717] Das hatte Brentano derart verstimmt, dass er den »traurigen Muth« gefasst habe, den »Rivalen« im Kreise einer Gesellschaft zu der Gries selbst noch nicht erschienen war, zu beleidigen.[718] Ein Freund Gries', Heinrich Steffens (1773–1845), hatte ihn gegen Brentano verteidigt und soll dabei die Herausfor-

708 Bremer/Meder V, Bl. 20.
709 Bremer/Meder V, Bl. 20; NB: Wie wir gesehen haben, hatte bei Winkelmann Savignys Schweigen über ihn, in den Briefen an die Marburger-Freunde, für Bremer noch andere Gründe (s. Bremer/Meder I, Bl. 140).
710 Bremer/Meder V, Bl. 7, 17.
711 Bremer/Meder V, Bl. 17.
712 Bremer/Meder V, Bl. 17.
713 Bremer/Meder V, Bl. 7, 17.
714 Bremer/Meder V, Bl. 7.
715 Bremer/Meder V, Bl. 7, 17, 22.
716 Bremer/Meder V, Bl. 25.
717 Bremer/Meder V, Bl. 25.
718 Bremer/Meder V, Bl. 25.

derung zu einem Pistolenduell ausgesprochen haben, welches durch Gries selbst und die Vermittlung des Mediziners Ludwig Froriep (1779–1847) verhindert werden konnte.[719]

Wenn wir das Vorangegangene so verstehen, dass Bremer Brentano mangelnde Ausdauer und Disziplin, Feigheit und Neid zugesprochen hätte, ist dieses der Negativzuschreibungen noch nicht alles:

Unter dem Stichwort »medicin. Studenten à la Brentano« blickt Bremer auf eine Art Studentenratgeber für Jena, ähnlich wie derjenige, den er zur Universität Leipzig bemüht hat.[720] Hier ist die Rede davon, dass der Umgang mit Frauen, die »lehrreichste Schule zur Bildung guter Sitten« sei, welche in Jena aber »bis auf den Grund abgebaut« wäre.[721] Zum einen warnt der Verfasser die durch die Schrift angesprochenen »Jünglinge« davor, sich mit einer gewissen Gruppe von Frauen einzulassen.[722] Zum anderen seien auch die Männer in Jena, gerade an der Universität, keine »Muster der Sittlichkeit«;[723] so soll ein Professor in infantiler und derbster Art und Weise den Studenten eine Frau, von der er wisse, dass sie unfruchtbar sei, zum folgenlosen Geschlechtsverkehr ›empfohlen‹ haben.[724] Ferner soll durch einen Jenaer-Mediziner ein Bordell betrieben worden sein.[725] Es wurde von »unzüchtigen Studenten« besucht und zwei von ihnen sollen an den Folgen des Besuches, an »dem eingesognen Gifte«, bald verstorben sein.[726] Ähnlich »cynische Äußerungen«, Hinweise auf promiskuitive Umtriebe, will Bremer auch bei Brentano entdeckt haben.[727] Dabei erfahren wir nicht, ob er

719 Bremer/Meder V, Bl. 25, mit Verweis (Fn. 3) auf: »Steig I, S. 17« = Reinhold Steig, Achim von Arnim und Clemens Brentano (1894), S. 17.

720 Bremer/Meder I, Bl. 146, mit Verweis auf einige Seiten der »Zeichnung« = Anton Kühl, Zeichnung der Universität Jena (1798).

721 Bremer/Meder I, Bl. 146, mit Verweis auf eine »S. 143« = Anton Kühl, Zeichnung der Universität Jena (1798), S. 143.

722 Bremer/Meder I, Bl. 146, mit Verweis auf eine »S. 152« = Anton Kühl, Zeichnung der Universität Jena (1798), S. 152.

723 Bremer/Meder I, Bl. 146, mit Verweis auf eine »S. 230« = Anton Kühl, Zeichnung der Universität Jena (1798), S. 230.

724 Bremer/Meder I, Bl. 146, mit Verweis auf eine »S. 230« = Anton Kühl, Zeichnung der Universität Jena (1798), S. 230.

725 Bremer/Meder I, Bl. 146, mit Verweis auf eine »S. 82« = Anton Kühl, Zeichnung der Universität Jena (1798), S. 82.

726 Vgl. Anton Kühl, Zeichnung der Universität Jena (1798), S. 82.

727 Bremer/Meder I, Bl. 146. So habe Cl. Brentano einmal ganz ähnlich über nähere Kontakte zu einer Düsseldorfer »Actrize« berichtet, von der er gewusst habe, dass sie unfruchtbar sei, s. Bremer/Meder I, Bl. 146, mit Verweis auf eine »S. 58« beziehungsweise auf »Mereau I, S. 38ff.« = Cl. Brentano, Brief an S. Mereau vom 3. Januar 1803 aus Marburg, in: Heinz Amelung (Hg.), Briefwechsel zwischen Clemens Brentano und Sophie Mereau, 1. Bd. (2. Aufl., 1908), S. 38–60, 58; In Jena, so wird Bremer meinen, müsse sich Clemens ähnlich verhalten haben. Einige Notizen fertigte er auch unter der Überschrift »Clemens u. die Jung« (Marianne von Willemer, 1784–1860) an, s. Bremer/Meder I, Bl. 389f.

Clemens' Verhalten für das vorrübergehende Beziehungsende mit Sophie Mereau verantwortlich macht.[728]

Bei der Zuschreibung, die man vielleicht auch als attestierten ›Donjuanismus‹[729] bezeichnen könnte, soll nicht untergehen, dass Bremer diese zweifellos auch in Abgrenzung zum tugendhaften Medizinstudenten Winkelmann vornahm. Gerade wenn er davon spricht, dass es »selbstverständlich«[730] sei, dass besagter Bordellbetreiber ein Jenaer-Medizinprofessor wäre, will er doch sagen, dass es an der medizinischen Fakultät viele »Studenten à la Brentano« gegeben habe und Winkelmann aus der Masse hervorgeragte.[731] Diese Notizen sind auch deshalb interessant, da wir von Savigny zu Jena stets nur Positives hören.[732] Sicher wird es Orte der Zügellosigkeit zu jeder Zeit und überall gegeben haben; dass Bremer hier aber einen belastbaren Punkt dargebracht hätte, zeigt die moderne Geschichtswissenschaft:

Um die Jahrhundertwende ist die Quote der unehelichen Geburten besonders in Jena stark angestiegen; dort lag sie schon in den 1780er Jahren bei 24 Prozent und während sie in Gießen bei unter drei Prozent verharrte, stieg sie 1804 in Jena auf »einen Spitzenwert von 37 Prozent« an.[733]

Nach Positivzuschreibungen für Clemens Brentano müssen wir bei Bremer fast suchen. Vielleicht wird sein leidgeprüfter Protagonist die Heiterkeit Brentanos geschätzt haben. Auch wenn Bremer hier gleich wieder die Überzeichnung des »auf Witze versessenen«[734] Brentanos wählt, fängt er doch auch Teilstimmen ein, die von einem heiteren »kühnen Witz« oder einem »ganz eigenthümlichen Witz« gepaart mit einer »fliegenden Geistreichigkeit« sprechen.[735]

So hält Bremer auch Stolls Vermutung, dass die Figur des »mathematischen Punktes« in Brentanos »toller Farce« mit dem Titel »Gustav Wasa« (1800), ursprünglich auf eine Anekdote Savignys zurückgeht, für denkbar.[736] Savigny hatte sich im Rahmen seiner philosophischen Korrespondenz auf eine mathematische

728 Zeitlich dürfte die Trennung mit Savignys und Brentanos »Wiedersehen in Sachsen« zusammenfallen, s. Bremer/Meder V, Bl. 21.

729 Siehe auch Bremer/Meder I, Bl. 350, 390; Bremer schreibt: »Ihr Bruder Clemens [...] ging jetzt [nach dem Tod des Vaters 1797], nun des Halbbruders Franz, seines Vormundes, sich durch keine Rücksicht gebunden, unausgesetzt neuen Liebschaften nach [...]« (Bremer/Meder V, Bl. 317).

730 Bremer/Meder I, Bl. 146.

731 Bremer/Meder I, Bl. 146.

732 Vgl. Savigny, Briefbeilage (Reisetagebuch, erster Teil, 24. Juli–2. August 1799), in: Adolf Stoll, Friedrich Karl von Savignys Sächsische Studienreise 1799 und 1800 (1890), Nr. 1, S. 6–20, 18f.

733 Vgl. Georg Schmidt, Wandel durch Vernunft (2009), S. 260.

734 Bremer/Meder V, Bl. 26.

735 Bremer/Meder V, Bl. 24, 32.

736 Bremer/Meder V, Bl. 26; vgl. Adolf Stoll, Friedrich Karl von Savignys Sächsische Studienreise 1799 und 1800 (1890), S. 35, Anm. 183; vgl. Clemens Brentano, Gustav Wasa (1883), S. 129.

Diskussion mit Johann Karl Friedrich Hauff (1766–1846) eingelassen.[737] Zu einem Streitpunkt konsultierte der Reisende beim zweiten Aufenthalt in Jena den Philosophen Schelling (1775–1854), der auf seine Seite trat.[738] Nur musste Savigny seinen Freunden bezüglich Schellings Antwort von der »reine[n] Bewegung des Puncts« mitteilen: »Ich verstehe kein Wort davon.«[739] Dass dieses auch die beiden neuen ›Bekannten‹ amüsierte und Brentanos Fantasie anregte, ist die zugrundliegende Annahme.

Relativ unmittelbar nach dem zweiten Jena-Aufenthalt des Protagonisten hören wir von Clemens Brentano, dass er sich nun die Lektüre von »Lucinde« und den »Vertrauten Briefen« vorgenommen habe.[740] Ob Bremer darüber spekulierte, dass die Literaturempfehlung von Savigny kam, den »Lucinde« – wie wir gesehen haben – zeitweise an Goethes »Wilhelm Meister« erinnerte, erfahren wir im vorliegenden Teil des Nachlasses nicht. Der Gedanke, dass beide bei ihrem in Jena verabredeten »Wiedersehen in Sachsen« planten darüber zu diskutieren, liegt jedoch nicht fern.

Klarer arbeitete Bremer heraus, dass sich Savigny und Brentano schon vor Beginn der sächsischen Studienreise mit Goethes »Wilhelm Meisters Lehrjahre« befasst haben mussten. Savigny habe das Werk wahrscheinlich schon 1797 gelesen.[741] Und in Sophie Mereaus poetischem Sammelwerk »Kalathiskos« aus der gleichen Zeit, dürften sich Teile finden, die aus der Feder Brentanos stammen, was sicherlich für das »Fragment eines Briefs über Wilhelm Meister Lehrjahre 1799« gelte.[742] Bremer, der davon ausging, dass das Buch zwischen den neuen Freunden ausgiebig zum Thema wurde, kam zu dem Schluss, dass man annehmen könne, dass sich Savigny darüber mit Winkelmann, aber nicht mit Brentano einig war.[743]

Bremer trifft die Aussage, dass auch Christoph Martin Wieland ein »Leitstern« des jungen Brentano war.[744] Möglicherweise stehen Bremers oben besprochene

737 Bremer/Meder I, Bl. 6, 130, 253; vgl. auch Adolf Stoll, Friedrich Karl von Savignys Sächsische Studienreise 1799 und 1800 (1890), S. 35, Anm. 182a und S. 33, Anm. 171 (Weinreich diskutierte ebenfalls mit Savigny, aber hier war Hauff gemeint).

738 Vgl. Savigny, Brief an F. und L. Creuzer und Schwarz vom 26. April 1800 aus Leipzig, in: Adolf Stoll, Friedrich Karl von Savignys Sächsische Studienreise 1799 und 1800 (1890), Nr. 13, S. 33–36, 35.

739 Savigny, Brief an F. und L. Creuzer und Schwarz vom 26. April 1800 aus Leipzig, in: Adolf Stoll, Friedrich Karl von Savignys Sächsische Studienreise 1799 und 1800 (1890), Nr. 13, S. 33–36, 35.

740 Bremer/Meder I, Bl. 14, mit Verweis (Fn. 1) auf: »Steig I, S. 18« = Cl. Brentano, Brief an Winkelmann vom 14. Juli 1800 aus Altenburg, in: Reinhold Steig, Achim von Arnim und Clemens Brentano (1894), S. 18; s. auch Bremer/Meder V, Bl. 21.

741 Bremer/Meder I, Bl. 138.

742 Bremer/Meder I, Bl. 138.

743 Bremer/Meder I, Bl. 138f.

744 Bremer/Meder V, Bl. 7 (weitere sollen Friedrich Schlegel und Ludwig Tieck gewesen sein).

Notizen zur ›Jacobi-Wieland-Kontroverse‹, zu »Recht und Gewalt«, in wenigstens losem Zusammenhang hiermit, sodass diese zwischen den ›Bekannten‹ neu verhandelt wurde. Zusätzlich ist Bremer aufgefallen, dass Clemens die erste Studentenpetition zum Erhalt von Fichte – Jacobi war ihm beigesprungen – noch nicht mittrug, aber die zweite unterstützt habe.[745] Wenn das auf Savignys Rat hin geschah, müssten sie sich allerdings vor der zweiten Petition, also vor dem Januar des Jahres 1800, begegnet sein, was, wie dargelegt, fraglich ist.

Einmal schreibt Bremer, dass die wesentliche Gemeinsamkeit der beiden gänzlich verschiedenen die Frankfurter-Herkunft gewesen sei.[746] Ob der Savigny-Biograf aber die Erzählung von einem ›gewöhnlichen Bekannten‹, der Clemens Brentano sein sollte, bis zur finalen Fassung seines Vorhabens durchgehalten hätte, darf doch bezweifelt werden. Clemens Brentano ist eine der meistvorkommenden Personen im vorliegenden Teil des Bremer-Nachlasses. Vielleicht hat Bremer Brentanos Relevanz erst im Laufe der Zeit verstanden und ihn deshalb mehr und mehr gewürdigt. Der Ton gegen Clemens bleibt jedenfalls nicht auf allen Notizblättern scharf und hat sich so möglicherweise im Laufe der Zeit abgemildert.

Der einzig bekannte Reisebrief Savignys an Clemens Brentano (gleichzeitig der letzte Reisebrief) ist in Stolls Publikation von 1890 noch nicht enthalten, aber in der von 1927 veröffentlicht worden.[747] Es lohnt sich ein Blick hinein, denn vielleicht können wir anhand dessen schon manches bestätigen, was Bremers Notizen nahelegten. Wer will, kann hier das romantische Menschenbild erkennen, über das die Freunde bei ihren Zusammenkünften am Beispiel der »Kunstmoral« verhandelt haben könnten. So dürfte es kein Zufall sein, dass Savigny in Hinblick auf Brentano von einem »vielseitigen« Gegenstand spricht oder explizit auf Jacobis »Allwill« verweist.[748]

745 Bremer/Meder V, Bl. 27, 100 (erste Petition April 1799 nicht unterzeichnet; zweite Petition im Januar 1800 unterzeichnet).

746 Bremer/Meder V, Bl. 26.

747 Vgl. Savigny, Brief an Cl. Brentano aus dem Juli des Jahres 1800 aus Leipzig, in: Adolf Stoll, Der junge Savigny (1927), Nr. 55, S. 165–166.

748 Vgl. Savigny, Brief an Cl. Brentano aus dem Juli des Jahres 1800 aus Leipzig, in: Adolf Stoll, Der junge Savigny (1927), Nr. 55, S. 165–166, 165, 166.

4. Kapitel: Savigny in Marburg

Von der Reise zurückgekehrt verbringt der Protagonist einige Wochen des Spätsommers 1800 auf seinem Landgut Trages bevor er nach Marburg geht. Bremer hält Notizen zu drei Tagen in Trages vor, die einen Besuch Clemens Brentanos behandeln.[749] Clemens Brentano begleitete Savigny bei der Heimreise.[750] Bei Bremers Notizen handelt es sich aber aller Wahrscheinlichkeit nach, um einen weiteren, späteren Besuch Brentanos.[751] Dass er diesen in dem zweiten Teil seines, unter dem Pseudonym »Maria« erschienenen Werkes, »Godwi« verarbeitete, weiß man heute.[752] Auch Bremer kannte »Godwi« schon und schien diesem Werk einen hohen Quellenwert beigemessen zu haben. So schreibt er:

> »Aus dem zweiten Theil des Godwi können wir den allgemeinen Inhalt der Gespräche entnehmen, welche während dieser Zeit von den Jenenser Freunden gepflogen wurden.«[753]

Auch wenn mit Johann Diederich Gries[754] noch ein dritter aus Jena zugegen war, spricht der so sorgsam abgrenzende Bremer nun also doch von »Freunden«. Überwiegend auf Grundlage des Romans fertigte Bremer seine Notizen an.[755] Blicken wir auf einige Punkte:

Er schreibt, dass Clemens Brentano von Hanau aus zu Fuß zum Landgut gewandert sein dürfte; einige Zitate von Landschaftsbeschreibungen der mor-

749 Bremer/Meder V, Bl. 97, 102a–105.

750 Vgl. Ingeborg Schnack, Der Briefwechsel zwischen Friedrich Carl von Savigny und Stephan August Winkelmann (1984), S. 36.

751 Bremer/Meder V, Bl. 98 (Clemens Brentano war erst in Frankfurt am Main, dann wieder auf Gut Trages).

752 Vgl. Jochen Otto, Auf den Spuren von Friedrich Carl von Savigny (1779–1861). Der Junge Savigny (1779–1804), in: SZ (RA) 128 (2011), S. 442–463, 458.

753 Bremer/Meder V, Bl. 102a.

754 Gries soll im Roman »Haber« heißen, s. Bremer/Meder V, Bl. 97, mit Verweis (Fn. 1) auf: »Steig I, S. 23« = Reinhold Steig, Achim von Arnim und Clemens Brentano (1894), S. 23.

755 Bremer/Meder V, Bl. 103–105.

gendlichen Fußreise stehen dabei.[756] Bald soll Brentano seine mit Jagdflinten ausgestatteten Freunde getroffen haben.[757] Dann wurde offenbar gemeinsam gejagt. Bremer tadelt, dass Brentano Gries für den ungeschickten Umgang mit der Waffe verspottet, wobei Brentano später einmal selbst nur zum Schießen von Vögeln imstande gewesen wäre.[758] Zur Stärkung suchte die Gruppe das offensichtlich bewirtschaftete »Jägerhaus« auf.[759] Von reichhaltigen Speisen und einer geselligen Atmosphäre ist zu lesen.[760] Sodann beziehen sich die Notizen auf einen der nächsten Tage, nun auf dem Gut Trages: Der wohl bedrückte Brentano öffnete sich an einem Morgen gegenüber Savigny, der ihn am Vorabend schon davor gewarnt hatte sich »solchen Stimmungen« hinzugeben.[761] Bei dem Gespräch erhielt Savigny von Brentano den ersten Teil des »Godwi«; er blätterte durch betrübte Seiten und zog sich damit erstmal zurück.[762] Als sie es später beim Essen besprachen fragte Savigny Brentano, weshalb er in solcher Ernsthaftigkeit verharre; Das Urteil des Gastgebers hätte Brentano nämlich nicht zu fürchten, obgleich Savigny viel Lustiges in dem Buch fand.[763] Dann werden die Zusammenhänge in Bremers Notizen loser: So vermerkt er noch den Besuch der »Emeritage« des Gutes und die Besichtigung der Familienportraits.[764] Kurz nach der notierten, wohl Savigny zuzurechnenden, Aussage »Mir ward dieses Gut, und ein beträchtliches Vermögen zu Theil [...]«,[765] reißen die Aufzeichnungen ab.[766]

Dass Bremer Eindrücke aus einem Roman ernsthaft würdigt, hebt ihn zwischen anderen Savigny-Forschern vor und neben ihm deutlich hervor. So würde er wohl denjenigen, die es sich heute zur Aufgabe machen wollten, eine Savigny-

756 Bremer/Meder V, Bl. 103, mit Verweis auf eine S. 7 = Clemens Brentano, Godwi oder das steinerne Bild der Mutter, 2. Teil (1801), S. 7–8.

757 Bremer/Meder V, Bl. 103, mit Verweis auf eine S. 16 = Clemens Brentano, Godwi oder das steinerne Bild der Mutter, 2. Teil (1801), S. 16.

758 Bremer/Meder V, Bl. 97 (Fn. 2), mit Verweis (mit freigelassener Seitenangabe) auf: »Steig I, S.« = Reinhold Steig, Achim von Arnim und Clemens Brentano (1894).

759 Bremer/Meder V, Bl. 103, mit Verweis auf eine S. 34 = Clemens Brentano, Godwi oder das steinerne Bild der Mutter, 2. Teil (1801), S. 34.

760 Bremer/Meder V, Bl. 103–104, mit Verweisen auf die Seiten 45–51 = Clemens Brentano, Godwi oder das steinerne Bild der Mutter, 2. Teil (1801), S. 45–51.

761 Bremer/Meder V, Bl. 105, mit Verweis auf eine S. 143 = Clemens Brentano, Godwi oder das steinerne Bild der Mutter, 2. Teil (1801), S. 143; s. Fn. 755.

762 Bremer/Meder V, Bl. 105, mit Verweis auf eine S. 146 = Clemens Brentano, Godwi oder das steinerne Bild der Mutter, 2. Teil (1801), S. 146.

763 Bremer/Meder V, Bl. 105, mit Verweis auf eine S. 131 = Clemens Brentano, Godwi oder das steinerne Bild der Mutter, 2. Teil (1801), S. 131 – tatsächlich ist S. 151 gemeint (s. Bremer/Meder V, Bl. 105).

764 Bremer/Meder V, Bl. 105, mit Verweis auf eine S. 154 = Clemens Brentano, Godwi oder das steinerne Bild der Mutter, 2. Teil (1801), S. 154 (hier ist auch die Rede vom »steinerne[n] Bild der Mutter«, dem Nebentitel, S. 174f., 181f).

765 Bremer/Meder V, Bl. 105, mit Verweis auf eine S. 310 = Clemens Brentano, Godwi oder das steinerne Bild der Mutter, 2. Teil (1801), S. 310.

766 Bremer/Meder V, Bl. 105.

Biografie zu schreiben, dazu raten, belletristische Werke aus dem Umfeld des Protagonisten gründlich zu studieren. Aus den notierten Stellen lernen wir über Savigny, dass er durchaus bestimmten zeitgenössischen Vergnügungen und standesgemäßen ›Freizeitaktivitäten‹ nachging. Zumindest entschärft manches landläufig kursierende Bild vom ganz unterkühlten Gelehrten. Noch interessanter dürften aber die Hinweise auf die stabilisierte geistige Verfassung des leidgeprüften Protagonisten sein. Er scheint nämlich Brentano vor einer Verirrung in die Melancholie zu warnen. Dieses zeigt nicht nur, in welchem pädagogischen Verhältnis Savigny zu dem wenig älteren Brentano steht. Es dürfte ferner von eigenen Auseinandersetzungsprozessen mit dem zeugen, was wir heute als psychische Gesundheit bezeichnen würden. So registrierte Bremer nicht nur belletristische Querbezüge, sondern interessierte sich auch schon für Fragen, die selbst zu seiner Zeit noch lange auf gesellschaftliche Aufmerksamkeit zu warten hatten.

Bevor wir einige andere Schwerpunkte Bremers für Savignys Marburger-Zeit kennenlernen, etwa die Fortentwicklung der Freundschaft mit Clemens Brentano oder ein Projekt, das der Protagonist als ›Privatmann‹ verfolgte, blicken wir zunächst auf die ersten Semester der akademischen Karriere.

I. Savigny an der Marburger-Universität

Am 31. Oktober 1800 wurde Savigny mit der kriminalrechtlichen Dissertation »De concursu delictorum formali« in Marburg bei Heinrich Christian Erxleben promoviert und begann Vorlesungen zu halten.[767] Zunächst teilte er mit seinen alten Freunden, den Vettern Leonhard und Friedrich Creuzer, einen Haushalt in der Stadt.[768] Dann zog er in das Nebenhaus des Marburger Forsthofs, der Savignys Lehrer Philip Friedrich Weis gehörte; dieser bewohnte das Haupthaus und stellte zugehörige Räumlichkeiten als Vorlesungssaal zur Verfügung.[769]

767 Vgl. Jochen Otto, Auf den Spuren von Friedrich Carl von Savigny (1779–1861). Der Junge Savigny (1779–1804), in: SZ (RA) 128 (2011), S. 442–463, 458.

768 Vgl. Jochen Otto, Auf den Spuren von Friedrich Carl von Savigny (1779–1861). Der Junge Savigny (1779–1804), in: SZ (RA) 128 (2011), S. 442–463, 458f.

769 Vgl. Jochen Otto, Auf den Spuren von Friedrich Carl von Savigny (1779–1861). Der Junge Savigny (1779–1804), in: SZ (RA) 128 (2011), S. 442–463, 459.

1. Erste Vorlesungen (Wintersemester 1800/1801)

Ein Semester lang blieb Savigny ausschließlich seinem Promotionsfach treu. Ohnehin war sein Verhältnis zum Kriminalrecht ein zweckmäßiges. Anhand dessen wollte er sich bloß auf ein Studium des Naturrechts vorbereiten, wie wir schon in der Einführung gesehen haben.

Bremer stellte Mutmaßungen zu Savignys Marburger Hörerschaft im Zeitraum von 1800–1803 an. Dass »die beiden Pfeiffer, Burchard Wilhelm und sein jüngerer Bruder« ihn hörten, dürfe man annehmen.[770] Andere Personen ordnet Bremer spezifisch den Hörern der Strafrechtsvorlesung zu. So möglicherweise einen jungen Zweibrücker Grafen Luxburg,[771] den mit einem Fragezeichen versehenen Namen »Schotten«[772] und schließlich Karl von Müllmann (so bei Bremer; »Mülmann« in Bremers Quelle).[773] Die Schwerpunktsetzung der Vorlesung, so deutet es sich bei Bremer an, sei aber von dem »große[n] Haufen« der Hörer, die man schon an »bequemere Kost« gewöhnt habe, nicht gewürdigt worden.[774] Und so habe man Savigny, obwohl er sich ein weiteres Mal zum Lesen des Strafrechts bereit erklärt hatte, im nächsten Semester dafür nicht mehr eingeplant.[775]

Bremer zeichnet also nicht ein Bild vom Gelehrten, der sich ganz aus eigenem Antrieb vom Strafrecht abgewandt hat und zum römischen Recht ›konvertierte‹. Zwar las Savigny das Strafrecht aus pragmatischen Motiven, aber damit fertig war er noch nicht. Nein, er erhielt den gewünschten Lehrauftrag nicht und musste das kommende Sommersemester nun irgendwie anders gestalten.

Die Herangehensweise, die Kollegien thematisch rein nach der persönlichen Interessenlage anzusetzen, wird Savignys Dozententätigkeit in Marburg begleiten. So wird er im Jahr 1807 an Friedrich Creuzer schreiben:

> »In welchem Docentenverhältniß ich in Marburg gelebt habe, wissen Sie. Ich habe da mancherley (meist kleine) Collegia gelesen, die vielleicht manchen Studenten recht nüzlich waren, die aber gröstentheils in dem ganzen Studienplan der Universität keine wesentliche Lücke ausfüllten. Mit einem Wort, ich trieb das Lesen als Vorbereitung und Nebensache. So möchte ich nicht wieder lesen.«[776]

770 Bremer/Meder I, Bl. 281.
771 Bremer/Meder I, Bl. 281, 292.
772 Bremer/Meder I, Bl. 281.
773 Bremer/Meder I, Bl. 281 (Fn. 1a), mit Verweis (ohne Seitenangabe) auf: »v. Bippen« = Wilhelm von Bippen, Georg Arnold Heise. Mittheilungen aus dessen Leben (1852); Es dürften die Seiten 41 und 60 gemeint sein (s. Editionsangaben bei: Bremer/Meder I, Bl. 281, Fn. 5; Bremer/Meder I, Bl. 293–296; Bremer/Meder I, Bl. 281).
774 Bremer/Meder I, Bl. 275.
775 Bremer/Meder I, Bl. 275.
776 Savigny, Brief an F. Creuzer vom 13. März 1807 aus Wien, in: Adolf Stoll, Der junge Savigny (1927), Nr. 144, S. 296–299, 296.

Der entsprechende Brief wurde erst 1927 durch Adolf Stoll veröffentlicht. Aufgrund seiner Lebensdaten konnte Bremer bloß von Stolls Publikation zur sächsischen Reise von 1890 profitieren. Ab der Marburger-Zeit musste er also ohne dieses Werkzeug auskommen. Allerdings war Bremer der Brief bekannt, er zitiert die fast gleichen Passagen aus diesem; er tut dieses ohne Quellenverweis, anders als sonst üblich, und nur nach Datum.[777] Ein Indiz für eine eigene Sammlung von Briefabschriften, die dem Savigny-Forscher vorgelegen hat. Dass Stoll, dem wiederum später der Bremer-Nachlass vorlag, wohl eher nur an diesem Fundus interessiert war, liegt auf der Hand und erklärt die nur sehr wenigen, sorgsam gekennzeichneten, Übernahmen von Bremers geistigem Eigentum.[778]

Aber zurück nach Marburg: Da Bremer für die Marburger Zeit seines Protagonisten die Herangehensweise der ›Vorlesung als Vorbereitung‹ herausarbeitete, musste er auch nicht akribisch zwischen der Lehrtätigkeit und den eigenen Studien trennen. Die eigennützige Motivlage Savignys, soll sich nach Bremer besonders bei der Vorlesung, die Savigny einmal zur Geschichte des Kurischen Rechts gehalten hatte, und noch mehr bei seiner Methodologie-Vorlesung von 1802/1803, durchgesetzt haben.[779] Daneben sei es aber auch die Rücksicht des jungen Gelehrten gewesen, die ihn die großen Vorlesungen seinen Kollegen überlassen ließ.[780] Immerhin nahm der wohlhabende Aristokrat aber auch fast nie Hörgeld für seine Dienste.[781]

Warum beschäftigte sich der Protagonist im kommenden Semester dann nicht mit dem Naturrecht, wenn das Studium dessen sein eigentliches Ziel war und das nun versagte Strafrecht nur die Tür dorthin? Vielleicht hätte uns Bremer darauf so etwas wie ›Ehrfurcht‹ als Antwort zugerufen. Denn er verweist auf eine Briefstelle, in der Savigny sagt, dass man sich nicht tüchtig fühlen könne über das Naturrecht zu sprechen, wenn man nicht »jene umfassende Totalübersicht« besitze, die nur »das Resultat eines ganzen wissenschaftlichen Lebens sein kann.«[782]

Vielleicht erklärt das, wie Savigny für das kommende Sommersemester ›ersatzweise‹ zum römischen Recht kam. Dabei handelte es sich nämlich um ein weiteres Fach, das er schon zu Studienzeiten für sich entdeckt hatte.[783]

777 Bremer/Meder I, Bl. 275.

778 Stoll sah seine Hauptaufgabe zweifelsohne im Veröffentlichen der Briefe. Ob der Bremer-Nachlass wegen entnommener Briefabschriften so lückenhaft wirkt, ließe sich wohl nur anhand potenziell fehlender Teile, etwa durch einen ›Stoll-Nachlass‹, beantworten.

779 Bremer/Meder I, Bl. 275.

780 Bremer/Meder I, Bl. 275.

781 Bremer/Meder I, Bl. 275.

782 Bremer/Meder I, Bl, 17, mit Verweis auf: »Stoll S. 30« = Savigny, Brief an F. u. L. Creuzer vom 3. Januar 1800 aus Leipzig, in: Adolf Stoll, Friedrich Karl von Savignys Sächsische Studienreise 1799 und 1800 (1890), Nr. 10, S. 30–32, 30.

783 Vgl. Savigny, Brief an Neurath jun. (ohne Datum und Ort, laut Stoll: um 1798/1799), in: Adolf Stoll, Der junge Savigny (1927), Nr. 9, S. 69–71, 70.

2. Die Pandekten-Vorlesung (Sommersemester 1801)

Savigny las zu den zehn letzten Büchern der Pandekten nach »Böhmers Lehrbuch«.[784] Auf diese Vorlesung geht Bremer umfangreicher ein: Bei den Büchern 40–50 der Pandekten handele es sich wesentlich um öffentliches Recht »untermischt« mit Privatrecht, erklärt der Romanist.[785] Ein näherer Blick für die Erkenntnis von dem Fortgang Savignys wissenschaftlicher Studien sei unerlässlich.[786] Sodann gibt Bremer mit wenigen Worten jeweils Auskunft über den Inhalt der zehn Bücher: Die Vorlesung beginnt mit dem römischen Standesrecht des 40. Buches, darauf folgt die Lehre des Eigentums- und Besitzerwerbs, dann der »Civilprozeß« mit der Vermögensabtretung und dem Konkurs und die Interdikten des privaten- und des öffentlichen Rechts.[787] Das 44. Buch behandelt bestimmte Rechtsmittel und Obligationenklagen, danach folgen die verschiedenen Arten der Obligationen und sodann das 46. Buch, was beispielsweise die Bürgschaft behandelt.[788] Die nächsten Titel beinhalten die Privatdelikte und die öffentlichen Verbrechen, danach folgt der »Criminalprozeß«, dann die Appellation und das Militärrecht und schließlich das Stadtrecht und den Anhang des 50. Buches.[789]

Bremer hält es für wahrscheinlich, dass Savigny ihm Rahmen dieser Vorlesung seine »große[n] Collectaneen zum römischen Staatsrecht« anschaffte oder wenigstens ausbaute.[790] Bereits mit dieser Vorlesung begann der Protagonist quellenexegetisch zu arbeiten.[791] Und unter all dem öffentlichen Recht war es gerade der kleine privatrechtliche Teil des römischen Besitzrechts, der ihn in der kommenden Zeit weiter beschäftigen sollte.[792] So hätte Bremer wohl in seiner Savigny-Biografie erzählt, dass in dem Kolleg nicht bloß der Beginn der Beschäftigung mit dem römischen Recht überhaupt liegt, sondern auch jener zur Monografie von 1803.[793]

Einige Zeit lang soll auch Savignys, in der Gegend verweilende, Reisebekanntschaft aus dem Hause Hufeland in Jena, Georg Arnold Heise, diese Vor-

784 Bremer/Meder I, Bl 270.
785 Bremer/Meder I, Bl 270.
786 Bremer/Meder I, Bl 270.
787 Bremer/Meder I, Bl 270.
788 Bremer/Meder I, Bl 270.
789 Bremer/Meder I, Bl 270.
790 Bremer/Meder I, Bl. 272 (mit Bezug auf eine, nicht näher bezeichnete, spätere Mitteilung Jacob Grimms aus Paris).
791 Bremer/Meder I, Bl. 273, mit Verweis auf ›die Vorrede des berühmten Buches von 1822, das zuerst 1803 erschienen ist [freies Zitat, ebd. bei Bremer/Meder]‹ = Savigny, Das Recht des Besitzes (4. Auflage, 1822), S. III–VI, III–IV.
792 Bremer/Meder I, Bl. 272–273.
793 Bremer/Meder I, Bl. 273.

träge besucht haben; Karl von Müllmann, der ein Semester zuvor schon bei dem Protagonisten hörte, soll ihm die Empfehlung des Besuchs gegeben haben.[794]

Forschungsgeschichtlich bemerkenswert ist Bremers Beschäftigung mit diesen frühen Vorlesungen des Protagonisten ohnehin, wie wir im Folgenden noch sehen werden. Dass der Beginn von Savignys eingehender Beschäftigung mit dem römischen Recht in diese Zeit zu verorten ist, zumindest was das Ungefähre betrifft, ist für die moderne Savigny-Forschung keine Neuigkeit mehr.[795] In zwei Punkten können Bremers Notizen dennoch unser heutiges Bild bereichern: Zum einen gelingt es Bremer aufzuzeigen, dass sich der Protagonist selbst in seinem späteren Leben der Bedeutung dieser Vorlesung, dieses Grundsteins, bewusst wurde.[796] Zum anderen hätte er uns diese Vorlesung, zu der es, wäre es ganz nach dem Willen des Protagonisten gegangen, gar nicht gekommen wäre, eben vielmehr als glücklichen Zufall geschildert: ›Zufällig‹ befasste sich der eigentlich naturrechtlich interessierte Gelehrte überhaupt nochmal mit dem römischen Recht und ›zufällig‹ erweckte gerade das Privatrecht, namentlich das Besitzrecht, sein Interesse. Ohne diese Weichenstellung wäre Savignys akademische Karriere, die mit der Besitz-Monografie von 1803 begann, wohl doch ganz anders verlaufen.

3. Rechtsgeschichte und Nachtrag zur Pandekten-Vorlesung (Wintersemester 1801/1802)

Neben dem römischen Recht kommt mit der Rechtsgeschichte im folgenden Winterhalbjahr das zweite maßgebliche Fach hinzu:

Die Vorlesung zur römischen Rechtsgeschichte fußt nach Bremer auf dem zugehörigen Lehrbuch Gustav Hugos (in der Ausgabe von 1799), und er resümiert, dass Savigny bald zum »fruchtbarste[n] Recensent[en] von Hugos Rechtsgeschichte« wurde.[797] Zusätzlich führt Bremer wohl einen späteren Bericht Savignys an:

794 Bremer/Meder I, Bl. 281 (Fn. 5), mit Verweis auf: »v. Bippen, S. 60« = Wilhelm von Bippen, Georg Arnold Heise. Mittheilungen aus dessen Leben (1852), S. 60.

795 Vgl. Jochen Otto, Auf den Spuren von Friedrich Carl von Savigny (1779–1861). Der Junge Savigny (1779–1804), in: SZ (RA) 128 (2011), S. 442–463, 458.

796 So notierte Bremer: »Savigny sieht diese Vorlesung, wie er erzählt, ›mit großer Liebe‹ (den 20. Sept. 1846 an Rudorff), aber Näheres erfahren wir nicht.« (Bremer/Meder I, Bl. 272).

797 Bremer/Meder I, Bl. 274, bezüglich ›fruchtbarster Recensent etc.‹ verweist Bremer unnachvollziehbar auf: »Verm. Schr. V, 45«. Nach den Editionsangaben (Bremer/Meder I, Bl. 274, Anm. XXVIII, S. 182) ist gemeint: Savigny, Recension des Lehrbuchs der Geschichte des Römischen Rechts von Gustav Hugo etc. (1806), in: ders., Vermischte Schriften, 5. Bd. (1850), S. 1–36.

»[…] Nachdem er [Savigny] diese Vorlesung [gemeint ist die Pandekten-Vorlesung] begonnen hatte, da, so erzählte er später selbst, ›entdeckte ich, daß ich von Rechtsgeschichte nichts auch gar nichts wußte. Da schlug ich eine Vorlesung über Rechtsgeschichte an, arbeitete Tag u. Nacht u. Gott hat mir das gesegnet‹ […]«.[798]

So sehen wir einen weiteren der glücklichen ›Zufälle‹ aus der vorangegangenen Vorlesung. Bei der Begegnung mit der Rechtsgeschichte handelt es sich um die zweite Komponente auf dem Weg zur Schrift von 1803 und zur Historischen Rechtsschule überhaupt. Interessant ist das von Bremer gebrachte Zitat Savignys. Denn obgleich bei dem Protagonisten spätestens seit der Studienzeit eine handfeste historische Neigung zu erkennen ist, spricht er von keinerlei Kenntnis der akademischen Rechtsgeschichte. Auch wenn seine Aussage sicher nicht frei von Übertreibung ist, zeigt das deutlich, dass der Punkt, an welchem sich das geschichtliche Interesse des Protagonisten akademisch Bahn brach, hier zu suchen ist.

Neben der Rechtsgeschichtevorlesung aus diesem Semester wusste Bremer von einer weiteren: Der Protagonist bot nämlich zusätzlich alternativ Veranstaltungen zu den »letzten zwei Pandektentiteln« oder zum »Criminalrecht« zur Auswahl an.[799] Ersterer Vorschlag hatte sich durchgesetzt; die Zeit im Semester davor, soll nur für eine flüchtige Behandlung der letzten beiden Titel gereicht haben.[800] Aus dem unterlegenen Vorschlag lässt sich lernen, dass sich Savigny durchaus noch mit dem Kriminalrecht befasste und insofern auch den ›großen Plan‹ vom Studium des Naturrechts, hier noch nicht ganz aus den Augen verloren gehabt haben wird.

4. Erbrecht und Methodologie (Sommersemester 1802 und Wintersemester 1802/1803)

Im folgenden Semester (Sommer 1802) lesen wir bei Bremer nur von einer Vorlesung des Protagonisten zum testamentarischen Erbrecht.[801] Jacob Grimm (1785–1863) immatrikulierte sich im Frühling an der Universität, aber hörte erst im kommenden Halbjahr Savignys Intestaterbfolge und Methodologie.[802] Das testamentarische Erbrecht schrieb er aus den Heften anderer Studenten ab und holte es nach; von dieser Abschrift soll auch der Bruder Wilhelm Grimm (1786–1859) profitiert haben.[803]

798 Bremer/Meder I, Bl. 274.
799 Bremer/Meder I, Bl. 274.
800 Bremer/Meder I, Bl. 274.
801 Bremer/Meder I, Bl. 326.
802 Bremer/Meder I, Bl. 326.
803 Bremer/Meder I, Bl. 336.

Von der Vorlesung des Sommersemesters 1802 erfahren wir bei Bremer am wenigsten. Unter Verweis auf eine Quelle notiert er, dass Egid von Löhr (1784–1851) von Ostern 1802 bis Ostern 1803 in Marburg studierte und Savigny als vorzüglichen Lehrer lobte.[804] So könnte dieser an den Kollegien des Protagonisten dieser Zeit teilgenommen haben.

Zur frühen Lehrtätigkeit Savignys hält der Bremer-Nachlass die umfangreichsten Notizen zur Methodologie-Vorlesung (Winter 1802/1803) vor. Diese Aufzeichnungen unterscheiden sich ganz und gar von jenen zu den anderen Kollegien. Bei den Notizen handelt es sich um eine Art Vorlesungsskript oder eine Mitschrift; Passagen des Ablaufs und der Inhalte des Kollegs sind notiert, aber Quellen sind durch Bremer nicht verzeichnet.[805]

Widmen wir uns der Frage nach der Herkunft der Aufzeichnungen. Ein zentrales Werkzeug zur Einordnung der methodologischen Vorlesungen Savignys, hat Mazzacane 1993, durch die Veröffentlichung von Vorlesungsskripten, geschaffen; in einer neuen Auflage von 2004 kamen Kollegschriften Jacob Grimms hinzu.[806] Um es kurz zu machen: Zweifelsohne kann gesagt werden, dass es sich bei den Aufzeichnungen bei Bremer um Teilabschriften der ersten Seiten von Jacob Grimms Vorlesungs-Nachschrift unter dem Titel »Anleitung zu einem eigenen Studium der Jurisprudenz« von 1802/1803 handelt.[807] Genauer handelt es sich dabei um eine häusliche Reinschrift anhand von Kollegnotizen, die Jacob Grimm im Rahmen der Vorlesung anfertigte.[808] Wilhelm Grimm, der ein Semester später an die Universität kam, schrieb sich dieses mit kleinen Änderungen ab.[809] Ob Bremer nun Jacobs ›Original‹ oder bloß Wilhelms ›Kopie‹ vorlag, ist wegen einer Bemerkung zunächst gar nicht eindeutig:

804 Bremer/Meder I, Bl. 281 (Fn. 4), mit Verweis auf: »Justi« = Egid von Löhr, v. Löhr (Aegid Valentin Felix Johann Ferdinand), in: Karl Wilhelm Justi, Grundlage zu einer Hessischen Gelehrten-Schriftsteller und Künstler-Geschichte (1831), S. 405–407, 405; vgl. auch Bremer/Meder I, Bl. 289.

805 Bremer/Meder I, Bl. 278/276, 279, 280, 277 (ungefähr diese Reihenfolge bietet sich an, es gibt aber Überschneidungen). Lediglich auf Blatt 277 finden sich Seitenangaben.

806 Vgl. Aldo Mazzacane (Hg.), Friedrich Carl von Savigny: Vorlesungen über juristische Methodologie 1802–1842 (2004), S. VII.

807 Bremer/Meder I, Bl. 276 (s. ebenfalls Editionsangaben ebd. mit Anm. XXIX, S. 182); vgl. hierzu beispielsweise: Jacob Grimm, Anleitung zu einem eigenen Studium der Jurisprudenz (1802/1803), in: Aldo Mazzacane (Hg.), Friedrich Carl von Savigny: Vorlesungen über juristische Methodologie 1802–1842 (2004), S. 137–197, 138, Rn. 3, mit Bremer/Meder I, Bl. 276; Grimm, a.a.O., S. 139, Rn. 4–5, mit Bremer/Meder I, Bl. 279; Grimm, a.a.O., S. 138, Rn. 2–3, mit Bremer/Meder I, Bl. 278; Grimm, a.a.O., S. 141, Rn. 5 und 7, mit Bremer/Meder I, Bl. 280; Darauf, dass es bei Bremer selbst marginale Abweichungen, redaktionelle Änderungen und Kürzungen gibt, sei nur am Rande hingewiesen.

808 Vgl. Aldo Mazzacane (Hg.), Friedrich Carl von Savigny: Vorlesungen über juristische Methodologie 1802–1842 (2. Auflage, 2004), S. 60.

809 Vgl. Aldo Mazzacane (Hg.), Friedrich Carl von Savigny: Vorlesungen über juristische Methodologie 1802–1842 (2. Auflage, 2004), S. 61.

»1. Jacob hat die Vorlesung gehört – Wilhelm kam erst später. – Aber Wilhelm hat das vorliegende Heft geschrieben: doch nach dem von Jacob. Uns ist dieses geblieben!«[810]

Das »vorliegende Heft«, also Wilhelms, und »dieses«, also Jacobs, kann eigentlich nicht identisch sein. Wenn Wilhelm erst später kam, muss es sich notwendigerweise um ein Heft zu einer Vorlesung handeln, die vor dem Frühjahr 1803 stattfand. Infrage kommen also die Methodologie- oder die Erbrechtsvorlesungen. Glücklicherweise lassen sich hier die Unklarheiten aus anderen, auch sonst aufschlussreichen, Notizen beseitigen:

»[...] Daß Jakob 1802 u. Wilhelm 1803 die Universität Marburg bezogen u. hier Savigny gehört haben, ist bekannt genug; aber in weiten Kreisen unbekannt ist, daß ihre bei Savigny geschriebenen Kollegienhefte [...] noch erhalten sind. Über diese mir vorliegenden Hefte u. Papiere, deren Benutzung ich der gütigen Vermittlung des H. Prof. Steig [[811]] in Berlin verdanke, möchte ich in Kürze hier das wesentliche mittheilen. Dabei sind die Brüder einzeln zu betrachten.«[812]

Bremer beginnt mit Jacob Grimm und notierte einige Posten unter einem vorangestellten »Von ihm haben wir«.[813] Der erste Punkt lautet:

»1) ein sehr sorgfältig, ja schön geschriebenes Heft über ›Juristische Methodologie‹ oder ›Anleitung zu einem eigenen Studium der Jurisprudenz‹.«[814]

Ein nächster Teil, etwa ›Wilhelm Grimm – Von ihm haben wir...‹, lässt sich im vorliegenden Material nicht oder nicht mehr vollständig finden. Wir können aber doch festhalten, dass dem Savigny-Forscher das ›Original-Heft‹ Jacob Grimms zur Verfügung stand.[815]

Um eine knappe Idee vom Inhalt der Aufzeichnungen bei Bremer zu geben, sei gesagt, dass die abgeschriebenen Passagen vorzüglich den Teil der Vorlesung behandeln, in welchem das Verhältnis zwischen Gesetzgebung und Rechtswissenschaft dargelegt wird und die Anfangsseiten, auf denen die drei Grundsätze der »Gesetzgebungswissenschaft«, als historische, philosophische und historisch-philosophische Wissenschaft aufgestellt werden.[816]

---

810 Bremer/Meder I, Bl. 314.

811 Gemeint ist: Reinhold Steig (1857–1918).

812 Bremer/Meder I, Bl. 327.

813 Bremer/Meder I, Bl. 327.

814 Bremer/Meder I, Bl. 327.

815 Wenn es sich bei Bremer/Meder I, Bl. 337, unter dem Titel »Die Eigentümlichkeiten (Wilhelm Grimm)« gerade mit dem Stichwort »Methodologie«, um so etwas wie eine Synopse beider Hefte handeln sollte, lag Bremer wohl auch Wilhelms Abschrift vor.

816 Vgl. die Passagen von Jacob Grimm, Anleitung zu einem eigenen Studium der Jurisprudenz (1802/1803), bei Bremer/Meder I, Bl. 276–280 (mit redaktionellen Einschüben); Wahrscheinlich meint der junge Savigny eher so etwas wie »Gesetzbücherwissenschaft«, wenn er von »Gesetzgebungswissenschaft« spricht, vgl. Joachim Rückert, Idealismus, Jurisprudenz und Politik bei Friedrich Carl von Savigny (2. Auflage, 2022), S. 108.

Bremer interessierte sich also für die Antwort seines noch jungen Protagonisten auf die ›existenziellen Fragen‹ der Disziplin: Was ist eigentlich Jurisprudenz und was macht sie zur Wissenschaft? Diese schon im ersten Methoden-Kolleg veranschlagte Verbindung von Exegese und System wird Savignys akademisches Werk prägen.[817]

Dass Bremer die Methodologie-Vorlesung von 1802/1803 beziehungsweise die grimmschen Hefte intensiver studierte, ist aus heutiger Perspektive keine große Überraschung. Studien zur Methodenlehre des Protagonisten sind die zentrale Säule der Savigny-Forschung und man muss heute nicht mehr betonen, dass die Hefte eine Quelle ersten Ranges darstellen. Lange hat man aber diese frühe Lehrtätigkeit des Protagonisten gar nicht fokussiert:

Die ersten rechtshistorischen Hinweise, dass der junge Savigny in Marburg schon methodische Vorlesungen gehalten hatte, stammten von Rudorff, fanden innerhalb der Forschung aber keinen Widerhall.[818] Aufmerksamkeit erregte erst in den 1930er-Jahren ein Beitrag Kantorowicz', der von der Methodologie-Vorlesung 1802/1803 berichtete und prompt das Stichwort »Marburger Methodenlehre« vorschlug.[819] Als erste Spur in der Sache markierte er eine katalogische Mitteilung von 1926, die über die Existenz beider grimmscher Methodologie-Hefte Auskunft gegeben haben soll.[820] Zwischenzeitlich ist das Heft von Wilhelm Grimm ein erstes Mal juristisch ausgewertet, aber nicht veröffentlicht, worden.[821] Ebenfalls wies Stoll 1927 auf Wilhelm Grimms Methodologie-Heft hin.[822] In welchem Verhältnis beide Hefte stehen, klärte erst Kantorowicz und kündigte die baldige Veröffentlichung des eigentlichen ›Originals‹ von Jacob Grimm durch einen seiner Schüler an, realisiert wurde das nie.[823] Und so kam es, dass das Heft, das man schon lange registriert hatte, schlussendlich erst nach der Nazi-Diktatur

817 Vgl. Aldo Mazzacane (Hg.), Friedrich Carl von Savigny: Vorlesungen über juristische Methodologie 1802–1842 (2. Auflage, 2004), S. 31.

818 Vgl. Aldo Mazzacane (Hg.), Friedrich Carl von Savigny: Vorlesungen über juristische Methodologie 1802–1842 (2. Auflage, 2004), S. 1; Adolf Friedrich Rudorff, Friedrich Carl von Savigny. Erinnerungen an sein Wesen und Wirken, in: SZ 2 (1863), S. 1–68, 17.

819 Vgl. Aldo Mazzacane (Hg.), Friedrich Carl von Savigny: Vorlesungen über juristische Methodologie 1802–1842 (2. Auflage, 2004), S. 1–3; Hermann Kantorowicz, Savignys Marburger Methodenlehre, in: SZ (RA) 53 (1933), S. 465–471, 467.

820 Vgl. Aldo Mazzacane (Hg.), Friedrich Carl von Savigny: Vorlesungen über juristische Methodologie 1802–1842 (2. Auflage, 2004), S. 2 (Fn. 10); Hermann Kantorowicz, Savignys Marburger Methodenlehre, in: SZ (RA) 53 (1933), S. 465–471, 466 (Fn. 5).

821 Vgl. Aldo Mazzacane (Hg.), Friedrich Carl von Savigny: Vorlesungen über juristische Methodologie 1802–1842 (2. Auflage, 2004), S. 2–3.

822 Vgl. Aldo Mazzacane (Hg.), Friedrich Carl von Savigny: Vorlesungen über juristische Methodologie 1802–1842 (2. Auflage, 2004), S. 2; Adolf Stoll, Der junge Savigny (1927), S. 225, Fn. 1.

823 Vgl. Aldo Mazzacane (Hg.), Friedrich Carl von Savigny: Vorlesungen über juristische Methodologie 1802–1842 (2. Auflage, 2004), S. 3; Hermann Kantorowicz, Savignys Marburger Methodenlehre, in: SZ (RA) 53 (1933), S. 465–471, 466, 467.

und dem Zweiten Weltkrieg, im Jahr 1951, durch Wesenberg veröffentlicht wurde und erst jetzt weitere Kreise zog.[824]

Dieser Geschichtsschreibung können wir nun einiges hinzufügen. In der Einführung haben wir gesehen, dass Bremer von dem Aufsatz Rudorffs, den er schon früh gelesen haben will, »angeregt« wurde. Sehr wahrscheinlich begab er sich ob der enthaltenen Hinweise auf die Suche nach Spuren zur Methodologie-Vorlesung Savignys. Auch die Autobiografie Jacob Grimms enthält eine – ebenfalls lange unbeachtete – Andeutung der Teilnahme an der Methodologie-Vorlesung, worauf schon Rudorff verwies.[825] Bremer kannte diese grimmschen »Selbstbiographien«, wie er sie nennt.[826] Wir können insofern resümieren, dass Bremer wohl der erste Savigny-Forscher war, der sich für die Methodologie-Vorlesung umfangreicher interessierte und sogar die zugehörigen Hefte der Grimms, die er wohl als erster Rechtshistoriker in den Händen hielt, würdigte. Abermals fielen also kleinste Hinweise, die bei Grimm oder Rudorff nicht einmal einen ganzen Satz ausmachten, gerade bei Bremer auf fruchtbaren Boden. Die aufgefundenen Hefte tat er nicht als irrelevantes ›Schülermaterial‹ ab. Auf den angeblich ersten Hinweis in der Sache von 1926,[827] musste Bremer nicht warten. Er, der 1916 verstarb, war Jahrzehnte schneller. Auch Stolls genannter Hinweis von 1927 dürfte auf Bremers Arbeiten fußen. An gleicher Stelle berichtet er nämlich von einem Briefwechsel zwischen den Professoren Emil Seckel und Bremer über die Kollegschrift. Im vorliegenden Teil des Nachlasses lässt er sich nicht finden, aber Seckel habe laut Stoll an Bremer zurückgemeldet, dass er es sehr interessant gefunden hatte, dass Savigny schon 1803 in Marburg ein juristisches Seminar begründet habe.[828]

Emil Paul Georg Seckel (1864–1924) war ein Jurist mit weitgefächerter Forschungsausrichtung.[829] Der Romanist, Kanonist und Rechtshistoriker, der ab 1901 als ordentlicher Professor für römisches Recht in Berlin lehrte, soll im Kern noch ein Vertreter der Historischen Rechtsschule gewesen sein.[830] Er galt als einer

---

824 Vgl. Aldo Mazzacane (Hg.), Friedrich Carl von Savigny: Vorlesungen über juristische Methodologie 1802–1842 (2. Auflage, 2004), S. 4; Gerhard Wesenberg (Hg.), F. K. von Savigny, Juristische Methodenlehre. Nach der Ausarbeitung des Jakob Grimm, Stuttgart 1951; die aktuell gängige Edition findet sich, wie schon gesagt, bei Mazzacane (S. 137–197).

825 Vgl. Aldo Mazzacane (Hg.), Friedrich Carl von Savigny: Vorlesungen über juristische Methodologie 1802–1842 (2. Auflage, 2004), S. 1; Jacob Grimm, Grimm (Jakob Ludwig Karl), in: Karl Wilhelm Justi, Grundlage zu einer Hessischen Gelehrten-Schriftsteller und Künstler-Geschichte (1831), S. 148–163, 152; Adolf Friedrich Rudorff, Friedrich Carl von Savigny. Erinnerungen an sein Wesen und Wirken, in: SZ 2 (1863), S. 1–68, 17 (Fn. 22).

826 Bremer/Meder I, Bl. 326.

827 Vgl. Hermann Kantorowicz, Savignys Marburger Methodenlehre, in: SZ (RA) 53 (1933), S. 465–471, 466 (Fn. 5).

828 Vgl. Adolf Stoll, Der junge Savigny (1927), S. 225, Fn. 1.

829 Vgl. Gerhard Schmitz, Seckel, Emil, in: NDB 24 (2010), S. 113–114, 113.

830 Vgl. Gerhard Schmitz, Seckel, Emil, in: NDB 24 (2010), S. 113–114, 113.

der herausragendsten Rechtshistoriker seiner Zeit; seine verdienstvollsten Schriften seien die »Beiträge zur Geschichte beider Rechte« von 1898 und das von ihm völlig umgestaltete »Handlexikon zu den Quellen des römischen Rechts« von 1907 gewesen.[831]

Da er Zwischenergebnisse gleich mit hochkarätigen Kollegen teilte, war sich Bremer also im Klaren, dass er mit dem Heft und überhaupt der Erkenntnis vom reichen Inhalt der ersten methodologischen Vorlesung, einen großen Fund gemacht hatte. Gar nicht abwegig wäre die Veröffentlichung von Jacob Grimms Heft innerhalb der Savigny-Biografie Bremers gewesen, weil der ›biografische Wert‹ der Aufzeichnungen nicht zu unterschätzen ist. Wesenbergs Publikation (1951) des Heftes führte nämlich zur Neuverhandlung einiger offener Fragen, unter anderem zu Savignys Ausbildung oder seiner Haltung zu den philosophischen Strömungen seiner Zeit.[832] Das alte Bild vom ›Kantianer Savigny‹ – das Bremer auch schon hinterfragte[833] – begann damit nun wenigstens doch langsam zu bröckeln, überkommen war es aber noch nicht.[834]

Keine Indizien gibt es hingegen dafür, dass Bremer zusätzlich Savignys eigene Notizen zur Methodologie-Vorlesung von 1802 vorlagen.[835] Der Savigny-Nachlass wurde erst 1977/1978 durch die Marburger-Universitätsbibliothek erworben und war zuvor in privater Hand für die Öffentlichkeit unzugänglich.[836]

Zum Abschluss dieser Thematik sei noch auf ein weiteres Notizblatt von Bremer hingewiesen: Abermals geht es um das uns schon bekannte Goethe-Werk »Wilhelm Meisters Lehrjahre«. Bremer ist aufgefallen, dass sich Savigny in seiner Methodologie-Vorlesung gegen Fichte, beziehungsweise das Naturrecht Fichtes wandte. Diese »Polemik« fände sich da, wo Savigny vorgetragen habe, dass manche der Sätze Fichtes ein Produkt der Zeit wären und ein ewig wahres Urteil über diese Schriften mit dem Goethe-Werk gesprochen sei.[837] Erstens lässt sich hieraus gewinnen, dass Bremer das ganze Heft und nicht bloß die ersten Seiten dessen vorgelegen haben dürften. Zweitens hätte er vielleicht den Wendepunkt,

---

831 Vgl. Gerhard Schmitz, Seckel, Emil, in: NDB 24 (2010), S. 113–114, 113.

832 Vgl. Aldo Mazzacane (Hg.), Friedrich Carl von Savigny: Vorlesungen über juristische Methodologie 1802–1842 (2. Auflage, 2004), S. 4.

833 Bremer/Meder I, Bl. 28.

834 Vgl. Aldo Mazzacane (Hg.), Friedrich Carl von Savigny: Vorlesungen über juristische Methodologie 1802–1842 (2. Auflage, 2004), S. 4–5.

835 Abgedruckt bei Aldo Mazzacane (Hg.), Friedrich Carl von Savigny: Vorlesungen über juristische Methodologie 1802–1842 (2. Auflage, 2004), S. 91–136.

836 Vgl. Aldo Mazzacane (Hg.), Friedrich Carl von Savigny: Vorlesungen über juristische Methodologie 1802–1842 (2. Auflage, 2004), S. 9–10.

837 Bremer/Meder I, Bl. 297 (Mit Verweis auf das Heft J. Grimms: »Heft S. 71f.«) – vgl. Jacob Grimm, Anleitung zu einem eigenen Studium der Jurisprudenz (1802/1803), in: Aldo Mazzacane (Hg.), Friedrich Carl von Savigny: Vorlesungen über juristische Methodologie 1802–1842 (2. Auflage, 2004), S. 173.

die Abkehr vom Naturrecht, mit dem Methodologie-Kolleg assoziiert; gleichwohl bleibt das Blatt provisorisch.[838]

5. Die letzten beiden Semester in Marburg (Sommersemester 1803 und Wintersemester 1803/1804)

Zu der Vorlesung des folgenden Sommers erfahren wir bei Bremer, dass Savigny hier wieder, wie schon im Wintersemester 1801/1802, die Geschichte des römischen Rechts auf Basis des Lehrbuchs von Hugo las.[839] Das Fach von dem der Protagonist noch ein Jahr zuvor gar nichts gewusst haben will etablierte sich also, während wir vom Naturrecht nun nichts mehr hören. Die Rechtsgeschichtevorlesung fand viermal pro Woche um 9 Uhr statt.[840] Unter den Zuhörern waren diesmal beide Brüder Grimm.[841] Dass es hier zu einem Andrang gekommen sein könnte, zeigt möglicherweise der Umstand, dass Savigny zum nächsten Semester Platzkarten ausgeben wird.[842]

Jenes nächste wird mit zwei Vorlesungen Savignys letztes Semester sein, bevor seine Tätigkeit als Dozent in Marburg am 13. April 1804 endet.[843] Noch einmal hörten die Brüder Grimm bei ihm; Wilhelm Grimm erhielt mit der Platzkarte Nr. 1 eine Platzgarantie in beiden Vorlesungen, Jacob schien keine zu benötigen.[844] Das erste und einzige Mal bot Savigny jetzt in Marburg eine der ›großen Vorlesungen‹ an, die Institutionen; daneben las er das Obligationenrecht.[845] Über die Vorlesungen holte Bremer Berichte der Brüder Grimm ein.[846] Wilhelm Grimm schrieb später:

838 Es gibt heutige Autoren, die zu dieser Zeit bei Savigny in Fichte eine Konstante erkennen wollen, s. Ralph Backhaus, Savigny in Marburg (2. Auflage, 2013), S. 42–47.

839 Bremer/Meder I, Bl. 266.

840 Bremer/Meder I, Bl. 266.

841 Bremer/Meder I, Bl. 315, 321.

842 Bremer/Meder I, Bl. 287–288, 317.

843 Bremer/Meder I, Bl. 321.

844 Bremer/Meder I, Bl. 287–288, 315, (321).

845 Bremer/Meder I, Bl. 275, 287–288, 314, 315, 317, 320–321; NB: Möglicherweise ging Bremer irrtümlich eine Zeit lang davon aus, dass Savigny das Obligationenrecht schon einmal im vorherigen Sommersemester 1803 oder Winter 1802/1803 gelesen hat (Bremer/Meder I, Bl. 264, 327), anderswo hören wir davon nichts mehr; einen Gesamtüberblick hat Joachim Rückert mit seinen »Lebensspuren Savignys« gegeben: Idealismus, Jurisprudenz und Politik bei Friedrich Carl von Savigny (2. Auflage, 2022), S. 492–494.

846 Für diesen Zeitraum bezieht sich Bremer hauptsächlich auf die Autobiografien des berühmten Brüderpaares. Sie wurden bei Justi abgedruckt und hieraus nochmal in den »Kleineren Schriften« der BrüderGrimm (vgl. bspw. Bremer/Meder I, Bl. 301, 314): Karl Wilhelm Justi, Grundlage zu einer Hessischen Gelehrten-Schriftsteller und Künstler-Geschichte (1831), S. 148–183; Karl Müllenhoff (Hg.), Kleinere Schriften von Jacob Grimm,

> »Savigny richtete zuweilen, während der Vorlesung, Fragen an die Zuhörer, schwierigere wurden schriftlich beantwortet.«[847]

Aus einem Bericht Jacob Grimms gab Bremer ein freies Zitat:

> »Savigny pflegte in seinen Kollegien den Zuhörern einzelne schwierige Pandektenstellen zu schriftlicher Interpretation vorzulegen.«[848]

So sehen wir, dass der Meister nicht nur das Publikum beteiligte – ja, wohl forderte –, sondern auch schriftliche Hausaufgaben aufgab. Sie wurden von ihm auf dem eingereichten Bogen rezensiert und im Plenum besprochen.[849] Den Brüdern war es gestattet Savigny zu Hause zu besuchen und ihn um Rat zu fragen.[850]

Bremer lag ein ganzes Übungsheft Jacob Grimms »von 16 Quartseiten« vor, dass höchstwahrscheinlich im Rahmen dieser Obligationenrechtsvorlesung des Wintersemesters 1803/1804 angefertigt wurde.[851] Das Heft trägt den Titel »Exegetische Ausarbeitungen bei Gelegenheit des Vortrags über das Obligationenrecht von F. K. v. Savigny«, inhaltliches gibt Bremer an dieser Stelle nicht wieder.[852]

Über Savignys Lehrstil finden wir bei Bremer zusätzlich einige Hinweise: Insgesamt kann man wohl sagen, dass sich Savignys Vorlesungen mit ihrem ganz anderen eigenen Stil, zwischen 1801 und 1804 steigernder Beliebtheit erfreut haben dürften. Insbesondere soll der Protagonist die eigenen Erfahrungen aus

---

Bd. 1 (1864), S. 1–24; Gustav Hinrichs (Hg.), Kleinere Schriften von Wilhelm Grimm, Bd. 1 (1881), S. 3–26.

847 Bremer/Meder I, Bl. 301, mit Verweis (ohne Seitenangabe) auf: »Wilhelm Grimm bei Justi« = Wilhelm Grimm, Grimm (Wilhelm Karl), in: Karl Wilhelm Justi, Grundlage zu einer Hessischen Gelehrten-Schriftsteller und Künstler-Geschichte (1831), S. 164–183, 171.

848 Bremer/Meder I, Bl. 301, ohne Quellenangabe (Anfang fehlt) – vgl. Jacob Grimm, Grimm (Jakob Ludwig Karl), in: Karl Wilhelm Justi, Grundlage zu einer Hessischen Gelehrten-Schriftsteller und Künstler-Geschichte (1831), S. 148–164, 152.

849 Vgl. Jacob Grimm, Grimm (Jakob Ludwig Karl), in: Karl Wilhelm Justi, Grundlage zu einer Hessischen Gelehrten-Schriftsteller und Künstler-Geschichte (1831), S. 148–164, 152.

850 Bremer/Meder I, Bl. 321 mit Verweis (ohne Seitenangabe) auf: »Wilhelms Biographie« = Wilhelm Grimm, Grimm (Wilhelm Karl), in: Karl Wilhelm Justi, Grundlage zu einer Hessischen Gelehrten-Schriftsteller und Künstler-Geschichte (1831), S. 164–183, 171.

851 Bremer/Meder I, Bl. 327. Wohl nur vorläufig irrt Bremer hier bezüglich des Zeitraums, indem er das Heft einer angeblichen Obligationenrechtvorlesung Savignys ein Winterhalbjahr vorher zuordnet (s. Fn. 845). Spätestens der Marburger-Vorlesungsplan wird ihn eines Besseren belehrt haben, vgl. Verzeichniß der Vorlesungen, welche in dem Winterhalben Jahre, von Michaelis 1802 an bis Ostern 1803 auf der Universität zu Marburg gehalten werden sollen (1802), S. 5–6; Aus einer Notiz an anderer Stelle geht hervor, dass Bremer offenbar später davon ausging, dass Jacob Grimm die Vorlesung des Obligationenrechts davor, also im Winter 1802/1803, doch nicht bei Savigny, sondern bei Weis gehört habe, vgl. Bremer/Meder I, Bl. 315; die Blätter scheinen abermals – mehr Regel als Ausnahme – aus der Reihenfolge gekommen zu sein.

852 Bremer/Meder I, Bl. 327.

den Vorlesungsbesuchen, speziell während der sächsischen Reise, positiv verarbeitet haben.[853] Beispielsweise soll er ungleich zum druckfertigen Vortrag August Wilhelm Schlegels, nicht aus dem Buch abgelesen haben.[854] Er soll keine hastigen Erzählungen über unberührende Vortragsgegenstände geliefert haben, wie er es bei Schelling und erst recht bei Stahl in Jena erlebte.[855] Vorlesungsinhalte habe er frei, lebendig, ausführlich und ruhig geschildert, sich dabei jedoch nicht wie sein Lehrer Weis in Ergriffenheit verloren.[856]

6. Savigny und die Brüder Grimm

Natürlich interessierte sich Bremer ganz besonders für die Beziehung seines Protagonisten zu dem berühmten Brüderpaar. Beispielsweise notiert er eine Textpassage von Wilhelm Grimm, aus der hervorgeht, dass der Lehrer den Brüdern Bücher aus seiner Privatbibliothek verlieh und ihnen bei ihren Besuchen auch vorlas; eine Stelle aus »Wilhelm Meister« blieb ihm besonders im Gedächtnis.[857] Was Wilhelm bei Savigny erstand, war eine, auch ganz von den Vorlesungen unabhängige, »Einsicht von dem Werthe geschichtlicher Betrachtung« und er wisse nicht, ob er ohne den Lehrer, »je auf einen ordentlichen Weg gekommen wäre«.[858]

Jacob Grimm, der es wegen eines introvertierten Wesens nicht einfach gehabt haben soll, in Marburg gleichaltrige Gesellschaft zu finden, wird von Bremer so gezeichnet, dass er unter anderem aufgrund von schlechter Behandlung in der Schule nur mit geringem Selbstbewusstsein vor den Protagonisten trat.[859] Von Schüchternheit und Trübsal hatte ihn der vertrauenswürdige Mentor bald befreien können.[860] Savignys »milde Lehre« habe in Jacob bald eine »wissenschaftliche Stimmung« entfacht.[861]

853 Bremer/Meder I, Bl. 303.

854 Bremer/Meder I, Bl. 303 mit Verweis auf: »Stoll S. 15« = Savigny, Briefbeilage (Reisetagebuch, erster Teil, 24. Juli–2. August 1799), in: Adolf Stoll, Friedrich Karl von Savignys Sächsische Studienreise 1799 und 1800 (1890), Nr. 1, S. 6–20, 15.

855 Bremer/Meder I, Bl. 303 mit Verweis auf: »Stoll 14« und »S. 16« [sic!] = Savigny, Briefbeilage (Reisetagebuch, erster Teil, 24. Juli–2. August 1799), in: Adolf Stoll, Friedrich Karl von Savignys Sächsische Studienreise 1799 und 1800 (1890), Nr. 1, S. 6–20, 14 und 16.

856 Bremer/Meder I, Bl. 303.

857 Bremer/Meder I, Bl. 307 (ohne nähere Quellenangabe, nur »Wilhelm erzählt«) – vgl. Wilhelm Grimm, Grimm (Wilhelm Karl), in: Karl Wilhelm Justi, Grundlage zu einer Hessischen Gelehrten-Schriftsteller und Künstler-Geschichte (1831), S. 164–183, 171.

858 Bremer/Meder I, Bl. 307; s. Fn. 857.

859 Bremer/Meder I, Bl. 307.

860 Bremer/Meder I, Bl. 307 (ohne Quellenangabe) – vgl. Jacob Grimm, Das Wort des Besitzes (1850), abgedruckt in: Karl Müllenhoff (Hg.), Kleinere Schriften von Jacob Grimm, Bd. 1 (1864), S. 113–144, 116.

So sehen wir, dass Savigny für die beiden berühmten Brüder mehr war als ein Universitätsdozent. Er brachte ihnen Literatur näher, erweckte in ihnen ein Geschichtsbewusstsein und unterstützte sie in dem, was wir heute Persönlichkeitsentwicklung nennen würden.

Wie erlangten die beiden Brüder aber die Gunst des jungen Protagonisten? Wahrscheinlich war es der fleißige Jacob, der bei dem wohlwollenden Meister rasch auffiel: Nachdem Jacob nach dem Tod des Vaters im Jahr 1796, nach eigener Erzählung weitestgehend sich selbst überlassen war, sollte das Jura-Studium in Marburg doch ambitionsreich in Angriff genommen werden.[862] Auf die Universität war Jacob durch den Vater gut vorbereitet worden. Noch bevor er zehn Jahre alt war, hatte er ihm »allerhand Definitionen u. Regeln aus dem Corpus juris [civilis] eingeprägt« und er hatte Zugriff auf die väterlichen, wohl zu Lehrzwecken angefertigten und mit »sauberer Hand« geführten, Aufzeichnungen von merkwürdigen Praxisfällen.[863] Ganz gezielt wird Jacob Grimm nicht in Savignys Vorlesungen gekommen sein. Er hatte nämlich anfangs keine Idee davon, was die Hochschullehrer unterschied.[864] Bremer mutmaßt, dass es aber wohl die Unentgeltlichkeit, das junge Alter des Dozenten und dessen vornehmes Wesen war, was Jacob vor Savignys Katheder brachte.[865] Schon eine der ersten Arbeiten Jacob Grimms zur »collatio bei der Intestaterbfolge« habe Savigny hervorragend, mit den Worten »Nicht nur vollkommen richtig entschieden, sondern auch sehr gut dargestellt«, rezensiert.[866] Das motivierte den Schüler stark.[867] Wie schon angedeutet, lagen Bremer manche der Hefte vor, Notizen haben wir dazu aber kaum.

Was er dabei insgesamt von den Brüdern Grimm hatte, ist daher schwer zu bestimmen. Jedenfalls war es einiges von Jacob, auch zu Veranstaltungen anderer

861 Bremer/Meder I, Bl. 307 – vgl. Jacob Grimms »Das Wort des Besitzes« von 1850, abgedruckt in: Karl Müllenhoff (Hg.), Kleinere Schriften von Jacob Grimm, Bd. 1 (1864), S. 113–144, 114; s. Fn. 860.

862 Bremer/Meder I, Bl. 319, mit Verweis (Fn. 1) auf: »In der Widmung seiner Deutschen Grammatik« = Jacob Grimm, An Savigny (1819), in: ders., Deutsche Grammatik, 1. Teil, 1. Abteilung, 3. Ausgabe (1840), S. III–X, III.

863 Bremer/Meder I, Bl. 316 (ohne nähere Quellenangabe, »Jacob erzählt«) – vgl. Jacob Grimm, Grimm (Jakob Ludwig Karl), in: Karl Wilhelm Justi, Grundlage zu einer Hessischen Gelehrten-Schriftsteller und Künstler-Geschichte (1831), S. 148–164, 151.

864 Bremer/Meder I, Bl. 316 (ohne nähere Quellenangabe, »Jacob erzählt«) – vgl. Jacob Grimm, Das Wort des Besitzes (1850), abgedruckt in: Karl Müllenhoff (Hg.), Kleinere Schriften von Jacob Grimm, Bd. 1 (1864), S. 113–144, 113.

865 Bremer/Meder I, Bl. 315.

866 Bremer/Meder I, Bl. 330, mit Verweis auf: »I, S. 116« = Jacob Grimm, Das Wort des Besitzes (1850), in: Karl Müllenhoff (Hg.), Kleinere Schriften von Jacob Grimm, Bd. 1 (1864), S. 113–144, 116.

867 Bremer/Meder I, Bl. 330, mit Verweis auf: »Kl. Schr. I, S. 6« = Jacob Grimm, Grimm (Jacob Ludwig Carl), in: Karl Müllenhoff (Hg.), Kleinere Schriften von Jacob Grimm, Bd. 1 (1864), S. 1–24, 6; Die Autobiografie ist zuvor bei Justi unter geringfügig abweichenden Titel »Grimm (Jakob Ludwig Karl)« erschienen (vgl. Fn. 846).

Hochschullehrer.[868] Die Notizblätter geben zwar manche Aufstellungen wieder, nur wie schon angedeutet sind diese unklar, wohl mit späteren Revidierungen der Mutmaßungen versehen und sie scheinen aus ihrer Reihenfolge gekommen zu sein.[869] Gut belegt ist von Jacob Grimm Folgendes:

Sicher hatte Bremer das besagte Heft mit der Reinschrift zur Methodologie von 1802/1803, was ihn offensichtlich am meisten interessierte und das ebenfalls schon angesprochene Heft von 16 Quartseiten von 1803/1804 (Obligationenrecht mit drei exegetischen Übungen; möglicherweise sind hierin auch Rechtsfallentscheidungen aus der Institution-Vorlesung enthalten[870]).[871] Zusätzlich hatte er fünf weitere, von Savigny rezensierte, Hefte oder Doppelblätter; wovon sich drei oder vier Hefte (jedenfalls wohl sechs Arbeiten[872]) mit praktischer Fallbearbeitung auf das Erbrecht beziehen und wohl eines auf das Sachenrecht.[873]

Von den erbrechtlichen Arbeiten haben wir eine Gesamtbetrachtung Bremers.[874] Hier notiert er die Urteile Savignys, die meistens positiv sind, im ungünstigsten Fall hingegen einige kritische Bemerkungen, aber gar kein Schlussurteil enthalten.[875] In der Mitte steht eine Arbeit, von der Bremer die Schlussbemerkungen Savignys wiedergibt:

> »Ich muß bei dieser recht gründlichen Arbeit nur das im allgemeinen bemerken, daß das Verhältnis der collatio dotis zur Justinianischen, besser: neuen collatio, nicht ganz richtig angegeben scheint; man kann nicht sagen, daß die Collatio dotis noch jetzt, wie ehemals, eine besondere collatio ausmacht, den übrigen nur ähnlich, sondern aus der (ehemals anomalischen) collatio dotis ist allmälig die neue collatio entstanden, von welcher sie also jetzt nur ein Fall überhaupt ist, ohne daß von den alten Abweichungen von der Regel die Rede sein kann.«[876]

Deutlich schwieriger ist es noch zu sagen, was Bremer von Wilhelm Grimm hatte, da hierzu offenbar kaum Notizen erhalten geblieben sind. Jedenfalls wohl weder ein Arbeitsheft zu den Rechtsfall-Aufgaben der Institutionenvorlesung von 1803/1804 noch das Heft mit exegetischen Übungen zum Obligationenrecht im glei-

868 Bremer/Meder I, Bl. 327–328.

869 Vgl. insbesondere Bremer/Meder I, Bl. 314, 327–328, 332–333.

870 Bremer/Meder I, Bl. 332.

871 Bremer/Meder I, Bl. 327.

872 Bremer/Meder I, Bl. 333.

873 Bremer/Meder I, Bl. 327–328. Unter den Arbeiten zum Erbrecht war nach diesen Notizblättern auch Jacob Grimms Arbeit zur »collatio bei der Intestaterbfolge«, anhand dessen Bremer, die durch Grimm viel später wiedergegebene Rezension (s. Fn. 866), als »nicht genau!« bezeichnen konnte (Bremer/Meder I, Bl. 330, Fn. 1); Erbrechtliche Fälle wurden nicht nur in der Erbrechtsvorlesung gelöst, in der Jacob Savigny das erste Mal hörte, sondern auch im Rahmen der Institutionen (s. Bremer/Meder I, Bl. 332, 334).

874 Bremer/Meder I, Bl. 329.

875 Bremer/Meder I, Bl. 329.

876 Savigny, [Schlussbemerkungen unter einer studentischen Arbeit Jacob Grimms, ohne Datum, um 1803], notiert auf: Bremer/Meder I, Bl. 329 (ohne nähere Quellenangaben).

chen Semester.[877] Aber wohl eine vom Bruder abgeschriebene Vorlesungsmitschrift zu den Institutionen und möglicherweise die Abschrift der Methodologie-Reinschrift des Bruders.[878] Von den Zeugnissen, die Savigny dem berühmten Brüderpaar um 1803 und 1804 ausstellte und im Jahr 1927 durch Stoll veröffentlicht wurden,[879] lag Bremer wohl wenigstens Wilhelms schon vor, sodass wir davon ausgehen können, dass Stolls Publikation auch hier von Bremers Vorarbeiten profitiert hat.[880]

7. »Das Recht des Besitzes« von 1803

Viel hören wir bei Bremer nicht von der Monografie. Es war das Werk, welches den jungen Meister im Jahr 1803 zu einem Juristen ersten Ranges aufsteigen ließ.[881] Nur wenige Anmerkungen und chronologische Skizzen finden wir:

Bremer datiert die Schaffensperiode zu dem »epochemachende[n] Buch«[882] auf den Winter 1802/1803. Nach einem Brief den Savigny 44 Jahre später geschrieben haben soll, habe die Arbeit nur einige Wochen gedauert.[883] Im November 1802 habe Savigny in einem Brief an Georg Arnold Heise angekündigt »auf Ostern« 1803 »als Schriftsteller aufzutreten«.[884] Die eigentlichen Arbeiten haben laut Bremer im Dezember des Jahres 1802 begonnen.[885] Zur Monografie selbst ist notiert:

> »Um den m.E. allein richtigen Standpunkt für die Beurtheilung des Werkes zu gewinnen, muß man es betrachten als ein nach anderthalb Jahrtausend wieder zu einem gewissen Leben erwecktes wichtiges Stück der antik-römischen Rechtsordnung, als ein Beispiel, wie gewisse Bedürfnisse des röm. Rechtslebens durch den Praetor u. die Rechtsgelehrten vor anderthalb Jahrtausend befriedigt worden sind, eine rechtshisto-

877 Bremer/Meder I, Bl. 328, 321, 332.

878 Bremer/Meder I, Bl. 321, 337.

879 Adolf Stoll, Der junge Savigny (1927), Nr. 83, S. 224–225.

880 Bremer/Meder I, Bl. 317, 320, 321.

881 Vgl. Jochen Otto, Auf den Spuren von Friedrich Carl von Savigny (1779–1861). Der Junge Savigny (1779–1804), in: SZ (RA) 128 (2011), S. 442–463, 460.

882 Bremer/Meder I, Bl. 331.

883 Bremer/Meder IV-2, Bl. 123, mit Verweis auf einen Brief, den Savigny am 21. März 1847 an Rudorff sendete (s. Editionsangaben).

884 Bremer/Meder IV-2, Bl. 124, mit Verweis auf einen Brief, den Savigny am 12. November 1802 an Heise sendete – vgl. Otto Lenel, Briefe Savignys an Georg Arnold Heise, in: SZ (RA) 36 (1915), S. 96–156, Nr. 3, S. 102. Es ist unklar, ob Bremer auf Lenels Veröffentlichung warten musste oder ob ihm die Briefe schon vorher vorlagen. Letzterenfalls würde Lenels Veröffentlichung jedenfalls erklären, weshalb Stoll 1927 den entsprechenden Brief aussparte.

885 Bremer/Meder IV-2, Bl. 125.

rische Untersuchung, die nicht im entferntesten daran denkt, für unser heutiges Rechtsleben Vorschriften aufstellen zu wollen.«[886]

So nennt Bremer Savigny weiter sinngemäß einen Altertumsforscher wie andere auch, der sich aber zufällig, anders als die Philologen, der römischen Rechtsgeschichte widmete.[887] Hier schließt sich der Kreis zu Bremers großem Interesse an den altphilologischen Kontakten während der sächsischen Reise. Als zusätzliche Anstöße für die Monografie – von Savignys Pandektenvorlesung haben wir schon gehört – sieht Bremer die »heutigen Besitzprozesse«, wobei er möglicherweise auf die Spruchkammer der Marburger Universität anspielt und zusätzlich »auch in seiner [Savignys] Familie?« vermerkt.[888] An Empfängern von Freiexemplaren der Monografie, nennt Bremer nur Lambert Joseph Kretzer in Koblenz, den er sonst nur an einer Stelle erwähnt, an welcher Savigny in einem Brief 1803 an Kretzer über Clemens Brentanos Aufenthaltsort Bericht erstattet.[889] Inzwischen gibt es von den Empfängern der Freiexemplare auch umfangreichere Listen; sie enthalten Namen wie Weis, Thibaut, Hufeland, Heise und Hugo, um nur einige zu nennen.[890] Schließlich notiert Bremer noch einige Rezensenten der Schrift; auf einem Blatt zuvor scheint diesbezüglich schon ein Text vorbereitet worden zu sein.[891] Unglücklicherweise ist nur ein Abriss vorhanden:

> »Auch über die Lehre vom Besitz geben Thibauts u. Savignys Schriften bei ihrem Zusammensein in Göttingen rechten Anlaß zu wissenschaftlichen Erörterungen. Nachdem Thibaut Savignys Schrift in der [Halleschen] Allgemeinen Literaturzeitung von 1804 No. 41 besprochen u. dabei Bemerkungen über possessio civilis u. naturalis gemacht hatte, die er dann in demselben Jahr in dem Anfang seiner neuen Ausgabe von Cuperus' (1789 in Leyden erschienener) Schrift De natura possessionis näher ausführt, (›adiectis de naturali et civili possessione observationibus‹), entschloß sich Heise, diese Schrift Thibauts in den Göttinger Gelehrten [Textende]«[892]

Man könnte zunächst annehmen, dass Bremer die baldigen Gegenspieler Savigny und Thibaut, schon so früh konfrontativ gegenüberstellt. Höchstwahrscheinlich dürfte die Angelegenheit aber in eine andere Richtung laufen:

Anton Friedrich Justus Thibaut (1772–1840) hatte also eine Rezension zur Monografie Savignys verfasst; sie war anerkennend, diskutierte aber die Be-

886 Bremer/Meder IV-2, Bl. 122.
887 Bremer/Meder IV-2, Bl. 122.
888 Bremer/Meder IV-2, Bl. 124, 125.
889 Bremer/Meder IV-2, Bl. 124, 125, 87, 82.
890 Vgl. Jochen Otto, Auf den Spuren von Friedrich Carl von Savigny (1779–1861). Der Junge Savigny (1779–1804), in: SZ (RA) 128 (2011), S. 442–463, 460.
891 Bremer/Meder IV-2, Bl. 124, 118.
892 Bremer/Meder IV-2, Bl. 118; Wenn Bremer am Ende auf eine Zeitschrift hindeutet, wird er von »Göttingsche gelehrte Anzeigen« sprechen; s. Bremer/Meder IV-2, Bl. 118.

wertung der genannten Besitzbegriffe.[893] Ausführlicher wurde Thibaut diesbezüglich laut Bremer dann in dem angedeuteten weiteren Werk zum Besitz (der »neuen Ausgabe von Cuperus«), welches er fortzuführen die Gelegenheit hatte.[894] Der uns schon bekannte Georg Arnold Heise hatte gerade seine akademische Karriere in Göttingen als Rechtslehrer begonnen; im Jahr 1804 wurde er Extraordinarius an der Universität.[895] Ihm ist gemäß Bremers Textabriss eine anonyme Rezension in einem Göttinger-Journal zuzuordnen, die sich Thibauts umfangreicheren Ausführungen widmete und ihre Thesen wiederum mit jenen des Protagonisten verglich.[896] Ohne nun rahmensprengend über ein dogmatisches Intermezzo zu spekulieren, was der Pandektist Bremer zu den Besitzbegriffen hier hätte anschließen können, bliebe die Frage offen: Weshalb kam Bremer überhaupt auf Heises kurzen Beitrag zu sprechen? Denn er war zu dieser Zeit ein wissenschaftlicher Neuling und seine Zeilen waren in der Hauptsache gar nicht Savignys Monografie gewidmet. Und zu den eigentlichen Savigny-Rezensionen notierte Bremer wenig, so beispielsweise zu jener des renommierten Gustav Hugo (1764–1844) nur knapp die Fundstelle.[897] Nun ließen sich Gründe aus allgemeineren rechtshistorischen Überlegungen anführen, dass die Antwort mit dem zusammenhängen dürfte, was Bremer andernorts einmal den »Heisesche[n] Grundriß« nennt.[898] Heise war es nämlich, der 1807 ›das‹ Pandektensystem der Historischen Rechtsschule vorlegte (»Grundriss eines Systems des gemeinen Civilrechts, zum Behuf von Pandecten-Vorlesungen«); es wurde nicht nur 1809 von dem vormals mit Böhmers »Introductio in ius digestorum« arbeitenden Savigny übernommen, es verdrängte auch alle anderen Anordnungsvorschläge, wie beispielsweise jenen Thibauts.[899] Noch Konkreteres lässt sich aber auch finden. Tatsächlich hat die Angelegenheit in die Folgeauflage der Monografie des Protagonisten Eingang gefunden. Die knappe Anmerkung dürfte nicht nur erklären, weshalb Bremer die Nennung von Heise eine Notiz wert war, sondern auch worauf er mit den vorangestellten Zeilen letztendlich hinauswollte. In der Anmerkung spricht der Meister davon, dass seine Erklärung zur possessio civilis erst mitsamt Thibauts Ausführungen völlige Sicherheit erhielte und von einer

893 Vgl. Anton F. J. Thibaut, Das Recht des Besitzes [Rezension], in: Allgemeine Literatur-Zeitung, 1804, Bd. 1, No. 41, Sp. 321–327.

894 Gemeint ist die neue Ausgabe von: Angeli Jacobi Cuperi/Anton Friedrich Justus Thibaut: Observationes Selectae De Natura Possessionis, Jena 1804; s. hierzu ferner Editionsangaben bei Bremer/Meder IV-2, Bl. 118, Anm. XVII (S. 449).

895 Vgl. Hermann Schultze-von Lasaulx, Heise, Georg Arnold, in: NDB 8 (1969), S. 453–454.

896 Vgl. Georg Arnold Heise, Observationes Selectae De Natura Possessionis [Rezension] in: Göttingsche gelehrte Anzeigen, 1804, 3. Bd., Stück 144, S. 1427–1433, 1429.

897 Bremer/Meder IV-2, Bl. 124.

898 Bremer/Meder I, Bl. 327.

899 Vgl. Hans-Peter Haferkamp, Die Historische Rechtsschule (2018), S. 81.

guten Bemerkung, die ein nicht benannter Rezensent Thibauts noch mache.[900] Hinweise wie Bremer darauf kam, dass die Rezension Heise zuzuordnen ist, gibt sein hiesiges Material nicht her. Bestimmt wird es aber die Information aus einem Brief Savignys an Creuzer gewesen sein, der Bremer vorlag.[901] Gut möglich, dass Bremer neben dieser ›Enthüllung‹ noch einige Sätze über das frühe Verhältnis zwischen Thibaut und seinem Protagonisten geschrieben hätte. Denn in dem baldigen Opponenten sah der junge Savigny durchaus einen hochkarätigen Vertreter der gemeinsamen Zunft.[902]

II. Das Projekt vom »kritischen Blatt«

Mit einigen Freunden wollte sich Savigny als Herausgeber eines »kritischen Blatts« versuchen. Die Idee dazu, so hätte es Bremer wohl final dargestellt, müsste ihm auf der sächsischen Studienreise gekommen sein, als er den Streit bei der Jenaer-ALZ miterlebte.[903] Auch wenn er die redaktionelle Antwort Schütz' und Hufelands in dem Streit mit dem verdienten Kritiker August Wilhelm Schlegel als schlaff empfand, hätte er sich damals, angesichts der fortschreitenden Monopolstellung der ALZ, wohl erträumt – Bremer spricht von einem »Stoßseufzer« –, dass sich die Parteien zusammenraufen.[904]

> »[…] O wenn dann die besten Köpfe Deutschlands sich um Schütz u. Hufeland versammelten u. mit Würde das ernste Geschäft der Kritik betrieben, was könnte diese u. was könnte unsere ganze Litteratur werden!«[905]

Besonders kritisiere Savigny nach Bremer also die fortwährend vorangestellten persönlichen Befindlichkeiten bei den Journalen dieser Zeit. Die meisten verlören sich in den kleinen Streitereien, während das eigentliche Kerngeschäft, die Literaturkritik, unterginge.[906]

900 Vgl. Savigny, Das Recht des Besitzes (2. Auflage, 1806), S. 46, Anm. (1).

901 s. Savigny, Brief an F. Creuzer vom 18. November 1804 aus Metz, in: Adolf Stoll, Der junge Savigny (1927), Nr. 100, S. 241–243, 242 (s. hier zu der Angelegenheit auch die Anmerkung von Stoll in Fn. 5, was fehlt ist aber der Hinweis auf Bremer); Bremer lag dieser Brief vor, vgl. Bremer/Meder III, Bl. 12.

902 Vgl. Jochen Otto, Auf den Spuren von Friedrich Carl von Savigny (1779–1861). Auf dem Weg nach Berlin: 1804–1810, in: SZ (RA) 129 (2012), S. 604–635, 618f.

903 Bremer/Meder V, Bl. 337.

904 Bremer/Meder V, Bl. 335, 337–338.

905 Bremer/Meder V, Bl. 337/338, mit Verweis auf: »Stoll S. 31f.« = Savigny, Brief an F. u. L. Creuzer vom 3. Januar 1800 aus Leipzig, in: Adolf Stoll, Friedrich Karl von Savignys Sächsische Studienreise 1799 und 1800 (1890), Nr. 10, S. 30–32, 32.

906 Bremer/Meder V, Bl. 337–338.

So notiert Bremer, dass die Rezensionszeitschriften »Tummelplätze der persönlichen Neigungen u. Abneigungen« waren.[907] Lob für ein Blatt habe immer auch den Tadel für das andere folgen lassen; ein besonders tiefer Graben soll – so ein Briefwechsel zwischen den Brüdern Grimm, den Bremer ausfindig machte – zwischen der Jenaer-ALZ und der Halleschen Literaturzeitung gelegen haben.[908]

Aus einem weiteren Brief zwischen den Brüdern Grimm konnte Bremer folgern, dass Savigny wohl sehr genau wusste, wie rau es bei den Redaktionen der Journale zuging: Jacob hatte nämlich einmal aus Paris geschrieben, dass Savigny eine Briefsammlung aus Deutschland mitführte. Es waren Abschriften aus der Korrespondenz zwischen dem Redakteur der ehemaligen Erlanger Literaturzeitung, einem gewissen Professor Mehmel, und bekannten Persönlichkeiten wie Fichte, August Wilhelm Schlegel und Schelling.[909] Und Bremer notierte, dass diese nach Jacob Grimms Brief »traurig und lustig zu lesen« seien; lustig, weil auf vorgeschobene Schmeicheleien »ungeheure Grobheiten« folgten und traurig, weil die Briefe höchst unehrlich seien.[910]

Im Winter der Jahre 1801/1802 trieb Savigny das Vorhaben der neuen Zeitschrift voran: Laut Bremer waren die Freunde, die er zur Mitarbeit an dem Projekt gewinnen konnte, in erster Linie der Pfarrer Bang und die Vettern Creuzer.[911] Überlegungen des Savigny-Forschers, dass der Protagonist bereits unmittelbar nach der Reise mit den Umsetzungen eines konkreten Planes zu einem kritischen Blatt begonnen haben könnte, hatten sich wohl als falsch erwiesen.[912]

907 Bremer/Meder V, Bl. 338.

908 Bremer/Meder V, Bl. 338, mit Verweis auf: »Briefwechsel zwischen J. u. W. Grimm S. 47« = Wilhelm Grimm, Brief an Jacob Grimm vom 28. Mai 1805 aus Marburg, in: Herman Grimm/Gustav Hinrichs (Hg.), Briefwechsel zwischen Jacob und Wilhelm Grimm aus der Jugendzeit (1881), Nr. 12, S. 45–47(–50), S. 47.

909 Bremer/Meder V, Bl. 343, mit Verweis auf: »Briefwechsel S. 32f.« = Jacob Grimm, Brief an Wilhelm Grimm vom 2. April 1805 aus Paris, in: Herman Grimm/Gustav Hinrichs (Hg.), Briefwechsel zwischen Jacob und Wilhelm Grimm aus der Jugendzeit (1881), Nr. 7, S. 31–34, 32f.

910 Bremer/Meder V, Bl. 343, mit Verweis auf: »Briefwechsel S. 32f.« = Jacob Grimm, Brief an Wilhelm Grimm vom 2. April 1805 aus Paris, in: Herman Grimm/Gustav Hinrichs (Hg.), Briefwechsel zwischen Jacob und Wilhelm Grimm aus der Jugendzeit (1881), Nr. 7, S. 31–34, 32f.

911 Bremer/Meder V, Bl. 343, 345.

912 Bremer/Meder V, Bl. 340–343; Zuvor haben wir von dem gemeinsamen Hutten-Projekt von Savigny und Winkelmann gehört. Den diesbezüglichen »Contract« brachte Bremer auf diesen Notizblättern noch mit dem Projekt vom kritischen Blatt in Verbindung. Dafür, dass Bremer final zu der Überzeugung kam, dass der »Contract« doch nichts mit dem Journal-Projekt zu tun hatte, spricht der Gesamtcharakter seiner entsprechenden Notizblätter im direkten Vergleich (vgl. Bremer/Meder V, Bl. 341, mit Bremer/Meder V, Bl. 42: Während er auf ersterem noch unsicher ist, um wen es sich bei dem Freund handelt, der den Vertrag mit abgeschlossen hatte, ist auf dem zweiten Blatt ganz klar, dass es sich um Winkelmann handelt).

Auch Savignys Freund Clemens Brentano, mit dem er in der Zeit in Marburg durch regelmäßige Besuche eine immer enger werdende Freundschaftsbeziehung ausbaut, waren die Pläne von dieser kritischen Zeitschrift bekannt. Aus Brentanos brieflichen Korrespondenz mit Winkelmann arbeitete Bremer die geplante Ausrichtung des Blattes heraus.[913]

Thematisch sollte es keine Grenzen bezüglich der behandelten Literatur geben, so dürfen wir das Projekt nicht als ein juristisches Journal-Projekt missverstehen.[914] Rezensionen von Schriften sollten nicht als (negatives) Ergebnis formuliert werden, sondern präzise darlegen, inwieweit der jeweilige wissenschaftliche Fachbereich durch die behandelte Schrift vorangebracht werde.[915] Jedem Beitrag sollte dabei eine kurze allgemeine Darstellung der jeweiligen fachbezogenen Ansicht von Kritik des Rezensenten vorausgehen, um das Publikum von der richtigen Ansicht des Zwecks zu überzeugen.[916] Als zweite Säule sollte die Zeitschrift, neben den Rezensionen, auch Erörterungen zu neueren Werken, aber besonders zu historischen Werken liefern.[917] Angesichts der destruktiven Streitereien, die bei anderen Blättern geführt wurden, habe man das Ziel der neuen Zeitschrift so formuliert, dass es den Herausgebern und »allen theilnehmenden Gemüthern, bescheidenen, vortrefflichen, die in Deutschland versteckt keimen mögen« Befriedigung verschaffen sollte.[918] Man habe mit der Zeitschrift »ein Gespräch denkender Freunde von verschiedenen Studien in einer gemeinsamen Bibliothek« etablieren wollen.[919] Nebenbei hatte Brentano Winkelmann ausgerichtet, dass Savigny auch offen für Anregungen seinerseits sei.[920]

913 Bremer/Meder V, Bl. 344/345, mit Verweis auf: »Steig I, S. 29f.« und »Steig I, S. 30« = Clemens Brentano, Brief an Stephan August Winkelmann, Februar 1802 (mit redaktionellen Einschüben, ohne nähere Angaben), in: Reinhold Steig, Achim von Arnim und Clemens Brentano (1894), S. 29–30; s. auch die Editionsangaben bei Bremer/Meder V, Bl. 344, 345.

914 Bremer/Meder V, Bl. 344, mit Verweis (Fn. 1) auf: »Steig I, S. 30« = Clemens Brentano, Brief an Stephan August Winkelmann, Februar 1802, in: Reinhold Steig, Achim von Arnim und Clemens Brentano (1894), S. 30.

915 Bremer/Meder V, Bl. 344–345, jeweils mit Verweis (Fn. 1) auf: »Steig I, S. 30«/»Steig I, S. 29f.« = Clemens Brentano, Brief an Stephan August Winkelmann, Februar 1802, in: Reinhold Steig, Achim von Arnim und Clemens Brentano (1894), S. 29–30.

916 Bremer/Meder V, Bl. 344–345, jeweils mit Verweis (Fn. 1) auf: »Steig I, S. 30«/»Steig I, S. 29f.« = Clemens Brentano, Brief an Stephan August Winkelmann, Februar 1802, in: Reinhold Steig, Achim von Arnim und Clemens Brentano (1894), S. 29–30.

917 Bremer/Meder V, Bl. 344–345, jeweils mit Verweis (Fn. 1) auf: »Steig I, S. 30«/»Steig I, S. 29f.« = Clemens Brentano, Brief an Stephan August Winkelmann, Februar 1802, in: Reinhold Steig, Achim von Arnim und Clemens Brentano (1894), S. 29–30.

918 Bremer/Meder V, Bl. 345, mit Verweis (Fn. 1) auf: »Steig I, S. 29f.« = Clemens Brentano, Brief an Stephan August Winkelmann, Februar 1802, in: Reinhold Steig, Achim von Arnim und Clemens Brentano (1894), S. 29–30.

919 Bremer/Meder V, Bl. 345, mit Verweis (Fn. 1) auf: »Steig I, S. 29f.« = Clemens Brentano, Brief an Stephan August Winkelmann, Februar 1802, in: Reinhold Steig, Achim von Arnim und Clemens Brentano (1894), S. 29–30.

Bremer skizzierte anhand von Kurzmitteilungen des Protagonisten auch, wie die Sache weiterging.[921] Konkrete Schritte waren demnach schon unternommen. Savigny organisierte den Druck für die Anzeigen des Blattes, die der Pfarrer Bang dann versenden sollte.[922] Bremers Protagonist hatte dabei mitgeteilt, dass er von den Anzeigen zwölf zurückbehalten habe und die Versendung an zwei Personen selbst erledige; der Druck auf dem geringfügig teureren Schreibpapier habe den Vorteil, dass kein Couvert notwendig sei.[923]

Bremer lagen mehrere solcher undatierter »Zettel« von Savigny an Bang in dieser Angelegenheit vor.[924] Einige dieser Kurznachrichten hat Stoll später veröffentlicht;[925] nicht aber alle, wie jenen zur voranstehenden Sache mit dem Anzeigendruck. Die bei beiden vorkommenden Nachrichten, setzt Bremer in den Zeitraum der Jahre 1801/1802, während sie Stoll dem Jahr 1804 zuordnete.[926]

In der kleinen Gruppe, die der Protagonist zusammentrommelte, kam es dann aber wohl zu Konflikten, die erklären dürften, weshalb das Projekt nicht realisiert wurde. Drei Streitpunkte gehen aus den notierten Nachrichtenpassagen bei Bremer hervor:

Erstens hatte Savigny den untätigen Freund Bang mahnen müssen, den seinigen Beitrag zum Plan des Journals nun endlich nicht weiter aufzuschieben.[927] Zweitens hatte Friedrich Creuzer darüber Zweifel angemeldet, ob sich Bang als Geistlicher überhaupt offen beteiligen dürfe.[928] Und drittens hatte abermals Creuzer, genannt »der Professor«, wohl während einer gemeinsamen Unterredung zum Projekt, »von dieser Sache« angefangen, wobei Bremer nicht feststellen konnte, worum es ging; jedenfalls hatte Savigny dazu an Bang geschrieben, dass Creuzer, solange sie dauere, nicht frischen Mutes mit ihnen arbeiten könne.[929]

920 Bremer/Meder V, Bl. 345, mit Verweis (Fn. 1) auf: »Steig I, S. 29 f.« = Clemens Brentano, Brief an Stephan August Winkelmann, Februar 1802, in: Reinhold Steig, Achim von Arnim und Clemens Brentano (1894), S. 29–30.

921 Bremer/Meder V, Bl. 348–349.

922 Bremer/Meder V, Bl. 348.

923 Bremer/Meder V, Bl. 348.

924 Bremer/Meder V, Bl. 344; zu einem anderen dieser »Zettel« an Bang in Großfelden, notierte Bremer einmal, dass er nicht regulär durch die Post zugestellt wurde (vgl. Bremer/Meder V, Bl. 90).

925 Vgl. bspw. Bremer/Meder V, Bl. 343, 348 f. – vgl. Adolf Stoll, Der junge Savigny (1927), Nr. 72 (6), S. 215, Nr. 72 (7), S. 215 f.

926 Vgl. insbesondere Bremer/Meder V, Bl. 343–345 – vgl. Adolf Stoll, Der junge Savigny (1927), S. 215.

927 Bremer/Meder V, Bl. 349 – vgl. Adolf Stoll, Der junge Savigny (1927), Nr. 72 (7), S. 215 f.

928 Bremer/Meder V, Bl. 348.

929 Bremer/Meder V, Bl. 348 – vgl. Adolf Stoll, Der junge Savigny (1927), Nr. 72 (6), S. 215 (bei Stoll »Seite« statt »Sache«); NB: Einen letzten potentiellen Hinweis zum Projekt des kritischen Blatts, sah Bremer in einem Brief vom 23. Juli 1803 (vgl. Bremer/Meder V, Bl. 350). Deutlich spektakulärer als der fragliche inhaltliche Bezug zum Projekt ist hierbei, dass es sich nun einmal um einen der Gegenbriefe, also von Bang an Savigny, handelt. Eigentlich

Trotz der Schwierigkeiten waren Savignys Ideen eines kritischen Blattes nicht tot. Nach dem, was Bremer notierte, teilte er wohl die Vermutung, dass die von Savigny gefassten Konzeptionsgedanken in den später von Friedrich Creuzer neugegründeten »Heidelberger Jahrbüchern« aufgegangen seien.[930] Und noch etwas später wurden sie mit spezifischerer Ausrichtung auch von dem Protagonisten selbst mit der »Zeitschrift für geschichtliche Rechtswissenschaft« realisiert.[931]

Bremer hätte in der Biografie wohl eine umfangreiche Betrachtung des Projekts geliefert. Der neusten und neueren Savigny-Forschung ist dieses Vorhaben des kritischen Blatts nicht unbekannt geblieben. Hierbei profitierte man von der Publikation, der Korrespondenz zwischen Savigny und Winkelmann, von Schnack, die Bremer noch nicht vorlag.[932] Anhand dieses Materials stellte beispielsweise kürzlich Mecke den hohen Wert, den Savigny der schönen Literatur beigemessen hatte, in den Mittelpunkt.[933]

Wahrscheinlich sind wir in der Tat auch nahe an einem ›roten Faden‹ Bremers, wenn wir über eine Interessenskonstante des Protagonisten an der belletristischen Literatur sprechen. Und in der Tat ist von hier der Weg zur professionelleren Literaturkritik nicht weit, weil Savigny – wir haben es öfter gesehen – nicht bloß ein ›Freizeitleser‹ gewesen sein wird. Was bei Bremer überhaupt auffällt, ist sein gesteigertes Interesse an den Philologen und zwar ohne Grenzen zur Literaturkritik. So befasste er sich beispielsweise umfangreich mit ›dem‹ Kritiker August Wilhelm Schlegel – neben seinem Bruder rückt er in der modernen Savigny-Forschung stets in den Hintergrund – und ordnet seinen Protagonisten mit seinem Urteil zur Monografie von 1803 selbst den Philologen zu. Was Bremer wohl mit seiner Biografie, wäre sie fertiggestellt worden, schon unternommen hätte, wäre innerhalb des Gesamtkomplexes »philosophische Korrespondenz«, die Heraushebung ihrer ›literaturkritischen Schule‹ gewesen. Sichtbar wird eine solche Prägung am Projekt vom Journal, wirksam nach Bremer spätestens im »Recht des Besitzes«. Die Suche nach ›romantischen Spuren‹ bei dem Journal-Projekt würde, unter Berücksichtigung aller nun verfügbaren Quellen, eine eigene Untersuchung verdienen: So müssen hier Anregungen dahingehend ge-

---

waren Briefe an den Protagonisten zu Bremers Zeit nämlich gar nicht zu bekommen (s. Fn. 836).

930 Bremer/Meder V, Bl. 342, mit Verweis (Fn. 3) auf: »Enneccerus, S. 55« = Ludwig Enneccerus, Friedrich Carl v. Savigny und die Richtung der neueren Rechtswissenschaft (1879), S. 55; s. auch Bremer/Meder V, Bl. 349.

931 Bremer/Meder V, Bl. 342 (sehr wahrscheinlich spielt der Teilsatz auf diesem Blatt vor dem Textabriss, auf die »Zeitschrift für geschichtliche Rechtswissenschaft« an).

932 Ingeborg Schnack, Der Briefwechsel zwischen Friedrich Carl von Savigny und Stephan August Winkelmann (1984).

933 Chirstoph-Eric Mecke, Friedrich Carl von Savignys Rechtsdenken und die Romantik, in: Antje Arnold/Walter Pape (Hg.), Romantik und Recht (2018), S. 35–60, 42–43.

nügen, ob das Projekt ein romantisches Menschenbild als Leser adressiert hätte oder ob die angedachte ›Kritik vom Werk her‹ ein Ausdruck des »Primats des Besonderen«[934] sein könnte.

III. Savigny und die Brentano-Familie

Wie bereits angedeutet interessiert sich Bremer besonders für Savignys Verhältnis zur Brentano-Familie. Diesen Themenbereich hat Kiefner für die neuere Savigny-Forschung als einen von besonderer Relevanz markiert.[935] Zwei Charaktere der etablierten Kaufmannsfamilie sollen für die vorliegende Arbeit im Mittelpunkt stehen: Der bereits vorgestellte Clemens Brentano, von dem wir noch mehr erfahren werden und seine Schwester Kunigunde Brentano (1780–1863; genannt Gunda, Gundel oder Gundula), welche Savigny am 17. April 1804 heiratete.[936] Bremers Notizen zur jungen Kunigunde Brentano, über welche man heute nur wenig zu wissen scheint, wollen wir uns zunächst widmen.[937]

1. Die Vertraute und Ehefrau: Kunigunde Brentano

Kunigunde Brentano entstammte der zweiten Ehe des Vaters und war das vierte Kind ihrer Mutter.[938] Nachdem die Mutter Maximiliane de La Roche 1793 und der Vater Peter Anton Brentano 1797 verstarb und im Jahr 1800 mit Sophie Brentano auch ihre vier Jahre ältere Schwester, fiel ihr die »mütterliche« Sorge für die Geschwister zu.[939] So soll sie dem »Sorgenkind« Clemens in Jena selbstgestrickte Kleidung geschickt haben.[940] Ihre Kindheit hatte sie teilweise im Kloster zu Fritzlar verbracht und im Anschluss, nachdem sie dieses mit 13 Jahren verließ, im

934 Stephan Meder, Urteilen (1999), S. 57.

935 Hans Kiefner, Savigny, Friedrich Carl von, in: HRG, 4. Band (1. Auflage, 1990), Sp. 1313–1323, 1321.

936 Vgl. Bremer/Meder V, Bl. 289 oder Bremer/Meder I, Bl. 342.

937 Andere Mitglieder der Brentano-Familie interessierten Bremer auch, s. bspw. Bremer/Meder I, Bl. 353ff. für Bettina Brentano (1785–1859) oder Bremer/Meder V, Bl. 132ff. für Peter Anton Brentano (1735–1797).

938 Bremer/Meder I, Bl. 342.

939 Bremer/Meder V, Bl. 317 (ohne spezifische Quellenangabe), mit Generalverweis zu »Gundel« (Fn. 1) auf: »Steig« = Reinhold Steig, Achim von Arnim und Clemens Brentano (1894). Wesentlich dürfte wohl das hiesige zweite Kapitel »Clemens Brentanos Kindheit und Jugend«, mit Randinformationen zu Kunigunde, gemeint sein (S. 10–23).

940 Bremer/Meder V, Bl. 317 (ohne spezifische Quellenangabe; mit Generalverweis zu »Gundel« auf »Steig«) und Bl. 326, mit (nicht nachvollziehbarem!) Verweis auf: »Steig I, S. 127« = Reinhold Steig, Achim von Arnim und Clemens Brentano (1894), S. 127.

Haus der Familie »Zum Goldenen Kopf« in Frankfurt am Main gelebt.[941] Von weiterer besonderer Bildung erfahren wir bis auf die klösterliche Erziehung nichts.[942] Im Elternhaus soll Kunigunde das Musizieren mit der Flöte und der Gitarre erlernt haben.[943] Während sie 1800 dem Sterbeprozess ihrer kranken Schwester Sophie in Oßmannstedt beiwohnte, habe sie auch den sich um die Schwester umsorgenden Stephan August Winkelmann kennengelernt; zu ihm habe Kunigunde wegen seines treuen Beistandes ein enges Verbundenheitsverhältnis gewonnen.[944] Ob sich Savigny und Kunigunde Brentano schon mal in Oßmannstedt auf dem Wielandsgut begegneten, lässt Bremer offen. Jedenfalls hatte sich Kunigunde in den ersten Monaten des Jahres 1801 von ihrem Bruder Clemens und ihrem neuen Freund Winkelmann plötzlich viel über Savigny erzählen lassen; so war sie insbesondere sehr interessiert daran gewesen, ob Savigny mit Clemens nach Frankfurt am Main in das Haus »Zum Goldenen Kopf« kommen würde.[945] Und tatsächlich kam es so. Auf einer der Reisen von 1801 hatte Savigny mit Clemens Brentano den »Goldenen Kopf« besucht, wo der Protagonist Kunigunde antraf.[946] Nicht ganz nebensächlich – wie wir noch sehen werden – ist, dass Bremer dieses als »Wiedersehen« der beiden versteht.[947] Unmittelbar schien sie ihm jetzt das Vertrauen zu schenken und schütte ihm das Herz über »ihre allzu genialen Geschwister [Clemens und Bettina]«, wie Bremer sie nennt, aus; dem baldigen Paar soll es ein gemeinsames Anliegen geworden sein, sie zurück auf »einen ordentlichen Weg« zu bringen.[948] Kunigundes Wesen zeichnet Bremer, ganz gegensätzlich zu ihren Geschwistern, als melancholisch, ruhig und

941 Bremer/Meder V, Bl. 317 (ohne spezifische Quellenangabe), mit Generalverweis zu »Gundel« (Fn. 1) auf: »Steig« = Reinhold Steig, Achim von Arnim und Clemens Brentano (1894); Zum Brentano-Haus »Goldener Kopf«, s. auch Bremer/Meder V, Bl. 171, mit Verweis auf: »Steig I, S. 10« = Reinhold Steig, Achim von Arnim und Clemens Brentano (1894), S. 10.

942 Bremer/Meder V, Bl. 171, mit Verweis auf: »Steig I, 16« = Reinhold Steig, Achim von Arnim und Clemens Brentano (1894), S. 16.

943 Bremer/Meder I, Bl. 407.

944 Bremer/Meder V, Bl. 316, mit Verweis (Fn. 5 u. 6) auf: »Steig I, S. 20« und »Steig I, S. 21, 22« = Reinhold Steig, Achim von Arnim und Clemens Brentano (1894), S. 20–22; s. auch Bremer/Meder V, Bl. 319, 326; Bremer behandelt den Tod Sophie Brentanos, die »wahnsinnig« auf dem Wielandsgut in Oßmannstedt gestorben sei, s. Bremer/Meder V, Bl. 293, mit Verweis ebendorthin auf Steig, S. 20.

945 Vgl. Bremer/Meder V, Bl. 283, mit Verweis (Fn. 1) auf: »Steig I, S. 22« = Reinhold Steig, Achim von Arnim und Clemens Brentano (1894), S. 22.

946 Bremer/Meder V, Bl. 283, mit Verweis (Fn. 1) auf: auf: »Steig I, S. 22« = Reinhold Steig, Achim von Arnim und Clemens Brentano (1894), S. 22; Hierzu später weiteres (s. S. 152 ff.); An einer Stelle spekuliert Bremer, ob es die Anordnung der mit einer glücklichen Hand gesegneten Sophie de La Roche war – ebenjener Brentano-Großmutter die dem Protagonisten schon ihren Enkel Clemens empfahl – die dafür sorgte, dass sich Savigny und Kunigunde im »Goldenen Kopf« ganz allein begegneten (Bremer/Meder V, Bl. 284).

947 Bremer/Meder I, Bl. 145, Bremer/Meder V, Bl. 283.

948 Bremer/Meder V, Bl. 282 (Textabriss, ohne Quellenangabe).

bescheiden.[949] So hätte er mit seiner Savigny-Biografie ein Bild von Kunigunde gezeichnet, welches sie als ›die Vernünftige‹ der Brentano-Geschwister hinstellt. Die meisten vorhandenen Urteile über sie seien ungünstig, überzeugten dabei aber nicht durch ihre Unparteilichkeit, was besonders für die von ihren Geschwistern gelte, so Bremer.[950]

Nach dem Wiedersehen des Paares in Frankfurt folgte zunächst ein Briefwechsel, der wohl wegen der verschiedenen Konfessionen beider – Savigny war Protestant, Kunigunde Brentano Katholikin – seitens Kunigunde über Mittelsmänner geführt wurde.[951] Im Jahr 1802 seien sie zu dem Entschluss gekommen »einander für das Leben angehören zu wollen«.[952] Die wohlverheimlichte Verlobung fand im Jahr 1803 statt; Friedrich Creuzer und Karoline von Günderrode gehörten zu den wenigen Eingeweihten.[953] Selbst die Geschwister von Kunigunde haben hiervon nichts geahnt: Auf eine Andeutung von Bettina Brentano hatte Clemens im Jahr 1803 noch so reagiert, dass sie sich nicht wundern müsse, »daß Savigny der Gundel viel schreibt«, weil Kunigunde von dem helfenden Savigny, bloß »vermuthlich oft Trost und Rath« brauche.[954]

Laut Bremer hatte sich das junge Paar eigentlich im Sommer 1803 auf Gut Trages treffen wollen.[955] Es kam aber so, dass Kunigunde ihren Bruder Georg auf eine dreimonatige Hochzeitsreise in die Schweiz begleiten habe müssen.[956] Die Reise soll Kunigunde deprimiert haben.[957] Das junge Paar hielt brieflichen Kontakt.[958] Nach der Heimkehr scheint dann auch Clemens eine »Liebschaft«

949 Bremer/Meder V, Bl. 316, mit Verweis (Fn. 4) auf: »Steig I, S. 13, 22« = Reinhold Steig, Achim von Arnim und Clemens Brentano (1894), S. 13, 22; s. auch Bremer/Meder V, Bl. 317; Bremer hat weitere Stichworte zu dem Wesen Kunigundes notiert, einige davon lauten: »Ehrbarkeit«, »unbefangen«, »breit u. eitel reden«, »Mangel eines gewissen Enthusiasmus« und »ihr Jesuitenwesen« (Bremer/Meder V, Bl. 294; s. auch die hiesigen Editionsangaben).

950 Bremer/Meder V, Bl. 292.

951 Bremer/Meder V, Bl. 284–285.

952 Bremer/Meder V, Bl. 284.

953 Vgl. Bremer/Meder V, Bl. 328 (ohne Quellenangabe) und Bremer/Meder V, Bl. 313, mit Verweis auf: »Creuzer an Karoline: 1806 den 11. Mai« (s. hierzu die Editionsangaben bei Bremer/Meder V, Bl. 313).

954 Vgl. Bremer/Meder V, Bl. 312 (ohne Quellenangabe) – vgl. Cl. Brentano, Brief an Bet. Brentano (undatiert), in: Reinhold Steig, Bettina, Nr. 1, S. 263–267, 265, in: Julius Rodenberg (Hg.), Deutsche Rundschau (1892), Bd. LXXII, S. 262–274.

955 Bremer/Meder V, Bl. 330.

956 Bremer/Meder V, Bl. 330.

957 Bremer/Meder V, Bl. 331.

958 Bremer/Meder V, Bl. 331, mit Verweis (Fn. 6) auf: »Mereau II, 203!« = Clemens Brentano, Brief an S. Mereau vom 6. September 1803 aus Marburg, in: Heinz Amelung (Hg.), Briefwechsel zwischen Clemens Brentano und Sophie Mereau, 2. Bd. (2. Aufl., 1908), S. 202–209, 203.

zwischen seiner Schwester und Savigny bekannt gewesen zu sein.[959] Die evangelische Hochzeit hatte man am 17. April 1804 in der Gemeinde Meerholz durch den Hofprediger Friedrich Simon Frieß, ohne namhaft gemachte Zeugen, vollzogen.[960] Zugehörige Eintragungen fänden sich laut Bremer im Trauungsbuch der hiesigen Gemeinde, aber auch in dem katholischen Kirchenbuch zu Frankfurt am Main.[961] Umständliche Verhandlungen mit Geistlichen zu einer kirchlichen Zeremonie, wie sie beispielsweise Clemens Brentano wegen einer solchen »Mischehe«[962] zu führen hatte, blieben Bremers Protagonisten erspart; als Adeliger konnte er ein Privileg geltend machen, das erlaubte, die Trauung im häuslichen Umfeld durchzuführen.[963]

So wie man sich nun die seinerzeitigen Probleme bei einer solchen »Mischehe« vorstellen kann, behandelt Bremer dieses ›Problem‹ ausführlicher. Für ihn scheint es drastisch; er sieht hierin nicht nur einen Faktor, der dem Ehepaar Schwierigkeiten bereitete, sondern einen tatsächlich »bestehenden Gegensatz«.[964] Bremer attestiert dem Protagonisten, trotz der gleich darauffolgenden Bemerkung, dass Savigny bis zu diesen ersten Erwachsenenjahren mit Katholiken noch keinen Umgang gehabt habe, große religiöse Toleranz.[965] Franz Brentano, ein älterer der Brentano-Geschwister – nun in der Rolle des Familienoberhauptes – sei zwar frommer Katholik gewesen, durch die aber bereits engen freundschaftlichen Verbindungen und das Renommee der Savigny-Familie habe er diese Vereinigung nicht mehr ablehnen können.[966] Ohnehin war das nicht die erste »Mischehe« im Hause Brentano gewesen – Bremer wusste, die meisten der Brentano-Geschwister, auch Clemens und Kunigunde, entstammten einer solchen.[967] Neben der Konfession bestand für Bremer aber noch ein weiterer, herkunftsbezogener, Gegensatz, wie er ihn in den italienischen Wurzeln Kunigundes

959 Bremer/Meder V, Bl. 331, mit Verweis (Fn. 9) auf: »Mereau II, 71« = Clemens Brentano, Brief an S. Mereau vom 27. Oktober 1803 aus Marburg, in: Heinz Amelung (Hg.), Briefwechsel zwischen Clemens Brentano und Sophie Mereau, 2. Bd. (2. Aufl., 1908), S. 62–73, 71; Bremer kommentiert: »Der Romantiker kannte nur Liebschaften, keine Liebe« (Bremer/Meder V, Bl. 331).

960 Bremer/Meder V, Bl. 289.

961 Bremer/Meder V, Bl. 289.

962 Bremer verwendet diesen Begriff gelegentlich (s. bspw. Bremer/Meder I, Bl. 346; Bremer/Meder V, Bl. 178, 295).

963 Bremer/Meder V, Bl. 291; s. hierzu auch: Jochen Otto, Auf den Spuren von Friedrich Carl von Savigny (1779–1861). Der Junge Savigny (1779–1804), in: SZ (RA) 128 (2011), S. 442–463, 462; laut Bremer war es nicht ein Haus Savignys, sondern »›mit landesherrlichem Consens in des Herrn Kanzlei-Assessor Kroeber Haus‹« (Bremer/Meder V, Bl. 289).

964 Bremer/Meder V, Bl. 291.

965 Bremer/Meder V, Bl. 286 (insbesondere soll Savigny tolerant gegenüber den verschiedenen protestantischen Kirchen gewesen sein. Zur Religion bei Savigny: Stephan Meder, Savignys Weg in die juristische Moderne, Berlin 2023).

966 Bremer/Meder V, Bl. 286.

967 Bremer/Meder V, Bl. 178.

Vaters erkennen will; auch der weitsichtige Professor Bremer war bloß ein Mensch seiner Zeit:

> »War nun dem nach Deutschland verpflanzten Zweig der Familie de Savigny ein tüchtiges Geschlecht entsprossen, das durch eheliche Verbindung mit deutschen Frauen das romanische Wesen gänzlich zurückdrängte u. echt deutsches Wesen an seine Stelle setzte, so trat nun eine gewisse Wendung nach rückwärts ein, wie sie die Verbindung mit der Tochter eines Italieners zur Folge haben mußte u. dann auch, als der Weizen der Kurie wieder blühte, sofort auch in confessioneller Hinsicht bethätigen sollte.«[968]

Diese Aussage des Romanisten Bremer muss in ihren historischen Kontext gesetzt werden. Beispielsweise notiert Bremer anhand einer Quelle, dass das »katholisch-romanische Blut« der Frau (Kunigunde) in der Familie über das Deutsche einen großen Sieg errungen habe.[969] Liest man dort weiter, ist die Rede davon, dass Kränkungen und das »katholisch-romanische Blut« von Savignys Sohn »Charles« – wohl schon eine Polemik gegen den, der eigentlich Karl heißt – ihn gegen seinen Jugendfreund Bismarck in die Arme der Todfeinde des Vaterlands getrieben habe.[970] Es geht also um den Bismarckschen-Kulturkampf, zu dem der Savigny-Forscher in seinen mittleren Lebensjahren Zeitzeuge wurde. Werfen wir einen kurzen Blick auf die Lebensgeschichte des Sohnes des Protagonisten:

Karl Friedrich Georg von Savigny (1814–1875; evangelisch, später katholisch) überwarf sich 1867 mit Otto von Bismarck (1815–1898), den er dreißig Jahre zuvor als Rechtsreferendar kennenlernte.[971] Der berühmte Freund hatte ihm für den Norddeutschen Bund das Amt des Kanzlers in Aussicht gestellt.[972] Nachdem dieses Bismarck schließlich doch für sich selbst genommen hatte, gab sich der Savigny-Nachfahre mit dem Angebot des Amtes des Vizekanzlers nicht zufrieden.[973] Aus dem einstweiligen Ruhestand heraus strebte er nun nach politischen Mandaten.[974] Zunächst kam er in den Reihen der Freikonservativen ins preußische Abgeordnetenhaus und in den Reichstag.[975] Im Jahr 1870 gründete er mit anderen die Zentrumspartei und vertrat bald seinen Wahlkreis in ebendiesen Parlamenten.[976] Als Fraktionsführer der katholischen Partei wurde er zu einem

---

968 Bremer/Meder V, Bl. 290.

969 Bremer/Meder V, Bl. 288, mit dem Verweis (Fn. 1): »vgl. Max Lenz, Geschichte Bismarcks, S. 373« (mehrere Auflagen, erstveröffentlicht 1902).

970 Vgl. Max Lenz, Geschichte Bismarcks (1902), S. 373.

971 Vgl. Hans-Christof Kraus, Savigny, Karl Friedrich von, in: NDB 22 (2005), S. 473–474.

972 Vgl. Hans-Christof Kraus, Savigny, Karl Friedrich von, in: NDB 22 (2005), S. 473–474, 474.

973 Vgl. Hans-Christof Kraus, Savigny, Karl Friedrich von, in: NDB 22 (2005), S. 473–474, 474.

974 Vgl. Hans-Christof Kraus, Savigny, Karl Friedrich von, in: NDB 22 (2005), S. 473–474, 474.

975 Vgl. Hans-Christof Kraus, Savigny, Karl Friedrich von, in: NDB 22 (2005), S. 473–474, 474.

976 Vgl. Hans-Christof Kraus, Savigny, Karl Friedrich von, in: NDB 22 (2005), S. 473–474, 474.

der schärfsten Gegner Bismarcks im Kulturkampf.[977] Ferner könnte ein solcher ›Seitenwechsel‹, für jemanden, der als protestantischer Gutsbesitzer sozialisiert wurde, nicht liegen.[978]

Bremer bezieht sich also wesentlich auf einen seiner Zeitgenossen, dessen politisches Wirken dem ordentlichen Professor missfallen haben dürfte. Wie wir schon gesehen haben, spricht Bremers Lehrstuhlinhaberschaft dafür, dass er weder Oppositioneller war, noch als Vertreter einer Minderheit auffiel.

Die Katholiken waren im Reich von 1871 die größte Minderheit und eine andere Bezeichnung als die der Minderheit ginge, trotz der sehr verschiedenartigen Regionalverhältnisse, an den historischen Tatsachen vorbei.[979] Die katholische Kirche wurde mit dem Kulturkampf zum identitätsstiftenden »Reichsfeind« und in höheren Schichten war das Bekenntnis zum römischen Christentum unverhältnismäßig gering vertreten.[980] Überhaupt war für ›den Preußen‹ Bremers Zeit der Feind meistens katholisch: Ob es der »Erbfeind« Frankreich war, mit den Befreiungskriegen, dem Krieg von 1870/1871 und dem Ersten Weltkrieg oder der Kampf um die deutsche Vorherrschaft, mit dem Krieg von 1866.[981]

Nun war die Besonderheit bei Bremer, dass er aus der überwiegend katholischen Rheinprovinz kam und in das annektierte überwiegend katholische »Reichsland« Elsass-Lothringen ging.[982] Ähnlich waren sich die Regionen deshalb nicht. In der relativ selbstbewussten Rheinprovinz stellte sich unmittelbar so etwas wie ein eigenes Regionalbewusstsein gegen die preußisch-protestantische Obrigkeit ein.[983] Dabei hatte es einige religiöse Kontroversen in Bremers Heimatprovinz gegeben, wie etwa den, während seiner Kindheit stattgefundenen, bekannten Kölner-Kirchenstreit um die »Mischehe«.[984] Dieser hatte seinen spektakulären Höhepunkt als im November 1837 der Kölner Erzbischof Clemens August Droste zu Vischering (1773–1845), wegen der Lossagung von der »Berliner Konvention« (sie sollte das Bekenntnis der Kindeserziehung regeln, lief aber einer päpstlichen Anordnung zuwider), auf Geheiß der preußischen Regierung festgenommen und in Minden inhaftiert wurde.[985] Das Ereignis gilt als Ge-

977 Vgl. Hans-Christof Kraus, Savigny, Karl Friedrich von, in: NDB 22 (2005), S. 473–474, 474.

978 Vgl. Volker Berghahn, Das Kaiserreich 1871–1914 (2001/2003), S. 324.

979 Vgl. Volker Berghahn, Das Kaiserreich 1871–1914 (2001/2003), S. 162–165.

980 Vgl. Volker Berghahn, Das Kaiserreich 1871–1914 (2001/2003), S. 163–164.

981 Vgl. Volker Berghahn, Das Kaiserreich 1871–1914 (2001/2003), S. 191, 383; Wolfram Siemann, Vom Staatenbund zum Nationalstaat (1995), S. 67–68.

982 Vgl. Volker Berghahn, Das Kaiserreich 1871–1914 (2001/2003), S. 162, 190–191; Wolfram Siemann, Vom Staatenbund zum Nationalstaat (1995), S. 67–68.

983 Vgl. Wolfram Siemann, Vom Staatenbund zum Nationalstaat (1995), S. 67.

984 Vgl. Wolfram Siemann, Vom Staatenbund zum Nationalstaat (1995), S. 68, 285.

985 Vgl. Walter Lipgens, Droste zu Vischering, Clemens August Freiherr von, in: NDB 4 (1959), S. 133–134, 134; Wolfram Siemann, Vom Staatenbund zum Nationalstaat (1995), S. 240, 285.

burtsstunde des »politischen Katholizismus« dessen erste Galionsfigur Joseph Görres (1776–1848) mit der Streitschrift »Athanasius« werden sollte.[986] So dürfte das aufsehenerregende Politikum lange nachgewirkt haben und könnte auch später Bremer beeindruckt haben. Anders war es in Elsass-Lothringen. Die autoritäre Obrigkeit, gegen die einige Jahrzehnte zuvor im Rheinland von Anfang an ein gewisser Widerstandsgeist aufloderte, sollte hingegen im neu-annektierten Gebiet sofort zuschlagen. Zügig herrschten hier Germanisierungspolitik und Kulturkampfgesetzgebung.[987]

Freilich ist es eigentlich nicht möglich eine Aussage darüber zu treffen, ob und inwieweit sich der im Ruhestand heimgekehrte Professor Bremer als ›Rheinländer‹ oder ›Preuße‹ fühlte, dazu wissen wir noch zu wenig über ihn. Dass seine Sterbeurkunde unter dem religiösen Bekenntnis aber die Eintragung »Dissident« aufweist, dürfte jedenfalls doch ein Indiz für seine Loyalität gegenüber Berlin darstellen.[988]

Kommen wir aber noch einmal zurück auf Bremers Blick auf die Eheleute: Er sieht das Paar in völligem Ungleichgewicht, sodass »diese Wahl kaum Einen befriedigte, während Gundels Loos mit Recht gepriesen« wurde, »deutlich zu erkennen« sei.[989] Auch im Umfeld des Protagonisten soll diese Verbindung für manche Diskussion gesorgt haben.[990] Bremer macht Savignys Wunsch nach familiärer Geborgenheit und eine »ohne Zweifel richtig[e]«, von Achim von Arnim (1781–1831) attestierte, »Unerfahrenheit gegenüber Mädchen«, für die Wahl seiner Partnerin verantwortlich.[991] Immerhin: In dem Wesen der Eheleute will er wenigstens Parallelen erkennen, und er spricht ihnen bloß die leidenschaftliche Liebe ab – somit nicht unbedingt die Liebe an sich.[992]

Dieser Abschnitt soll nicht beendet werden, ohne wenigstens ein Wort zu den Auswirkungen auf das Verhältnis zwischen Savigny und Karoline von Günder-

986 Vgl. Wolfram Siemann, Vom Staatenbund zum Nationalstaat (1995), S. 240–241; NB: Der junge Savigny machte bereits Bekanntschaft mit Görres, wie Bremer wusste (vgl. Bremer/Meder III, Bl. 378). Im Rahmen künftiger Forschungsinitiativen zum Bremer-Nachlass wäre es interessant zu sehen, ob und wie sich Bremers Görres-Bild mit dessen politischer Einmischung in den späten 1830er-Jahren verändert.

987 Vgl. Volker Berghahn, Das Kaiserreich 1871–1914 (2001/2003), S. 191.

988 Zur Sterbeurkunde s. Fn. 58; Erwähnenswert ist ferner, dass Bremer selbst vorwiegend den (Ober-)Begriff vom »Protestantismus« bemüht, was bekanntlich eher der katholischen Übung entspricht (vgl. bspw. Bremer/Meder V, Bl. 20, 160, 171, 178, 223, 286, 291).

989 Bremer/Meder V, Bl. 290.

990 Bremer/Meder V, Bl. 290.

991 Bremer/Meder V, Bl. 290, mit Verweis (Fn. 1, mit freigelassener Seitenangabe) auf: »Steig, S.« = Reinhold Steig, Achim von Arnim und Clemens Brentano (1894), es dürfte die Seite 291 gemeint sein.

992 Bremer/Meder V, Bl. 290.

rode (1780–1806) zu sagen.[993] Bremer sagt über die Dichterin, die Savigny kurz vor dem Beginn seiner sächsischen Studienreise kennenlernte, dass sie sich gegenüber Kunigunde als eine unterlegene Gegnerin gesehen habe.[994] Aus Bremers Perspektive sollte die Verbindung Savignys mit Kunigunde für Karoline von Günderrode, aber auch für die anderen Brentano-Geschwister, allen voran Clemens und Bettina, eine Quelle der Eifersucht werden.[995]

2. Der Freund und Schwager: Clemens Brentano

Wir haben gesehen, dass Bremer, nach den drei Tagen auf Gut Trages, den vormaligen unliebsamen Bekannten also doch zu einem der Freunde des Protagonisten werden ließ. Nun wollen wir mit einem Blick auf die frühen Reisen fortfahren, die Savigny gemeinsam mit Clemens Brentano unternahm. Genauer wollen wir uns der ersten der größeren gemeinsamen Reisen widmen, die beide Freunde nach Frankfurt am Main brachte und dem Protagonisten auch zu näherem Kontakt zu Kunigunde verhalf. Hierzu existieren allerdings mehrere Versionen (1. Spätsommer 1800, 2. Winter 1800/1801 beziehungsweise Frühling 1801 und 3. Herbst 1801). Sammeln wir zunächst einige Hinweise:

Die erste, nicht weiter untermauerte, Version des Spätsommers 1800 stammt von Stoll; er hatte 1890 in einem Epilog zu den sächsischen Reise-Briefen hierauf hingewiesen.[996] Bremer berichtet auf Grundlage einer Publikation Steigs (zweite Version), dass erstens sich Kunigunde im März 1801 bei ihrem Bruder Clemens erkundigt habe, ob er von Savigny nach Frankfurt begleitet würde und zweitens von der gemeinsamen Reise im Frühling.[997] Bei Steig erfahren wir von zwei Aufenthalten Clemens Brentanos in Frankfurt: Das Osterfest 1801 habe er hier verbracht und dann sei er »wieder« am Rhein gewesen, wovon er berichtete: »Ich war mit Savigny am Rhein […] und werde den Frühling mit ihm im Schlosse der

993 Bremer befasst sich mit Günderrode, etwa ihrem Besuch auf Savignys Gut Trages im Jahr 1804, unter anderem auf den Blättern: Bremer/Meder II, Bl. 6, 33, 40ff.; Jüngst hat sich Stephan Meder in mehrerlei Hinsicht mit dem Verhältnis zwischen Savigny und Karoline von Günderrode befasst (Savignys Weg in die juristische Moderne, Berlin 2023).

994 Bremer/Meder V, Bl. 292.

995 Bremer/Meder V, Bl. 292.

996 Adolf Stoll, Friedrich Karl von Savignys Sächsische Studienreise 1799 und 1800 (1890), S. 41; s. auch Bremer/Meder V, Bl. 101 (»die angebl. Rheinreise mit Savigny«). Mit diesem Notizblatt sieht man bereits, dass der Begriff von den »Rheinreisen« lokal wenig präzise und deshalb doch wenigstens ungünstig ist – ungleich zu der sächsischen Reise oder jener nach Paris. Solange kein detailliertes Itinerarium von Savignys Reiseverhalten 1801–1804 vorliegt, drohen Missverständnisse und es sollten keine abstrakten Begriffe von einer ersten, zweiten oder dritten »Rheinreise« gemacht werden.

997 Bremer/Meder V, Bl. 283/284, jeweils mit Verweis (Fn. 1) auf: »Steig I, S. 22« = Reinhold Steig, Achim von Arnim und Clemens Brentano (1894), S. 22; s. auch Bremer/Meder V, Bl. 100.

Gisella wohnen, wir sind die innigsten Menschen«.[998] Das nächste Datum von dem wir in der Quelle lesen, ist der 28. Mai 1801.[999] Aus Stolls Brief-Publikation von 1927 wissen wir, dass Savigny Ende April 1801 in Frankfurt war.[1000] Im Mai 1801 – auf diesen Monat setzte Stoll zumindest diesen undatierten Brief – berichtete Savigny an Clemens Brentano, dass er noch in Neuwied, Koblenz und Mainz gewesen wäre, in Frankfurt nicht lange hätte bleiben können und auch noch Offenbach besucht habe.[1001] Soweit das ältere Material. Nehmen wir jetzt Neueres hinzu und kommen damit zur dritten Version: Zuletzt nannte Rückert den Juni des Jahres 1801 als Monat in dem Savigny Kunigunde kennenlernte und den Herbst als Zeitraum einer gemeinsamen Reise an den Rhein von Savigny und Clemens Brentano.[1002] Grundsätzlich passen hierzu auch einige der heute vorhandenen Briefe. So schrieb Savigny im Juli 1801 einmal an Winkelmann, gerade von einer kleinen Reise zurückgekommen zu sein, wobei wir aber nicht erfahren, wohin die Reise ging.[1003] Einen Brief Winkelmanns, der wohl auf den 10. August zu datieren ist, stellte Clemens Brentano bei Savigny in Marburg zu.[1004] Nun waren Savigny und Brentano also beieinander. Im Oktober 1801 schreibt Savigny an Winkelmann ihm jetzt erst »manches« über Brentanos Familie sagen zu können, er werde bald wieder für etwa zwei Wochen abreisen, sodass Winkelmann ihm die Antwort nach Frankfurt schreiben solle.[1005] Ferner machte Savigny Winkelmann darauf gefasst, dass Clemens wohl für den Winter mit zurück nach Marburg kommen werde.[1006] Im November schreibt Savigny an Winkelmann

998 Vgl. Reinhold Steig, Achim von Arnim und Clemens Brentano (1894), S. 22 (mit Brieffragmenten Clemens Brentanos).

999 Vgl. Reinhold Steig, Achim von Arnim und Clemens Brentano (1894), S. 22.

1000 Vgl. Savigny, Brief an L. Creuzer vom 21. April 1801 aus Frankfurt, in: Adolf Stoll, Der junge Savigny (1927), Nr. 59, S. 204.

1001 Vgl. Savigny, Brief an C. Brentano (ohne Datum und Ort, laut Stoll: Mai 1801 aus Marburg), in: Adolf Stoll, Der junge Savigny (1927), Nr. 61, S. 205; NB: In Koblenz dürfte Savigny laut Bremer erstmals Joseph Görres kennengelernt haben, auch wenn ihm das Jahr offenbar unklar ist (vgl. Bremer/Meder V, Bl. 57, 101). Jedenfalls werden sie sich bei Savignys Rückreise aus Paris wieder treffen, wie wir noch sehen werden.

1002 Joachim Rückert, Idealismus, Jurisprudenz und Politik bei Friedrich Carl von Savigny (2. Auflage, 2022), S. 490.

1003 Savigny, Brief an St. A. Winkelmann (ohne Datum und Ort, laut Schnack 11. Juli 1801 aus Marburg), in: Ingeborg Schnack, Der Briefwechsel zwischen Friedrich Carl von Savigny und Stephan August Winkelmann (1984), Nr. 18, S. 115.

1004 Vgl. Editionsangaben bei Ingeborg Schnack, Der Briefwechsel zwischen Friedrich Carl von Savigny und Stephan August Winkelmann (1984), Nr. 18a, S. 116.

1005 Savigny, Brief an St. A. Winkelmann vom 7. Oktober 1801 aus Marburg, in: Ingeborg Schnack, Der Briefwechsel zwischen Friedrich Carl von Savigny und Stephan August Winkelmann (1984), Nr. 20, S. 117.

1006 Savigny, Brief an St. A. Winkelmann vom 7. Oktober 1801 aus Marburg, in: Ingeborg Schnack, Der Briefwechsel zwischen Friedrich Carl von Savigny und Stephan August Winkelmann (1984), Nr. 20, S. 117.

dann schließlich: »Über Kunigunde kann ich dir manches sagen: Clemens hat in allem Recht was er von ihr sagt, aber er thut ihr sehr unrecht […]«.[1007]

Diese kurze Übersicht gibt eine Idee davon, mit welchen Herausforderungen Bremer, dem nur ein Bruchteil unserer heutigen Quellen zur Verfügung stand, umzugehen hatte. Wie kommt es aber zu diesen verschiedenen Versionen? Viele Briefe sind undatiert, dank inhaltlicher Puzzlearbeit konnte in den Editionen jedoch meistens doch ein Datum oder ein Zeitraum angegeben werden. So verhält es sich auch mit einem der zentralsten Briefe in unserer Angelegenheit, nämlich demjenigen Clemens Brentanos (»Ich war mit Savigny am Rhein…«[1008]). Schnack hat diesen auf Ende Oktober 1801 gesetzt.[1009] Steig verortete ihn in der Chronologie hingegen auf den Frühlingsbeginn 1801.[1010] Der kritische Bremer hatte an Steigs Anordnung nichts auszusetzen, auch wenn er sein Bild für diesen Zeitraum aus flüchtigen und verstreuten Andeutungen konstruieren musste.[1011] Bremers Sicht der Dinge war wahrscheinlich diese:

Jedenfalls wird er davon ausgegangen sein, dass Brentano Savigny bereits vor dem 19. September 1800 schon einmal mit in den »Goldenen Kopf« nach Frankfurt brachte und sich hier auch der Protagonist und Kunigunde das erste Mal begegneten.[1012] Kunigunde stand am 19. September 1800 am Sterbebett der Schwester Sophie in Oßmannstedt wie Bremer wusste.[1013] Wahrscheinlich nahm Bremer an, dass Clemens dort auch später eintraf und erst im Spätwinter/Frühjahr 1801 aus Jena nach Hessen zurückkehren wird.[1014] Ein Brief Kunigundes vom 17. März 1801 an ihren Bruder Clemens (»Sag mir, ob Savigny mit dir hierher kommt«[1015]), war jetzt laut Bremer der Vorbote zum Wiedersehen des Paares; die Freunde besuchten also abermals Frankfurt, bevor sie im Frühling 1801 ihre

---

1007 Savigny, Brief an St. A. Winkelmann (ohne Datum und Ort, laut Schnack erste Novemberhälfte 1801 aus Marburg), in: Ingeborg Schnack, Der Briefwechsel zwischen Friedrich Carl von Savigny und Stephan August Winkelmann (1984), Nr. 22, S. 118–119, 118.

1008 Ungleich zu Steig ist dieser Brief Clemens Brentanos an Stephan August Winkelmann bei Schnack in Gänze abgedruckt: Ingeborg Schnack, Der Briefwechsel zwischen Friedrich Carl von Savigny und Stephan August Winkelmann (1984), Nr. 140, S. 244–245, 245.

1009 Editionsangaben bei Ingeborg Schnack, Der Briefwechsel zwischen Friedrich Carl von Savigny und Stephan August Winkelmann (1984), Nr. 140, S. 244.

1010 Reinhold Steig, Achim von Arnim und Clemens Brentano (1894), S. 22 (mit Brieffragmenten Clemens Brentanos).

1011 »Und so scheint dann auch der Verlauf der Dinge gewesen zu sein […]« (Bremer/Meder V, Bl. 283); »Überblicken wir den Lauf der Dinge, wie es sich aus den zerstreuten Andeutungen ergibt […]« (Bremer/Meder V, Bl. 284).

1012 Vgl. Bremer/Meder I, Bl. 143.

1013 Vgl. Bremer/Meder V, Bl. 101, mit Verweis auf: »Steig I, S. 20« = Reinhold Steig, Achim von Arnim und Clemens Brentano (1894), S. 20.

1014 Vgl. Bremer/Meder V, Bl. 101 »Grab« und Bremer/Meder V, Bl. 316; s. auch Bremer/Meder V, Bl. 283.

1015 Bremer/Meder V, Bl. 284.

Reise im Rheingebiet fortsetzten.[1016] Für Bremer wird also Clemens Brentano von Jena über Marburg, wo sich Savigny anschloss, zurück nach Frankfurt am Main gereist sein.

Was Bremer wohl nicht wusste, ist, dass sich Clemens schon in den ersten Monaten des Jahres 1801 beim Protagonisten in Marburg einquartierte.[1017] Schon zum Jahresende 1800 schreibt Winkelmann an Savigny in Marburg: »Grüsse meinen Clementz« und »Gieb ihm die einliegenden Lieder [...]«.[1018] Schnack spricht für den Zeitraum von 1801 bis 1803 von einer »alljährlichen spätwinterlichen Hausgenossenschaft« die Clemens dem Protagonisten einbrachte.[1019] Damit trennen wir uns von dem Nebelfeld des Winterhalbjahres 1800/1801 und sehen wie die junge Freundschaft weiterging.

Ihre Lebensmittelpunkte verlegten die Savigny-Freunde Clemens Brentano und Stephan August Winkelmann im Sommer 1801 nach Göttingen, wo sie sich an der Universität immatrikulierten.[1020] In ihrer Freundschaftsbeziehung kam es bald zu Konflikten, die gewissermaßen auch den Protagonisten betreffen sollten. Schnack hat diese in ihrer Einleitung zum Savigny-Winkelmann-Briefwechsel von 1984 illustriert: Spannungen hatte es zwischen Winkelmann und Brentano zwar schon zu Jenaer-Zeiten gegeben, dennoch seien sie, getragen von der Hoffnung auf einen freundschaftlichen Neubeginn, gemeinsam nach Göttingen gegangen.[1021] Dass Brentano hier unter den Studentenfreunden seine vormalige Mittelpunktstellung nicht hatte aufrechterhalten können und dass Winkelmann der Kontakt zu Sophie Mereau noch vergönnt war, trieb einen Keil zwischen sie.[1022] Der gekränkte und eifersüchtige Brentano vertraute sich seinem besonnenen Freund in Marburg nun immer wieder an; auch im Briefwechsel zwischen Savigny und Winkelmann spielte das Zerwürfnis eine gewisse Rolle.[1023] Von den Unstimmigkeiten unter seinen Freunden hatte sich Savigny aber nicht zur Par-

1016 Bremer/Meder I, Bl. 145, mit Verweis auf: »Steig I, S. 22« = Reinhold Steig, Achim von Arnim und Clemens Brentano (1894), S. 22; s. auch Bremer/Meder V, Bl. 283, 284.

1017 Vgl. Ingeborg Schnack, Der Briefwechsel zwischen Friedrich Carl von Savigny und Stephan August Winkelmann (1984), S. 41.

1018 Stephan August Winkelmann, Brief an Savigny (ohne Ort und Datum, laut Schnack zweite Dezemberhälfte 1800 aus Jena), in: Ingeborg Schnack, Der Briefwechsel zwischen Friedrich Carl von Savigny und Stephan August Winkelmann (1984), Nr. 8, S. 108.

1019 Ingeborg Schnack, Der Briefwechsel zwischen Friedrich Carl von Savigny und Stephan August Winkelmann (1984), S. 36.

1020 Bremer/Meder V, Bl. 46 f., 19.

1021 Vgl. Ingeborg Schnack, Der Briefwechsel zwischen Friedrich Carl von Savigny und Stephan August Winkelmann (1984), S. 42.

1022 Vgl. Ingeborg Schnack, Der Briefwechsel zwischen Friedrich Carl von Savigny und Stephan August Winkelmann (1984), S. 42–43.

1023 Vgl. Ingeborg Schnack, Der Briefwechsel zwischen Friedrich Carl von Savigny und Stephan August Winkelmann (1984), S. 42–43.

teinahme verleiten lassen.[1024] Schnack hat ferner darauf hingewiesen, dass es die missgünstigen Persönlichkeitsurteile Clemens Brentanos waren, die dazu führten, dass Stephan August Winkelmann von der Nachwelt lange unbeachtet blieb.[1025]

Bremer ließ sich von Brentanos Urteilen über Winkelmann - überhaupt von seinem glanzvollen Ruhm - nicht beeindrucken.[1026] So dürfte er wohl als erster Savigny-Forscher die Göttinger-Erzählungen (für das Jahr 1801) des englischen Rechtsanwalts und Kriegskorrespondenten Henry Crabb Robinson (1775–1867) eingefangen haben; es handelt sich dabei nicht nur um eine Art Loblied auf Winkelmann, es zeigt auch wie sehr er neben Brentano hervorsticht.[1027] Der Savigny-Forscher registrierte die aufkommenden Wogen im Umfeld seines Protagonisten ziemlich genau. Zu diesen Streitereien im Freundeskreis - er nennt es einmal treffend »Clemens' Rivalität«[1028] - fallen in den Aufzeichnungen ein paar notierte Briefpassagen auf. Eine dürfte wohl eine Spitze des Konfliktes gewesen sein. Hier hatte kurz nach Neujahr 1802 Brentano an Achim von Arnim über Winkelmann geschrieben, dass er »entzweit über sein [Winkelmanns] lügenhaftes Temperament« Göttingen verlassen habe.[1029] Um die Zeit des Briefes war Brentano bei Savigny gewesen, wie wir im Folgenden erfahren werden. Auch wenn Bremer der Briefwechsel Savigny-Winkelmann nicht vorlag, konnte er aus einer Andeutung eines Briefes an Heise schlussfolgern, dass durch Clemens' Agitationen gegen Winkelmann, dessen Kontakt zum Protagonisten nicht abriss.[1030] Und Bremer wusste auch: Schon im Verlauf dieses Jahres sollte sich das

1024 Vgl. Ingeborg Schnack, Der Briefwechsel zwischen Friedrich Carl von Savigny und Stephan August Winkelmann (1984), S. 43.

1025 Vgl. Ingeborg Schnack, Der Briefwechsel zwischen Friedrich Carl von Savigny und Stephan August Winkelmann (1984), S. 43.

1026 »Von seinem [Clemens Brentanos] Neid u. seiner Mißgunst, die sich fast überall in der widerwärtigsten Weise zeigten u. dazu führten, daß er Männer, die er zuvor seine innigsten Freunde nannte, mit ehrenrührigen Beschuldigungen verfolgte oder ihnen doch jede künstlerische Bedeutung absprach, haben wir der Proben nur allzuviele [...]« (Bremer/Meder V, Bl. 97).

1027 Bremer/Meder V, Bl. 46, mit Verweis auf: »Crabb Robinson erzählt (S. 175f.)« = Karl Eitner, Ein Engländer über deutsches Geistesleben (1871), S. 175f.; Stoll könnte sich 1927 erst angeregt durch Bremer für Robinson interessiert haben, vgl. Adolf Stoll, Der junge Savigny (1927), S. 180; Im Herbst 1802 war Robinson gemeinsam mit Christian Brentano einige Wochen in Marburg. Als Freund der Brentano-Familie war er einer der Mittelsmänner, über die Savigny seine Korrespondenz zu Kunigunde unterhielt (vgl. Bremer/Meder V, Bl. 230, 284).

1028 Bremer/Meder V, Bl. 50.

1029 Bremer/Meder V, Bl. 49, mit Verweis (Fn. 2) auf: »Steig I, S. 27!« = Reinhold Steig, Achim von Arnim und Clemens Brentano (1894), S. 27.

1030 Bremer/Meder V, Bl. 50.

Hin und Her wieder beruhigen, wenn sich alle drei im Sommer in Marburg sahen und Winkelmann die Poesie Brentanos an die Verleger brachte.[1031]

Aber werfen wir nochmals einen Blick auf den Jahresanfang 1802. Um Neujahr kam Brentano nämlich nicht allein zu Savigny. Er brachte einen Freund aus Jenaer-Zeiten namens Ludwig von Wrangel (1770–1811) mit.[1032] Bremer fertigte einige Notizen zu dem neuen Bekannten an, der seinen Protagonisten offenbar begeisterte.

Ludwig von Wrangel war ein ehemaliger Offizier der zaristisch-russischen Armee aus Reval (Tallinn), der zum Medizinstudium wie einige andere Livländer (Esten), nach Jena gekommen war.[1033] Nach Bremer soll sich Wrangel bis zum Frühling in Marburg aufgehalten haben.[1034] Savigny lud ihn auf das Gut Trages ein und hatte sich von ihm über Jakob Friedrich Fries (1773–1843) erzählen lassen.[1035] Dabei wusste Wrangel nicht nur Savigny, sondern auch dessen Freundeskreis in Marburg zu unterhalten. Denn der Protagonist hatte zügig vor der Abreise Wrangels noch den Freund Bang herbeigerufen, wie aus einem Bremer vorliegenden Brief hervorgeht.[1036] Wrangel verschwand bald völlig; schon im Frühling 1804 ging er zurück auf das Baltikum nach Riga.[1037] Besonders interessant scheint Bremer aber Wrangel, der nebenbeigesagt in Jena die Petition für Fichte (Januar 1800) unterschrieb,[1038] deshalb zu finden, da er mit seinem

1031 Bremer/Meder V, Bl. 50, 51.

1032 Bremer/Meder V, Bl. 86, mit Verweis (Fn. 3) auf: »Steig I, S. 27« = Reinhold Steig, Achim von Arnim und Clemens Brentano (1894), S. 27.

1033 Bremer/Meder V, Bl. 87.

1034 Bremer/Meder V, Bl. 87.

1035 Bremer/Meder V, Bl. 87, mit Verweis auf: »Henke S. 293« = Savigny, Brief an J. F. Fries vom 3. Februar 1802 aus Marburg, in: Ernst Ludwig Theodor Henke, Jakob Friedrich Fries. Aus seinem handschriftlichen Nachlasse dargestellt (1867), Nr. 1, S. 293–295, 293f; NB: Neben diesem Brief gibt es noch zwei weitere Savigny-Briefe bei Henke (S. 293–298), s. zu ›Wrangel auf Trages‹ auch Bremer/Meder V, Bl. 98.

1036 Vgl. Bremer/Meder V, Bl. 89, 90 – vgl. Savigny, Brief an Bang (1802, laut Stoll), in: Adolf Stoll, Der junge Savigny (1927), Nr. 57 (4), S. 203.

1037 Vgl. Bremer/Meder V, Bl. 87, mit Verweis auf: »(Steig I, S. 103)« = Reinhold Steig, Achim von Arnim und Clemens Brentano (1894), S. 103; Wahrscheinlich angeregt durch Bremers Notizen, hatte Stoll offenbar zu Wrangel weiter recherchiert und konnte eine interessante Ergänzung machen. Aus einer Abschrift eines Briefes, die ihm von Lujo Brentano zur Verfügung gestellt wurde, konnte er nämlich erfahren, dass Savigny Wrangel ein Darlehen gegeben hatte. Bezüglich der Rückzahlung hatte dieser ihn noch vertröstet, bevor er durch den frühen Tod an der Pest hiervon frei wurde, vgl. Adolf Stoll, Der junge Savigny (1927), S. 203, Anm. 1; Durch Bremers Straßburger-Kollegen Lujo Brentano kam Stoll also an weitere Briefe. Gut möglich, dass der Briefwechsel Savigny-Wrangel über Clemens Brentano geführt wurde, was erklärt, warum Lujo Brentano diesbezüglich Material vorlag. Aus den Einführungsbemerkungen erinnern wir uns noch, dass keine Indizien für eine Zusammenarbeit zwischen Bremer und Lujo Brentano zu finden sind. Einige Briefe Savignys an Clemens Brentano hatte Bremer aber auch schon (vgl. Bremer/Meder V, Bl. 51).

1038 Bremer/Meder V, Bl. 87.

Protagonisten eine Leidenschaft teilte: Die Literatur Goethes.[1039] Selbst der Goethe-Verehrer Fries habe Wrangel als Kenner gerühmt.[1040] Und so scheint sich zwischen Wrangel und Savigny, in ihrer anschließenden Korrespondenz,[1041] tatsächlich später ein solches Gespräch ergeben zu haben. Bremer schreibt:

»[...] 1803 den 20. April theilt Clemens dem Arnim etwas mit aus einem (andern) Briefe Wrangels an Savigny. Es betraf Goethes Trauerspiel Eugenie, von dem Wrangel eine ganze Skizze mitgetheilt hatte u. schloß: ›So schließt sich der erste Theil des Trauerspiels, der in mir einen ganz reinen u. hohen tragischen Effect gemacht hat. Die feinen Seher wollen schon darin ein Gegenstück zum Wilhelm Meister entdeckt haben. Ich halte dafür, daß es eine würdige Critik ist der neuesten Bemühungen Schlegels u. Schillers (Braut v. Messina), moderne Sujets in modernem Gewand ganz antik bearbeitet auf die Bühne zu bringen. Man sagt, die folgenden Theile sollen noch gar nicht in der Arbeit sein. Auch soll es einen französischen Roman Eugenie geben, dem eine Begebenheit der letzten französischen Hofgeschichte zu Grunde liegt; ob Göthe seinen Stoff daraus genommen, weiß man nicht.‹ (Steig S. 70f.)«[1042]

Kommen wir zu einer nächsten Freundschaftsetappe zwischen Savigny und Clemens Brentano. Bremer konnte aus Briefen Clemens Brentanos für das Jahr 1803 folgern, dass es jetzt auch zu leichteren Spannungen zwischen ihm und Savigny kam. So habe Brentano beispielsweise gegenüber der Schwester Bettine geäußert, dass er zu Savigny zwar eine geachtete, wenn auch schweigsame, Verbindung unterhielte, es ihn aber gleichzeitig störe, dass der Freund seine geliebte angesprochene Schwester unerträglich fände und nichts über seine Korrespondenz mit Winkelmann oder Kunigunde mitteile.[1043] Aus dem wieder aufgenommenen Briefwechsel zwischen Sophie Mereau und Clemens Brentano entnahm Bremer, dass Clemens seine Schwester Kunigunde als widerlich empfände.[1044] Liest man in diesem Brief weiter, kann man erfahren, dass deshalb auch Savigny in Clemens' Meinung gesunken sei.[1045] Und etwa einen Monat später, im

1039 Bremer/Meder V, Bl. 87.

1040 Bremer/Meder V, Bl. 87.

1041 Bremer/Meder V, Bl. 91.

1042 Bremer/Meder V, Bl. 87, mit Verweis auf: »(Steig I, S. 70f.)« = Reinhold Steig, Achim von Arnim und Clemens Brentano (1894), S. 70f.

1043 Bremer/Meder V, Bl. 324 – vgl. Cl. Brentano, Brief an Bet. Brentano (undatiert), in: Reinhold Steig (Hg.), Clemens Brentano's Frühlingskranz (1891), S. 284–288, 285.

1044 Bremer/Meder V, Bl. 321, mit Verweis (Fn. 1) auf: »I, S. 196« = Clemens Brentano, Brief an S. Mereau (ohne Datum und Ort, laut Amelung: Ende September 1803 aus Frankfurt), in: Heinz Amelung (Hg.), Briefwechsel zwischen Clemens Brentano und Sophie Mereau, 1. Bd. (2. Aufl., 1908), S. 194–196, 196.

1045 Vgl. Clemens Brentano, Brief an S. Mereau (ohne Datum und Ort, laut Amelung: Ende September 1803 aus Frankfurt), in: Heinz Amelung (Hg.), Briefwechsel zwischen Clemens Brentano und Sophie Mereau, 1. Bd. (2. Aufl., 1908), S. 194–196, 196.

Oktober 1803, habe Clemens Brentano gewusst, dass es ernst mit der für ihn unbegreiflichen »Liebschaft« gewesen sei.[1046]

Wie bereits angedeutet, ging Bremer davon aus, dass Clemens in seiner Schwester Kunigunde einen Keil zwischen ihm und seinem Freund Savigny erkennen wollte. Das passt in sein Bild vom neidischen und missgünstigen Clemens Brentano, der motiviert durch egoistische Vereinnahmungsversuche und dem fortwährenden Wittern einer vermeintlichen Intrige gegen ihn, Savigny am liebsten für sich allein gehabt hätte. Dabei hatte Clemens eigentlich keinerlei Probleme damit, dass Savignys Partnerinnenwahl in seine Familie fiel; nur hätte es seiner Ansicht nach, die stets in seinem Lager stehende, ihm sympathischere und wesensgleichere Schwester Bettine sein sollen.[1047] Die aufkommenden Spannungen zwischen Savigny und Clemens Brentano waren durchaus von Belang. Sie fielen nämlich in eine Zeit, in der sich beide Freunde schlecht aus dem Weg gehen konnten:

Nach Bremer hatten die langjährigen Studien Clemens Brentanos zu nichts geführt und schließlich habe man ihm erlaubt, sich ganz der Poesie zu widmen; dass ihm die Kaufmannsdynastie gleichzeitig seine Bezüge versagt hatte, lässt sich vermuten, wenn Bremer gleichzeitig notiert, dass Brentano nun bei dem wohlhabenden Savigny gebeten habe, von diesem in Obhut genommen zu werden.[1048] Bremer fertigte unter dem Titel »Clemens' Wohnung bei Savigny in Marburg« ein paar Notizen an.[1049]

So erfahren wir bezüglich des Herbstes des Jahres 1803, dass Savigny der Bitte Brentanos also nachkam. Dreist hatte er »wo ich mit Savigny wohne«, Mereau Anfang September geschrieben.[1050] Unverfroren wollte er auch sie nach Marburg bringen, aber nicht gemeinsam mit ihr im Haus des Freundes wohnen.[1051] Mit großer Mühe hatte Clemens ihr eine Wohnung gesucht, die unweit von jener Savignys liegen musste.[1052] Fündig wurde er schließlich beim Obristen von

1046 Bremer/Meder V, Bl. 331, mit Verweis (Fn. 9) auf: »Mereau II, 71« = Clemens Brentano, Brief an S. Mereau (ohne Datum und Ort, laut Amelung: 24. Oktober 1803 aus Marburg), in: Heinz Amelung (Hg.), Briefwechsel zwischen Clemens Brentano und Sophie Mereau, 2. Bd. (2. Aufl., 1908), S. 55–73, 71.

1047 Vgl. Ingeborg Schnack, Der Briefwechsel zwischen Friedrich Carl von Savigny und Stephan August Winkelmann (1984), S. 36.

1048 Bremer/Meder V, Bl. 263.

1049 Bremer/Meder V, Bl. 240–243.

1050 Bremer/Meder V, Bl. 240, mit Verweis (Fn. 1) auf: »II, S. 207« = Clemens Brentano, Brief an S. Mereau (ohne Datum und Ort, laut Amelung: 6. September 1803 aus Marburg), in: Heinz Amelung (Hg.), Briefwechsel zwischen Clemens Brentano und Sophie Mereau, 2. Bd. (2. Auf., 1908), S. 202–209, 207.

1051 Bremer/Meder V, Bl. 240.

1052 Bremer/Meder V, Bl. 240, mit Verweis (Fn. 1) auf: »II, S. 207« = Clemens Brentano, Brief an S. Mereau (ohne Datum und Ort, laut Amelung: 6. September 1803 aus Marburg), in:

Henndorf, der jedoch für die schöne Wohnung mit guter Aussicht einen hohen Mietzins verlangt habe.[1053] Nach Bremer machte Savigny Brentano bald klar, dass er sich eine eigene Wohnung (in Marburg) suchen solle und prompt scheint er gegenüber Sophie Mereau in Erklärungsnot zu geraten.[1054] Er hatte sie nun gebeten, doch mit ihm zusammenzuziehen und ihre teure Wohnung schon vorbeziehen zu dürfen.[1055] Nach Bremers Darstellung gab es von Brentano, neben einer Andeutung des tatsächlichen Grundes, dazu eine ganze Reihe von vorgeschobenen. So sei es beispielsweise schon der Partnerschaft wegen besser, wenn sie zusammenwohnten, die Strecke zwischen beiden Wohnungen sei im Winter im treppenreichen Marburg zu halsbrecherisch und man könne sich Feuerholz und Bibliothek dann teilen.[1056] In die gleiche Kerbe sollen Zeilen aus Folgebriefen schlagen, in denen Brentano mitteilt, dass ohnehin auch ihn der Platzmangel bei Savigny störe und er besonders mit dem Hausdiener seines Freundes nicht zurechtkäme; sogleich sind flehende und mitleidserregende Bitten angeschlossen, dass Sophie Mereau dem Wunsch des gemeinsamen Wohnungsbezuges entsprechen möge.[1057]

Den Begriff vom »Geschwätz« des Clemens Brentano, verwendet Bremer dann noch für folgende Briefstellen.[1058] Was er in diesen Zeilen erkennen wollte, waren nicht singuläre flegelhafte Ausfälle des Clemens Brentano, sondern eine ihm eigentümliche Unverfrorenheit, die ihren Gipfel immer wieder auf ein Neues finden sollte. So, als Clemens Brentano sich der Zustimmung seiner Angebeteten

Heinz Amelung (Hg.), Briefwechsel zwischen Clemens Brentano und Sophie Mereau, 2. Bd. (2. Auf., 1908), S. 202–209, 207(f).

1053 Bremer/Meder V, Bl. 240, mit Verweis (Fn. 1) auf: »II, S. 207« = Clemens Brentano, Brief an S. Mereau (ohne Datum und Ort, laut Amelung: 6. September 1803 aus Marburg), in: Heinz Amelung (Hg.), Briefwechsel zwischen Clemens Brentano und Sophie Mereau, 2. Bd. (2. Auf., 1908), S. 202–209, 207(f).

1054 Bremer/Meder V, Bl. 241, mit Verweis (Fn. 1) auf: »II, 37« = Clemens Brentano, Brief an S. Mereau vom 18. Oktober 1803 aus Frankfurt, in: Heinz Amelung (Hg.), Briefwechsel zwischen Clemens Brentano und Sophie Mereau, 2. Bd. (2. Aufl., 1908), S. 35–38, 37; vgl. auch Bremer/Meder V, Bl. 242.

1055 Bremer/Meder V, Bl. 241, mit Verweis (Fn. 1) auf: »II, 37« = Clemens Brentano, Brief an S. Mereau vom 18. Oktober 1803 aus Frankfurt, in: Heinz Amelung (Hg.), Briefwechsel zwischen Clemens Brentano und Sophie Mereau, 2. Bd. (2. Aufl., 1908), S. 35–38, 37.

1056 Bremer/Meder V, Bl. 241, mit Verweis (Fn. 1) auf: »II, 37« = Clemens Brentano, Brief an S. Mereau vom 18. Oktober 1803 aus Frankfurt, in: Heinz Amelung (Hg.), Briefwechsel zwischen Clemens Brentano und Sophie Mereau, 2. Bd. (2. Aufl., 1908), S. 35–38, 37.

1057 Bremer/Meder V, Bl. 242, u.a. mit Verweis (Fn. 2) auf: »II, 63f., 67 […]« = Clemens Brentano, Brief an S. Mereau (ohne Datum und Ort, laut Amelung: 27. Oktober 1803 aus Marburg), in: Heinz Amelung (Hg.), Briefwechsel zwischen Clemens Brentano und Sophie Mereau, 2. Bd. (2. Aufl., 1908), S. 62–77, 63–64, 67.

1058 Bremer/Meder V, Bl. 243.

bereits sicher, Mereau auftrug, sich ihm zuliebe dann schon einmal »um alle Küchenkünste zu bemühen«.[1059]

Aus Bremers Zusammenstellung lässt sich auch darüber hinaus etwas gewinnen. Beispielsweise wird durch die Erzählung von der mühevollen Wohnungssuche, eine knappe Wohnraumverfügbarkeit im Marburg dieser Zeit angedeutet, die erklären könnte, weshalb selbst der wohlhabende Savigny die ersten Wochen in Marburg gemeinsam mit seinen Freunden, den Vettern Leonhard und Friedrich Creuzer, verbringen musste. Darüber hinaus hätte Bremer wohl einige der hier vorhandenen Splitter zur Wohnung und Lebenssituation Savignys seiner Zeichnung dieser von 1879 beigefügt.[1060]

1059 Bremer/Meder V, Bl. 241, u.a. mit Verweis (Fn. 3) auf: »II, [...] 47 [...]« = Clemens Brentano, Brief an S. Mereau vom 20. Oktober 1803 aus Frankfurt, in: Heinz Amelung (Hg.), Briefwechsel zwischen Clemens Brentano und Sophie Mereau, 2. Bd. (2. Aufl., 1908), S. 41–49, 47.

1060 Franz Peter Bremer, Zur Erinnerung an die Strassburger Savigny-Feier (1879), S. 9–10. Die dortigen Passagen Jacob Grimms stammen aus seinem »Das Wort des Besitzes« von 1850, abgedruckt in: Karl Müllenhoff (Hg.), Kleinere Schriften von Jacob Grimm, Bd. 1 (1864), S. 113–144, 115; Aus Bremers Notizen ließe sich stichpunktartig zur Lebenssituation des Protagonisten in Marburg hinzufügen: ›Fehlende Küche‹ – unklar ob, sich das auf die Einrichtung oder das Kulinarische bezieht (Bremer/Meder V, Bl. 240), ›Philosophie-Professor Tiedemann ist ein weiterer Nachbar‹ (Bremer/Meder V, Bl. 240; s. hierzu auch Adolf Stoll, Der junge Savigny, S. 215, Fn. 1) und ›offenbar keine Frauen im direkten Marburger-Umfeld Savignys‹ (Bremer/Meder V, Bl. 243).

5. Kapitel: Die unbekannte Reise nach Paris

Bisher ist es wenig, was über die Reise von August 1804 bis Oktober 1805 und ihre Station in Paris ab dem Krönungstag Napoleons bekannt ist. So wenig, dass man das Bekannte fast in einen Satz setzen könnte:

Kurz nach seiner Hochzeit reist Savigny mit einem Zwischenhalt in Heidelberg für ein Jahr nach Paris, von wo aus er Jacob Grimm als Assistenten für seine Bibliotheksarbeiten herbeiruft.

Nun, ein bisschen mehr ist es freilich schon, was wir wissen.[1061] Zweifelsohne ist aber gerade der Paris-Aufenthalt für uns einer der blinden Flecken im Leben des jungen Savignys. Einige hundert Notizblätter fertigte Bremer zu diesem Zeitraum an.[1062] Glücklicherweise ist es einer der Abschnitte, zu welchem einige ausformulierte Textbausteine vorliegen. Dabei werden uns einige notierte Passagen aus Savigny-Briefen begegnen, die zu Bremers Zeit noch nicht veröffentlicht waren und zehn Jahre nach Bremers Tod durch Stoll für ein breiteres Publikum verfügbar wurden.[1063] In diesem Abschnitt der Bremerschen Notizen zeigt sich auch am deutlichsten das, wofür wir zuvor schon einige Indizien gesehen haben: Adolf Stoll hätte uns in seiner Vertiefung zu Bremer, die er 1927 ankündigte und zu der er nicht mehr kam,[1064] wahrscheinlich von einer irgendwie gearteten Zusammenarbeit zwischen Bremer und ihm bei den Savigny-Briefen oder gar von einer übernommenen Sammlung von Briefabschriften erzählt. Der Teil zur Pariser-Reise zeigt das so deutlich, weil Stoll – ihm lag der Bremer-

1061 Einiges zur Erhellung hat schon Jochen Otto beigetragen, mit: Auf den Spuren von Friedrich Carl von Savigny (1779–1861). Auf dem Weg nach Berlin: 1804–1810, in: SZ (RA) 129 (2012), S. 604–635, 616–620.

1062 Es ist die dritte und Teile der zweiten Einheit der Bremer-Edition von Meder.

1063 Von den zu Bremers Zeit veröffentlichten Savigny-Briefen, sind für diesen Abschnitt vorzüglich solche durch Friedrich Schulin veröffentlichte, aus der Savigny-Weis-Korrespondenz, als Quelle Bremers zu nennen: Zur Erinnerung an Friedrich Carl von Savigny (1879), in: ders., Drei akademische Vorträge rechtsgeschichtlichen Inhalts (1881), 25–53.

1064 Vgl. Adolf Stoll, Der junge Savigny (1927), S. 2, Fn. 2 (beginnt auf S. 1).

Nachlass vor – hier exakt das, ja nur das, publizierte, was Bremer bereits hatte und seinerzeit eben noch unveröffentlicht war.[1065]

I. Die Anreise und erste Rückschläge

Eigentlich hätte die Reise deutlich umfangreicher ausfallen sollen. Savigny plante mit Kunigunde Italien, Frankreich und Spanien zu besuchen.[1066] Kurz nach der Hochzeit sollte die Reise des jungen Paares zuerst nach Italien gehen,[1067] welches man durch die Schweiz erreichen wollte.[1068] Klar war, dass Savigny in Heidelberg Station machen wird, und er auf der ganzen Reise »Kritik der Quellen des römischen Rechts« zu sammeln gedachte, wie aus einem Brief Creuzers hervorgehen soll.[1069] Zur gleichen Zeit dieser im Frühjahr 1804 kursierenden Reisepläne machte sich der Marburger-Freund Friedrich Creuzer auch auf den Weg nach Heidelberg. Ostern 1804 wurde er dort als ordentlicher Professor der Philologie und Altgeschichte inauguriert.[1070] Letztlich ging Savigny weder in die Schweiz, noch nach Italien oder Spanien. Nur Frankreich besuchte er, und in Paris blieb er länger. Bremer kommentiert, dass unter anderem die politische Lage dafür

1065 In Meders Bremer-Edition sind die Parallelfundstellen der Briefe und Brieffragmente bei Stoll (1927) angegeben (vgl. bspw. Bremer/Meder III, Bl. 12, 14, 27f.). Gerade für die Pariser-Zeit wird bei Bremer deutlich: Es sind insbesondere auch die bis dato unveröffentlichten Briefe (die später bei Stoll erschienen sind) mit denen er seine ›Geschichte‹ schreibt. Auffallen darf ferner, dass es sich bei den durch Stoll (1927) veröffentlichten Savigny-Weis-Briefen gerade um jene handelte, die in Bremers Quelle bei Schulin (s. Fn. 1063) noch fehlten und Bremer daher selbst ausfindig machen musste, vgl. u. a. Bremer/Meder III, Bl. 47/Adolf Stoll, Der junge Savigny (1927), Nr. 110, S. 256–258; Ob sich Stoll schlicht an der Materialsammlung Bremers bediente oder ob zwischen beiden, dem Rechtsprofessor Bremer und dem Gymnasiallehrer Stoll, dem Biograf und dem Editor, schon zuvor eine Art der Zusammenarbeit bestanden hatte, könnte mit dem bisher verfügbaren Material allenfalls spekulativ beantwortet werden. Bemerkenswert ist, dass sich beide etwa zur gleichen Zeit auf den Weg machten. Stoll mit seiner Veröffentlichung der Reisebriefe von 1890 und Bremer 1893 mit dem in der Einführung angesprochenen Beitrag zu Savignys-Familiengeschichte und der Andeutung seines Vorhabens der Biografie. Um 1890 kam also erneut ein Stein ins Rollen in der Savigny-Forschung, und zwar nachdem der Wirbel, den der hundertste Savigny-Geburtstag 1879 mit zahlreichen Vortragsveranstaltungen auslöste, länger schon abgeebbt gewesen sein dürfte.

1066 Bremer/Meder II, Bl. 1, mit Verweis (Fn. 1) auf: »Steig I, S. 105« = Clemens Brentano, Brief an A. v. Arnim vom 1. März 1804 aus Marburg, in: Reinhold Steig, Achim von Arnim und Clemens Brentano (1894), S. 104–105, 105.

1067 Bremer/Meder II, Bl. 1, mit Verweis (Fn. 2) auf: »Steig I, S. 105« = Clemens Brentano, Brief an A. v. Arnim vom 2. April 1804 (ohne Ort), in: Reinhold Steig, Achim von Arnim und Clemens Brentano (1894), S. 105–106, 105.

1068 Bremer/Meder II, Bl. 1.

1069 Bremer/Meder II, Bl. 1–2, mit Verweis auf einen Brief von Creuzer an Böttiger vom 19. März [1804] (s. hierzu die Editionsangaben bei Bremer/Meder II, Bl. 1, Anm. 1, S. 208).

1070 Vgl. Oswald Dammann, Creuzer, Friedrich, in: NDB 3 (1957), S. 414–415, 414.

verantwortlich war, dass sein Protagonist den Reiseplan letztlich nicht in Gänze realisierte.[1071] Die Regionen von Süddeutschland bis Norditalien mied man nämlich zu dieser Zeit besser:

Das alte Reich, welches die vielen deutschen Kleinstaaten lose zusammengehalten hatte, stand durch Napoleons (1769–1821) Aufstieg am Abgrund.[1072] Der Reichsdeputationshauptschluss von 1803 war der letzte Versuch gewesen den Verband zu erhalten.[1073] Auf die Kaiserproklamation Napoleons reagierte Franz II. (1768–1835) im August 1804 ›reichsverfassungswidrig‹ mit der Schaffung einer zusätzlichen österreichischen Kaiserkrone.[1074] Infolgedessen zeichnete sich der dritte der Koalitionskriege ab.[1075] Napoleon griff nach der Krone Italiens, die der Habsburger-Monarch als rechtmäßig sein betrachtete.[1076] Preußen blieb anfangs neutral, aber in Süddeutschland und Norditalien begannen die Truppenaufmärsche.[1077] Bayern, Baden und Württemberg schlugen sich auf die Seite Frankreichs.[1078] Den Österreichern stand der russische Zar Alexander (1777–1825) zur Seite.[1079] Im Herbst 1805 ereigneten sich die ersten Schlachten.[1080] Unter anderem die Niederlange in der berühmten Schlacht von Austerlitz zwang Franz II. Ende 1805 einen Frieden zu akzeptieren und Italien aufzugeben.[1081] Auch Wilhelm III. (1770–1840), der im letzten Moment eingreifen wollte, bekam im Dezember einen Frieden diktiert.[1082] Mit der Gründung des Rheinbundes und dem darauffolgenden Austritt der west- und süddeutschen Staaten aus dem Reich war dessen Ende im Sommer des Jahres 1806 besiegelt.[1083]

Zurück zur Reise. Über Heidelberg sowie über die vorangegangenen Arbeiten in Süddeutschland erfahren wir bei Bremer im vorliegenden Teil wenig. Nachdem Savigny etwa drei Monate in Heidelberg verbracht hat, wo sich allmählich die Gruppe der »Heidelberger-Romantik« um Clemens Brentano und Achim von Arnim bildete – Savigny und Arnim verpassten sich um kurze Zeit –, machte er sich im Oktober 1804 auf den Weg nach Frankreich.[1084] In Straßburg gefiel Sa-

1071 Bremer/Meder II, Bl. 1.
1072 Vgl. Georg Schmidt, Wandel durch Vernunft (2009), S. 242.
1073 Vgl. Georg Schmidt, Wandel durch Vernunft (2009), S. 242–243.
1074 Vgl. Georg Schmidt, Wandel durch Vernunft (2009), S. 244–245.
1075 Vgl. Georg Schmidt, Wandel durch Vernunft (2009), S. 245.
1076 Vgl. Georg Schmidt, Wandel durch Vernunft (2009), S. 245.
1077 Vgl. Georg Schmidt, Wandel durch Vernunft (2009), S. 245–246.
1078 Vgl. Georg Schmidt, Wandel durch Vernunft (2009), S. 245–246.
1079 Vgl. Georg Schmidt, Wandel durch Vernunft (2009), S. 245–246.
1080 Vgl. Georg Schmidt, Wandel durch Vernunft (2009), S. 245–246.
1081 Vgl. Georg Schmidt, Wandel durch Vernunft (2009), S. 246.
1082 Vgl. Georg Schmidt, Wandel durch Vernunft (2009), S. 246.
1083 Vgl. Georg Schmidt, Wandel durch Vernunft (2009), S. 247–249.
1084 Bremer/Meder III, Bl. 10; vgl. Jochen Otto, Auf den Spuren von Friedrich Carl von Savigny (1779–1861). Auf dem Weg nach Berlin: 1804–1810, in: SZ (RA) 129 (2012), S. 604–635, 609–610.

vigny sowohl die Universitätsbibliothek, die »reich an Manuscripten und alten Drucken« war, als auch die nicht geordnete städtische »Centralbibliothek«, welche »eine nähere Untersuchung gar sehr zu verdienen« scheine.[1085] Besonders unterstützt wurde er hier von dem Bibliotheksdirektor Jeremias Jacob Oberlin (1735–1806), welchen er auch an Creuzer empfiehlt, da er alle Wünsche befriedigen könne.[1086] Im Anschluss befand sich Savigny in Nancy und danach in Metz, wo die Briefe an die Adresse des »Receveur général du département de la Moselle« Possel, einem Bekannten der Brentano-Familie, gerichtet werden sollten.[1087] Die künftige Korrespondenz nach Paris sollte an den Badener Gesandten von Dalberg in der »rue Concorde no. 25« gerichtet werden.[1088] Wohl bei der Ankunft in Paris passierte das bekannte Unglück:

> »Am 2. Dezember fuhr der Wagen in die Weltstadt ein. Als in der Wohnung das Gepäck revidirt ward, fand sich, daß ein Koffer Savignys mit seinen Vorarbeiten fehlte u. seine Bestürzung war grenzenlos. Die ganze Reise schien verfehlt. Auf der Stelle wurden alle möglichen Wege eingeschlagen, um das Verlorene wieder zu erlangen. Die größte Wahrscheinlichkeit sprach dafür, daß der Koffer bei der Einfahrt in das Thor gestohlen worden sei. ›Ich wandte mich‹, so erzählte Savigny, ›an die Polizei; ich setzte öffentlich einen Preis von 100 Louis d'or auf den ganzen Koffer u. von 45 auf die bloßen Papiere: alle Bemühungen blieben ohne Erfolg.‹ Savigny war wie gelähmt, u. konnte keine Feder anrühren […].«[1089]

Während dieser ›Schockstarre‹ von Bremers Protagonisten nahm Kunigunde die Zügel in die Hand. Fast unmittelbar informierte sie Friedrich Creuzer und soll ihrem Bruder Christian Brentano (1784–1851) Aufträge – wohl zur Wiederbe-

1085 Bremer/Meder III, Bl. 10, 11 – vgl. Savigny, Brief an F. Creuzer vom 2. November 1804 aus Straßburg, in: Adolf Stoll, Der junge Savigny (1927), Nr. 99, S. 241.

1086 Bremer/Meder III, Bl. 11 – vgl. Savigny, Brief an F. Creuzer vom 2. November 1804 aus Straßburg, in: Adolf Stoll, Der junge Savigny (1927), Nr. 99, S. 241.

1087 Bremer/Meder III, Bl. 11 – vgl. Savigny, Brief an F. Creuzer vom 2. November 1804 aus Straßburg, in: Adolf Stoll, Der junge Savigny (1927), Nr. 99, S. 241; s. auch Bremer/Meder III, Bl. 12, Fn. 1.

1088 Bremer/Meder III, Bl. 12, 72; Gemeint ist Emmerich Joseph von Dalberg (1773–1833). Im Jahr 1803 ging er als badischer Repräsentant nach Paris und unterhielt gute Kontakte zum bekannten französischen Minister Talleyrand (1754–1838). Savigny berichtet von keinem näheren Kontakt zu Dalberg, die Anschrift blieb aber die ersten Monate Savignys Briefadresse. Als der Botschafter im April 1805 aus Paris abreiste, gingen die an Savigny gerichteten Briefe erstmal zurück an den Absender. Einen der Briefe aus dieser Zeit von Weis, hat Savigny deshalb erst Ende Mai 1805 erhalten, s. Bremer/Meder III, Bl. 72, zu Dalberg mit Verweis auf: »Meyer S. 422« = Joseph Meyer (Begr.), Meyers Konversations-Lexikon, 4. Bd. (4. Aufl., 1885–1890), Dalberg, Emmerich Joseph, S. 422; NB: Den wohl bekannteren Dalberg spricht Bremer auch an (Bremer/Meder III, Bl. 101: »Frankfurt a. M. u. der Fürst-Primas«).

1089 Bremer/Meder III, Bl. 14.

schaffung der verlorenen Literatur[1090]– gegeben haben.[1091] Nach Bremer hat Savigny selbst nur an Hans von Bostel eine Nachricht richten können.[1092]

»[...] An demselben Tage raffte Savigny sich auf, um selbst an Bostel in Marburg zu schreiben, der ihm bei den Vorarbeiten so treu geholfen hatte. Auf der Bibliothek hatte er inzwischen schon Umschau gehalten u. den reichen Schätzen gegenüber war er doppelt unglücklich.«[1093]

Die anfängliche Gesamtsituation in Paris war mehr als ernüchternd. Nicht nur, dass die Bibliothek mitten im Winter ungeheizt blieb und man in ihr täglich nur vier Stunden arbeiten konnte, raubte den Elan, vielmehr sei sie dazu noch mit inkompetentem Personal besetzt und ohne brauchbare Katalogisierung der Handschriften.[1094] Dazu setzte der kleinen Reisegesellschaft – Savigny reiste mit Ehefrau und der Schwägerin Meline Brentano (1788–1861) nach Paris – ihre Wohnsituation ziemlich zu. Die weit von der Bibliothek entfernt gelegene Wohnung war nicht nur feucht und oft winterkalt, sondern auch dem Smog der Metropole ausgesetzt; alle waren so ständig krank, der Protagonist litt neben dem noch immer betrübenden Eindruck vom Kofferverlust zwei Monate, bis in den Februar 1805 hinein, an einer »Unpäßlichkeit« und Kunigunde erblindete sogar für einige Tage auf einem Auge.[1095] Im März 1805 war endlich Besserung in Sicht. Jacob Grimm war angekommen und man zog in eine deutlich komfortablere und zentraler gelegene Gartenhauswohnung im »Hotel du nord«.[1096] Sie lag in der »Rue de la loi« (»ci devant Richelieu, au coin de la rue nueve S. Marc«), wo ebenfalls der hessische Gesandte von der Malsburg wohnte.[1097] Mit ihm und dem Sekretär der hessischen Gesandtschaft Bast pflegte die Reisegesellschaft den

1090 Einen Brief Kunigundes an Christian führt Bremer hierzu nicht an, aber er verweist auf Briefe bei Schulin, wo Savigny sinngemäß einmal davon spricht ›was fort ist‹ und ein anderes Mal davon, ›was er in Heidelberg hat kaufen lassen‹, s. Bremer/Meder III, Bl. 14, mit Verweis (Fn. 1) auf: »Vgl. Schulin S. 40, 44« = Savigny, Brief an Weis vom 3. Januar/7. April 1805 aus Paris, in: Friedrich Schulin, Zur Erinnerung an Friedrich Carl von Savigny, 1879, Nr. 4, 40–42, 40/Nr. 6, 43–44, 44; Die Nachricht aus Paris von Kunigunde Savigny an F. Creuzer, die Bremer auf den 4. und Stoll auf den 5. Dezember 1804 setzt, ist 1927 bei Stoll erschienen – s. Adolf Stoll, Der junge Savigny (1927), Nr. 101, S. 243.

1091 Bremer/Meder III, Bl. 14.

1092 Diese Nachricht ist nach Bremer einmal auf den gleichen Tag wie Kunigundes Brief an Creuzer, also den 4. Dezember 1804, zu setzen. Bremer schien sie nicht zu haben und so fehlt sie auch später bei Stoll (1927).

1093 Bremer/Meder III, Bl. 14.

1094 Bremer/Meder III, Bl. 17 – vgl. Savigny, Brief an Bostel vom 4. Februar 1805 aus Paris, in: Adolf Stoll, Der junge Savigny (1927), Nr. 102, S. 243–245.

1095 Bremer/Meder III, Bl. 19. Die Briefe, die die Grundlagen dieser Notizen Bremers bilden, sind ebenfalls später bei Stoll erschienen – vgl. Adolf Stoll, Der junge Savigny (1927), Nr. 101–103, S. 243–245(–249).

1096 Bremer/Meder III, Bl. 19, 27, 385.

1097 Bremer/Meder III, Bl. 19, 27.

Kontakt.[1098] Dem alten Gesandten hätten die Savignys nach einem Bericht von Jacob Grimm »viel Freundschaft erzeigt«.[1099] Ebenfalls war der Neffe des Gesandten vor Ort, der ursprünglich aus Hanau kam und ein Schul- und Studienfreund war, sodass Jacob Grimm kurz nach seiner Ankunft direkt einen Altersgenossen vorfand.[1100] Von Grimm hören wir auch, dass dieser Studienfreund schon einen Code civil gehabt hatte, wovon zu diesem Zeitpunkt schon über zwei Millionen, viele davon nach Deutschland, abgesetzt worden seien.[1101]

Aber wie kam es, dass Jacob Grimm nach Paris ging? Zuerst wandte sich Savigny nämlich an Bostel – inzwischen war er als Rechtsanwalt tätig –, der sich seinerseits unverzüglich anbot herbeizukommen. Die Antwort erreichte Savigny aber erst am 4. Februar 1805, als die Entscheidung über den Assistenten schon gefallen war.[1102] Neben Jacob Grimm hätte noch der Jurist Franz Georg Pfeiffer (1784–1856) zur Auswahl gestanden.[1103] Da sich Pfeiffer gerade aber die Gelegenheit bot, die Nachfolge im Amt des Hofarchivaren von Kassel anzutreten, wurde Jacob Grimm erwählt nach Paris zu gehen.[1104] Zuvor teilte Savigny im Januar seinem Mentor Weis in Marburg mit, dass Pfeiffer oder Grimm dann »drei Sachen unfehlbar mitbringen« müssten, die Weis schon einmal besorgen solle. Erstens »Sarti«[1105] aus der Bibliothek von Professor Erxleben, zweitens »Praecognita juris canonici« von Glück[1106] aus der Hausbibliothek Savignys oder Weis' und drittens Abschriften von Weis' »Index editionum«.[1107] Weiterhin bat Savigny bei Weis, dass er ihm nochmal eine Zusammenfassung der bisherigen Korrespondenz mit möglichst allen Fragen Savignys und allen Antworten Weis'

1098 Bremer/Meder III, Bl. 71, 303; Die Fähigkeiten dieses Sekretärs und gelehrten Hellenisten Friedrich Jacob Bast schienen Savigny aber nicht zu überzeugen (Bremer/Meder III, Bl. 74).

1099 Bremer/Meder III, Bl. 303, mit Verweis auf einen Bericht Jacob Grimms vom 11. April 1805 = Jacob Grimm, Brief an W. Grimm vom 11. April 1805 aus Paris, in: Herman Grimm/ Gustav Hinrichs (Hg.), Briefwechsel zwischen Jacob und Wilhelm Grimm (1881), Nr. 8, S. 34–38, 35.

1100 Bremer/Meder III, Bl. 385, mit Verweis (ohne nähere Angaben) auf: »S. 496 u. S. 22« = Herman Grimm/Gustav Hinrichs (Hg.), Briefwechsel zwischen Jacob und Wilhelm Grimm (1881), Erläuterungen zu Malsburg jun. (S. 422) und Brief Jacobs an Wilhelm vom 1. März 1805 aus Paris (Nr. 5, S. 16–24, 22).

1101 Bremer/Meder III, Bl. 303, 380, 126.

1102 Bremer/Meder III, Bl. 16; s. auch Fn. 1092; vgl. Savigny, Brief an Bostel vom 4. Februar 1805 aus Paris, in: Adolf Stoll, Der junge Savigny (1927), Nr. 102, S. 243–245.

1103 Bremer/Meder III, Bl. 20, mit Verweis (Fn. 2) auf: »Schulin S. 41« = Savigny, Brief an Weis vom 3. Januar 1805 aus Paris, in: Friedrich Schulin, Zur Erinnerung an Friedrich Carl von Savigny (1879), Nr. 4, S. 40–42, 41.

1104 Bremer/Meder III, Bl. 20.

1105 Gemeint ist das mehrbändige Werk von Mauro Sarti und Mauro Fattorini, De Claris Archigymnasii Bononiensis Professoribus (Bologna, ab 1772).

1106 Christan Friedrich von Glück (1755–1831).

1107 Bremer/Meder III, Bl. 23 – vgl. Savigny, Brief an Weis vom 3. Januar 1805 aus Paris, in: Friedrich Schulin, Zur Erinnerung an Friedrich Carl von Savigny (1879), Nr. 4, S. 40–42, 41–42.

zusenden möge, da in dem verlorenen Koffer auch Briefe waren.[1108] Um kleine biografische Notizen zu den französischen Juristen wie Contius, wage er zusätzlich gar nicht zu bitten.[1109] Weis gelang es, alles zu besorgen, nur Erxleben schlug die Bitte um »Sarti« aus.[1110] Dem Protagonisten kam aber der glückliche Zufall zupass, dass er wenige Monate später »Sarti«, den man eigentlich in Paris gar nicht gekannt hatte, bei einem Bekannten fand.[1111] Jacob Grimm wollte trotz eines mulmigen Gefühls unbedingt nach Paris, der Reise und der »Aussicht einer näheren Verbindung mit Savigny« wegen.[1112] Seine Tante, so berichtet Bremer, hätte es hingegen lieber gesehen, wenn der junge Mann die Studien in Marburg zum raschen Abschluss gebracht hätte.[1113] Dennoch hätten Mutter und Tante zugestimmt, sodass er sich mit zehn Carolin Reisegeld per Postkutsche auf den Weg machte.[1114] Die Ausstattung des Assistenten besorgte Savignys Schwager Christian Brentano, der überhaupt mit vielen organisatorischen Dingen betraut war.[1115] Anfang Februar 1805 traf Jacob Grimm in der Metropole ein.[1116] Er wohnte bei freier Kost und Logis mit der Reisegesellschaft.[1117] Spätestens hier sieht Bremer den Beginn eines Freundschaftsverhältnisses, das erst Mitte des noch jungen Jahrhunderts gestört werden sollte.[1118]

> »So geschah es, daß zwischen dem jungen Rechtslehrer u. seinem Schüler sich ein ähnliches Verhältniß anbahnte, wie es zwischen den Vätern beider Theile bestanden hatte: . . . Die kommissarischen Besitzer von Trages hatten in freundlichen geschäftlichen Beziehungen zu dem . . . Grimm gestanden u. hatten diesen gelegentlich zum Mittagstisch gebeten. Zwischen den Söhnen dieser Männer sollte sich ein freundschaftliches Verhältniß entwickeln, wie es schöner nicht gedacht werden kann, bis die Revolution von 1848 eine gewisse Entfremdung herbeiführte.«[1119]

Auffallen darf auch Savignys Verhältnis zu Weis. Wir erfahren, dass beide bereits die ganze Zeit während der Hinreise in engem Kontakt standen und der Protagonist zahlreiche Fragen an ihn richtete. Weis war also nicht bloß ein ehemaliger

1108 Bremer/Meder III, Bl. 23 – vgl. Savigny, Brief an Weis vom 3. Januar 1805 aus Paris, in: Friedrich Schulin, Zur Erinnerung an Friedrich Carl von Savigny (1879), Nr. 4, S. 40–42, 41–42.

1109 Bremer/Meder III, Bl. 23 – vgl. Savigny, Brief an Weis vom 3. Januar 1805 aus Paris, in: Friedrich Schulin, Zur Erinnerung an Friedrich Carl von Savigny (1879), Nr. 4, S. 40–42, 41–42.

1110 Bremer/Meder III, Bl. 24.

1111 Bremer/Meder III, Bl. 24.

1112 Bremer/Meder III, Bl. 21.

1113 Bremer/Meder III, Bl. 20.

1114 Bremer/Meder III, Bl. 21.

1115 Bremer/Meder III, Bl. 20

1116 Bremer/Meder III, Bl. 25.

1117 Bremer/Meder III, Bl. 21, 23.

1118 Bremer/Meder III, Bl. 25.

1119 Bremer/Meder III, Bl. 25.

Lehrer mit dem dann und wann plaudernder Briefwechsel stattfand.[1120] Dabei war es noch gar nicht so lange her, dass Savigny seine Kenntnisse zur römischen Rechtsgeschichte für seine Vorlesung aus Lehrbüchern schöpfte. Lehrbuchwissen konnte ihn aber schon bald nicht mehr befriedigen, er wollte jetzt selbst an die Quellen, an die Biografien, an die Handschriften und Briefwechsel der alten Gelehrten.

Mit dem Eintreffen Jacob Grimms war neuer Arbeitsmut gefasst. Auch die Arbeitsbedingungen werden besser. Neben der deutlich günstigeren Lage der neuen Wohnung unweit der Bibliothek wurde es Savigny gestattet einige der Handschriften zur Arbeit mit nach Hause zu nehmen.[1121] Aber auch für den Studienfortschritt seines Schützlings fühlte sich der Protagonist verantwortlich, und einige der Hefte die Savigny Jacob Grimm zur Examensvorbereitung zur Verfügung stellte, fand Bremer später im Nachlass des Germanisten.[1122]

II. Bibliotheksstudien

Besonders interessant werden Bremers Notizen zur Paris-Reise aber da, wo er versucht die Schwerpunkte der Bibliotheksarbeiten zu identifizieren. Im Februar 1805 begann der Protagonist wieder mit der Arbeit. Zuallererst befasste man sich damit, den Kofferverlust aufzuarbeiten.

Jacob Grimm habe seinem Bruder berichtet, dass er sich das Ausmaß der verlorengegangenen Arbeiten »doch ärger vorgestellt« habe.[1123] Die meisten seiner Hefte und Aufsätze seien ihm geblieben.[1124] Überwiegend seien »Reisepräparate« und Sachen die man mit »geringem Aufwand von Zeit u. Mühe wiedererhalten kann« verschwunden.[1125] Unwiederbringlicher seien hingegen

1120 Hinweis: Neben Bremers Quelle Schulin hat später noch Wilhelm Felgentraeger einige Briefe aus dem Briefwechsel Savigny-Weis veröffentlicht, Briefe F. C. von Savignys an P. F. Weis (1804–1807), in: SZ (RA) 48 (1928), S. 114–169; NB: In der Vorrede dieser Ausgabe der Zeitschrift, findet sich die Todesanzeige vom Savigny-Forscher Ernst Landsberg (S. VII–XXII).

1121 Bremer/Meder III, Bl. 27–28.

1122 Bremer/Meder III, Bl. 28; Von Bremers Forschungen in »Jacobs Nachlaß« haben wir bereits gehört und kommen hierauf auch in diesem Kapitel nochmal zu sprechen.

1123 Bremer/Meder III, Bl. 29 – vgl. Jacob Grimm, Brief an W. Grimm vom 1. März 1805 aus Paris, in: Herman Grimm/Gustav Hinrichs (Hg.), Briefwechsel zwischen Jacob und Wilhelm Grimm (1881), Nr. 5, S. 16–22(–24), 17.

1124 Bremer/Meder III, Bl. 29 – vgl. Jacob Grimm, Brief an W. Grimm vom 1. März 1805 aus Paris, in: Herman Grimm/Gustav Hinrichs (Hg.), Briefwechsel zwischen Jacob und Wilhelm Grimm (1881), Nr. 5, S. 16–22(–24), 17.

1125 Bremer/Meder III, Bl. 29 – vgl. Jacob Grimm, Brief an W. Grimm vom 1. März 1805 aus Paris, in: Herman Grimm/Gustav Hinrichs (Hg.), Briefwechsel zwischen Jacob und Wilhelm Grimm (1881), Nr. 5, S. 16–22(–24), 17.

»Vergleichungen vieler Ausgaben«, die dem Protagonisten wahrscheinlich nie wieder in die Hände fallen sollen.[1126] Glücklicherweise blieben die Notizen zum römischen Staatsrecht erhalten; ihr Verlust wäre besonders schmerzlich gewesen, weil Savigny »vielleicht hundert Schriften« schon studiert hatte und bereits Resultate vorweisen konnte.[1127] Schon Anfang März schreibt dann Savigny selbst:

> »Mein Reiseapparat ist schon fast ganz restituirt, nur viel vollständiger u. bequemer als vorher.«[1128]

Anhand von ebendiesem Brief mit der glücklichen Nachricht konnte Bremer auch Savignys wichtigsten Forschungsgegenstand in Paris identifizieren, nämlich das Studium der Glossatoren.[1129]

Das Zentrum der mittelalterlichen Glossatorenschule assoziert man mit Bologna.[1130] Nach der Wiederentdeckung einer Pandektenhandschrift im 11. Jahrhundert, der sogenannten Florentina, begannen die hiesigen Juristen die Rechtstexte mit exegetischen Erläuterungen, den Glossen, zu versehen.[1131] Einige Jahrhunderte nach dem Untergang Roms gelang es so den Bologneser Glossatoren eine Rechtswissenschaft in Westeuropa zu etablieren.[1132]

Von den Glossatoren bis in seine Zeit wollte Savigny ursprünglich eine große »Litärergeschichte des römischen Rechts« liefern, wozu ihn Weis anregte.[1133] Das erklärt, weshalb Savigny nach dem Kofferverlust so dringend bei Weis um Erxlebens »Sarti«[1134] bat. In dem Werk waren schon einige, insbesondere biografische Vorarbeiten zu den Glossatoren dargebracht.[1135] Umso problematischer, dass Erxleben die Bitte ausschlug. Als dem Protagonisten wenig später »Sarti« unerwartet in Paris in die Hände fiel – bei wem, wusste auch Bremer nicht und scheint bis heute nicht bekannt –, war ihm klar:

1126 Bremer/Meder III, Bl. 29 – vgl. Jacob Grimm, Brief an W. Grimm vom 1. März 1805 aus Paris, in: Herman Grimm/Gustav Hinrichs (Hg.), Briefwechsel zwischen Jacob und Wilhelm Grimm (1881), Nr. 5, S. 16–22(–24), 17.

1127 Bremer/Meder III, Bl. 29 – vgl. Jacob Grimm, Brief an W. Grimm vom 1. März 1805 aus Paris, in: Herman Grimm/Gustav Hinrichs (Hg.), Briefwechsel zwischen Jacob und Wilhelm Grimm (1881), Nr. 5, S. 16–22(–24), 17.

1128 Bremer/Meder III, Bl. 29 – vgl. Savigny, Brief an Weis vom 3. März 1805 aus Paris, in: Friedrich Schulin, Zur Erinnerung an Friedrich Carl von Savigny (1879), Nr. 5, S. 42–43, 42.

1129 Bremer/Meder III, Bl. 30 – vgl. Savigny, Brief an Weis vom 3. März 1805 aus Paris, in: Friedrich Schulin, Zur Erinnerung an Friedrich Carl von Savigny (1879), Nr. 5, S. 42–43, 42.

1130 Vgl. Martin Avenarius, Glossatoren, in: HRG, 2. Band (2. Aufl., 2012), Sp. 408–412, 408.

1131 Vgl. Martin Avenarius, Glossatoren, in: HRG, 2. Band (2. Aufl., 2012), Sp. 408–412, 408f.

1132 Vgl. Martin Avenarius, Glossatoren, in: HRG, 2. Band (2. Aufl., 2012), Sp. 408–412, 409, 412.

1133 Bremer/Meder III, Bl. 30; vgl. auch Savigny, Geschichte des Römischen Rechts im Mittelalter, 1. Band (1. Auflage, 1815), S. III.

1134 Siehe Fn. 1105.

1135 Bremer/Meder III, Bl. 30; s. auch Savigny, Geschichte des Römischen Rechts im Mittelalter, 3. Band (1. Auflage, 1822), S. 57–66, und Savigny, Geschichte des Römischen Rechts im Mittelalter, 1. Band (1. Auflage, 1815), S. III.

»[…] es sind wenige Glossatoren, zu welchen ich nicht sehr bedeutende Zusätze und Berichtigungen liefern kann.«[1136]

Etwa ein halbes Jahr wird Savigny in der Pariser-Bibliothek studieren. Wir erfahren aber nicht nur von Glossatoren, mit denen er sich schon regelmäßig seit 1804 befasst hatte. Von einem Dekretisten hören wir beispielsweise und auch von »französischen Juristen des sechzehnten Jahrhunderts«, für die sich Savigny in Paris interessierte.[1137] Blicken wir im Einzelnen auf einige Personen und Themenfelder, die Bremer ausmachte:

1. Placentinus

In der ersten Zeit befasste sich Savigny mit Placentinus. Bremer folgerte das daraus, dass der Protagonist zuerst bei Christian Brentano vergeblich entsprechende Literatur (»Placentini opera omnia«, das hieße »Summa Codicis, Summa Institutionum und de varietate actionum«[1138]) aus seiner Hausbibliothek in Marburg anforderte und danach nochmals im April 1805 bei Weis um die Zusendung bat.[1139]

Der Zivilrechtslehrer Placentinus (gestorben 1192) gilt als erster gelehrter Jurist in Montpellier.[1140] Bevor er um 1165 dorthin kam, lehrte er in Mantua.[1141] Aus Montpellier ging er zwischenzeitlich zwei Jahre nach Bologna und sechs nach Piacenza.[1142] Um 1190 kehrte er zurück.[1143] Bulgarus (gestorben um 1166), der das Werk des Irnerius (gestorben nach 1125), des Begründers der Glossatorenschule, als einer der bekannten vier Bologneser-Rechtslehrer weiterführte, könnte ein

1136 Savigny, Brief an Weis vom 26. Juni 1805 aus Paris, in: Friedrich Schulin, Zur Erinnerung an Friedrich Carl von Savigny (1879), Nr. 8, S. 45–47, 46 (vgl. Bremer/Meder III, Bl. 30).

1137 Bremer/Meder III, Bl. 32–33.

1138 Vgl. Savigny, Brief an Weis vom 18. April 1805 aus Paris, in: Friedrich Schulin, Zur Erinnerung an Friedrich Carl von Savigny (1879), Nr. 7, S. 44–45, 45.

1139 Bremer/Meder III, Bl. 32 – vgl. Savigny, Brief an Weis vom 18. April 1805 aus Paris, in: Friedrich Schulin, Zur Erinnerung an Friedrich Carl von Savigny (1879), Nr. 7, S. 44–45, 45.

1140 Vgl. Peter Weimar, Placentinus, in: Michael Stolleis (Hg.), Juristen. Ein biographisches Lexikon (2001), S. 500–501, 500.

1141 Vgl. Peter Weimar, Placentinus, in: Michael Stolleis (Hg.), Juristen. Ein biographisches Lexikon (2001), S. 500–501, 500.

1142 Vgl. Peter Weimar, Placentinus, in: Michael Stolleis (Hg.), Juristen. Ein biographisches Lexikon (2001), S. 500–501, 500.

1143 Vgl. Peter Weimar, Placentinus, in: Michael Stolleis (Hg.), Juristen. Ein biographisches Lexikon (2001), S. 500–501, 500.

Lehrer des Placentinus gewesen sein.[1144] Noch immer greift die neuere Forschung auf Savignys Beiträge zu Placentinus zurück.[1145]

Nun ist niemandem entgangen, dass die Arbeiten des Meisters unter dem ursprünglich angedachten Titel, der »Literargeschichte des Römischen Rechts«, nicht erschienen sind. Zehn Jahre nach der Paris-Reise wird Savigny aber etwas deutlich Umfangreicheres in erster Auflage herausbringen: Seine mehrbändige »Geschichte des Römischen Rechts im Mittelalter«. Im Vorwort des ersten Bandes erklärt er, weshalb er die Zielsetzung des ursprünglichen Vorhabens anpasste.[1146] Bremers Notizen zeigen, dass er uns eine solche Verbindung derart dargebracht hätte, nämlich eine Brücke von diesen frühen, ja ersten intensiven Bibliotheksstudien zu wohl einem der bedeutendsten Werke seines Protagonisten lange Zeit später.[1147] So dürfen wir nach Bremer durchaus schon die Pariser-Arbeiten als einen Mosaikstein in der Entstehungsgeschichte des mehrbändigen Werkes verstehen.[1148] Savignys Betrachtung von Placentinus kam dabei noch ein weiteres Jahrzehnt nach dem ersten Band. Im vierten Band (1826) seiner »Geschichte des Römischen Rechts im Mittelalter« lieferte der Protagonist Ausführliches zu dem, der mit der Sigle »P.« glossierte.[1149] Schon zwanzig Jahre vor dem vierten Band war der sammelnde Meister selbst in Paris, spürte diese Handschriften auf, schrieb sich Kopien und legte so die Saat der Früchte seines späteren Erfolges, das hätte uns Professor Bremer erzählt, wenn sein Vorhaben zum Abschluss gekommen wäre.[1150]

1144 Vgl. Peter Weimar, Placentinus, in: Michael Stolleis (Hg.), Juristen. Ein biographisches Lexikon (2001), S. 500–501, 500; ders., Irnerius, in: Michael Stolleis (Hg.), Juristen. Ein biographisches Lexikon (2001), S. 325–327, 326.

1145 Vgl. Peter Weimar, Placentinus, in: Michael Stolleis (Hg.), Juristen. Ein biographisches Lexikon (2001), S. 500–501, 501.

1146 Vgl. Savigny, Geschichte des Römischen Rechts im Mittelalter, 1. Band (1. Auflage, 1815), S. III–XV.

1147 S. hierzu die Fundstellenangaben »Geschichte« oder »Savigny, Gesch[ichte]«, in Bremer/Meder III, bspw. auf den Bl. 33, 40f.

1148 Überlegungen zum Entstehungszeitraum von Savignys »Geschichte des Römischen Rechts im Mittelalter« rückten in der Savigny-Forschung erst Jahrzehnte nach Bremers Tod ins Schlaglicht, vgl. Joachim Rückert, Idealismus, Jurisprudenz und Politik bei Friedrich Carl von Savigny (2. Auflage, 1984/2022), S. 90f.

1149 Vgl. Savigny, Geschichte des Römischen Rechts im Mittelalter, 4. Band (1. Auflage, 1826), S. 210–245, 214.

1150 Siehe auch Bremer/Meder IV-1, Bl. 16–17.

2. Huguccio de Pisa

Des Weiteren befasste sich Savigny im März 1805 mit zwei Manuskripten des Huguccio, wie Bremer notierte.[1151]

Der Kanonist Huguccio de Pisa (ca. 1140–1210) war der wohl bedeutendste Dekretist (Decretum Gratiani) und lehrte als solcher ab 1180 in Bologna, wo er zuvor Kanonistik und möglicherweise daneben Theologie studierte.[1152] Gelegentlich war er als päpstlicher Legat tätig und der spätere Papst Innozenz III. könnte einer seiner Schüler gewesen sein.[1153] Im Jahr 1190 wurde Huguccio Bischof von Ferrara.[1154] Sein zwischen 1188 und 1190 angefertigtes Hauptwerk ist sein Anteil an »Super summa decretum«, worin sich sein ausführlichster Beitrag sowohl durch die Auseinandersetzung mit den Vorgängern auszeichnet als auch durch Kenntnisse im Bereich der Legistik, namentlich der Lehren des Bulgarus oder des Placentinus.[1155]

Bezüglich der untersuchten Handschriften teilte Savigny dem neugierigen Weis mit:

> »Von den zwei hiesigen Manuscripten des Huguccio sollen Sie kein Wort erfahren, bis Sie die Fragen über das Marburger Manuscript beantwortet haben.«[1156]

Was war geschehen? Bremer hätte es beantworten können: An der Marburger-Bibliothek war zu dieser Zeit eine »merkwürdige« Handschrift aufgetaucht, die das Decretum Gratiani enthielt.[1157] Der Protagonist erhielt davon bald Kenntnis. Da Savigny gerade zu ›dem‹ Dekretisten forschte, richtete er natürlich einige Fragen zum »Marburger Manuscript« an Weis, welche jedoch nicht unverzüglich beantwortet wurden.[1158] Mit der ›Drohung‹ – eine wohl nicht bitterernst ge-

1151 Bremer/Meder III, Bl. 32.

1152 Vgl. Jörg Müller, Huguccio de Pisa, in: Michael Stolleis (Hg.), Juristen. Ein biographisches Lexikon (2001), S. 314–315, 314.

1153 Vgl. Jörg Müller, Huguccio de Pisa, in: Michael Stolleis (Hg.), Juristen. Ein biographisches Lexikon (2001), S. 314–315, 314.

1154 Vgl. Jörg Müller, Huguccio de Pisa, in: Michael Stolleis (Hg.), Juristen. Ein biographisches Lexikon (2001), S. 314–315, 314.

1155 Vgl. Jörg Müller, Huguccio de Pisa, in: Michael Stolleis (Hg.), Juristen. Ein biographisches Lexikon (2001), S. 314–315, 314.

1156 Bremer/Meder III, Bl. 32 – vgl. Savigny, Brief an Weis vom 7. April 1805 aus Paris, in: Friedrich Schulin, Zur Erinnerung an Friedrich Carl von Savigny (1879), Nr. 6, S. 43–44, 44. NB: In diesem Brief gibt Savigny Weis den Auftrag, sein Heft mit dem Titel »Schlegels Aesthetik« an Christian Brentano zu geben, der es wiederum an Clemens Brentano weitergeben soll. Damit dürfte die Mitschrift von August Wilhelm Schlegels Ästhetik-Vorlesung, die Savigny im Sommer 1799 in Jena anfertigte, gemeint sein.

1157 Bremer/Meder III, Bl. 32.

1158 Bremer/Meder III, Bl. 32.

meinte[1159] – seinerseits nun auch die Mitteilungen einzustellen, wollte Savigny nun eine baldige Antwort erwirken.[1160] Deshalb überlegte Bremer, ob zu dieser Zeit Huguccio für Weis interessanter war als für Savigny.[1161] Und diese Mutmaßung war nicht aus der Luft gegriffen, denn Weis war ein Jahr zuvor mit einer Abhandlung über Huguccio befasst.[1162]

Als Gründe für Weis' Schweigen lassen sich andere Notizen Bremers, einige Blätter später, interpretieren. An Weis waren zu dieser Zeit nämlich allerhand Angelegenheiten herangetragen worden, unter anderem im Spruchkörper der Universität, womit er mehr und mehr in Rückstand geriet.[1163] Verschiedene Regierungen aus allen umliegenden deutschen Landesteilen sendeten ihre Spruchsachen ein.[1164] Die zahlreichen, rechtlich weitgefächerten Streitfälle führt Bremer auf. Beispielsweise betreffen sie Erbschaftsteilungen in Corvey (Höxter),[1165] Beleidigungsdelikte in Güstrow[1166] und Schadensersatzforderungen in Camberg.[1167] Nach Bremer hatte Weis neben seiner eigentlichen Tätigkeit mindestens dreißig Fälle im Jahr zu entscheiden und selbst aus dem Jahr 1803 waren noch zwölf offen mit dessen Erledigung er erst im Frühling 1805 begann.[1168] Zusätzlich fiel Weis eine Zeit lang wegen Krankheit aus.[1169] Auch davor hatte Weis gut zu tun. Zu einem neuen Lehrplan hatte der Professor im Februar 1805 ein Gutachten abzugeben.[1170] Und zu allem Überfluss waren nun auch noch Examen abzunehmen – etwas, das Savigny noch erspart geblieben war. Diese sorgten nicht nur auf der Professorenseite für eine Mehrbelastung, sondern auch unter der vormals häufig so großzügig für Abschreibdienste eingespannten Studentenschaft für lähmende Furcht und sogar von einem Suizid deswegen ist zu lesen.[1171]

Blicken wir noch einmal zurück auf Huguccio de Pisa: Als Kanonist wird er für Savigny nicht nur ohnehin aus gemeinrechtlichem Forschungsinteresse von

1159 So schreibt Savigny später einmal an Weis: »[...] sonst lasse ich es Sie an Huguccio entgelten [...]« (Bremer/Meder III, Bl. 34, 118–119). Dieser Brief vom 29. Mai 1805 aus Bremers Fundus, der bei Schulin fehlt, ist später bei Stoll veröffentlicht worden (Adolf Stoll, Der junge Savigny, 1927, Nr. 110, S. 256–258, 257).

1160 Bremer/Meder III. Bl. 32.

1161 Bremer/Meder III, Bl. 119, Fn. 1.

1162 Vgl. Savigny, Brief an Weis vom 4. Juni 1804 von Gut Trages, in: Friedrich Schulin, Zur Erinnerung an Friedrich Carl von Savigny (1879), Nr. 2, S. 35–39, 38.

1163 Bremer/Meder III, Bl. 325–326, 330–331, 336–338; s. auch Bremer/Meder III, Bl. 73: »Der gehetzte Weis«.

1164 Bremer/Meder III, Bl. 325.

1165 Bremer/Meder III, Bl. 325 (Nr. 8), 327, 336 (Nr. 2).

1166 Bremer/Meder III, Bl. 325 (Nr. 11), 336 (Nr. 6).

1167 Bremer/Meder III, Bl. 325 (Nr. 14), 336 (Nr. 12).

1168 Bremer/Meder III, Bl. 326, 331.

1169 Bremer/Meder III, Bl. 331.

1170 Bremer/Meder III, Bl. 328–329.

1171 Bremer/Meder III, Bl. 332, 23; s. auch Bremer/Meder III, Bl. 307.

Belang gewesen sein, sondern auch wegen seiner ›Sonderrolle‹ als Rezipient der legistischen Glossatoren. So wird Huguccio in der späteren »Geschichte des Römischen Rechts im Mittelalter« des Meisters zwar nicht gesondert behandelt, seine Handschriften dienen aber als Quelle.[1172] Wir dürfen annehmen, dass Teile von Savignys Huguccio-Sammlung auf die Pariser-Bibliotheksarbeiten zurückgehen.

3. Raimundus Lullus

Bremer machte ein paar knappe Notizen zu Raimundus Lullus (eigentlich Ramon Llull[1173]).[1174] Viel erfahren wir nicht, außer dass er das Werk »de inventione iuris«[1175] desselben für Savignys Forschungen als relevant erachtet.[1176] Der Brief aus dem Bremer dieses schlussfolgern konnte und aus dem hervorgeht, dass Savignys Interesse an Lullus längere Zeit anhielt, wurde 1927 von Stoll publiziert:

> »Sie erinnern sich vielleicht, daß mich in Paris eine Schrift des Raymundus Lullus de inventione iuris sehr interessierte. Hier ist eine ungeheure Sammlung seiner Schriften, die einzige vollständige die existiert, sogar eigenhändige Mss. [Manuskripte/Handschriften] von ihm; unter anderen sind denn auch hier die fünf juristischen Schriften desselben.«[1177]

Erkunden wir, um wen es sich bei dieser Person handelt, deren historisches Vermächtnis durch die Nachwelt wohl nicht in erster Linie mit juristischen Beiträgen assoziiert wurde.[1178]

Nur ein paar Schriften widmete Raimundus Lullus (ca. 1232–1316) eigens dem Recht, davon mehr dem kanonischen Recht als dem Zivilrecht.[1179] Im Alter von dreißig Jahren gab er, motiviert durch religiöse Visionen, sein Leben als mal-

---

1172 Siehe bspw. Savigny, Geschichte des Römischen Rechts im Mittelalter, 4. Band (1. Auflage, 1826), S. 41f., 126, 130 etc.

1173 Rafael Ramis-Barceló, Raimundus Lullus on Canon Law, in: SZ (KA) 102 (2016), S. 445–502, 446.

1174 Bremer/Meder III, Bl. 40.

1175 Die Bezeichnung »Ars brevis, quae est de inventione iuris« hat sich heute scheinbar durchgesetzt, vgl. Rafael Ramis-Barceló, Raimundus Lullus on Canon Law, in: SZ (KA) 102 (2016), S. 445–502, 464 (s. hier auch Fn. 92 und 93); s. Savigny, Geschichte des Römischen Rechts im Mittelalter, 5. Band (1. Auflage, 1829), S. 545.

1176 Bremer/Meder III, Bl. 40.

1177 Savigny, Brief an J. Grimm vom 26. Oktober 1806 aus München, in: Adolf Stoll, Der junge Savigny (1927), Nr. 140, S. 290–291, 291.

1178 So schreibt Savigny selbst: »Obgleich dieser berühmte Mann in der Geschichte der Rechtswissenschaft nicht genannt zu werden pflegt […]«, s. Geschichte des Römischen Rechts im Mittelalter, 5. Band, 1. Auflage, 1829, S. 540.

1179 Vgl. Rafael Ramis-Barceló, Raimundus Lullus on Canon Law, in: SZ (KA) 102 (2016), S. 445–502, 445–446, 455.

lorquinischer Höfling auf, begann zu pilgern und sich in ein autodidaktisches Studium zu begeben.[1180] Als Alternative zum westlichen Averroismus entwickelte er eine Art grundlegendes Denksystem, welches er »ars« nannte.[1181] Es sollte zur Herausbildung ›einer‹ universellen Wahrheit führen und so ›Ungläubige‹ rational vom Übertritt zum Christentum überzeugen sowie Kirche und christliche Gesellschaft moralisch reformieren.[1182] Diese Methode verbreitete Lullus als Autor und als Reisender.[1183] Insbesondere im Mittelmeerraum warb er bei verschiedenen europäischen Herrschern um die Einrichtung von Missionarsschulen, die die »ars« und Kenntnisse der arabischen Sprache vermitteln sollten.[1184] Wie andere auch, kritisierte er seine Kirche, den dekadenten Klerus, sich zu sehr von ihrem Wesenskern entfernt zu haben, blieb dabei stets ein Anhänger einer ›Reform von oben‹ und schloss sich daher keiner größeren Bewegung der neuen Ordensgemeinschaften an.[1185] Als Werkzeug für seine reformistischen Ziele sah er das Recht, besonders das für ihn wichtigere kanonische Recht.[1186] Gemeinrechtliche Kenntnisse hatte er von befreundeten Professoren bei Aufenthalten in Montpellier erstanden; er studierte oder lehrte nie an einer Universität, wusste aber um das Potential, mit dem die Akademien die Verbreitung seiner Lehren voranbringen konnten.[1187] Allerdings stieß Lullus, als er von Montpellier nach Paris ging, auf die Unvereinbarkeit seiner Methode mit der tonangebenden Scholastik.[1188] Im Zeitraum von etwa 1273 bis 1308 verfasste Lullus vier Schriften, die sich gesondert mit der Anwendung seiner Methode im Kirchen- und Privatrecht befassen.[1189] Darunter auch das, in Montpellier geschriebene, eingangs

1180 Vgl. Rafael Ramis-Barceló, Raimundus Lullus on Canon Law, in: SZ (KA) 102 (2016), S. 445–502, 446–447.

1181 Vgl. Rafael Ramis-Barceló, Raimundus Lullus on Canon Law, in: SZ (KA) 102 (2016), S. 445–502, 446, 450, 468–469.

1182 Vgl. Rafael Ramis-Barceló, Raimundus Lullus on Canon Law, in: SZ (KA) 102 (2016), S. 445–502, 446–447, 469.

1183 Vgl. Rafael Ramis-Barceló, Raimundus Lullus on Canon Law, in: SZ (KA) 102 (2016), S. 445–502, 447–448.

1184 Vgl. Rafael Ramis-Barceló, Raimundus Lullus on Canon Law, in: SZ (KA) 102 (2016), S. 445–502, 446–447.

1185 Vgl. Rafael Ramis-Barceló, Raimundus Lullus on Canon Law, in: SZ (KA) 102 (2016), S. 445–502, 447–449.

1186 Vgl. Rafael Ramis-Barceló, Raimundus Lullus on Canon Law, in: SZ (KA) 102 (2016), S. 445–502, 449–450.

1187 Vgl. Rafael Ramis-Barceló, Raimundus Lullus on Canon Law, in: SZ (KA) 102 (2016), S. 445–502, 447.

1188 Vgl. Rafael Ramis-Barceló, Raimundus Lullus on Canon Law, in: SZ (KA) 102 (2016), S. 445–502, 447, 469.

1189 Vgl. Rafael Ramis-Barceló, Raimundus Lullus on Canon Law, in: SZ (KA) 102 (2016), S. 445–502, 454–455.

genannte Werk von 1308 (»de inventione iuris«).[1190] Vier Kernpunkte sind hierin zu finden: Die aus der Universal-Methode gefolgerte Etablierung einer Rechtsfindung, die mit beiden Rechten in Einklang steht, die erprobte Verankerung von Lullus' Lehren in der Kultur des kanonischen Rechts, der Versuch einer Neubewertung der kirchenrechtlichen Quellen und schließlich ein methodisches Bekenntnis zu Aristoteles und der Syllogistik.[1191]

Mit Lullus und seinem Blick auf das Recht als Werkzeug sehen wir also einen weiteren Gelehrten, mit einer sich von den seinigen Zeitgenossen unterscheidenden ›Sonderrolle‹, für den sich Savigny in Paris interessierte. Feststeht, dass man damals wie heute Lullus' rechtliche Schriften nicht isoliert, nicht ohne Kenntnisse seiner Methode und seiner Ziele, studieren kann.[1192] Und so zeigt sich gut am Beispiel dieses Gelehrten, wonach Bremers Protagonist suchte, wenn er bei Weis um alles verfügbares biografisches Material, von »Sarti«[1193] bis zu biografischen Skizzen der Juristen des 16. Jahrhunderts,[1194] bat: Es ging um ein umfassendes Studium der Autoren und ihrer Werke; die biografischen Einführungen, die Savigny den einzelnen Personen in seiner »Geschichte des Römischen Rechts im Mittelalter« voranstellte, waren keine bloße Dreingabe, sondern die inhaltliche Basis.[1195]

Es soll an dieser Stelle nicht verschwiegen werden, dass ›Lullus bei Savigny‹ gar nicht so lange nach Bremers Tod zum Thema wurde. Einige Zeit soll man nämlich in der Rechtsgeschichte einer Zuordnung gefolgt sein, nach der Lullus ein Vorläufer der Postglossatoren gewesen wäre, die man bei Savigny erkannt haben will.[1196] Auf den daran anknüpfenden Widerspruch von Eugen Wohlhaupter (1900–1946), äußerte wiederum Erich Genzmer (1893–1970), dass Wohlhaupters Ergebnis, dass Lullus keineswegs ein Vorläufer der Postglossatoren gewesen sei, tatsächlich schon bei Savigny selbst stünde und jenes nur aus Unkenntnis oder Voreingenommenheit keine Beachtung gefunden habe.[1197]

1190 Vgl. Rafael Ramis-Barceló, Raimundus Lullus on Canon Law, in: SZ (KA) 102 (2016), S. 445–502, 455, 464.

1191 Vgl. Rafael Ramis-Barceló, Raimundus Lullus on Canon Law, in: SZ (KA) 102 (2016), S. 445–502, 464.

1192 Vgl. Rafael Ramis-Barceló, Raimundus Lullus on Canon Law, in: SZ (KA) 102 (2016), S. 445–502, 449.

1193 Siehe Fn. 1105.

1194 Vgl. Savigny, Brief an Weis vom 3. Januar 1805 aus Paris, in: Friedrich Schulin, Zur Erinnerung an Friedrich Carl von Savigny (1879), Nr. 4, S. 40–42.

1195 Vgl. bspw. zu »ars«: Savigny, Geschichte des Römischen Rechts im Mittelalter, 5. Band (1. Auflage, 1829), S. 542–544.

1196 Vgl. Rafael Ramis-Barceló, Raimundus Lullus on Canon Law, in: SZ (KA) 102 (2016), S. 445–502, 445.

1197 Vgl. Erich Genzmer, Eugen Wohlhaupter. Ramon Lull, ein Vorläufer der Postglossatoren? (S.A. aus den Atti del Congresso Internazionale di Diritto Romano 1933, Bologna I, S. 491–514), in: SZ (RA) 57 (1937), S. 515–522, 517.

4. Weitere Gelehrte des Mittelalters

Andere Gelehrte aus der Zeit des Mittelalters kommen im vorliegenden Teil des Bremer-Nachlasses zur Paris-Reise höchstens noch sporadisch vor. Mit Studien zu Gelehrten wie Azo, Odofred oder Burgundio, um ein paar Namen zu nennen, wird sich Bremer später, im Nachgang der Paris-Reise, befassen.[1198] Als Savigny-Biograf hätte er also jeweils den thematischen Aufriss von den ihm bekannten Briefen her entwickelt und nicht aus einer Suche nach Verweisen auf Pariser-Handschriften in dem mehrbändigen Werk seines Protagonisten.

Auffallen darf, dass im vorliegen Material nichts von Savignys Pariser-Arbeiten zu Wilhelmus Accursii (Sohn des Accursius; 1246– vor 1314) zu lesen ist. Denn der Brief aus dem hervorgeht, dass sich Savigny mit diesem in Paris befasste, lag Bremer bereits vor.[1199] Er machte hier einen Brief ausfindig, der in der veröffentlichten Savigny-Weis Korrespondenz von Schulin[1200] gerade noch fehlte, und es ist einer der Briefe, die Stoll dann später veröffentlicht hat.[1201] Hierin informiert Bremers Protagonist darüber, dass die Seitenangaben zu einer Handschrift des Wilhelmus Accursii aus »Sarti«[1202] offenbar nicht korrekt seien und bittet Weis um weitere Informationen, um die Handschrift mittels eines Abgleichs identifizieren zu können.[1203] Auch hier drängt sich der Eindruck einer Lücke, möglicherweise durch Entnahme, in Bremers Notizen auf. Ob aber Stoll Briefabschriften mit zugehörigen Notizen entnommen hat, können nur Forschungen klären, die den Quellen seines Werkes gewidmet sind. Einen zweiten Brief zu »Guillermus Accursii« aus dem Zeitraum nach der Reise hatte Bremer (Savigny an J. Grimm vom 11. Dezember 1805 aus Marburg) zur Hand.[1204] Auch dieser wurde bei Stoll veröffentlicht.[1205]

1198 Vgl. Bremer/Meder IV-1, Bl. 45, 49–50.

1199 Vgl. passagenweise Bremer/Meder III, Bl. 47 (laut Editionsangaben ist der 29. Mai gemeint, s. auch Bremer/Meder III, Bl. 118), 119 – vgl. Savigny, Brief an Weis vom 29. Mai 1805 aus Paris, in: Adolf Stoll, Der junge Savigny (1927), Nr. 110, S. 256–258, 257–258.

1200 Friedrich Schulin, Zur Erinnerung an Friedrich Carl von Savigny (1879).

1201 Siehe Adolf Stoll, Der junge Savigny (1927), Nr. 110, S. 256–258.

1202 Siehe Fn. 1105.

1203 Vgl. Savigny, Brief an Weis vom 29. Mai 1805 aus Paris, in: Adolf Stoll, Der junge Savigny (1927), Nr. 110, S. 256–258, 257.

1204 Bremer/Meder IV-1, Bl. 55.

1205 Adolf Stoll, Der junge Savigny (1927), Nr. 119, S. 263–264.

5. Lex Romana Visigothorum und Lex Romana Burgundionum

Neben den Glossatoren kam der Forschungsreisende in Paris freilich nicht um weitere ›der‹ Quellen zur Erforschung der Rezeption des römischen Rechts umhin. So erfahren wir bei Bremer:

> »Andere Funde sollen hier nur erwähnt werden, so ein bisher unbekannt gebliebener Anhang zur Lex zum Westgothischen Gesetzbuch (Lex Romana Visigothorum) [...]«[1206]

Bremer assoziiert diesen Anhang scheinbar mit der Pariser-Handschrift mit der Nummer 4403.[1207] Seine zugehörigen Seitenverweise in das Werk Savignys zielen aber merkwürdigerweise in die Betrachtungen eines ganz anderen Rechtstextes.[1208] Und zwar einen, den wir heute als Lex Romana Burgundionum bezeichnen. Was wird es mit dem vermeintlich konfusen Verweis bei Bremer auf sich haben? Es ist eines der vielen Rätsel der Aufzeichnungen Bremers. Beginnen wir mit der Klärung der Begriffe:

Die Lex Romana Visigothorum (oder »Breviarium Alaricianum«) wurde als Kodifikation im Jahr 505 oder 506 für die römische Bevölkerung im Westgotenreich von Alarich II. erlassen.[1209] Die Gaugrafen, darunter selbst Römer, sollten die Anwendung des Gesetzes für die Römer untereinander gewährleisten; bei Beteiligung von Goten verbat sich die Anwendung allerdings.[1210] Zusammengestellt wurde die Lex überwiegend aus dem Codex Theodosianus und den Novellen bis zum Jahr 463.[1211] Römische Rechtstexte außerhalb der Lex durften unter empfindlicher Strafandrohung fortan nicht mehr zur Rechtsfindung verwendet werden.[1212]

Einige allgemeinhistorische Notizen zum späten Altertum und Frühmittelalter hat Bremer angefertigt, auch zur Geschichte der Burgunder.[1213] Ihnen hat

1206 Bremer/Meder III, Bl. 40.

1207 Bremer/Meder III, Bl. 40, Fn. 1.

1208 Bremer/Meder III, Bl. 40, Fn. 1, u.a. mit Verweis auf: »Sav. Gesch. II 28. 9.« = Savigny, Geschichte des Römischen Rechts im Mittelalter, 2. Band (2. Auflage, 1834), S. 28, 9: »Rechtsbuch der Römer (Papian)« (S. 9, als Abschnitt des siebten Kapitels »Römisches Recht im Burgundischen Reich«, S. 1).

1209 Vgl. Detlef Liebs, Lex Romana Visigothorum, in: HRG, 3. Band (2. Aufl., 2016), Sp. 918–924, 918.

1210 Vgl. Detlef Liebs, Lex Romana Visigothorum, in: HRG, 3. Band (2. Aufl., 2016), Sp. 918–924, 921f.

1211 Vgl. Detlef Liebs, Lex Romana Visigothorum, in: HRG, 3. Band (2. Aufl., 2016), Sp. 918–924, 919f.

1212 Vgl. Detlef Liebs, Lex Romana Visigothorum, in: HRG, 3. Band (2. Aufl., 2016), Sp. 918–924, 921.

1213 Siehe die Editionsangaben zu Bremer/Meder III, Bl. 57–65, 83, 188f., 248, 318f., 371–373.

Savigny den ersten Teil seines zweiten Bandes, das siebte Kapitel des Gesamtwerkes, gewidmet.[1214]

Diese Zeit des Volkes der Burgunder ist für die Rechtsgeschichte von besonderem Interesse. Nicht allzu lang nach der Ansiedlung in der Region, der sie ihren Namen gaben, begannen sie nämlich mit der Verschriftlichung ihres Rechts.[1215] Ihr Herrscher Gundobad erließ ihr Volksrecht (Lex Burgundionum), berücksichtigte aber auch die Römer in seinem Reich.[1216] Ihnen garantierte er, dass ihr Recht für sie fortgelten solle.[1217] Die entsprechende Lex Romana Burgundionum wurde aber vermutlich erst Ende der 510er-Jahre, kurz nach Gundobads Herrschaft, erlassen.[1218] Die Lex Romana der Burgunder unterschied sich dabei wesentlich von jener der Westgoten: Sie war lediglich eine neuformulierte lückenhafte Zusammenfassung, der wichtigsten Regeln und von erheblich geringerem Umfang.[1219] Dazu konnten, anders als bei der Lex Romana Visigothorum, andere römische Rechtsquellen weiterhin ergänzend hinzugenommen werden.[1220]

Um uns nun der Beantwortung der aufgeworfenen Frage anzunähern, müssen wir einen Blick auf die Überlieferungsgeschichte der beiden Rechtstexte werfen:

Die verbreitete Lex Romana Visigothorum hatte etwa 150 Jahre ihre Dienste getan – unter Westgotenkönigen, die sie sorgsam weitergaben.[1221] Danach lebte sie zu Lehrzwecken fort und wurde so weiter vervielfältigt.[1222] Selbst im späten Frankenreich fertigten die Schreiber noch Kopien an, bald mit einigen Zusätzen oder in Kurzfassungen.[1223] So sind ganze 90 Textzeugnisse der Lex Romana Visigothorum erhalten geblieben.[1224]

1214 Savigny, Geschichte des Römischen Rechts im Mittelalter, 2. Band (2. Auflage, 1834), S. 1–36.

1215 Vgl. Holger Kruse, Burgund, in: HRG, 1. Band (2. Aufl., 2008), Sp. 774–778, 774.

1216 Vgl. Holger Kruse, Burgund, in: HRG, 1. Band (2. Aufl., 2008), Sp. 774–778, 774.

1217 Vgl. Detlef Liebs, Lex Romana Burgundionum, in: HRG, 3. Band (2. Aufl., 2016), Sp. 908–914, 908.

1218 Vgl. Detlef Liebs, Lex Romana Burgundionum, in: HRG, 3. Band (2. Aufl., 2016), Sp. 908–914, 908.

1219 Vgl. Detlef Liebs, Lex Romana Burgundionum, in: HRG, 3. Band (2. Aufl., 2016), Sp. 908–914, 910.

1220 Vgl. Detlef Liebs, Lex Romana Burgundionum, in: HRG, 3. Band (2. Aufl., 2016), Sp. 908–914, 910.

1221 Vgl. Detlef Liebs, Lex Romana Visigothorum, in: HRG, 3. Band (2. Aufl., 2016), Sp. 918–924, 922.

1222 Vgl. Detlef Liebs, Lex Romana Visigothorum, in: HRG, 3. Band (2. Aufl., 2016), Sp. 918–924, 922.

1223 Vgl. Detlef Liebs, Lex Romana Visigothorum, in: HRG, 3. Band (2. Aufl., 2016), Sp. 918–924, 922.

1224 Vgl. Detlef Liebs, Lex Romana Visigothorum, in: HRG, 3. Band (2. Aufl., 2016), Sp. 918–924, 923.

Die Zahl, der meist nur auszugsweise vorhandenen Textzeugnisse der Lex Romana Burgundionum ist erheblich geringer.[1225] Und seit dem neunten Jahrhundert wurde die Lex Romana der Burgunder meistens bloß nur noch als Annex zu anderen Rechtstexten überliefert.[1226] So gaben beispielsweise zwei französische Handschriften aus dem neunten Jahrhundert die Lex Romana der Burgunder im Anhang zur Lex Romana der Westgoten wieder.[1227] Manche Überlieferungen sind benannt als »Papianus Liber«, eine auf einem Abschreibeversehen beruhende Überschrift, die dazu führte, dass die Lex Romana Burgundionum als »Papian« bezeichnet wurde.[1228]

Wie kam es aber zu der Praxis der Anhangsüberlieferung und worum handelt es sich bei dem Abschreibeversehen? Es lohnt sich noch ein genauerer Blick:

Als die Lex Romana Visigothorum bei den Burgundern ankam, hielten sie den Text für das wesentliche römische Recht.[1229] Ihre eigene Lex Romana, welche ohnehin keine Ausschließlichkeit beanspruchte, hingen sie nur noch an.[1230] Infolgedessen wurde die Trennline zwischen den Texten unklarer, sodass man den letzten Teil der Lex Romana Visigothorum (Papiniani Liber) schon als Anfang der Lex Romana Burgundionum, missverstand.[1231] Zu allem Überfluss kam der besagte Abschreibfehler hinzu, der aus dem römischen Juristen der spätklassischen Zeit Papinian einen »Papian« (französisch: »Papien«) machte.[1232]

Auf die wohl bis dato gebräuchliche Bezeichnung wies Savigny in seiner Unterkapitelüberschrift zur Lex Romana Burgundionum zwar noch hin (»Rechtsbuch der Römer (Papian)«[1233]), begegnete dem Gegenstand jedoch schon klarer:

1225 Vgl. Detlef Liebs, Lex Romana Burgundionum, in: HRG, 3. Band (2. Aufl., 2016), Sp. 908–914, 908.

1226 Vgl. Detlef Liebs, Lex Romana Burgundionum, in: HRG, 3. Band (2. Aufl., 2016), Sp. 908–914, 908.

1227 Vgl. Detlef Liebs, Lex Romana Burgundionum, in: HRG, 3. Band (2. Aufl., 2016), Sp. 908–914, 908f.

1228 Vgl. Detlef Liebs, Lex Romana Burgundionum, in: HRG, 3. Band (2. Aufl., 2016), Sp. 908–914, 909.

1229 Vgl. Franz Stefan Meissel, Papian, in: HRG, 26. Lieferung (vor dem 4. Band, 2. Aufl., 2017), Sp. 334–335, 334.

1230 Vgl. Franz Stefan Meissel, Papian, in: HRG, 26. Lieferung (vor dem 4. Band, 2. Aufl., 2017), Sp. 334–335, 334.

1231 Vgl. Franz Stefan Meissel, Papian, in: HRG, 26. Lieferung (vor dem 4. Band, 2. Aufl., 2017), Sp. 334–335, 334.

1232 Vgl. Franz Stefan Meissel, Papian, in: HRG, 26. Lieferung (vor dem 4. Band, 2. Aufl., 2017), Sp. 334–335, 334.

1233 Vgl. Savigny, Geschichte des Römischen Rechts im Mittelalter, 2. Band (2. Auflage, 1834), S. 1, 9.

> »Daß in der That unser Papian dieses voraus angekündigte Rechtsbuch der Burgundischen Römer ist, ergiebt sich vor allem daraus, daß es sich ganz auffallend in der Titelfolge an die Ordnung des Burgundischen Gesetzbuchs anschließt [...]«[1234]

Nun zu der von Bremer genannten Handschrift Nr. 4403 und der zentralen Seite, auf die er im Savigny-Werk verweist.[1235] Dort schreibt Savigny:

> »Die gelehrten Verfasser [...] haben ein handschriftliches Breviarium zu Paris weitläufig beschrieben, worin nach ihrer Angabe erhalten seyn sollen: [Angaben in französischer Sprache] douze titres du corps de Papien [...].«[1236]

Anhand einer Fußnote verweist Savigny diesbezüglich auf die Handschrift Nr. 4403, die ihm von diesem Breviarium selbst aus der Pariser-Bibliothek vorläge.[1237] Savigny erklärt, dass sich entgegen der Beschriftung keineswegs die »zwölf ersten Titel unseres gedruckten Papian« fänden; die Verfasser der Beschriftung hätten sich nämlich von dem »bekannten kleinen Fragment« am Anfang täuschen lassen und den nachstehenden Text gar nicht mehr gelesen.[1238] Auf der Folgeseite ahnt der Meister die weiteren Missverständnisse dann schon voraus.[1239]

Savigny enthüllte also erst, dass sich hinter dieser Breviariums-Handschrift (Lex Romana Visigothorum) noch eine bisher übersehene Ausgabe der Lex Romana Burgundionum befand. So ist Bremer zu verstehen und das erklärt, weshalb seine Seitenverweise in den Burgunder- und nicht in den Westgotenteil fallen. Aus heutiger Perspektive mag Bremers Formulierung »ein bisher unbekannt gebliebener Anhang zur Lex zum Westgothischen Gesetzbuch (Lex Romana Visigothorum)« unpräzise wirken, weil sie den eigenständigen Charakter dieses Anhangs, ja den Bezug zur Lex Romana der Burgunder überhaupt, ausspart. Erhellende Studien zur Überlieferungsgeschichte kamen allerdings erst in Bremers späten Lebensjahren und nach seinem Tod.[1240] Bei den angesprochenen allgemeinhistorischen und burgunderspezifischen Aufzeichnungen Bremers ist es nicht ganz ausgeschlossen, dass er sich im Rahmen seiner Savigny-Biografie zu

1234 Savigny, Geschichte des Römischen Rechts im Mittelalter, 2. Band (2. Auflage, 1834), S. 13.

1235 Bremer/Meder III, Bl. 40, u. a. mit Verweis (Fn. 1) auf: »[...] Sav, Gesch II, 28 [...]« = Savigny, Geschichte des Römischen Rechts im Mittelalter, 2. Band (2. Auflage, 1834), S. 28.

1236 Savigny, Geschichte des Römischen Rechts im Mittelalter, 2. Band (2. Auflage, 1834), S. 27–28.

1237 Vgl. Savigny, Geschichte des Römischen Rechts im Mittelalter, 2. Band (2. Auflage, 1834), S. 28, Note g).

1238 Vgl. Savigny, Geschichte des Römischen Rechts im Mittelalter, 2. Band (2. Auflage, 1834), S. 28.

1239 Vgl. Savigny, Geschichte des Römischen Rechts im Mittelalter, 2. Band (2. Auflage, 1834), S. 29.

1240 Ein Überblick findet sich bei Detlef Liebs, Lex Romana Burgundionum, in: HRG, 3. Band (2. Aufl., 2016), Sp. 908–914, 908f.

diesem Thema eingehender geäußert hätte. Als Dreingabe kann hier noch knapp auf zwei weitere Aspekte hingewiesen werden:

Savigny gab den Untersuchungen der Westgotengesetze mehr Raum als seine Zeitgenossen,[1241] und so erlangen wir auch eine Idee davon, weshalb er ursprünglich die Weiterreise nach Spanien plante.

Es lohnt sich diese frühen Pariser-Studien mit der Entwicklung Savignys späterer Maßstäbe an Kodifikationen in Verbindung zu bringen. Die Leges Visigothorum waren nämlich eine Art Negativbeispiel von Rechtstexten für den Protagonisten.[1242] Für ihn trennte sich das hier veranschlagte positive Recht vom tatsächlichen Recht.[1243] Zwar war sein Urteil über die wenigstens in Teilen lebendigere Lex Romana dabei erwartungsgemäß noch besser als jenes über die Volksrechte.[1244] In der Savigny-typischen Einordnung, fielen die Texte aber deutlich in den Bereich der künstlichen, unnatürlichen und willkürlichen Kodifikationen.[1245]

6. Contius und Cuiacius (mos gallicus)

Während des Sommers befasste sich Savigny mit den französischen Rechtsgelehrten des 16. Jahrhunderts. Nach Bremers Notizen können wir davon ausgehen, dass sein Protagonist vorwiegend zu dem uns schon kurz begegneten Contius, wofür Savigny bei Weis um biografische Informationen bat, und zu Cuiacius forschte (letzterer bei Bremer meist »Cujas« oder »Cujaz«).[1246] Schon für die letzten Maitage des Jahres 1805 erfahren wir, dass er ihre Briefe von seiner Gattin und der mitgereisten Schwägerin abschreiben ließ.[1247] Mit beiden Gelehrten wird sich Bremer bestens ausgekannt haben: Schon im Sommer 1880 hielt er einmal eine Vorlesung zu den französischen Juristen des 16. Jahrhunderts, im Jahr 1884 nochmal zu den »großen« Juristen des 16. Jahrhunderts und dann im Sommer 1893 zur römischen Rechtswissenschaft im 15. und 16. Jahrhundert.[1248]

1241 Vgl. Joachim Rückert, Die Bewertung der Leges Visigothorum bei Savigny (1987), in: ders., Savigny-Studien (2011), S. 103–130, 110.

1242 Vgl. Joachim Rückert, Die Bewertung der Leges Visigothorum bei Savigny (1987), in: ders., Savigny-Studien (2011), S. 103–130, 106, 112.

1243 Vgl. Joachim Rückert, Die Bewertung der Leges Visigothorum bei Savigny (1987), in: ders., Savigny-Studien (2011), S. 103–130, 113.

1244 Vgl. Joachim Rückert, Die Bewertung der Leges Visigothorum bei Savigny (1987), in: ders., Savigny-Studien (2011), S. 103–130, 110.

1245 Vgl. Joachim Rückert, Die Bewertung der Leges Visigothorum bei Savigny (1987), in: ders., Savigny-Studien (2011), S. 103–130, 113.

1246 Siehe bspw. Bremer/Meder III, Bl. 8, 33, 37 f., 47, 109, 380, 389.

1247 Bremer/Meder III, Bl. 47; Der Brief ist bei Stoll erschienen, vgl. Savigny, Brief an Weis vom 29. Mai 1805 aus Paris, in: Adolf Stoll, Der junge Savigny (1927), Nr. 110, S. 256–258.

1248 Siehe Anhang II (Verzeichnis der Straßburger-Vorlesungen von Franz Peter Bremer).

Contius (eigentlich Antoine Le Conte; 1517–1586), lehrte ab 1557 Kirchenrecht und ab dem Folgejahr, als Nachfolger des Cuiacius, Pandektenrecht in Bourges.[1249] Zeitweise ging er nach Orléans, kehrte aber wie sein geschätzter Diskussionspartner Cujas bald nach Bourges zurück.[1250] Er ist der älteste Vertreter der französischen humanistischen Rechtswissenschaft, die er vorwiegend als Textkritiker und Herausgeber förderte; sein Fokus lag dabei auf den Quellen beider Rechte.[1251]

Offenbar gab es die Möglichkeit Contius-Ausgaben in Paris zu erwerben. So notierte Bremer, dass sich Jacob Grimm schon Anfang März einen von Contius editierten, glossierten Corpus Iuris in fünf Folianten von 1576 für fünfeinhalb Laubthaler gekauft habe; etwas wofür man Savigny in Deutschland vier Karolin abverlangt hatte.[1252] Zu ›Contius bei Savigny‹ notierte Bremer eine Stelle in Savignys »Geschichte des Römischen Rechts im Mittelalter«, an welcher die Auffassung des Contius, zur bekannten Frage nach dem Verhältnis der Florentina zu anderen Handschriften ähnlichen Inhalts, dargelegt wird.[1253] Aus Briefen Jacob Grimms, der über die an ihn übertragenen Aufgaben berichtet, konnte Bremer wohl folgern, dass sich Savigny mit dieser Frage in Paris auch selbst befasst haben musste.[1254] Zu diesen »Vorarbeiten, auf denen Savigny später die Geschichte der Pandekten aufzubauen unternahm«,[1255] schreibt Bremer:

> »Grimms Aufgabe war im Februar, Excerpte aus Druckschriften u. dann auch aus Handschriften anzufertigen, dann im März verschiedene Manuscripte zu vergleichen, u. zwar die der Bestandtheile des Justinianischen Corpus iuris, des Codex Theodotianus, des Decretum Gratiani, u. anderer Werke. Jacob fand diese Arbeit nicht langweilig, sondern sogar ›recht interessant‹, weil sie auch ›Varianten der Florentina‹, der wichtigsten Handschrift der Pandekten, führe, Varianten, die theils an sich viel Aufschluß gäben, theils mit zur Entscheidung des Streits über die Originalität oder Nicht-Originalität anderer Handschriften dienen könnten.«[1256]

1249 Vgl. Ernst Holthöfer, Le Conte (Contius), Antoine, in: Michael Stolleis (Hg.), Juristen. Ein biographisches Lexikon (2001), S. 382–383, 382.

1250 Vgl. Ernst Holthöfer, Le Conte (Contius), Antoine, in: Michael Stolleis (Hg.), Juristen. Ein biographisches Lexikon (2001), S. 382–383, 383.

1251 Vgl. Ernst Holthöfer, Le Conte (Contius), Antoine, in: Michael Stolleis (Hg.), Juristen. Ein biographisches Lexikon (2001), S. 382–383, 383.

1252 Bremer/Meder III, Bl. 109, mit Verweis auf: »Briefe, 1. März« = Jacob Grimm, Brief an W. Grimm vom 1. März 1805 aus Paris, in: Herman Grimm/Gustav Hinrichs (Hg.), Briefwechsel zwischen Jacob und Wilhelm Grimm aus der Jugendzeit (1881), Nr. 5, S. 16–24, 21–22.

1253 Bremer/Meder III, Bl. 33 u.a. mit Verweis (Fn. 2) auf: »Vgl. Savigny, Gesch III, 450« = Savigny, Geschichte des Römischen Rechts im Mittelalter, 3. Band (2. Auflage, 1834), S. 450.

1254 Bremer/Meder III, Bl. 41.

1255 Bremer/Meder III, Bl. 41.

1256 Bremer/Meder III, Bl. 41, mit Verweis auf: »Briefwechsel aus der Jugendzeit« = Jacob Grimm, Brief an W. Grimm vom 1. März 1805 aus Paris, in: Herman Grimm/Gustav

In den bei Schulin veröffentlichten Briefen von Savigny an Weis tauchte Contius erst im Juni 1805 wieder auf. Hier drückt Savigny seine Freude über den erhaltenen Brief Weis' aus, der ihm eine Frage zu einer unklaren Stelle bei Contius beantwortete.[1257] Nun ist genau der vorangegangene Fragenbrief, zu dieser Bremer so sehr interessierenden Thematik, nicht bei Schulin erschienen. Aber die Neugier war offenbar groß genug den Brief aufzuspüren. Es ist der uns bereits kurz Begegnete vom 29. Mai 1805 aus Paris, der dann später als aus dieser Zeit einsamer Savigny-Weis-Brief bei Stoll veröffentlicht wurde.[1258] Am Ende handelte es sich jedenfalls nicht um ein rechtshistorisches Problem, um dessen Klärung Weis gebeten wurde, sondern bloß um die Aufklärung eines undeutlichen Wortes.[1259] Das zugehörige Postskriptum, das Savignys Gattin Kunigunde dem Brief hinzufügte, war für Bremer aber auch in anderer Hinsicht wichtig:

> »[...] Ich die Frau schreibe alle diese wichtigen Briefe von Contius u.a. [diese Abkürzung heißt bei Bremer: »u. &« beziehungsweise »u. Compagnie«[1260]] ab. Sie müssen also in wissenschaftlicher Hinsicht auch zuweilen an mich denken. Meiner Meinung nach muß das verzweifelte Wort micren heißen.«[1261]

Hinter »u. a.« beziehungsweise »u. &« steckt für Bremer wesentlich ein weiterer französischer Jurist: Cuiacius oder Cujas/Cujaz, wie er in den Notizen regelmäßig genannt wird.[1262] Bis in den August 1805 ist Savigny mit ihm beschäftigt. Bremer schreibt:

> »Besonders groß aber war seine den größten der französischen Rechtsgelehrten, Cuiacius (Cujas) betreffende Freude. ›Was ich über Cujas finde,‹ schrieb er am 11. August an Weis, ›übersteigt alle meine Erwartungen.‹ aus einer Handschrift (Codex Dupuy 700) ließ er die Briefe des Cujas an Pithou abschreiben [...]«[1263]

Jacques Cujas (1520 oder 1522–1590) studierte an der Universität von Toulouse und wurde hier von seinem Lehrer Arnaud de Ferrier geprägt.[1264] Er lehrte zu-

---

Hinrichs (Hg.), Briefwechsel zwischen Jacob und Wilhelm Grimm aus der Jugendzeit (1881), Nr. 5, S. 16–24, 16.

1257 Bremer/Meder III, Bl. 33, mit Verweis (Fn. 1) auf: »Schulin S. 45« = Savigny, Brief an Weis vom 26. Juni 1805 aus Paris, in: Friedrich Schulin, Zur Erinnerung an Friedrich Carl von Savigny (1879), Nr. 8, S. 45–47, 45.

1258 Bremer/Meder III, Bl. 47, 72 (Fn. 2), 118 – vgl. Adolf Stoll, Der junge Savigny (1927), Nr. 110, S. 256–258.

1259 Vgl. Savigny, Brief an Weis vom 29. Mai 1805 aus Paris, in: Der junge Savigny (1927), Nr. 110, S. 256–258, 257–258.

1260 Bremer/Meder III, Bl. 47.

1261 Vgl. Kunigunde von Savigny, in: Friedrich Carl von Savigny, Brief an Weis vom 29. Mai 1805 aus Paris, in: Adolf Stoll, Der junge Savigny (1927), Nr. 110, S. 256–258, 258.

1262 Bremer/Meder III, Bl. 47.

1263 Bremer/Meder III, Bl. 37.

1264 Vgl. Katrin Stapelfeldt, Jacques Cujas, in: Gerd Kleinheyer/Jan Schröder (Hg.), Deutsche und Europäische Juristen (6. Auflage, 2017), S. 108–110, 108.

nächst in Cahors, später als anerkannter Gelehrter in Bourges, Valence, Grenoble, Turin und Paris.[1265] Cujas ist der wichtigste Vertreter der juristisch-humanistischen Schule in Frankreich (mos gallicus) und einer der bedeutendsten Exegeten überhaupt.[1266] Um den eigentlichen dogmatischen Kontext von geltenden Regelungen des römischen Rechts nachvollziehbar zu machen, sah er seine Hauptaufgabe in der Rekonstruktion des ursprünglichen Rechts der klassischen Zeit – im Laufe der Geschichte wurde es durch verschiedene Zusammenstellungen abgeändert wiedergegeben.[1267] Schriftenabgleiche und historische Kenntnisse verhalfen ihm zum Ziel, und so konnte er beispielsweise Ursprüngliches der römischen Juristen Papinian oder Julian liefern.[1268]

So interessant hier auch eine genauere Suche nach späteren Verbindungslinien zwischen Cujas und Savigny wäre, müssen wir für die Untersuchung der Notizen Bremers das Schlaglicht auf zwei wesentliche Punkte beschränken:

Erstens ging Savignys Interesse an Cujas weit über das Notwendige für seine damals noch angedachte »Literargeschichte des Römischen Rechts« hinaus. Umfangreich forschte er nämlich biografisch zu Cujas.[1269] Hierbei ließ er nicht nur die Briefe von Cujas selbst abschreiben – von denen von der Tochter des Cujas handelnden Briefstellen, wird er bald Achim von Arnim berichten[1270]–, sondern auch die des Sekretärs.[1271] Selbst in einigen Jahren wird sich Savigny noch an Cujas erinnern, wie wir sogleich sehen werden. Wenn man Professor Bremer noch fragen könnte, ob das Interesse seines Protagonisten an Cujas allein auf die Pariser-Zeit zurückgeht, hätte er darauf aufmerksam gemacht, dass sich Savigny schon in seinem »Das Recht des Besitzes« von 1803 als Kenner der Cujas-Schriften zu erkennen gegeben hatte.[1272]

Zweitens nahm Bremer, mit einer weiteren Notiz zu Cujas, Bezug auf eine Passage aus Savignys berühmter Streitschrift von 1814:

1265 Vgl. Katrin Stapelfeldt, Jacques Cujas, in: Gerd Kleinheyer/Jan Schröder (Hg.), Deutsche und Europäische Juristen (6. Auflage, 2017), S. 108–110, 108–109.

1266 Vgl. Katrin Stapelfeldt, Jacques Cujas, in: Gerd Kleinheyer/Jan Schröder (Hg.), Deutsche und Europäische Juristen (6. Auflage, 2017), S. 108–110, 109–110.

1267 Vgl. Katrin Stapelfeldt, Jacques Cujas, in: Gerd Kleinheyer/Jan Schröder (Hg.), Deutsche und Europäische Juristen (6. Auflage, 2017), S. 108–110, 109–110.

1268 Vgl. Katrin Stapelfeldt, Jacques Cujas, in: Gerd Kleinheyer/Jan Schröder (Hg.), Deutsche und Europäische Juristen (6. Auflage, 2017), S. 108–110, 109–110.

1269 Bremer/Meder III, Bl. 38.

1270 Bremer/Meder III, Bl. 37; NB: Noch im Jahre 1805 wird Savigny einen kleinen Beitrag zu den Eskapaden der Frau und der Tochter des Cujas mit dem Valencer Bischof veröffentlichen, vgl. Savigny, Beitrag zur Lebensgeschichte des Cujas, in: ders., Vermischte Schriften IV (1850), S. 169–172 (zuerst erschienen im: Civilistischen Magazin III, 1805, Heft 3, S. 317–320).

1271 Bremer/Meder III, Bl. 47; s. hierzu auch: Adolf Friedrich Rudorff, Friedrich Carl von Savigny. Erinnerungen an sein Wesen und Wirken, in: SZ 2 (1863), S. 21f.

1272 Bremer/Meder III, Bl. 38.

»Über die Schriften des Cujaz hatte Savigny mit einem französischen Professor ein Gespräch, ohne Zweifel auf der Bibliothek. Der liebenswürdige Mann, der den jungen deutschen Gelehrten sich mit einer so großen Arbeit abmühen sah, hielt es für seine Pflicht, ihn darauf aufmerksam zu machen, daß er sich diese Arbeit ersparen könne: was von Cujaz brauchbar sei, habe bereits Pothier zum Gebrauch hingestellt.«[1273]

Was hat es mit dieser angeblichen Verbindung von Cujas und Pothier auf sich? Auch hier lohnt sich ein genauerer Blick.

Robert-Joseph Pothier (1699–1772) absolvierte ein Rechtsstudium und wurde im Alter von 21 Jahren zum Präsidialgerichtsrat in Orléans, ein Amt, das er bis zum Tod ausübte.[1274] Der geschätzte Jurist fiel durch tiefgreifende Rechtskenntnisse unter seinen Kollegen auf und erwarb sich das Ansehen der Bevölkerung.[1275] Durch seine schriftstellerische Tätigkeit bekannt geworden, wurde er bald an die Universität Paris berufen, folgte diesem Ruf aber nicht.[1276] Eine ihm angetragene Professur für französisches Recht in Orléans nahm er 1749 dann an.[1277] Seine vielen Werke befassen sich sowohl gesondert als auch gegenüberstellend mit dem römischen und dem französischen Recht.[1278] Seiner Nachwelt wurde Pothier besonders wegen seiner Schriften zu den Vertragstypen bekannt, die für das Obligationenrecht des Code civil Modell standen.[1279] Grundsätzlich ging Pothier von einem Vorrang des römischen Rechts aus.[1280] Als praxisorientierter Autor schränkte er es jedoch bei christlich-moralischen Bedenken oder Kollisionen mit dem kanonischen Recht ein und sah in Einzelfällen das lokale Gewohnheitsrecht als vorzugswürdig an.[1281]

So lässt sich sagen, dass Pothier weniger Wert auf jene Dogmatik legte, welche Cujas gerade wieder in ihrer ursprünglichen Form nachvollziehbar machen wollte. Savigny attestierte Cujas und den anderen Juristen der mos gallicus, dass

1273 Bremer/Meder III, Bl. 38; In einer Vorfassung der Bremer-Edition von Meder enthielt das Folgeblatt diesbezüglich den Hinweis zum »Beruf«, vgl. Savigny, Vom Beruf unserer Zeit für Gesetzgebung und Rechtswissenschaft (3. Auflage, 1840), S. 65.

1274 Vgl. Hartmut Nitschke, Robert-Joseph Pothier, in: Gerd Kleinheyer/Jan Schröder (Hg.), Deutsche und Europäische Juristen (6. Auflage, 2017), S. 346–350, 346–347.

1275 Vgl. Hartmut Nitschke, Robert-Joseph Pothier, in: Gerd Kleinheyer/Jan Schröder (Hg.), Deutsche und Europäische Juristen (6. Auflage, 2017), S. 346–350, 346–347.

1276 Vgl. Hartmut Nitschke, Robert-Joseph Pothier, in: Gerd Kleinheyer/Jan Schröder (Hg.), Deutsche und Europäische Juristen (6. Auflage, 2017), S. 346–350, 347.

1277 Vgl. Hartmut Nitschke, Robert-Joseph Pothier, in: Gerd Kleinheyer/Jan Schröder (Hg.), Deutsche und Europäische Juristen (6. Auflage, 2017), S. 346–350, 347.

1278 Vgl. Hartmut Nitschke, Robert-Joseph Pothier, in: Gerd Kleinheyer/Jan Schröder (Hg.), Deutsche und Europäische Juristen (6. Auflage, 2017), S. 346–350, 347–348.

1279 Vgl. Hartmut Nitschke, Robert-Joseph Pothier, in: Gerd Kleinheyer/Jan Schröder (Hg.), Deutsche und Europäische Juristen (6. Auflage, 2017), S. 346–350, 348.

1280 Vgl. Hartmut Nitschke, Robert-Joseph Pothier, in: Gerd Kleinheyer/Jan Schröder (Hg.), Deutsche und Europäische Juristen (6. Auflage, 2017), S. 346–350, 348–349.

1281 Vgl. Hartmut Nitschke, Robert-Joseph Pothier, in: Gerd Kleinheyer/Jan Schröder (Hg.), Deutsche und Europäische Juristen (6. Auflage, 2017), S. 346–350, 348–349.

man von ihnen auch »heute« noch ›echtes‹ römisches Recht lernen könne.[1282] Und gerade da wird ihm die Aussage von Pothier, als einem angeblichen Träger der Lehren des Cujas, ganz und gar absurd vorgekommen sein. Über Pothier schreibt er in seiner Streitschrift:

> »Ich bin weit entfernt, Pothier gering zu schätzen, vielmehr wäre die Jurisprudenz eines Volkes, worin er einer von vielen wäre, recht gut berathen. Aber eine juristische Literatur, in welcher er allein steht, und fast als Quelle verehrt und studiert wird, muß doch Mitleid erregen.«[1283]

Das vermittelt einen Eindruck davon, in welche Richtung Bremer mit diesen Notizen letztendlich wollte. Wahrscheinlich hätte er uns in seiner Biografie von einem Savigny erzählt, der das Gefühl hatte, dass Cujas nur noch von ihm richtig verstanden wurde.[1284] Interessant ist auch, dass Bremer die gleiche kleine Geschichte vom vermeintlichen Hinweis des französischen Kollegen ohne weiterführende Erläuterungen einmal unter der Überschrift »Der Code Civil« erzählt.[1285] So dürfte er wohl davon ausgegangen sein, dass sich Savigny, angeregt durch den Hinweis, in Paris wenigstens vorübergehend mit Pothier, seinen Lehren und damit einem Fundament des Code befasste. Eigentlich verortet man Savignys Beschäftigung mit dem Code in die Zeit nach den Reisejahren.[1286] Für handfeste Pariser Studien zum Code lagen auch Bremer keine Indizien vor. Seine Notiz ließe sich aber so interpretieren, dass er es für möglich hielt, dass eine kritische Gegenüberstellung von Pothier und Cujas auch für Savignys spätere Bewertung der napoleonischen Kodifikation wegweisend wurde – zu ihr wird bekanntlich die Streitschrift von 1814 sprechen.[1287]

1282 Vgl. Savigny, Vom Beruf unserer Zeit für Gesetzgebung und Rechtswissenschaft (3. Auflage, 1840), S. 65.

1283 Savigny, Vom Beruf unserer Zeit für Gesetzgebung und Rechtswissenschaft (3. Auflage, 1840), S. 60–61.

1284 NB: Das motivierte den Protagonisten vielleicht zu seinem späteren Cujas-Aufsatz in französischer Sprache, auf den Bremer einmal anspielt und worauf hier nur hingewiesen werden kann, s. Bremer/Meder III, Bl. 37, mit Verweis (Fn. 1) auf: »Savigny in Thémis T. IV« = Savigny, Lettre adressée aux rédacteurs de la Thémis sur l'Histoire de Cujas par M. Berriat-Saint-Prix, in: Thémis, Ou Bibliothèque Du Jurisconsulte, Band 4, (Paris, 1822), S. 193–208/vgl. ders., Vermischte Schriften IV (1850), S. 173–194.

1285 Bremer/Meder III, Bl. 380.

1286 Vgl. Joachim Rückert, Code civil, Code Napoléon und Savigny (2001), in: ders., Savigny-Studien (2011), S. 381–413, 399.

1287 Vgl. beispielsweise Savigny, Vom Beruf unserer Zeit für Gesetzgebung und Rechtswissenschaft (3. Auflage, 1840), S. 59–60, 62–66, 69–73.

7. Der Auftrag von Friedrich Creuzer

Neben den gefälligen Mitteilungen an Weis, erledigte der Protagonist auch für Friedrich Creuzer etwas in der Pariser-Bibliothek. Von einem Gefallen erfahren wir. Savigny sollte Abschriften von Handschriften zu Cicero besorgen.[1288] Im März 1805 berichtet er, dass er den Auftrag ausgeschrieben habe.[1289] Von den bis zu 40 Anbietern, die sich meldeten, war der überwiegende Teil unfähig.[1290] Andere boten ihre Dienste zu teuer an, insbesondere weil mehrere Handschriften zu vergleichen waren.[1291] Savigny ging also gemeinsam mit Grimm selbst ans Werk.[1292] Die Sendung an Creuzer in Heidelberg verzögerte sich allerdings abermals, wie wir aus einem späteren Brief aus dem Juni 1805 erfahren.[1293]

> »Von Cicero habe ich noch nichts abgeschickt, u. ich ziehe es aus manchen Gründen vor, alles was ich Ihnen werde geben können, selbst mitzubringen, indem ich in 3 Monaten in Deutschland zu sein gedenke. Was halten Sie davon? Auf ein paar Wochen kommt es ja doch dabei nicht an, fertig werde ich schwerlich vor meiner Abreise von Paris werden, u. stückweise kann ich Ihnen die Arbeit nicht schicken. Zudem sparen Sie Porto u. die Gefahr des Verlustes auf der Post.«[1294]

Aus dem gleichen Brief, fertigte Bremer weitere Notizen. Savigny machte nämlich seinen Freund darauf aufmerksam, dass die Privatbibliothek eines französischen Fachkollegen Creuzers demnächst zum Verkauf stünde.[1295] Der Griechisch-Professor am Collège de France Villoison war am 26. April 1805 gestorben.[1296] In dem Brief spricht Savigny davon, dass man den Wert der Literatur des Nachlasses auf 60.000 Livres schätze, aber über Handschriften noch nichts bekannt sei.[1297]

Der Protagonist war im Sommer 1805 schwer beschäftigt und geriet mit den Antworten auf die Briefe seiner Freunde mehr und mehr in Rückstand.[1298] Über die Anzahl der Handschriften in der öffentlichen Pariser-Bibliothek, schrieb

1288 Bremer/Meder III, Bl. 48 – vgl. Savigny, Brief an F. Creuzer vom 19. März 1805 aus Paris, in: Adolf Stoll, Der junge Savigny (1927), Nr. 105, S. 250–253, 251.
1289 Bremer/Meder III, Bl. 48.
1290 Bremer/Meder III, Bl. 48.
1291 Bremer/Meder III, Bl. 48.
1292 Bremer/Meder III, Bl. 48.
1293 Bremer/Meder III, Bl. 48.
1294 Bremer/Meder III, Bl. 48 – vgl. Savigny, Brief an F. Creuzer vom 26. Juni 1805 aus Paris, in: Adolf Stoll, Der junge Savigny (1927), Nr. 111, S. 258–259, 258.
1295 Bremer/Meder III, Bl. 90, 92 – vgl. Savigny, Brief an F. Creuzer vom 26. Juni 1805 aus Paris, in: Adolf Stoll, Der junge Savigny (1927), Nr. 111, S. 258–259, 259.
1296 Bremer/Meder III, Bl. 90, 92.
1297 Bremer/Meder III, Bl. 90, 92.
1298 Bremer/Meder III, Bl. 49 – vgl. Savigny, Brief an F. Creuzer vom 26. Juni 1805 aus Paris, in: Adolf Stoll, Der junge Savigny (1927), Nr. 111, S. 258–259, 258.

Jacob Grimm seinem Bruder einmal: »Manuscr. sollen allein 160000 hier sein«.[1299] Eine Anzahl, die illustriert, was der gewissenhafte Forscher in Paris vor sich hatte. Auf die Hilfe der Kataloge oder der hiesigen Beschäftigten konnte er, wie wir schon gesehen haben, nicht zählen. Lange Pausen wollte sich Savigny nicht gönnen, denn in Paris wollte er nicht länger bleiben als nötig.

III. Die Erlebnisse in der Metropole

Die Situation des Protagonisten in Paris ist merkwürdig. Am Anfang ist er ob des Kofferverlustes gelähmt und kann nicht arbeiten, später ist er im Arbeitsrausch. Er ist umgeben von der vertrauten und treuen Entourage, die in Paris noch Zuwachs erhält; relevante Kontakte mit gelehrten Einheimischen ergeben sich aber nicht.

1. Savigny und die Pariser

Von den Parisern scheint sich Savigny überwiegend fernzuhalten. Er findet sie »zum Ekel egoistisch« und »ohne lebendiges Interesse«, wie er schon im Februar 1805 schreibt.[1300] Aussagen, die Bremer direkt dem französischen Volk überstülpen will und nicht nur der Pariser-Bevölkerung.[1301] Regelmäßige professionelle Kontakte mit Einheimischen hatte Savigny, der als Kind schon Französisch lernte, wohl nur mit dem Bibliothekspersonal. Dabei hatte der Protagonist versucht unter die Leute zu kommen, wie wir aus einer Briefstelle erfahren. Im Februar 1805 berichtet er nämlich von einem Besuch im Institut de France.[1302] Gut möglich, dass dieser noch in die Zeit der längeren ›Schockstarre‹ wegen des Kofferverlustes fiel, in der der Protagonist noch keinen neuen Arbeitsmut gefasst

1299 Jacob Grimm, Brief an Wilhelm Grimm vom 1. März 1805 aus Paris, in: Herman Grimm/ Gustav Hinrichs (Hg.), Briefwechsel zwischen Jacob und Wilhelm Grimm aus der Jugendzeit (1881), Nr. 5, S. 16–24, 16; Hierauf hat auch Stoll schon hingewiesen: Adolf Stoll, Der junge Savigny (1927), S. 245, Fn. 2.

1300 Bremer/Meder III, Bl. 125; Bremer notierte irrtümlich, dass dieses aus dem Brief vom 20. Februar 1805 an Creuzer stammt. Tatsächlich handelt es sich um den Brief an Hans von Bostel vom 4. Februar 1805 (vgl. Editionsangaben bei Bremer/Meder III, Bl. 125). Nun liegen diese Briefe auch in Stolls späterer Briefpublikation genau hintereinander, was erklären könnte, wie es zu der Verwechselung kam, vgl. Adolf Stoll, Der junge Savigny (1927), Nr. 102 und 103, S. 243 und 245.

1301 Bremer/Meder III, Bl. 125, 379.

1302 Bremer/Meder III, Bl. 85, mit Verweis auf: »Meyer I, 247« = Joseph Meyer (Begr.), Meyers Konversations-Lexikon, 1. Bd. (4. Aufl.,1885–1890), Akademie (Allgemeines. Das Institut de France), S. 427; vgl. Savigny, Brief an F. Creuzer vom 20. Februar 1805 aus Paris, in: Adolf Stoll, Der junge Savigny (1927), Nr. 103, S. 245–249, 246.

hatte und sich die Zeit vertrieb. In der Abteilung für alte Literatur des Instituts hatte er eine »elende Abhandlung« von Claude Marquis de Pastoret (1756–1840)[1303] über den Luxus der Römer gehört.[1304] Zwei Debatten hatten sich darüber entzündet. Bei einer habe man über die korrekte Aussprache von »Bais (Bajae) [auch Baiae]« verhandelt.[1305] Bei der anderen erörterte man völlig ausufernd und unter lebhaftester Anteilnahme die Plausibilität der hohen Anzahl von Fischmahlzeiten auf einem Fest, das wohl im Vortrag vorgekommen war.[1306] Berühmte Männer und große Gelehrte habe Savigny hier zu genüge gesehen, davon aber keinen einzigen, der ihm »lieb« und »achtenswerth« gewesen wäre.[1307] Bast, der hessische Botschaftssekretär, war ebenfalls vor Ort, und auch er ist dem Protagonisten offenbar nicht besser in Erinnerung geblieben als die anderen Besucher – Savigny war er jetzt nämlich »ganz fatal«.[1308]

Der kleine Bericht lässt deutlich durchblicken, dass sich der Protagonist mehr Tiefe gewünscht hätte und sich fehl am Platz fühlte. Dieser Besuch der altehrwürdigen Einrichtung des Instituts hat ihn wohl enttäuscht und zu relevanten Begegnungen kam es nicht.

Immerhin: Von der Möglichkeit eines wissenschaftlichen Kontaktes mit einem Franzosen hören wir doch bei Bremer. Auch wenn hierfür nur ein schwaches Indiz vorliegt und er zu der offenbar unbekannten Person nicht weiter nachforschte. Der Biograf hat nämlich in den »Savigny-Papieren« so etwas wie eine Visitenkarte gefunden.[1309] Die Vorderseite zeigt, dass sie von einem gewissen »Mr. Turpin de Jouché« sein dürfte; auf der Rückseite findet sich ein Siegelabdruck Savignys, wobei Bremer hier rätselte, weshalb die Krone im Wappen seines Protagonisten hier neun, statt der üblichen fünf, Zinken zählt.[1310]

Was ist mit den »Savigny-Papieren« gemeint? Der Savigny-Nachlass wurde, wie wir schon gesehen haben, erst ab 1977 öffentlich zugänglich.[1311] Sehr wahrscheinlich stammt diese Visitenkarte von Jacques Gaspard de Turpin de Jouché (1732–1818), jedoch nicht aus Savignys Nachlass, sondern aus dem Savigny-Material im Nachlass Jacob Grimms.[1312] So dürfte dieses, wie die Kollegnach-

1303 Zu Pastoret hat Stoll einen Kurzüberblick geliefert, s. Adolf Stoll, Der junge Savigny (1927), S. 246, Fn. 1.
1304 Bremer/Meder III, Bl. 85.
1305 Bremer/Meder III, Bl. 85.
1306 Bremer/Meder III, Bl. 85.
1307 Bremer/Meder III, Bl. 85.
1308 Bremer/Meder III, Bl. 74 – vgl. Savigny, Brief an F. Creuzer vom 20. Februar 1805 aus Paris, in: Adolf Stoll, Der junge Savigny (1927), Nr. 103, S. 245–249, 246.
1309 Bremer/Meder III, Bl. 126.
1310 Bremer/Meder III, Bl. 126.
1311 Siehe Fn. 836.
1312 Vgl. Ralf Breslau, Der Nachlass der Brüder Grimm, Teil 1 (1997), S. 318, Nr. 278 (ebd. vollständiger Name und Lebensdaten).

schriften und Hefte, zu dem gehören, was Bremer durch Vermittlung von Professor Steig zur Verfügung gestellt wurde. Schwieriger zu lösen ist das von Professor Bremer aufgeworfene und unbeantwortete Rätsel um die Rangkrone im Siegelabdruck. Gerade wegen des dünnen Hinweismaterials, kann nur eine Mutmaßung gegeben werden: Wenn Savignys Geschlecht Jahrhunderte zuvor in Frankreich einmal im Grafenstand war – Stolls Publikation von 1927 beginnt mit einer kurzen Familiengeschichte und dem Hinweis, dass das Adelsgeschlecht de Savigny von den Grafen von Metz, Lunéville und Dachsburg stamme[1313]–, erklärt das vielleicht die hiesige Verwendung der anderen Krone im Siegel. Sollte der Name auf der Visitenkarte etwa mit Nachforschungen zur eigenen Familiengeschichte in Verbindung stehen? Vielleicht können künftige Studien diese Frage beantworten.

2. Die Geburt der Tochter

Am 11. April 1805 wurde Savignys erstes Kind, seine Tochter Bettine, in Paris geboren. Dass dieser Vorname an die Brentano-Familie erinnert, ist kein Zufall. Vor der Geburt standen die Namenspaten nämlich bereits fest und neben Bettine hätte man den Vornamen des Christian Brentano im Falle der Geburt eines Jungen gewählt.[1314] Vor der Niederkunft machte sich bei der Reisegesellschaft eine gewisse Sorge über den angeschlagenen Gesundheitszustand der werdenden Mutter breit.[1315] Denn ohnehin soll sie eher von schwacher Konstitution gewesen sei, wie Jacob Grimm seinem Bruder mitteilte.[1316] Mutter und Tochter überstanden die Geburt dann aber auffällig gesund, wie aus einem Brief hervorgeht, den der Protagonist eine Woche nach dem Ereignis an seinen Mentor Weis sendete.[1317] Auch der Gedanke »daß das Kind nun kein Jurist werden kann«,

1313 Vgl. Adolf Stoll, Der junge Savigny (1927), S. 1, 2.

1314 Bremer/Meder III, Bl. 118, mit Verweis (Fn. 2) auf: »Clemens an seine Frau, Frankfurt gegen Mitte April. Mereau II, 156« = Clemens Brentano, Brief an S. Mereau (ohne Datum und Ort, laut Amelung: Um den 15. April 1805 aus Frankfurt), in: Heinz Amelung (Hg.), Briefwechsel zwischen Clemens Brentano und Sophie Mereau, 2. Bd. (2. Aufl., 1908), S. 155–157, 156.

1315 Bremer/Meder III, Bl. 117.

1316 Bremer/Meder III, Bl. 117, mit Verweis auf den Briefwechsel zwischen den Brüdern Grimm = Jacob Grimm, Brief an W. Grimm vom 11. April 1805 aus Paris, in: Herman Grimm/Gustav Hinrichs (Hg.), Briefwechsel zwischen Jacob und Wilhelm Grimm aus der Jugendzeit (1881), Nr. 8, S. 34–38, 34.

1317 Bremer/Meder III, Bl. 117, mit Verweis auf einen Brief von Savigny an Weis vom 18. April = Savigny, Brief an Weis vom 18. April 1805 aus Paris, in: Friedrich Schulin, Zur Erinnerung an Friedrich Carl von Savigny (1879), Nr. 7, S. 44–45, 45.

störte den Protagonisten nicht.[1318] Einige Tage scheinen die jungen Eltern ganz von einem Glück erfüllt zu sein, dass sie in ihrer Korrespondenz auszustrahlen verstanden.[1319]

Für den Protagonisten fallen zwei maßgebliche Aussagen auf, die er in Zusammenhang mit der Geburt des Kindes gegenüber dem Freund Friedrich Creuzer äußert. Erstens berichtet Savigny davon, sich nun »wärmer ans Leben gebunden« zu fühlen als jemals zuvor und zweitens davon, dass er »die Gelehrsamkeit« einige Tage ganz vernachlässigte.[1320] Nach Bremer war es nämlich Creuzer, dem sich der Protagonist in seiner Schwermütigkeit anvertraute.[1321] Und so wie wir hier eine Wendung zum Helleren sehen, scheint Savigny auch in Hinblick auf seine Studien gelassener zu werden. Dabei schien ihn die kurze Pause gar zu motivieren, wenn er davon spricht, künftig in kürzerer Zeit dafür noch eifriger arbeiten zu wollen.[1322] Wir können davon ausgehen, dass die Arbeiten der Folgemonate von diesem ›Aufwind‹ profitierten.

Unter keinen Umständen wollte man das Mädchen in Paris taufen lassen.[1323] Ein gewisses ›Risiko‹[1324] welches die Eltern aber deshalb aufnehmen konnten, da der Zustand des Kindes erfreulich stabil blieb. Für den 29. Mai 1805 hören wir:

1318 Bremer/Meder III, Bl. 117, mit Verweis auf einen Brief von Savigny an Weis vom 18. April = Savigny, Brief an Weis vom 18. April 1805 aus Paris, in: Friedrich Schulin, Zur Erinnerung an Friedrich Carl von Savigny (1879), Nr. 7, S. 44–45, 45; NB: Savignys gesellschaftliches Frauenbild ist unter verschiedenen Gesichtspunkten Gegenstand aktueller Forschungen. Gesagt werden kann, dass es in der Anschauung des Protagonisten Schwankungen zwischen Fortschrittlichkeit – von Savignys Bild der Ehe haben wir schon gehört – und wohl herkömmlichen Denkmustern der Zeit gab. Frauen im akademischen Wissenschaftsbetrieb lehnte Savigny ab, vgl. Christoph-Eric Mecke, Friedrich Carl von Savignys Rechtsdenken und die Romantik, in: Antje Arnold/Walter Pape (Hg.), Romantik und Recht (2018), S. 35–60, 59. Für ihre intellektuelle Teilhabe generell, war er schon offener, vgl. Stephan Meder, Savignys Weg in die juristische Moderne (2023), S. 112–117. Daran, dass es eben auch die mitgereisten Frauen waren, welche die anspruchsvollen Abschriften von den Pariser-Manuskripten anfertigten, sei hier in diesem Zusammenhang nochmal erinnert.

1319 Bremer/Meder III, Bl. 118, mit Verweis (Fn. 1) auf: »Mereau II, 161« = Clemens Brentano, Brief an S. Mereau (ohne Datum und Ort, laut Amelung: 28. April 1805 aus Frankfurt), in: Heinz Amelung (Hg.), Briefwechsel zwischen Clemens Brentano und Sophie Mereau, 2. Bd. (2. Aufl., 1908), S. 160–162, 161 (hier: »sie sind ganz ersoffen in Glück«).

1320 Bremer/Meder III, Bl. 117–118 – vgl. Savigny, Brief an F. Creuzer vom 19. April 1805 aus Paris, in: Adolf Stoll, Der junge Savigny (1927), Nr. 108, S. 254–255, 254.

1321 Bremer/Meder III, Bl. 117–118.

1322 Bremer/Meder III, Bl. 118 – vgl. Savigny, Brief an F. Creuzer vom 19. April 1805 aus Paris, in: Adolf Stoll, Der junge Savigny (1927), Nr. 108, S. 254–255, 254.

1323 Bremer/Meder III, Bl. 118.

1324 Otto hat auf die hohe Kindersterblichkeit zu dieser Zeit hingewiesen, vgl. Jochen Otto, Auf den Spuren von Friedrich Carl von Savigny (1779–1861). Der Junge Savigny (1779–1804), in: SZ (RA) 128 (2011), S. 442–463, 443, Fn. 3; So war es nicht ganz unwahrscheinlich, dass das Kind ohne Zugehörigkeit zu einer Religionsgemeinschaft aus dem Leben scheidet.

»Mein Kind wird alle Tage größer, dicker u. artiger u. es macht mir tausend Freude«.[1325]

3. Kostspieliger Lebensstil

Obwohl ihm die Einheimischen nicht überwiegend sympathisch waren, blieb Savignys Lebensführung in der Metropole der Welt zugewandt.

Bremer notierte ein wenig zu Savignys Theaterbesuchen.[1326] Die Grundlagen der Notizen, die eher mageren Briefstellen des Protagonisten aus dem Februar 1805, sind 1927 bei Stoll erschienen.[1327] In einem Brief spricht Savigny davon, dass er das hiesige Theater unter seiner Erwartung empfunden habe.[1328] Die zweite Briefstelle ist bei Bremer unwesentlich verkürzt wiedergegeben,[1329] bei Stoll aber später vollständiger erschienen:

> »[...] und die Schauspiele, so berühmt und so ausgebildet von manchen Seiten sie sind, ennuyiren mich. Wie kann das auch anders sein bey einem Volk ohne alle Phantasie, und das geschmacklos genug ist, als vornehmstes Schauspiel eine Oper zu unterhalten, die in jeder honnetten deutschen Stadt nicht wagen dürfte aufzutreten.«[1330]

Dazu notierte Bremer Briefpassagen von Jacob Grimm an seinen Bruder. Hieraus geht hervor, dass er Savigny öfter ins französische Theater begleitete.[1331] Im April seien sie darüber hinaus zwei Mal gemeinsam im italienischen Theater gewesen, was mit der Anmerkung »opera buffa« versehen wurde.[1332] Irgendwann lehnte Grimm die Einladungen aber aus Verlegenheit ab, weil Savigny stets die Karten für die teuersten Plätze (für »9 bis 11 Livres«) gelöst habe.[1333]

1325 Bremer/Meder III, Bl. 118 – vgl. Savigny, Brief an Weis vom 29. Mai 1805 aus Paris, in: Adolf Stoll, Der junge Savigny (1927), Nr. 110, S. 256–258, 257.

1326 Bremer/Meder III, Bl. 97, 100.

1327 Bremer/Meder III, Bl. 97 – vgl. Adolf Stoll, Der junge Savigny (1927), Nr. 102, S. 243–245, 244 und Nr. 103, S. 245–249, 248.

1328 Bremer/Meder III, Bl. 97 – vgl. Savigny, Brief an F. Creuzer vom 20. Februar 1805 aus Paris, in: Adolf Stoll, Der junge Savigny (1927), Nr. 103, S. 245–249, 248.

1329 Bremer/Meder III, Bl. 97.

1330 Savigny, Brief an Bostel vom 4. Februar 1805 aus Paris, in: Der junge Savigny (1927), Nr. 102, S. 243–245, 244 (vgl. Bremer/Meder III, Bl. 97).

1331 Bremer/Meder III, Bl. 100, mit Verweis (Fn. 1, ohne nähere Quellenangabe) auf: »S. 19« = Jacob Grimm, Brief an W. Grimm vom 1. März 1805 aus Paris, in: Herman Grimm/ Gustav Hinrichs (Hg.), Briefwechsel zwischen Jacob und Wilhelm Grimm aus der Jugendzeit (1881), Nr. 5, S. 16–24, 19.

1332 Bremer/Meder III, Bl. 100, mit Verweis (Fn. 2) auf: »So schrieb er den 11. April (S. 37)« = Jacob Grimm, Brief an W. Grimm vom 11/12. April aus Paris, in: Herman Grimm/ Gustav Hinrichs (Hg.), Briefwechsel zwischen Jacob und Wilhelm Grimm aus der Jugendzeit (1881), Nr. 8, S. 34–38, 37.

1333 Bremer/Meder III, Bl. 100, mit Verweis (Fn. 1, ohne nähere Quellenangabe) auf: »S. 19« = Jacob Grimm, Brief an W. Grimm vom 1. März 1805 aus Paris, in: Herman Grimm/

So sehen wir, dass Savigny vom hiesigen Angebot zwar nicht sonderlich begeistert war, aber dennoch nicht aufhörte hinzugehen und dazu offensichtlich nicht wenig dafür bezahlte. Nicht zu unterschätzen sind diesbezüglich wohl äußere Konventionen. Als Aristokrat hatte man schließlich einen angemessenen Lebensstil zu führen.[1334]

Die kleine Gesellschaft hatte die Reise ohne Diener angetreten und einen solchen auf der Hinreise auch eigentlich nicht groß vermisst.[1335] In Paris stellte Savigny dann aber doch einen neuen Bediensteten ein. Zu ihm, er heißt Antoine, findet sich bei Bremer nur ein knapper Hinweis.[1336] Im Nachgang der Reise kommt er aber in den Notizen immer einmal wieder vor.[1337]

Die mitgereiste Schwägerin Meline Brentano hatte sich in Paris porträtieren lassen.[1338] Ein zweites Bildnis von ihr fertigte eineinhalb Jahrzehnte später Ludwig Emil Grimm (1790–1863) an.[1339] Als Adolf Stoll 1913 die Lebenserinnerungen des Malers herausgab, sparte er im Zuge dessen nicht an Randinformationen zu Meline; Bremer konnte diesen und den beigefügten Zusätzen entnehmen, dass Jacob Grimm eine gute Meinung von Meline hatte und sich noch 1811 warm daran erinnerte, wie sie ihm in Paris allmorgendlich Tee einschenkte.[1340]

Ob Jacob Grimm durch die Kunstgalerien mit den antiken Werken, zu einem Kunsthändler und ins Palais Luxembourg von Savigny begleitet wurde, erfahren wir aus Bremers Notizen nicht.[1341]

Gustav Hinrichs (Hg.), Briefwechsel zwischen Jacob und Wilhelm Grimm aus der Jugendzeit (1881), Nr. 5, S. 16–24, 19.

1334 Vgl. Georg Schmidt, Wandel durch Vernunft (2009), S. 32.

1335 Vgl. Savigny, Brief an F. Creuzer vom 18. November 1804 aus Metz, in: Adolf Stoll, Der junge Savigny (1927), Nr. 100, S. 241–243, 242; Bremer lag dieser Brief vor (vgl. Bremer/Meder III, Bl. 12).

1336 Bremer/Meder III, Bl. 375.

1337 Bremer/Meder IV-1, Bl. 41, 56; Mit Antoine und einer nicht genannten Amme für das Kind hatte Savigny, trotz seiner Vorbehalte gegen die lokale Bevölkerung, dass Gefühl Glücksgriffe getan zu haben: »[…] und beide Menschen sind die einzigen Pariser, die ich leiden mag.«, s. Savigny, Brief an Cl. Brentano vom 15. Mai 1805 aus Paris, in: Adolf Stoll, Der junge Savigny (1927), Nr. 109, S. 255–256, 255.

1338 Bremer/Meder III, Bl. 237.

1339 Bremer/Meder III, Bl. 237.

1340 Bremer/Meder III, Bl. 237, mit Verweis auf: »s. Stoll, Ludwig Grimm, S. 272 (320); S. 321, 323.« = Adolf Stoll (Hg.), Erinnerungen aus meinem Leben. Von Ludwig Emil Grimm (1913), insbesondere S. 320f. (Anm. 2) und 323 (Anm. 1).

1341 Bremer/Meder III, Bl. 111–112; vgl. entsprechende Stellen in Bremers Quelle: Herman Grimm/Gustav Hinrichs (Hg.), Briefwechsel zwischen Jacob und Wilhelm Grimm aus der Jugendzeit (1881), bspw. auf den S. 19, 32, 40.

4. Alte Bekannte und das Geschehen in der Heimat

Aufmerksamkeit verdienen auch Bremers Notizen zu den uns schon bekannten Personen auf der Liste mit den »geselligen Beziehungen« Savignys in Paris.[1342] Zwei Personeneinträge verdienen unsere besondere Aufmerksamkeit. Unter anderem der Name Friedrich Schlegel findet sich hier.[1343] Er wohnte seit 1802 in Paris, hat die Stadt aber 1804 ungefähr ein halbes Jahr vor Savignys Eintreffen bereits in Richtung Köln verlassen.[1344]

Im Frühjahr 1805 scheint er vorübergehend wieder da zu sein. Zwei Briefe Jacob Grimms an seinen Bruder notierte sich Bremer hierzu (1. März und 27. Mai).[1345]

Am 1. März 1805 schreibt Jacob Grimm aus Paris:

> »Fr. Schlegel ist hier und sollicitiert, wie man sagt, um eine Professur in Köln. Savigny kennt ihn noch aus Jena her, sieht ihn aber weiter nicht, indem er selbst und seine Schriften ihm jetzt nicht mehr so sehr gefielen, wobei wohl etwas Parteilichkeit für Cl. Brentano zum Grunde liegen mag, mit dem Schlegel auf eine eclatante Art (seit einem Jahr vielleicht) brouillirt ist. – Ferner sollen in einiger Zeit die beiden Tieck und G. Bernhardi, ihre Schwester, hierherkommen, welche wir wohl auch kennen lernen werden, da S. recht begierig ist, diese Bekanntschaft zu machen.«[1346]

Am 27. Mai 1805 schreibt Jacob Grimm:

> »Fr. Schlegel ist wieder in Köln, wie ich aus einer Kölner Zeitung, die mir weiß nicht wie zu Händen gekommen, entnehme [...]«[1347]

Vielmehr als diese Hinweise erfahren wir im vorliegen Teil von Bremer nicht. Stoll schien 1927 hierzu einen Brief Savignys ergänzen zu können; es ist unklar, ob dieser Bremer schon vorlag:

> »Gestern hat mich F. Schlegel bey den Manuscripten angeredet [in der Pariser-Bibliothek]. Er ist sehr fett geworden und sieht nun etwas garstig aus, so daß ich ihn gar nicht erkannt habe, obgleich wir schon oft zusammen dort waren.«[1348]

1342 Bremer/Meder III, Bl. 71.

1343 Bremer/Meder III, Bl. 71.

1344 Vgl. Franz Muncker, Schlegel, Friedrich, in: ADB 33 (1891), S. 737–752, 743, 745.

1345 Bremer/Meder III, Bl. 76.

1346 Jacob Grimm, Brief an W. Grimm vom 1. März 1805 aus Paris, in: Herman Grimm/Gustav Hinrichs (Hg.), Briefwechsel zwischen Jacob und Wilhelm Grimm aus der Jugendzeit (1881), Nr. 5, S. 16–24, 22.

1347 Jacob Grimm, Brief an W. Grimm vom 27. Mai 1805 aus Paris, in: Herman Grimm/Gustav Hinrichs (Hg.), Briefwechsel zwischen Jacob und Wilhelm Grimm aus der Jugendzeit (1881), Nr. 11, S. 43–45, 43; NB: Dass Savigny keine Zeitungen in Paris erhielt, notierte sich Bremer (vgl. die Editionsangaben bei Bremer/Meder III, Bl. 67–68).

1348 Savigny, Brief an Cl. Brentano vom 26. Februar 1805 aus Paris, in: Adolf Stoll, Der junge Savigny (1927), Nr. 104, S. 249–250, 249.

Mit Friedrich Schlegel ist der Protagonist also fertig und die Aura, die den Jenaer-Vordenker vormals so interessant machte, scheint ganz verflogen. Keinerlei Neigung lässt Savigny erkennen sich jetzt noch mit ihm auseinandersetzen zu wollen und das wird neben der Treue zu Clemens Brentano auch mit Schlegels Scheitern als Schriftsteller zu tun haben. Das Zusammentreffen mit den anderen aus dem ehemaligen Jenaer-Kreis scheint der Protagonist, Jacob Grimm zufolge, aber gar nicht abwarten zu können. Zu einer solchen Zusammenkunft lassen sich bei Bremer leider keine näheren Informationen finden. Gut belegen konnte Bremer aber einen Besuch von Creuzers Stiefsohn Carl Leske bei Savigny in Paris.[1349]

Der Verleger Carl Wilhelm Leske (1784–1837), lernte in der Gießener Buchhandlung von Georg Friedrich Heyer (1771–1847)[1350] – Heyer verlegte auch Savignys Werke.[1351] Hier machte er dermaßen Eindruck, dass er schon im Alter von 17 Jahren zum Zweigstellengeschäftsführer befördert wurde.[1352] Im Jahr 1806 beteiligte er sich an der Unternehmung Heyers (ab 1811 »Heyer & Leske«), später trennten sich die Wege und ab den 1820er Jahren war er wesentlich als Verleger tätig, unter anderem verlegte er die Werke Friedrich Creuzers.[1353]

Leske kam im Frühjahr 1805, brachte einige heißersehnte Briefe an Savigny mit und reiste schon Ende April wieder ab.[1354] Der Protagonist bekam von Leske einige, aber wohl nicht alle, der offenen Briefe, die bei Friedrich Creuzer wegen der Landgüter Savignys abgegeben wurden.[1355] In der Abwesenheit des Gutsherren hatten sich bestehende Konflikte verschärft. Bremer fertigte hierzu einige Notizen an, wofür er offenbar Akten aus dem Marburger Staatsarchiv studiert hatte.[1356] Werfen wir einen zusammenfassenden Blick auf diese:

Es ging um Streitereien zwischen der Bevölkerung von Somborn, Neusaß,[1357] Bernbach und Altenmittlau und den Schäfern der Landgüter des Protagonisten.[1358] Eigentlich war im März 1803 ein Regulativ erlassen worden, was die Zuspitzungen aber doch nicht verhindern konnte.[1359] Die Dorfbewohner der Orte hatten nämlich immer wieder Flächen bepflanzt, die »dem kurfürstlichen Amtsbefehl gemäß« zur Schafshütung durch die Schäfereien der Güter Savignys

1349 Bremer/Meder III, Bl. 49, 71, 80, 130, 365.
1350 Vgl. Adalbert Brauer, Leske, Carl Wilhelm, in: NDB 14 (1985), S. 328.
1351 Die meisten Auflagen von Savignys »Das Recht des Besitzes« sind bei Heyer erschienen.
1352 Vgl. Adalbert Brauer, Leske, Carl Wilhelm, in: NDB 14 (1985), S. 328.
1353 Vgl. Adalbert Brauer, Leske, Carl Wilhelm, in: NDB 14 (1985), S. 328.
1354 Bremer/Meder III, Bl. 80.
1355 Bremer/Meder III, Bl. 130.
1356 Bremer/Meder III, Bl. 129–136 (»Marburger Staatsarchiv« bei: Bremer/Meder III, Bl. 133 f.).
1357 Möglicherweise ist auch der naheliegende Ort Neuses gemeint.
1358 Bremer/Meder III, Bl. 129.
1359 Bremer/Meder III, Bl. 129.

vorgesehen waren und brach liegen sollten.[1360] Dass die Herde den Ertrag zerfressen würde, rief die wütende Bevölkerung auf den Plan. Ende 1804 war es deshalb schonmal zu Auseinandersetzungen gekommen, wozu die Briefweiterleitungen von Creuzer an Savigny aber nur sporadisch erfolgten, weshalb der Protagonist seinen Freund im März 1805 zur Auskunft aufforderte – diese offenen Briefe könnte Leske mitgebracht haben.[1361] Zu drastischen Szenen kam es dann im Sommer. In Neusaß soll die Bevölkerung gemeinsam mit dem Landschütz die anrückende Schafsherde kurzerhand selbst zurückgetrieben haben.[1362] Spannungsgeladener war die Situation noch in Bernbach, wo der Schäfer wegen der Gewaltandrohung des hiesigen Feldschütz' unter Schimpftiraden der Bevölkerung unverrichteter Dinge gehen musste.[1363] Auch Anfang September 1805 teilte der Gutspächter von Trages wieder mit, dass man die Winterstoppelfelder der Gemeinden abermals widerrechtlich bepflanzt habe.[1364] Auf eine Beschwerde[1365] des Gutsverwalters beim kurhessischen Justizamt habe der Ortsvorsteher von Somborn entgegnet, dass es sich um eine »unbeschämte Klage« des Schäfers oder seines Herren handele.[1366] Es seien seit seinem Amtsantritt nämlich noch nie so wenig Rüben und Wicken angepflanzt worden, wie in diesem Jahr und auch der Schäfer sei zu kritisieren, weshalb der »Trageser Schäfer oder dessen Herr« »ins Unrecht zu setzen« sei.[1367] Nach seiner Rückkehr ging Savigny der Sache nach und reichte im Oktober 1805 mithilfe des Rechtsanwalts Neuhof aus Hanau Klage gegen die Gemeinden ein.[1368] Als Lehnträger habe er nicht anders gekonnt, so Bremer.[1369] Wie die Sache weiterging, war dem Savigny-Forscher nicht bekannt.[1370]

Savigny war hier nicht etwa Gerichtsherr eines Patrimonialgerichts, und die Angelegenheit dürfte seine Beliebtheit bei der lokalen Bevölkerung jedenfalls nicht gesteigert haben. Vielleicht sah sich Bremer deshalb auch veranlasst zu sagen, dass sein Protagonist nicht anders gekonnt habe, als zu klagen. Immerhin

1360 Bremer/Meder III, Bl. 130, 133.

1361 Bremer/Meder III, Bl. 129, 130; vgl. Savigny, Brief an F. Creuzer vom 19. März 1805 aus Paris, in: Adolf Stoll, Der junge Savigny (1927), Nr. 105, S. 250–252, 252; Später übernahm der Freund Bang die Verwaltung (Bremer/Meder III, Bl. 131).

1362 Bremer/Meder III, Bl. 130, 134.

1363 Bremer/Meder III, Bl. 133.

1364 Bremer/Meder III, Bl. 129, 133.

1365 Als Beschwerdebegründung findet sich folgende Passage in den Notizen: »Daß dadurch der lehnbaren Schäferei zu Trages, welche in der Gemarkung zu hüten das Recht habe, ein großer Schaden zugefügt werde, den sie nicht zu leiden schuldig sei noch werde« (Bremer/Meder III, Bl. 133).

1366 Bremer/Meder III, Bl. 133, 135.

1367 Bremer/Meder III, Bl. 135, 133.

1368 Bremer/Meder III, Bl. 135, 136.

1369 Bremer/Meder III, Bl. 136.

1370 Bremer/Meder III, Bl. 136.

dürfte dadurch, dass man die Herden vorrübergehend auf eigene Kosten zu versorgen hatte, auch ein signifikanter Schaden entstanden sein und dieses ›Unrecht‹ drohte sich zu wiederholen.

Zu Leskes Rückreise gab Savigny ihm Briefe an Friedrich Creuzer, Clemens Brentano und ein Paket Bücher an Weis mit; letzteres scheint erst spät an Weis weitergegeben worden zu sein.[1371]

IV. Rückreise

Blicken wir zum Schluss noch kurz auf Bremers Notizen zu Savignys Rückreise nach Deutschland:

Über den Aufbruch dachte Savigny schon im August 1805 nach.[1372] Den Plan, die Reise wie ursprünglich angedacht noch weiter fortzusetzen, hatte Savigny offenbar schon um die Zeit der Geburt des Kindes verworfen[1373] – in Italien war es jetzt ohnehin zu gefährlich. In Frankreich hatte er noch den Seehafen bei Le Havre sehen wollen.[1374] Danach war über die Route noch nicht entschieden.[1375] Zur Auswahl stand es, den Rückweg über Orléans und Tours oder über Brüssel anzutreten; in jedem Fall sollte es aber noch einmal nach Metz gehen, um die letzten Lücken des Kofferverlustes zu schließen.[1376] Um den 7. September 1805 begann die Heimreise der kleinen Gesellschaft mitsamt Antoine im eigenen Wagen.[1377] Und einige Tage der zweiten Hälfte des Septembers verbrachten sie wie geplant dann in Metz.[1378] Am 24. September 1805 will Savigny in acht Tagen schon in Frankfurt sein.[1379] Von Metz ging es nach Trier, worüber Savigny später berichtete, hier wie auch schon in Metz nochmal gute Funde gemacht zu ha-

1371 Bremer/Meder III, Bl. 49.

1372 Bremer/Meder III, Bl. 375, mit Verweis (Fn. 2) auf: »Schulin S. 47« = Savigny, Brief an Weis vom 26. Juni 1805 aus Paris, in: Friedrich Schulin, Zur Erinnerung an Friedrich Carl von Savigny (1879), Nr. 9, S. 47–48, 47.

1373 Bremer/Meder III, Bl. 375, mit Verweis (Fn. 1) auf: »Schulin S. 45« = Savigny, Brief an Weis vom 18. April 1805 aus Paris, in: Friedrich Schulin, Zur Erinnerung an Friedrich Carl von Savigny (1879), Nr. 7, S. 44–45, 45.

1374 Bremer/Meder III, Bl. 375, mit Verweis (Fn. 3) auf: »Mereau II, 168« = Clemens Brentano, Brief an S. Mereau vom 16. August 1805 (aus Frankfurt, laut Amelung), in: Heinz Amelung (Hg.), Briefwechsel zwischen Clemens Brentano und Sophie Mereau, 2. Bd. (2. Aufl., 1908), S. 167–169, 168.

1375 Bremer/Meder III, Bl. 375, 376.

1376 Bremer/Meder III, Bl. 375, 376.

1377 Bremer/Meder III, Bl. 375.

1378 Bremer/Meder III, Bl. 378.

1379 Bremer/Meder III, Bl. 378 – vgl. Savigny, Brief an F. Creuzer vom 24. September 1805 aus Metz, in: Adolf Stoll, Der junge Savigny (1927), Nr. 115, S. 261–262, 262.

ben.[1380] In Koblenz traf die Gesellschaft Joseph Görres und Jacob Grimm setzte sich von hieraus nach Kassel ab, um sich auf das Examen vorzubereiten.[1381] Anfang Oktober waren sie wieder zuhause, auf Gut Trages bei Hanau.[1382]

1380 Bremer/Meder III, Bl. 378.

1381 Bremer/Meder III, Bl. 378, mit Verweis (Fn. 3) auf: »Franz Schultz: Görres S. 10« = Franz Schultz, Joseph Görres als Herausgeber, Literaturhistoriker, Kritiker im Zusammenhange mit der jüngeren Romantik (1900), S. 10.

1382 Bremer/Meder III, Bl. 378.

Schlussbetrachtungen

Alles in allem kann die moderne Savigny-Forschung von dem Bremer-Nachlass, als womöglich wichtigste ›neue‹ Quelle, dieses, zugegebenermaßen noch jungen, Jahrhunderts, durchaus profitieren. Und trotz aller Herausforderungen, die die Papiere Bremers bereithalten, darf die vorliegende Schrift für sich reklamieren, gezeigt zu haben, dass sich mit den, manchmal auch sperrigen, Notizen des Straßburger Professors arbeiten lässt. Dabei gilt: Je umfangreicher der Leser der Bremerschen Aufzeichnungen über Hintergründe im Bilde ist, desto üppiger wird ihr Informationsgehalt. Ob in Zukunft aber Bremers enormes Gesamtvorhaben zum Abschluss gebracht werden kann, bleibt offen. Schließlich soll es noch in einer Wissenschaft, in der sich Zusammenfassungen eingebürgert haben, auch hier an diesen nicht mangeln:

Bremer war der erste rechtshistorische Savigny-Forscher mit einem Sinn für die kulturgeschichtliche Perspektive. Das gilt für den vorliegenden Teil vorwiegend für Savignys Berührungspunkte mit der Frühromantik.

Mit seinem Vorhaben wollte er keinen Gelehrten-Epos anfertigen, sondern eine authentische Biografie, in der sich die Interessen und Neigungen seines jungen Protagonisten wandelten und erst herausbildenden sollten. Bremer erzählt eine einheitliche Geschichte, wenn er nachvollziehbare Anhaltspunkte dazu notierte, woher ›plötzlich‹ das Interesse seines Protagonisten an dem Philosophen Jacobi kam. Als Romanist musste er sich den seinerzeit noch verbreiteten Tendenzen, die Denkweise des berühmten Juristen an das monumentale Werk Kants anzukoppeln, nicht beugen.

Er interessierte sich für seine Zeit bemerkenswert intensiv für die Personen mit denen sich Savigny umgab, orientierte sie dabei jedoch nicht auf gewisse Schlüsselereignisse im Leben seines Protagonisten. So hätte Bremer uns gesagt, dass Gottlieb Hufeland wohl nicht als der Fährmann anzusehen ist, der den noch ganz anders interessierten Savigny ins römische Recht führte; aber auch, dass wir beispielsweise die Bekanntschaft mit einem Gottfried Hermann, mit seinem »Gesetz des Denkens«, nicht ausblenden sollten. Dass Savignys Verhältnis zur

Brentano-Familie einmal untersucht werden müsste, registrierte Bremer schon vor einem Jahrhundert.

Was Bremer als Forscher auszeichnete, ließe sich mit dem Wort einer Quellentoleranz beschreiben. Dass er neben seinem umfangreichen und weitgefächerten Literaturapparat sogar mit Jacob Grimms Kollegschrift Schülermaterial ernsthaft würdigte, welches trotz einschlägiger Hinweise von nachfolgenden Rechtshistorikergenerationen noch lange abgetan werden sollte, zeigt wie weit er seiner Zeit voraus war.

Offen bleibt die Frage nach einer etwaigen Zusammenarbeit zwischen Stoll und Bremer. So könnten die Lorbeeren, die man Stoll für seine Publikationen der Savigny-Briefe zu Recht zuspricht, daneben auch Bremer gebühren.

Anhang I: Schriftenverzeichnis zu Professor Franz Peter Bremer

Chronologische Übersicht[1383]

Erscheinungsort und Jahr	Titel
Bonn 1863	De Domitii Ulpiani Institutionibus.
Bonn 1865	Das rheinische Vormundschaftswesen und seine rechtliche Grundlage.
Frankfurt a. M. 1866	Die Inschrift über den Prozeß der Fullonen.
Bonn 1867	Das Pfandrecht und die Pfandobjecte. Eine dogmatische Untersuchung auf Grundlage des gemeinen Rechts.
München 1868	Zur Civilistischen Literatur. Specification und Accession, in: Kritische Vierteljahrsschrift für Gesetzgebung und Rechtswissenschaft, Bd. 10 (1868), Nr. 1, S. 1–67.
Berlin 1868	Die Rechtslehrer und Rechtsschulen im Römischen Kaiserreich.
Göttingen 1869	Hypothek und Grundschuld. Eine dogmatische Untersuchung mit kritischer Berücksichtigung des Preußischen Gesetzentwurfs.
Straßburg 1876	Geschichte des Römischen Rechts unter Vergleichung des Deutschen bis zu Karls des Großen Kaiserkrönung, 1. Abtheilung: Die Zeit des Augustus und Tiberius mit Einleitung.
Straßburg 1879	Zur Geschichte des Handelsrechts und der Handelspolitik im Anfang der römischen Kaiserzeit, in: Festgabe zum Doctor-Jubiläum des Herrn Geheimen Justizrathes Professors Dr. Heinrich Thöl in Göttingen. Überreicht von der Rechts- und Staatswissenschaftlichen Fakultät zu Strassburg, S. 39–78.

1383 Diese mit einigen Ergänzungen versehene Übersicht fußt auf: Richard Kukula, Allgemeiner Deutscher Hochschulen-Almanach (1888), S. 83/ders., Bibliographisches Jahrbuch der deutschen Hochschulen (1892), S. 81.

(Fortsetzung)

Erscheinungsort und Jahr	Titel
Straßburg 1879	Zur Erinnerung an die Strassburger Savigny-Feier vom 21. Februar 1879.
Weimar 1881	Zur Geschichte des keltischen Provinzialrechts. Kritik von Mommsens Emendation in Dig. 23, 3, 9, 3., in: SZ (RA) 2 (1881), S. 134–138.
Weimar 1883	Ulpians Verhätlnis zu Gallien, in: SZ (RA) 4 (1883), S. 84–91.
Straßburg 1885	Franz von Sickingens Fehde gegen Trier und ein Gutachten Claudius Cantiunculas über die Rechtsansprüche der Sickingschen Erben.
Weimar 1893	Ludwig Johann de Savigny. Friedrich Carl von Savignys Urgrossvater, als Amtmann in Oberbronn im Elsass, in: SZ (RA) 14 (1893), S. 256–257.
Weimar 1894	Zwei Gutachten von Claudius Cantiuncula, Mit Einleitung herausgegeben, in: SZ (RA) 15 (1894), S. 307–326.
Weimar 1894	Dr. Claudius Cantiunculas Gutachten über das Nürnberger Stadtrecht, in: SZ (GA) 15 (1894), S. 123–167.
Leipzig 1896	Iurisprudentiae Antehadrianae Quae Supersunt.
Weimar 1897	Ulrich Zasius und das Familienstatut der von Rappoltstein vom Jahre 1511, in: SZ (GA) 18 (1897), S. 170–178.

Anhang II: Verzeichnis der Straßburger Lehrveranstaltungen von Professor Franz Peter Bremer

Halbjahr	Veranstaltungstitel	Fundstelle[1384]
1872	Geschichte des römischen Privatrechts; Geschichte des römischen Civilprozesses.	S. 6
1872/73	Institutionen; Erbrecht.	S. 8
1873	Pandekten mit Ausschluss des Erbrechts.	S. 5
1873/74	Institutionen des römischen Rechts; Geschichte des römischen Rechts; Erläuterung des 4ten Buches der Institutionen des Gaius.	S. 5
1874	*Vorbehalt der späteren Vorlesungsankündigung.*	S. 6
1874/75	Institutionen des römischen Rechts; Geschichte des römischen Rechts;	S. 5
1875	Pandekten erster Theil (Allgemeiner Theil und dingliche Rechte).	S. 5
1875/76	Institutionen des im Deutschen Reich geltenden Rechts; Geschichte des römisch-germanischen Rechts bis auf Karl den Grossen; Seminar: Interpretation von Pandektenstellen.	S. 5, 7
1876	Pandekten mit Ausschluss des Erbrechts; nach dem Lehrbuch von Arndts (8. Auflage 1874).	S. 5
1876/77	Institutionen des im Deutschen Reich geltenden Rechts; Geschichte des römisch-germanischen Rechts bis zu Karl dem Grossen; Seminar: Uebungen auf dem Gebiete des römischen Rechts.	S. 5, 7
1877	Pandekten mit Ausschluss des Erbrechts, nach dem Lehrbuch von Arndts (8. Auflage 1874).	S. 5
1877/78	Institutionen; Römische Rechtsgeschichte.	S. 5
1878	Pandekten, zweiter Theil (specieller Theil mit Ausschluss des Erbrechts).	S. 5

1384 Im jeweiligen Vorlesungsverzeichnis. Beginnt mit: Verzeichnis der Vorlesungen welche an der Universität Straßburg im Sommersemester 1872 vom 1. Mai bis zum 15. August gehalten werden (Straßburg 1872); Ab dem Sommersemester 1878 führen die Verzeichnisse den neuen Namen der Einrichtung: Kaiser-Wilhelms-Universität Strassburg.

(Fortsetzung)

Halbjahr	Veranstaltungstitel	Fundstelle
1878/79	Institutionen; Römische Rechtsgeschichte; Römisches Familien- und Erbrecht.	S. 5
1879	Pandekten, zweiter Theil (specieller Theil mit Ausschluss des Familien- und Erbrechts); Gemeines Familienrecht.	S. 5
1879/80	Institutionen; Römische Rechtsgeschichte; Geschichte des römischen Rechts seit dem Ende des XV. Jahrhunderts.	S. 5
1880	Pandekten, erster oder allgemeiner Theil; Gemeines Familienrecht; Die französischen Juristen des XVI. Jahrhunderts.	S. 5, 6
1880/81	Institutionen; Römische Rechtsgeschichte; Seminar: Uebungen unter Benutzung von Bruns' Fontes und Huschke's Jurisprudentia antejustinianea.	S. 5, 7
1881	Pandekten, erster oder allgemeiner Theil; Gemeines Familienrecht.	S. 5
1881/82	Römische Rechtsgeschichte; Erbrecht als Teil der Pandekten; Seminar: Exegetische Uebungen im römischen Recht.	S. 5, 6
1882	Römisches Familienrecht als Theil der Pandekten; Grundzüge des französischen Civilrechts.	S. 5
1882/83	Römische Rechtsgeschichte; Erbrecht als Teil der Pandekten; Seminar: Rechtshistorische Uebungen im römischen Recht; Seminar: Uebungen der Abtheilung für elsass-lothringisches Landesrecht.	S. 5–6, 7–8
1883	Römisches Familienrecht als Theil der Pandekten; Ausführlicher Cursus des französischen Civilrechts, zweiter Theil; Geschichte des Code pénal und des Code civil im Deutschen Reich.	S. 5–6
1883/84	Römische Rechtsgeschichte; Erbrecht als Teil der Pandekten; Ausführlicher Cursus des französischen Civilrechts (Schenkung und Erbrecht).	S. 5–6
1884	Römisches Familienrecht als Theil der Pandekten; Ausführlicher Cursus des französischen Civilrechts: eheliches Güterrecht (contrat de mariage); Die grossen Juristen des 16. Jahrhunderts.	S. 5–6
1884/85	Römische Rechtsgeschichte; Erbrecht als Teil der Pandekten [handschriftlich ist »Bremer« durchgestrichen und durch »Zimmermann« ersetzt]; Ausführlicher Cursus des französischen Civilrechts (Schenkung und Erbrecht).	S. 5–6

(Fortsetzung)

Halbjahr	Veranstaltungstitel	Fundstelle
1885	Römische Rechtsgeschichte; Ausführlicher Kursus des französischen Civilrechts (eheliches Güterrecht, Erbrecht und Schenkung: Code civil III, 1: de successions 2: des donations entre-vifs et des testaments, 5: du contrat de mariage, etc.).	S. 5–6
1885/86	Römische Rechtslitteratur bis Diocletian; Das kanonisch-römische Recht; Römisches Erbrecht als Teil der Pandekten.	S. 5
1886	Römisches Familienrecht als Theil der Pandekten; Französisches Civilrecht.	S. 5–6
1886/87	Römische Rechtsgeschichte; Erbrecht als Teil der Pandekten.	S. 5
1887	Römisches Familienrecht als Theil der Pandekten; Französisches Civilrecht.	S. 5–6
1887/88	Römische Rechtsgeschichte; Erbrecht als Teil der Pandekten [handschriftlich durchgestrichen].	S. 5
1888	Französisches Civilrecht.	S. 6
1888/89	Römische Rechtsgeschichte; Gemeines Familien- und Familiengüterrecht (mit Rücksicht auf den Entwurf des bürgerlichen Gesetzbuches); v. Savigny und das französische, preussische und gemeine Recht.	S. 5–6
1889	Französisches Civilrecht.	S. 6
1889/90	Römische Rechtsgeschichte; Familienrecht, als Theil der Pandekten.	S. 5
1890	Französisches Civilrecht; Seminar: Interpretation der Institutionen des Gaius, 1. Buch.	S. 6
1890/91	Römische Rechtsgeschichte; Familienrecht, als Theil der Pandekten.	S. 5
1891	Französisches Civilrecht.	S. 5
1891/92	Römische Rechtsgeschichte; Geschichte der römischen Rechtswissenschaft und Rechtslitteratur.	S. 5
1892	Französisches Civlrecht; Geschichte des französischen Civilrechts in Frankreich und Deutschland.	S. 6
1892/93	Römische Rechtsgeschichte; Geschichte der römischen Rechtswissenschaft und Rechtslitteratur.	S. 5
1893	Das römische Recht und die Rechtswissenschaft im 15. und 16. Jahrh.	S. 6
1893/94	Römische Rechtsgeschichte; Geschichte der römischen Rechtswissenschaft und Rechtslitteratur.	S. 5
1894	Französisches Civilrecht; Geschichte des französischen Civilrechts in Deutschland.	S. 6
1894/95	Römische Rechtsgeschichte; Geschichte der römischen Rechtswissenschaft und Rechtslitteratur.	S. 5–6

(Fortsetzung)

Halbjahr	Veranstaltungstitel	Fundstelle
1895	*Allgemeiner Hinweis der späteren Vorlesungsankündigung der Institutionen und Geschichte des römischen Privatrechts (ohne Personenbezug)*; Französisches Civlrecht.	S. 5–6
1895/96	Römische Rechtsgeschichte; Geschichte der römischen Rechtswissenschaft und Rechtslitteratur; *Allgemeiner Hinweis auf spätere Ankündigung der Vorlesung Pandekten, mit Ausschluss des Erbrechts (ohne Personenbezug).*	S. 5
1896	Französisches Civilrecht.	S. 6
1896/97	Römische Rechtsgeschichte; Geschichte der römischen Rechtswissenschaft und Rechtslitteratur.	S. 5
1897	Beurlaubt.	
1897/98	Emeritiert.	

Abkürzungsverzeichnis

a.a.O.	am angegebenen Ort
Abt.	Abteilung
ADB	Allgemeine Deutsche Biographie
ALZ	Allgemeine Litteratur-Zeitung (Jena)
Anm.	Anmerkung(en)
Aufl.	Auflage
Bd./-bd.	Band
Begr.	Begründer
Bl.	Blatt
bspw.	beispielsweise
ders.	derselbe
Diss.	Dissertation
ebd.	ebenda
etc.	et cetera
f. (nach Ziffer)	(und) folgende (Seite/Spalte). In der Regel ist die Folgeseite/-spalte gemeint (Beispiel: »S. 7 f.« bedeutet Seite 7 und 8)
ff. (nach Ziffer)	fortfolgende (Seiten/Spalten)
Fn.	Fußnote
geb.	geborene
Hg.	Herausgeber
HRG	Handwörterbuch zur deutschen Rechtsgeschichte
hrsg.	herausgegeben
insbes.	insbesondere
jun.	junior
JZ	JuristenZeitung
NB	Nebenbemerkung
NDB	Neue Deutsche Biographie
No.	Numero (Nummer)
Nr./-nr.	Nummer
S.	Seite(n)
s.	siehe
sic!	sic erat scriptum

Sp.	Spalte(n)
SZ (RA/GA/KA)	Zeitschrift der Savigny-Stiftung für Rechtsgeschichte (Romanistische-/Germanistische-/Kanonistische Abteilung), seit 1880; davor: Zeitschrift für Rechtsgeschichte
u.	und
u. a.	unter anderem
vgl.	vergleiche

Literaturverzeichnis

Alberti, Eduard: Lexikon der Schleswig-Holstein-Lauenburgischen und Eutinischen Schriftsteller von 1866–1882. Im Anschluss an des Verfassers Lexikon von 1829–1866, 1. Band, Kiel 1885.

Amelung, Heinz (Hg.): Briefwechsel zwischen Clemens Brentano und Sophie Mereau, 1. Band (Dezember 1798–Oktober 1803), 2. Auflage, Leipzig 1908.

Briefwechsel zwischen Clemens Brentano und Sophie Mereau, 2. Band (Oktober 1803–September 1806). 2. Auflage, Leipzig 1908.

Avenarius, Martin: Glossatoren, in: Albrecht Cordes/Heiner Lück/Dieter Werkmüller/Christa Bertelsmeier-Kierst (Hg.), Handwörterbuch zur deutschen Rechtsgeschichte, 2. Band (Geistliche Gerichtsbarkeit–Kodifikation), 2. Auflage, Berlin 2012, Sp. 408–412.

Backhaus, Ralph: Savigny in Marburg, 2. Auflage, Marburg 2013.

Berghahn, Volker: Das Kaiserreich 1871–1914. Industriegesellschaft, bürgerliche Kultur und autoritärer Staat, in: Jürgen Kocka (Hg.), Gebhardt. Handbuch der deutschen Geschichte, Band 16, 10. Auflage, Stuttgart 2003/2006 (1. Nachdruck der Auflage).

Bippen, Wilhelm von: Georg Arnold Heise. Mittheilungen aus dessen Leben, Halle 1852.

Böcking, Eduard: Pandekten. Grundriss eines Lehrbuches, 5. Auflage, Bonn 1861.

Brauer, Adalbert: Leske, Carl Wilhelm, in: Neue Deutsche Biographie, Band 14 (1985), S. 328.

Bremer, Franz Peter: Zur Erinnerung an die Strassburger Savigny-Feier vom 21. Februar 1879 (Vortrag), Straßburg 1879.

ders.: Franz von Sickingens Fehde gegen Trier und ein Gutachten Claudius Cantiunculas über die Rechtsansprüche der Sickingschen Erben, Straßburg 1885.

ders.: Franz Peter Bremer, Ludwig Johann de Savigny. Friedrich Carl von Savignys Urgrossvater, als Amtmann in Oberbronn im Elsass, in: SZ (RA) 14 (1893), S. 256–257.

ders.: De Domitii Ulpiani Institutionibus, Diss., Bonn 1863.

ders.: Das Pfandrecht und die Pfandobjecte. Eine dogmatische Untersuchung auf Grundlage des gemeinen Rechts, Leipzig 1867.

Brentano, Clemens: Gustav Wasa (hrsg. von Bernhard Seuffert), Heilbronn 1883.

ders.: Godwi oder Das steinerne Bild der Mutter. Ein verwilderter Roman von Maria. Zweyter und letzter Teil, Bremen 1801.

Brentano, Lujo: Elsässer Erinnerungen, 2. und 3. Auflage, Berlin 1917.

ders.: Clemens Brentanos Liebesleben, Frankfurt a. M. 1921.

Breslau, Ralf: Der Nachlass der Brüder Grimm, Teil 1 (Katalog), Wiesbaden 1997.

Bursian, Conrad: Geschichte der classischen Philologie in Deutschland von den Anfängen bis zur Gegenwart. Erste Hälfte, München und Leipzig 1883.

Caesar, Karl Adolf: Hat Sachsen im 18ten Jahrhundert an Denkfreiheit gewonnen? (1802), in: Johann Daniel Schulze, Abriß einer Geschichte der Leipziger Universität im Laufe des achtzehnten Jahrhunderts. Leipzig 1810, S. V–XXVIII.

J. F. Carthaus Bonn (Verlag): Adressbuch der Stadt Bonn. Juli 1915 bis Juli 1916, Bonn 1916; Adressbuch der Stadt Bonn. Juli 1914 bis Juli 1915, Bonn 1915.

Cotta (Verlag): Briefwechsel zwischen Schiller und Goehte, 2. Band, 4. Auflage, Stuttgart 1881.

Dammann, Oswald: Creuzer, Friedrich, in: Neue Deutsche Biographie, Band 3 (1957), S. 414–415.

Ebersbach, Volker: Schelling, Caroline, in: Neue Deutsche Biographie, Band 22 (2005), S. 655–656.

Eisenhart, August: Hufeland, Gottlieb, in: Allgemeine Deutsche Biographie, Band 13 (1881), S. 296–298.

Eitner, Karl: Ein Engländer über deutsches Geistesleben im ersten Drittel dieses Jahrhunderts. Aufzeichnungen Henry Crabb Robinson's nebst Biographie und Einleitung, Weimar 1871.

Endres, Rudolf: Sickingen, Franz von, in: Neue Deutsche Biographie, Band 24 (2010), S. 313–314.

Enneccerus, Ludwig: Friedrich Carl v. Savigny und die Richtung der neueren Rechtswissenschaft. Nebst einer Auswahl ungedruckter Briefe, Marburg 1879.

Feuerbach, Ludwig (Hg.): Anselm Ritter von Feuerbach's Biographischer Nachlaß, 1. Band, 2. Auflage, Leipzig 1853.

Fichte, Immanuel Hermann (Hg.): Johann Gottlieb Fichte's Leben und litterarischer Briefwechsel, Zweiter Band, Actenstücke und litterarischer Briefwechsel, 2. Auflage, Leipzig 1862.

Fischer, Kuno: Geschichte der neueren Philosophie. Fichte und seine Vorgänger, 5. Band, Heidelberg 1869.

Frensdorff, Ferdinand: Heise, Georg Arnold, in: Allgemeine Deutsche Biographie, Band 11 (1880), S. 666–669.

Frommann, Friedrich Johannes: Das Frommannsche Haus und seine Freunde 1792–1837, Jena 1870.

Frotscher, Werner: Deutsches Reich (1871–1918), in: Albrecht Cordes/Heiner Lück/Dieter Werkmüller/Ruth Schmidt-Wiegand (Hg.), Handwörterbuch zur deutschen Rechtsgeschichte, 1. Band (Aachen–Geistliche Bank), 2. Auflage, Berlin 2008, Sp. 1011–1027.

Geiger, Ludwig: Karoline von Günderode und ihre Freude. Mit dem Portrait der Dichterin, Stuttgart, Leipzig und andere, 1895.

Genzmer, Erich: Eugen Wohlhaupter. Ramon Lull, ein Vorläufer der Postglossatoren? (S.A. aus den Atti del Congresso Internazionale di Diritto Romano 1933, Bologna I, S. 491–514), in: SZ (RA) 57 (1937), S. 515–522.

Grimm, Heinrich: Hutten, Ulrich von, in: Neue Deutsche Biographie, Band 10 (1974), S. 99–102.

Grimm, Herman/Hinrichs, Gustav (Hg.):Briefwechsel zwischen Jacob und Wilhelm Grimm aus der Jugendzeit, Weimar 1881.

Grimm, Jacob: Anleitung zu einem eigenen Studium der Jurisprudenz. Nachgeschrieben im Winter 1802, vom 7. November 1802 bis 1. Merz 1803. [Nachschrift von Jacob Grimm]. Juristische Methodologie, in: Aldo Mazzacane (Hg.), Friedrich Carl von Savigny: Vorlesungen über juristische Methodologie 1802–1842, 2. Auflage, Frankfurt am Main 2004, S. 137–197.

ders.: Grimm (Jakob Ludwig Karl), in: Karl Wilhelm Justi, Grundlage zu einer Hessischen Gelehrten-Schriftsteller und Künstler-Geschichte vom Jahre 1806 bis zum Jahre 1830. Fortsetzung von Strieder's Hessischer Gelehrten- und Schriftsteller-Geschichte und Nachträge zu diesem Werke, Marburg 1831, S. 148–164; Ein weiteres Mal erschienen in: Karl Müllenhoff (Hg.), Kleinere Schriften von Jacob Grimm, Band 1, Reden und Abhandlungen von Jacob Grimm, Berlin 1864, S. 1–24.

ders.: Das Wort des Besitzes. Eine linguistische Abhandlung von D. J. Grimm. Heil dem fünfzigjährigen Doctor juris Friedrich Carl von Savigny. XXXI October MDCCCL. Geschrieben vom 13–17 October, in: Karl Müllenhoff (Hg.), Kleinere Schriften von Jacob Grimm, Band 1, Reden und Abhandlungen von Jacob Grimm, Berlin 1864, S. 113–144.

ders.: An Savigny, in: ders., Deutsche Grammatik, Erster Theil, Erste Abtheilung, Dritte Ausgabe, Göttingen 1840, S. III–X.

Grimm, Wilhelm: Grimm (Wilhelm Karl), in: Karl Wilhelm Justi, Grundlage zu einer Hessischen Gelehrten-Schriftsteller und Künstler-Geschichte vom Jahre 1806 bis zum Jahre 1830. Fortsetzung von Strieder's Hessischer Gelehrten- und Schriftsteller-Geschichte und Nachträge zu diesem Werke, Marburg 1831, S. 164–183.

Gundlach, Franz: Catalogus Professorum Academiae Marburgensis 1527–1910, Marburg 1927.

Haferkamp, Hans-Peter: Die Historsiche Rechtsschule, Frankfurt am Main 2018.

Hammacher, Klaus: Jacobi, Friedrich Heinrich, in: Neue Deutsche Biographie, Band 10 (1974), S. 222–224.

Heise, Georg Arnold (als Anonymus): Bey Mauke 1804: Angeli Jacobi Cuperi Oberservationes selectae de natura possessionis. Denuo edidit, adjecta de naturali et civili possessione animadversionibu, A. F. J. Thibaut. XVI und 174 Seiten in Octav, in: Göttingsche gelehrte Anzeigen, 1804, 3. Bd., Stück 144, S. 1427–1433.

Henke, Ernst Ludwig Theodor: Jakob Friedrich Fries. Aus seinem handschriftlichen Nachlasse dargestellt, Leipzig 1867.

Hof, Hagen: Johann Sichardt, in: Gerd Kleinheyer/Jan Schröder (Hg.), Deutsche und Europäische Juristen, 6. Auflage, Tübingen 2017, S. 399–402.

Holthöfer, Ernst: Le Conte (Contius), Antoine, in: Michael Stolleis (Hg.), Juristen. Ein biographisches Lexikon. Von der Antike bis zum 20. Jahrhundert, 1. Auflage, München 2001, S. 382–383.

Hufeland, Gottlieb/Schütz, Christian Gottfried: Erläuterungen über den vorstehenden Abschied, in: Intelligenzblatt der Allgemeinen Literatur-Zeitung vom Jahre 1799 (No. 145), Sp. 1179–1184.

Hugo, Gustav: Lehrbuch der Geschichte des Römischen Rechts seit Justinian. Oder der juristischen und meist civilistischen gelehrten Geschichte, Berlin 1818.

Jahn, Otto: Gottfried Hermann. Eine Gedächtnisrede. Vortrag, Leipzig 1849.

John, Johannes: Schlegel, August Wilhelm, in: Neue Deutsche Biographie, Band 23 (2007), S. 38–40.

Jonas, Ludwig/Dilthey, Wilhelm: Aus Schleiermacher's Leben. In Briefen.

– 3. Band, Schleiermacher's Briefwechsel mit Freunden bis zu seiner Uebersiedlung nach Halle, namentlich der mit Friedrich und August Wilhelm Schlegel, Berlin 1861.
– 4. Band, Schleiermacher's Briefe an Brinckmann. Briefwechsel mit seinen Freunden von seiner Uebersiedlung nach Halle bis zu seinem Tode. Denkschriften. Dialog über das Anständige. Recensionen, Berlin 1863.

Kantorowicz, Hermann: Savignys Marburger Methodenlehre, in: SZ (RA) 53 (1933), S. 465–471.

Kelchner, Ernst: Caesar, Karl Adolf, in: Allgemeine Deutsche Biographie 3 (1876), S. 687.

Keyser, Georg: Ueber Leipzig, vorzüglich als Universität betrachtet. Ein Beytrag zur Geschichte der Aufklärung in Kursachsen, Leipzig 1798.

Kiefner, Hans: Savigny, Friedrich Carl von, in: Adalbert Erler/Ekkehard Kaufmann (Hg.), Handwörterbuch zur deutschen Rechtsgeschichte. 4. Band (Protonotarius Apostolicus – Strafprozessordnung), 1. Auflage, Berlin 1990, Sp. 1313–1323.

Köbler, Gerhard: Zur Geschichte der juristischen Ausbildung in Deutschland, in: Juristen Zeitung, Jahrgang 26, Nr. 23/24 (1971). S. 768–773.

Kraus, Hans-Christof: Savigny, Karl Friedrich von, in: Neue Deutsche Biographie, Band 22 (2005), S. 473–474.

Krauss, Frank Martin: Thomas Hobbes, in: Gerd Kleinheyer/Jan Schröder (Hg.), Deutsche und Europäische Juristen aus neun Jahrhunderten, 6. Auflage, Tübingen 2017, S. 202–205.

Kruse, Holger: Burgund, in: Albrecht Cordes/Heiner Lück/Dieter Werkmüller/Ruth Schmidt-Wiegand (Hg.), Handwörterbuch zur deutschen Rechtsgeschichte, 1. Band (Aachen–Geistliche Bank), 2. Auflage, Berlin 2008, Sp. 774–778.

Kühl, Anton: Zeichnung der Universität Jena. Für Jünglinge welche diese Akademie besuchen wollen, Leipzig 1798.

Kukula, Richard: Allgemeiner Deutscher Hochschulen-Almanach, Wien 1888.

ders.: Bibliographisches Jahrbuch der deutschen Hochschulen, Innsbruck 1892.

Landsberg, Ernst: Geschichte der Deutschen Rechtswissenschaft. Dritte Abtheilung, Erster Halbband, Textband. Fortsetzung zu der Geschichte der Deutschen Rechtswissenschaft, erste und zweite Abtheilung, von R[oderich]. Stintzing, München und Leipzig 1898.

Dritte Abtheilung, Erster Halbband, Notenband. Fortsetzung zu der Geschichte der Deutschen Rechtswissenschaft, erste und zweite Abtheilung, von R[oderich]. Stintzing, München und Leipzig 1898.

Dritte Abteilung, Zweiter Halbband, Textband. Fortsetzung zu der Geschichte der Deutschen Rechtswissenschaft, erste und zweite Abteilung, von R[oderich]. Stintzing, München und Berlin 1910.

Dritte Abteilung, Zweiter Halbband, Notenband. Fortsetzung zu der Geschichte der Deutschen Rechtswissenschaft, erste und zweite Abteilung, von R[oderich]. Stintzing, München und Berlin 1910.

ders.: Savigny, Friedrich Carl, in: Allgemeine Deutsche Biographie, Band 30 (1890), S. 425–452.

Lenz, Max: Geschichte Bismarcks, Leipzig 1902.

Liebs, Detlef: Lex Romana Visigothorum, in: Albrecht Cordes/Hans-Peter Haferkamp/Heiner Lück/Dieter Werkmüller/Christa Bertelsmeier-Kierst (Hg.), Handwörterbuch zur deutschen Rechtsgeschichte, 3. Band (Konfliktbewältigung–Nowgorod), 2. Auflage, Berlin 2016, Sp. 918–924.

ders.: Lex Romana Burgundionum, in: Albrecht Cordes/Hans-Peter Haferkamp/Heiner Lück/Dieter Werkmüller/Christa Bertelsmeier-Kierst (Hg.), Handwörterbuch zur deutschen Rechtsgeschichte, 3. Band (Konfliktbewältigung–Nowgorod), 2. Auflage, Berlin 2016, Sp. 908–912.

Lipgens, Walter: Droste zu Vischering, Clemens August Freiherr von, in: Neue Deutsche Biographie, Band 4 (1959), S. 133–134.

Löhr, Egid von: v. Löhr (Aegid Valentin Felix Johann Ferdinand), in: Karl Wilhelm Justi, Grundlage zu einer Hessischen Gelehrten-Schriftsteller und Künstler-Geschichte vom Jahre 1806 bis zum Jahre 1830. Fortsetzung von Strieder's Hessischer Gelehrten- und Schriftsteller-Geschichte und Nachträge zu diesem Werke, Marburg 1831, S. 405–407.

Mayer, Otto: Die Kaiser-Wilhelms-Universität Straßburg. Ihre Entstehung und Entwicklung, Berlin und Leipzig 1922.

Mazzacane, Aldo (Hg.): Friedrich Carl von Savigny: Vorlesungen über juristische Methodologie 1802–1842, 2. Auflage, Frankfurt am Main 2004.

Mecke, Christoph-Eric: Friedrich Carl von Savignys Rechtsdenken und die Romantik, in: Antje Arnold/Walter Pape (Hg.), Romantik und Recht. Recht und Sprache, Rechtsfälle und Gerechtigkeit, Berlin 2018, S. 35–60.

Meder, Stephan (Hg.): Franz Peter Bremer. Der junge Savigny zwischen Frühromantik und Rechtswissenschaft (1799–1806). Edition von Auszügen eines biographischen Versuchs, Berlin 2024 [Zur Zitierweise siehe Seite 18ff.].

ders.: Savignys Weg in die juristische Moderne. Romantik, Gender, Religion, Wissenschaft, Berlin 2023.

ders.: Urteilen. Elemente von Kants reflektierender Urteilskraft in Savignys Lehre von der juristischen Entscheidungs- und Regelfindung, Frankfurt am Main 1999.

ders.: Mißverstehen und Verstehen. Savignys Grundlegung der juristischen Hermeneutik, Tübingen 2004.

ders./Mecke, Christoph-Eric: Savignys Rechtsdenken im Spiegel deutscher und italienischer Romantik, in: Jahrbuch für juristische Zeitgeschichte, Nr. 21, Heft 1, 2018/19, S. 227–254. Zuerst abgedruckt in: Quaderni Lupiensi di Storia e Diritto VI (2016), S. 189–215.

Meissel, Franz Stefan: Papian, in: Albrecht Cordes/Hans-Peter Haferkamp/Heiner Lück/Dieter Werkmüller/Christa Bertelsmeier-Kierst (Hg.), Handwörterbuch zur deutschen Rechtsgeschichte, 26. Lieferung [vor dem 4. Band], 2. Auflage, Berlin 2017, Sp. 334–335.

Meyer, Joseph (Begründer): Meyers Konversations-Lexikon. Eine Encyklopädie des allgemeinen Wissens. 16 Hauptbände, 4. Auflage, Leipzig und Wien 1885–1890/1892.

Michler, Markwart: Christoph Wilhelm, in: Neue Deutsche Biographie, Band 10 (1974), S. 1–7.

Mitteis, Heinrich: Bluntschli, Johann Caspar, in: Neue Deutsche Biographie, Band 2 (1955), S. 337–338.

Mommsen, Wolfgang: Die schriftlichen Nachlässe in den zentralen deutschen und preussischen Archiven, Koblenz 1955.

ders.: Die Nachlässe in den deutschen Archiven, in: Verzeichnis der schriftlichen Nachlässe in den deutschen Archiven und Bibliotheken, Band 1, Boppard am Rhein 1971.

Müller, Ernst/Posner, Ernst: Übersicht über die Bestände des Geheimen Staatsarchives zu Berlin-Dahlem, in: Mitteilungen der Preussischen Archivverwaltung, Heft 24 (1934).

Müller, Jörg: Huguccio de Pisa, in: Michael Stolleis (Hg.), Juristen. Ein biographisches Lexikon. Von der Antike bis zum 20. Jahrhundert, 1. Auflage, München 2001, S. 314–315.
Muncker, Franz: Schlegel, Friedrich, in: Allgemeine Deutsche Biographie, Band 33 (1891), S. 737–752.
ders.: Schlegel, Dorothea, in: Allgemeine Deutsche Biographie, Band 31 (1890), S. 372–376.
Muther, Theodor: Biener, Friedrich August, in: Allgemeine Deutsche Biographie, Band 2 (1875), S. 626–627.
Nitschke, Hartmut: Robert-Joseph Pothier, in: Gerd Kleinheyer/Jan Schröder (Hg.), Deutsche und Europäische Juristen aus neun Jahrhunderten, 6. Auflage, Tübingen 2017, S. 346–350.
Nörr, Dieter: Zum 150. Todestag Friedrich Carl von Savignys, in: SZ (GA) 128 (2011), S. XIV–XVI.
ders.: Savignys Philosophische Lehrjahre. Ein Versuch, Frankfurt am Main 1994.
Oechsli, Wilhelm (Hg.): Briefwechsel Johann Kaspar Bluntschlis mit Savigny, Niebuhr, Leopold Ranke, Jakob Grimm und Ferdinand Meyer, Frauenfeld 1915.
Otto, Jochen: Auf den Spuren von Friedrich Carl von Savigny (1779–1861). Der Junge Savigny (1779–1804), in: SZ (RA) 128 (2011), S. 442–463.
ders.: Auf den Spuren von Friedrich Carl von Savigny (1779–1861). Auf dem Weg nach Berlin: 1804–1810, in: SZ (RA) 129 (2012), S. 604–635.
ders.: Goethe, Savigny und die Anfänge der Romantik sowie deren Verwerfung, in: Paola Maffei/Gian Maria Varanini (Hg.), Honos alit artes. Studi per il settantesimo compleanno di Mario Ascheri. L'Età Moderna e Contemporanea. Giuristi e istituzioni tra Europa e America, Florenz 2014, S. 89–110.
Petersdorff, Hermann von: Wilhelm IX., in: Allgemeine Deutsche Biographie, Band 43 (1898), S. 64–75.
Pfau, Karl Friedrich: Weigel, Johann August Gottlob, in: Allgemeine Deutsche Biographie, Band 41 (1896), S. 469–471.
Ramis-Barceló, Rafael: Raimundus Lullus on Canon Law, in: SZ (KA) 102 (2016), S. 445–502.
Repgen, Tilman: Bürgerliches Gesetzbuch, in: Albrecht Cordes/Heiner Lück/Dieter Werkmüller/Ruth Schmidt-Wiegand (Hg.), Handwörterbuch zur deutschen Rechtsgeschichte, 1. Band (Aachen–Geistliche Bank), 2. Auflage, Berlin 2008, Sp. 752–765.
Roscher, Wilhelm: Geschichte der National-Oekonomik in Deutschland, München 1874.
Rückert, Joachim: Idealismus, Jurisprudenz und Politik bei Friedrich Carl von Savigny, 2. Auflage, Frankfurt am Main 2022.
ders.: Die Bewertung der Leges Visigothorum bei Savigny. Ein Beitrag zur Wirkungsgeschichte von »Gesetzen« (1987), in: ders., Savigny-Studien, Frankfurt am Main 2011, S. 103–130. Erstdruck in: FS Karl Kroeschell. Wege europäischer Rechtsgeschichte, Frankfurt am Main 1987, S. 339–360.
ders.: Code civil, Code Napoléon und Savigny (2001), in: ders., Savigny-Studien, Frankfurt an Main 2011, S. 381–413.
Rudorff, Adolf Friedrich: Friedrich Carl von Savigny. Erinnerungen an sein Wesen und Wirken, in: SZ 2 (1863), S. 1–68.
Ruffing, Reiner: Einführung in die Geschichte der Philosophie, 3. Auflage, Paderborn 2021.
Savigny, Friedrich Carl von: Das Recht des Besitzes. Eine civilistische Abhandlung.

– 2. Auflage, Gießen 1806.
– 4. Auflage, Gießen 1822.
ders.: Recension des Lehrbuchs der Geschichte des Römischen Rechts von Gustav Hugo, 2te Ausg. Berlin 1799, 3te Ausg. Berlin 1806 (1806), in: ders., Vermischte Schriften von Friedrich Carl von Savigny, 5. Band, Berlin 1850, S. 1–36.
ders.: Recension von Schleiermacher über Universitäten (1808), in: ders., Vermischte Schriften von Friedrich Carl von Savigny, 4. Band, Berlin 1850, S. 255–269.
ders.: Geschichte des Römischen Rechts im Mittelalter.
– 1. Auflage, 6 Bände, Heidelberg 1815–1831.
– 2. Auflage, 7 Bände, Heidelberg 1834–1851.
ders.: Beitrag zur Lebensgeschichte des Cujas, in: ders., Vermischte Schriften von Friedrich Carl von Savigny, 4. Band, Berlin 1850, S. 169–172; zuerst erschienen im: Civilistischen Magazin III (1805), Heft 3, S. 317–320.
ders.: Vom Beruf unserer Zeit für Gesetzgebung und Rechtswissenschaft, 3. Auflage, Heidelberg 1840.
Schlegel, August Wilhelm:Abschied von der Allg. Lit. Zeitung, in: Intelligenzblatt der Allgemeinen Literatur-Zeitung vom Jahre 1799 (No. 145), Sp. 1179.
Schmidt, Georg: Wandel durch Vernunft. Deutschland 1715–1806, in: Neue Deutsche Geschichte, Bd. 6, München 2009.
Schmitz, Gerhard: Seckel, Emil Paul Georg, in: Neue Deutsche Biographie, Band 24 (2010), S. 113–114.
Schmoeckel, Mathias: Bonn, in: Albrecht Cordes/Heiner Lück/Dieter Werkmüller/Ruth Schmidt-Wiegand (Hg.), Handwörterbuch zur deutschen Rechtsgeschichte, 1. Band (Aachen–Geistliche Bank), 2. Auflage, Berlin 2008, Sp. 647–648.
Schnack, Ingeborg: Der Briefwechsel zwischen Friedrich Carl von Savigny und Stephan August Winkelmann (1800–1804) mit Dokumenten und Briefen aus dem Freundeskreis, Marburg 1984.
Schröder, Jan: Karl Ludwig von Grolman, in: ders./Gerd Kleinheyer (Hg.), Deutsche und Europäische Juristen aus neun Jahrhunderten, 6. Auflage, Tübingen 2017, S. 183–186.
ders.: Paul Johann Anselm von Feuerbach, in: ders./Gerd Kleinheyer (Hg.), Deutsche und Europäische Juristen aus neun Jahrhunderten, 6. Auflage, Tübingen 2017, S. 134–141.
Schröpfer, Horst: Schütz, Christian Gottfried, in: Neue Deutsche Biographie, Band 23 (2007), S. 660–661.
Schulin, Friedrich: Zur Erinnerung an Friedrich Carl von Savigny. Vortrag, gehalten im Baseler Juristenverein am 28. Februar 1879, in: ders., Drei akademische Vorträge rechtsgeschichtlichen Inhalts, gehalten zu Basel, Basel 1881.
Schultz, Franz: Joseph Görres als Herausgeber, Literaturhistoriker, Kritiker im Zusammenhange mit der jüngeren Romantik, Diss., Berlin 1900.
Schultz, Ulrike/Böning, Anja/Peppmeier, Ilka: Biographie und Recht, in: Helma Lutz/ Martina Schiebel/Elisabeth Tuider (Hg.), Handbuch Biographieforschung, 2. Auflage, Wiesbaden 2018, S. 339–351.
Schultze-von Lasaulx, Hermann: Heise, Georg Arnold, in: Neue Deutsche Biographie, Band 8 (1969), S. 453–454.
Siegfried, C.: Rosenmüller, Johann Georg, in: Allgemeine Deutsche Biographie, Band 29 (1889), S. 219–221.

Siemann, Wolfram: Vom Staatenbund zum Nationalstaat. Deutschland 1806–1871, in: Peter Moraw/Volker Press/Wolfgang Schneider (Hg.), Neue Deutsche Geschichte, 7. Band, München 1995.

Spendel, Günter: Hippel, Robert von, in: Neue Deutsche Biographie, Band 9 (1973), S. 201–202.

Stapelfeldt, Katrin: Jacques Cujas, in: Gerd Kleinheyer/Jan Schröder (Hg.), Deutsche und Europäische Juristen aus neun Jahrhunderten, 6. Auflage, Tübingen 2017, S. 108–110.

Steig, Reinhold: Achim von Arnim und Clemens Brentano, in: ders./Herman Grimm (Hg.), Achim von Arnim und die ihm nahe standen. 1. Band, Stuttgart 1894.

ders.: Bettina, in: Julius Rodenberg (Hg.), Deutsche Rundschau, Band LXXII, Juli–August–September 1892 (Berlin), S. 262–274.

ders. (Hg.): Clemens Brentano's Frühlingskranz aus Jugendbriefen ihm geflochten, wie er es selbst schriftlich veranlagte, Berlin 1891.

Stern, Carola: Schlegel, Dorothea, in: Neue Deutsche Biographie, Band 23 (2007), S. 42–43.

Stintzing, Roderich von: Böcking, Eduard, in: Allgemeine Deutsche Biographie, Band 2 (1875), S. 785–787.

Stoll, Adolf: Friedrich Karl von Savignys Sächsische Studienreise 1799 und 1800, in: Programm vom Schuljahre 1799/90 als Einladung zu der am 29. März 1890 abzuhaltenden öffentlichen Prüfung (Königliches Friedrichs-Gymnasium zu Cassel), Cassel 1890, S. 1–42.

ders.: Der junge Savigny. Kinderjahre, Marburger und Landshuter Zeit Friedrich Karl von Savignys. Zugleich ein Beitrag zur Geschichte der Romantik. Mit 217 Briefen aus den Jahren 1792–1810 und 34 Abbildungen, Berlin 1927; erster Band aus: ders. (Hg.), Friedrich Karl v. Savigny. Ein Bild seines Lebens mit einer Sammlung seiner Briefe, 3 Bände (1927–1939).

Friedrich Karl v. Savigny. Professorenjahre in Berlin 1810–1842. Mit 317 Briefen und 33 Abbildungen, Berlin 1929; zweiter Band aus: ders. (Hg.), Friedrich Karl v. Savigny. Ein Bild seines Lebens mit einer Sammlung seiner Briefe, 3 Bände (1927–1939).

Friedrich Karl v. Savigny. Ministerzeit und letzte Lebensjahre 1842–1861. Mit Briefen und Abbildungen, Berlin 1939; dritter Band aus: ders. (Hg.), Friedrich Karl v. Savigny. Ein Bild seines Lebens mit einer Sammlung seiner Briefe, 3 Bände (1927–1939).

ders. (Hg.): Erinnerungen aus meinem Leben. Von Ludwig Emil Grimm, Maler und Radierer, 1790–1863, (Bruder von Jacob und Wilhelm Grimm.) Mit 34 Bildnissen, 5 Abbildungen, 2 Stammtafeln und einer Kartenskizze sowie einem Verzeichnis von Grimms Werk, mit Briefen von Jacob, Wilhelm Ferdinand und Ludwig Grimm und anderen Beiträgen zur Familiengeschichte. Neu durchgesehene und vermehrte Auflage, Leipzig 1913.

Thibaut, Anton F. J.: Giessen, b. Heyer: Das Recht des Besitzes. Eine civilistische Abhandlung, von D. Friedrich Carl von Savigny. 1803. 32 u. 495 S. 8. (1 Rthlt. 20 gr.), in: Allgemeine Literatur-Zeitung, 1804, Bd. 1, No. 41, Sp. 321–327.

Überweg, Friedrich: Grundriss der Geschichte der Philosophie von Thales bis auf die Gegenwart. Dritter Theil, Die Neuzeit, Berlin 1866.

Vogel, Albrecht: Rosenmüller, Johann Georg, in: Johann Jakob Herzog (Hg.), Real-Encyklopädie für protestantische Theologie und Kirche, Band 13, Gotha 1860, S. 135–136.

Vogel, Emil Ferdinand: Hufeland (Gottlieb), in: Johann Samuel Ersch/Johann Gottfried Gruber (Hg.), Allgemeine Encyklopädie der Wissenschaften und Künste, 2. Section (hrsg. von A. G. Hoffmann), H- N, 11. Teil, Leipzig 1834, S. 370–373.

Vogel, Werner: Zur Geschichte des Geheimen Staatarchivs Preußischer Kulturbesitz, in: Der Archivar. Mitteilungsblatt für deutsches Archivwesen, 45. Jahrgang (Heft 1, 1992), Sp. 338-343.

Volbehr, Friedrich/Weyl, Richard: Professoren und Dozenten der Christian-Albrechts-Universität zu Kiel 1665 bis 1915. Nebst einem Anhang: Die Lektoren, Lehrer der Künste und Universitäts-Bibliothekare, Kiel 1916.

Wackernagel, Wilhelm/Martin, Ernst: Geschichte der Deutschen Litteratur. Ein Handbuch, 2. Band, 2. Auflage, Basel 1894.

Weimar, Peter: Irnerius, in: Michael Stolleis (Hg.), Juristen. Ein biographisches Lexikon. Von der Antike bis zum 20. Jahrhundert, 1. Auflage, München 2001, S. 325–327.

ders.: Placentinus, in: Michael Stolleis (Hg.), Juristen. Ein biographisches Lexikon. Von der Antike bis zum 20. Jahrhundert, 1. Auflage, München 2001, S. 500–501.

Wieacker, Franz: Privatrechtsgeschichte der Neuzeit unter besonderer Berücksichtigung der deutschen Entwicklung, 3. Auflage, Göttingen 2016.

Wilken, Karoline: Aus Zwei Aufzeichnungen von Karoline Wilken über ihren Vater Johann Friedrich August Tischbein und über ihre eigene Jugendzeit, in: Adolf Stoll, Der Geschichtsschreiber Friedrich Wilken. Mit einem Anhang, enthaltend die Aufzeichnungen von Karoline Wilken geb. Tischbein, über ihren Vater Johann Friedrich August Tischbein und ihr eignes Jugendleben, sowie 5 Portraits, Cassel 1896.

Windelband, Wilhelm: Geschichte der Philosophie, Freiburg im Breisgau 1892.

Zahn, Friedrich: Brentano, Lujo, in: Neue Deutsche Biographie, Band 2 (1955), S. 596–597.

Zeltner, Hermann: Johann Gottlieb, in: Neue Deutsche Biographie, Band 5 (1961), S. 122–125.

Zoeppritz, Rudolf (Hg.): Aus F. H. Jacobi's Nachlaß. Ungedruckte Briefe von und an Jacobi und Andere. Nebst ungedruckten Gedichten von Goethe und Lenz, 1. Band, Leipzig 1869.

Zovko, Jure: Schlegel, Friedrich, in: Neue Deutsche Biographie, Band 23 (2007), S. 40–42.

Beiträge zu Grundfragen des Rechts

Herausgegeben von Stephan Meder

Die drei Grundfragen des Rechts, die vor gut zweihundert Jahren der Rechtsgelehrte Gustav Hugo formulierte – »Was ist Rechtens?«, »Wie ist es Rechtens geworden?« und »Ist es vernünftig, daß es so sey?« – stellen sich bis heute. Die Frage nach dem geltenden Recht zielt heute nicht nur auf dessen Prinzipien und Regeln, sondern auch auf das Verhältnis von Gesetz und Recht, juristischer Geltung und sozialer Wirklichkeit. Die Frage nach der Geschichte des Rechts betrifft auch das sich wandelnde Verhältnis zwischen den Rechtsquellen sowie das Verhältnis von Tradition und Gegenwartsbezug der Rechtsinhalte. Die Frage nach den richtigen Inhalten des Rechts bezieht sich heute vor allem auf das rechtliche Verhältnis zwischen der größtmöglichen Freiheit des Einzelnen und dem notwendigen Mindestmaß sozialer Gleichheit und Gemeinwohlbindung des Rechts. So sind die Grundfragen des Rechts niemals von lediglich theoretischer Bedeutung, sondern haben einen unmittelbar praktischen Bezug zur Rechtsentstehung, Rechtsauslegung und Rechtsanwendung. Antworten auf diese Fragen versuchen aus unterschiedlichen Perspektiven die Beiträge dieser Reihe zu geben.

Weitere Bände dieser Reihe:

Lennard Hermann Oonk
Influencer als Handelsvertreter
Eine Bewährungsprobe für § 84 HGB
2025, 308 Seiten, gebunden, ISBN 978-3-8471-1783-4

Stephan Meder (Hg.)
Geschichte und Zukunft des Urheberrechts IV
2024, 310 Seiten, gebunden, ISBN 978-3-8471-1714-8

Robin Leon Gogol
Kolonialrecht und Provenienzforschung
Untersuchung einer kamerunischen Federkrone
2023, 217 Seiten, gebunden, ISBN 978-3-8471-1630-1

Stephan Meder (Hg.)
Geschichte und Zukunft des Urheberrechts III
2022, 278 Seiten, gebunden, ISBN 978-3-8471-1453-6

Susanne Beck / Stephan Meder (Hg.)
Jenseits des Staates?
Über das Zusammenwirken von staatlichem und nicht-staatlichem Recht
2021, 230 Seiten, gebunden, ISBN 978-3-8471-1367-6

Christian Holzmann
Die »Fehleridentität« bei der Anfechtung wegen Eigenschaftsirrtums unter besonderer Berücksichtigung des Insolvenzverfahrens
2022, 211 Seiten, gebunden, ISBN 978-3-8471-1359-1

Vandenhoeck & Ruprecht Verlage

V&R unipress

Unsere allgemeinen Geschäftsbedingungen, Preise sowie weitere Informationen finden Sie unter www.vandenhoeck-ruprecht-verlage.com.